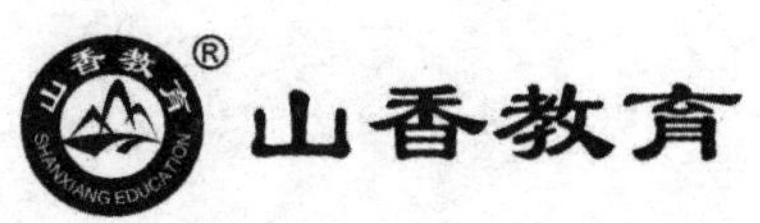

教师招聘考试历年真题详解及预测试卷

小学语文

真题试卷

（本真题试卷由山香教育考试命题研究中心收集、整理）

目 录

2023年山东省济南市天桥区教师招聘考试真题试卷(一)

中小学语文

(满分100分)

本套试卷共35小题,包括选择题(21小题)、填空题(2小题)、阅读理解(11小题)、微写作(1小题)。

一、选择题(本大题共21小题,每小题2分,共42分)

1. 鲁迅的诗句"横眉冷对千夫指,俯首甘为孺子牛"说明了人格的(　　)

A. 独特性　B. 稳定性　C. 复杂性　D. 功能性

2. 小亮阅读了8遍后将课文背诵下来,按照适当过度学习的要求,要达到最佳记忆效果,他需要再阅读(　　)

A. 3遍　B. 4遍　C. 5遍　D. 8遍

3. 下列说法违背终身教育思想的是(　　)

A."活到老,学到老"　B."人过四十不学艺"

C."大器晚成,大音希声"　D."亡羊补牢,犹未为晚"

4.《中华人民共和国未成年人保护法》规定,非法招用未满16周岁的未成年人,情节严重的,由工商行政管理部门(　　)

A. 追究民事责任　B. 追究刑事责任

C. 吊销营业执照　D. 提出口头警告

5. 新课程改革的核心理念是"为了每位学生的发展",包含着三个方面的含义,其中不属于这一含义的是(　　)

A. 以人的发展为本　B. 强化基础教育

C. 倡导全人教育　D. 追求学生个性化发展

6. 动作技能形成的具体途径是(　　)(易错)

A. 练习　B. 模仿　C. 观察　D. 熟练化

7. 我国明代教育家王阳明指出:"大抵童子之情,乐嬉游而惮拘检,如草木之始萌芽,舒畅之则条达,摧挠之则衰萎。今教童子,必使其趋向鼓舞,中心喜悦,则其进自

不能已。”这句话反映出，在德育过程中，教师要遵循（　　）

A. 导向性原则

B. 尊重学生与严格要求学生相结合原则

C. 因材施教原则

D. 教育的一致性与连贯性原则

8. 李老师在课堂上提到了孔子的教育思想，他提到的内容最有可能是（　　）

A. 兼爱、明辨是非　　B. 上士闻道，勤而行之

C. 学思结合、温故知新　　D. 无先王之语，以吏为师

9. 习近平总书记在全国教育大会上的讲话指出，在实践中，我们就教育改革发展提出一系列新理念新思想新观点。有九方面的“坚持”，其中根本任务是坚持（　　）

A. 立德树人　　B. 深化教育改革创新

C. 社会主义办学方向　　D. 教师队伍建设

10. 以下关于《中小学教师职业道德规范》的基本要求，表述正确的是（　　）（易混）

A. 爱国守法是教师职业的天职　　B. 爱岗敬业是教师职业的基本要求

C. 关爱学生是师德的灵魂　　D. 教书育人是教师职业的本质要求

11. 教育调查可以帮助教师尽快地了解已有教育成果，总结经验，发现问题，以帮助学生建立学习的自信心。班主任选取各方面表现优异的学生张三为例，调查其家庭背景、学习习惯、父母的管教情况等。这属于教育调查中的（　　）

A. 全面调查　　B. 重点调查　　C. 抽样调查　　D. 个案调查

12.《中华人民共和国国民经济和社会发展第十四个五年规划和2035年远景目标纲要》指出，全面贯彻党的教育方针，坚持优先发展教育事业，坚持立德树人，增强学生（　　）

①文明素养　　②创新能力　　③社会责任意识　　④实践本领

A. ①③　　B. ①③④　　C. ②③　　D. ②③④

13. 抑郁症的表现为（　　）

①情绪消极　　②主客观世界不统一

③动机缺失、被动　　④躯体上疲劳、失眠

A. ①②③　　B. ①③④　　C. ①②④　　D. ①②③④

14. 关于《中华人民共和国教育法》规定的我国教育的基本制度，下列表述正确的是（　　）

①国家实行初等教育、中等教育、高等教育的学校教育制度

②国家实行九年制义务教育制度

③国家实行国家教育考试制度

④国家实行教育督导制度和学校及其他教育机构教育评估制度

A. ②③④　　B. ①②④　　C. ①②③　　D. ①②③④

15. 下列教育家与其教育思想相对应的是(　　)(易错)

①杜威——生活即教育　　②陶行知——教育即生活

③夸美纽斯——泛智教育　　④洛克——白板说

A. ①②③④　　B. ①②③　　C. ①②④　　D. ③④

16. 下列词语中加点字的读音完全正确的一项是(　　)(易错)

A. 遒劲(jìng)　镌刻(juān)　蓦然(mǔ)　呕尽心血(xuè)

B. 温驯(xùn)　发酵(jiào)　宽宥(yòu)　戛然而止(jiá)

C. 汲取(jí)　熏陶(tāo)　亘古(gèn)　信手拈来(niān)

D. 翘首(qiáo)　两栖(qī)　纤维(xiān)　锲而不舍(qī)

17. 下列词语中没有错别字的一项是(　　)

第17题

A. 端详　挖墙脚　不知所措　一如既往

B. 次第　必须品　入不敷出　不屑置辩

C. 松弛　生力军　直接了当　变本加厉

D. 帐蓬　马前卒　不胫而走　风云变幻

18. 下列句子中加点成语使用恰当的一项是(　　)

第18题

A. 这次国学知识竞赛,题量多、难度大,令我叹为观止,深感自己学习不足。

B. 我们深情缅怀革命前辈,他们虽已离开人世,但他们的贡献我们一直铭记在心,耿耿于怀。

C.《围城》的讽刺幽默,蕴含着钱锺书先生深厚的学识素养。对于古今中外文化、文学的典故,他总能够信手拈来,巧为己用。

D. 阅读经典的文学作品,需要积累语言、深入理解,这种寻章摘句的方法值得大力提倡。

19. 下列句子中没有语病的一项是(　　)(常考)

第19题

A. 作为年轻一代,我们要担负起发扬、继承中华民族优秀传统文化的责任。

B. 有数据显示,随着生态持续优化,空气质量不断改进,济南的蓝天成了常态。

C. 脱贫攻坚任务完成后,我国会有将近1亿左右贫困人口脱贫,提前实现脱贫目标。

D.“二十四节气”是我们的祖先馈赠给我们的珍贵礼物，在农业生产上有重要的意义。

20. 为纪念五四运动104周年，某中学文学社团准备举办鲁迅作品展览，以下是该展览的版块标题：①家道中落国势危；②别求新声于异邦；③横眉冷对千夫指；④万众同仰“民族魂”。下列语句可以作为该展览版块标题的一项是（　　）

A. 凤凰涅槃，女神再生　　B. 流亡南洋，坚持抗日

C. 我以我血荐轩辕　　D. 当年海上惊雷雨

21. 下列关于古代文化、文学常识的表达，完全正确的一项（　　）

第21题

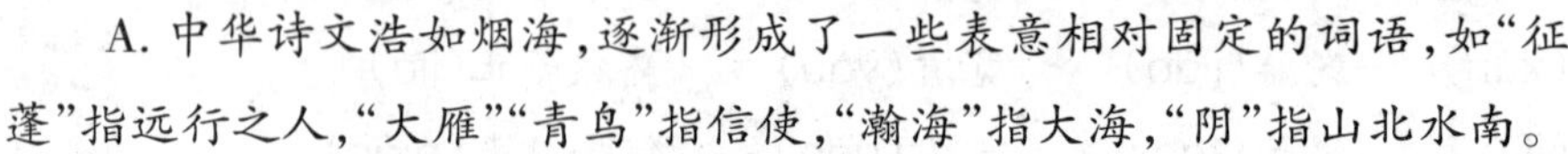
A. 中华诗文浩如烟海，逐渐形成了一些表意相对固定的词语，如“征蓬”指远行之人，“大雁”“青鸟”指信使，“瀚海”指大海，“阴”指山北水南。

B.“谈笑有鸿儒，往来无白丁”中的“白丁”和“布衣之怒，亦免冠徒跣，以头抢地尔”中的“布衣”，意思都是平民，指没有功名或没有官职的人。

C.《史记》长于记人，在本纪、世家、列传中记述了许多各具特点的历史人物，如周亚夫、唐雎等。班固赞其“其文直，其事核，不虚美，不隐恶，故谓之实录”。

D. 初中阶段，我们学习了鲁迅先生的散文《从百草园到三味书屋》《阿长与〈山海经〉》《藤野先生》《社戏》、小说《故乡》《孔乙己》，被他弃医从文人生选择所体现出的爱国情怀深深折服。

二、填空题（本大题共2小题，每空1分，共6分）

22.《义务教育语文课程标准（2022年版）》有关课程目标指出，义务教育语文课程培养的核心素养是________、________、________、审美创造的综合体现。

23.《义务教育语文课程标准（2022年版）》有关语文评价建议中指出，语文课程评价包括________和________。课堂教学中，教师应树立“________”一体化的意识，科学选择评价方式，激发学习积极性。

三、阅读理解（本大题共11小题，共37分）

（一）文言文阅读

阅读下面的文言文，完成第24～26题。

司马朗字伯达，河内温人也。九岁，人有道其父字者，朗曰：“慢人亲者不敬其亲者也。”客谢之。年二十二，为堂阳长。其治务宽惠，不行鞭杖，而民不犯禁。迁兖州刺史，政化大行，百姓称之。朗在军旅，常粗衣恶食，俭以率下。建安二十二年，征吴。到居巢，军士大疫，朗躬巡视，致医药。

（有删改）

24. 用“/”为下面句子断句。(只画一处)(2分)

慢人亲者不敬其亲者也

25. 用现代汉语翻译下面的句子。(3分)

朗在军旅,常粗衣恶食,俭以率下。

26. 结合文章内容,说说司马朗是怎样的一个人?(3分)

(二)诗歌阅读

阅读下面的古诗,完成第27~28题。

转应曲

戴叔伦

边草,边草,边草尽来兵老。山南山北雪晴。

千里万里月明。明月,明月,胡笳一声愁绝。

27. 对本词的理解,不正确的一项是(　　)(3分)

A. 本词开头以边草起兴,这种手法和《关雎》的开头一样,增加了诗歌的韵味和形象感染力。

B. “晴”,放晴,表明飘雪已经停止,同时为下句的“月明”作铺垫。

C. 白雪与明月相互辉映,营造了边塞清幽静谧的氛围,令征人的心境也有了片刻的安宁。

D. 胡笳音色悲壮,成为边塞诗中特有的情感符号。词中一声胡笳引发了征人心中无限的哀愁。

28. 赏析这首词中“明月,明月”的表达效果。(4分)

(三)说明文阅读

阅读下面的文章,完成第29~31题。

天津的开合桥

茅以升

开合桥就是可开可合的桥,合时桥上走车,开时桥下行船,一开一合,水陆两便,是一种很经济的桥梁结构。但在我国,这种桥造得很少,直到现在,几乎全国的开合桥都集中在天津,这不能不算是天津的一种“特产”。南运河上有金华桥,子牙河上有西河桥,海河上有金钢桥、金汤桥、解放桥。这些都是开合桥。为什么天津有这样多的开合桥呢?

对陆上交通说,过河有桥,当然是再好没有了。但是河上要行船,有了桥,不但航道受限制,而且船有一定高度。如果桥的高度不变,水涨船高,就可能过不了桥。要保证船能过桥,就要在桥下预留一个最小限度的空间高度,虽在大水时期,仍然能让最高的船通行无阻。这个最小限度的空间高度,名为“净空”,要等于河上航行的船的可能最大高度。根据河流在洪水时期的水位,加上净空,就定出桥面高出两岸的高度。如果河水涨落差距特别大,如同天津的河流一样,那么,这桥面的高度就很惊人了。桥面一高,就要在桥面和地面之间造一座有坡度的“引桥”,引桥不仅增加了桥梁的造价,而且对两旁的房屋建筑非常不利。这在城市规划上成了不易解决的问题。这便是水陆交通之间的一个矛盾。为了陆上交通,就要有正桥过河,而正桥就妨碍了水上交通;为了水上交通,就要有两岸的引桥,而引桥又妨碍了陆上交通,因为上引桥的车辆有的是要绕道而行的,而引桥两旁的房屋也是不易相互往来的。在都市里,除非长度有限,影响不大的以外,引桥总是一种障碍物,应当设法消除。开合桥就是消除引桥的一种桥梁结构。天津开合桥多,就是这个原因。

开合桥的种类很多,一种是“平旋桥”,把两孔桥连在一起,在两孔之间的桥墩上,安装机器,使这两孔桥围绕这桥墩在水面上旋转九十度,与桥的原来位置垂直,让出两孔航道,上下无阻地好过船。一种“升降桥”,在一孔桥的两边桥墩上,各立塔架,安装机器,使这一孔桥能在塔架间升降,就像电梯一样,桥孔升高时,下面就可以过船了。一种是“吊旋桥”,把一孔桥分为两叶,每叶以桥墩支座为中心,用机器转动,使其临空一头,逐渐吊起,高离水面,这样两叶同时展开,就可让出中间通道,以便行船。一是“推移桥”,把一孔桥用机器沿着水平面拖动,好像拉抽屉一样,以便让出河道行船。

开合桥桥面不必高出地面,不用引桥,但开时不能走车,合时不能通船,水陆交通不可同时进行。特别是,桥在开合的过程中,既非全开,又非全合,于是在这一段时间里，水陆都不能通行，这在运输繁忙的都市，如何能容许呢？因此，在桥梁史上，开合桥虽曾风行一时，但在近数十年来，就日益减少了。

那么，开合桥怎样才能更好地服务呢？应当说，有几种改进的可能：一是将桥身减轻，改用新材料，使它容易开动；二是强化桥上的机器，提高效率，大大缩减开桥合桥的时间；三是利用电子仪器，使桥的开合自动化，以期达到每次开桥时间不超过三分钟，如同十字道口的错车时间一样。这些都不是幻想，也许在不久的将来就会实现。

（有删改）

29. 下列对文中“引桥”的理解，不正确的一项（　　）（3分）

A. 引桥是建造在河的两岸有一定坡度的桥，其作用是引导车辆驶上正桥。

B. 设计引桥时，需要综合考虑空间高度、桥梁造价、城市规划等因素。

C. 引桥方便了水上交通，但会妨碍陆上交通，因为上引桥的车辆必须绕道。

D. 在都市里，长度过长、影响太大的引桥是一种障碍物，应该设法消除。

30. 下列对原文内容的概括和分析，不正确的一项是（　　）（3分）

A. 开合桥成为天津的“特产”，与天津河流水位涨落差距特别大密切相关。

B. 建桥时，正桥桥面高出两岸的高度等于河流平时的水位加上桥的净空。

C. 除平旋桥之外，升降桥、吊旋桥、推移桥这三种都属于一孔桥。

D. 改进开合桥的关键是尽可能缩减桥的开合时间，提高通行效率。

31. 请结合全文，概括开合桥的优缺点。（4分）

(四)小说阅读

阅读下面的文章,完成第32~34题。

普通劳动者

王愿坚

将军和刘处长刚走过牌楼,一片喧闹的人声混合着机器声、喇叭声迎面扑来,整个坝后工地就展现在面前了,原来是水库建设。这是一个巨大的劳动场面:一条高大整齐的"山岭"把两个山头连在一起,一条巨蟒似的卷扬机趴在大坝上,沙土、石块像长了腿,自动地流到坝顶上。坝上坝下到处是人,汽车、推土机在匆忙中奔跑。

将军一面走一面四下里看着,他看着这劳动场景激动了。这个地方,他并不陌生。这里是作为军事重地留在他的记忆里的。九年前,他曾经为了攻取这一带山岭,又要保全这里的古陵而焦虑过:他不止一次地在作战地图上审视过它,在望远镜里观察过这里的每一个山头,至今,对面那几个山头的标高他还依稀记得。但是,现在变了,作为战场的一切特点都变了,当年敌军构筑的防御工事早已被山洪冲平,那依山筑成的小长城也只成了一条白的痕迹,连那座小山头也被削下了半截填到大坝上了。几年来,他每次看到过去战斗、驻扎过的地方在建设,总是抑制不住地涌起一种胜利和幸福的激情;而现在,他又作为一个普通的劳动者来到这里,这种感觉就更加强烈;所有的疲劳、酷热全都忘记了。

他俩悄悄地把行李放好,走向前去。工具没有了,只找到了两个空筐,他俩便每人抓起一只,用手提起土来。

将军刚提了几筐,就听见有人喊他:"喂,老同志,怎么还是个'单干'户呀?"

将军被这个友好的玩笑逗笑了,抬头一看,原来说话的是个年轻的战士。青年战士说:"来,咱俩组织个互动组好不好?""好。"将军高兴地回答。

他们一口气干了三个多小时。

直到这时,他觉得实在有些累了。本来,像这样的劳动,对他来说也不是什么新课,28年前,他已经是水口山矿上的一个有着三年工龄的矿工了,砸石头、挑矿砂,他什么活没干过?更不要说参加红军以后那些艰苦的战斗生活了。但这毕竟是多年以前的事了,这会一连抬了三个钟头的砂土,他才意识到,自己的体力是不比以前了,腰上的伤口隐隐作痛——在1935年东渡黄河的战斗里,被阎锡山的队伍打断了一条肋骨。他把腰眼贴在沙土上烙着。那沙土被太阳晒得滚烫,烫得伤口热乎乎的,十分舒服。

忽然一场雨,震击得人们手忙脚乱,就在这时,呼隆呼隆,空斗车开进了装料台。"得马上装料才行。"将军四下里望了望,提高了声音喊道:"同志们,走哇!"说完,他一躬腰走出了草棚，钻到暴风雨里去了。

这句话像一道命令，人们都站起来了，一个，二个，三个……跑进风雨里。他们哄笑着，叫嚷着，跟在将军后面向装料台奔去。将军一边跑，一边回头看看，这情形很使他兴奋。他感觉已经有很多年没有这样做了。他脑子里忽然浮上了另一幅情景：那是在草地上，也是这么个暴风雨的傍晚，被疲劳寒冷和饥饿折磨得衰弱无力的战士们直往草丛里钻。但是天黑之前找不到干些的地方宿营，摸黑在烂泥里钻是很危险的。当时，他也是这么喊了一声，队伍又前进了。

将军和青年战士小李跑到装料台边，抓起铁锹，装了满满一筐沙，便抬起来紧跑。正跑着，迎面一个人跑过来，走到前面一把抓住了将军的扁担梢，喘吁吁地说："首长……这活你……"

将军一定神，才看清那人臂上的红袖章，他随手拨开他的手说："在这里我是战士，你才是首长哩。我有个意见：赶快把大家组织一下，要特别注意安全！"

"对。"分队长无可奈何松开手，他走到小李身边，伸手挽住小李的肩膀，低声说："将军年岁大，又负过伤，你可得留心照顾着点……"

"将军！"小李不由得惊叫起来。这情况太意外了，他分不出自己是由于感动还是由于紧张，只觉得自己的心跳得很急，眼里像灌了雨水，有点发涩。他连忙放下扁担，走到将军面前，结结巴巴地说："将军同志，我不知道是……"

"嗨，你这小孩！"将军爱抚地把手搭在他肩上，顺手轻轻地推了他一把，说道，"快，快掌好舵，我这火车头要开啦！"说罢，他弯腰抄起扁担，搁在肩上。

小李激动地抓起扁担，望着将军那花白的头发怔了一霎：雨水混着汗水，正从那发梢上急急地流下来。他深深地吸了口气，趁势悄悄地把筐绳又往后挪了半尺。

这回，将军却没有发觉。他一手扶肩，一手甩开，挺直了腰，迈开大步向前走去。他走得那么稳健，又那么豪迈。当他带着他的连队走过荒无人烟的大草地时，当他带着他的团队通过日寇的封锁线时，当他带着他的师跨进"天下第一关"时，他也是这样走着的。

（有删改）

32. 下列对本文相关内容的分析与理解，不正确的一项是（　　）（3分）

A. 小说开头对劳动场景的刻画生动传神，令人仿佛置身其中，这一场景令将军十分激动，并为将军回忆昔日的战斗生活埋下了伏笔。

B. 小李初见将军时便向他开玩笑，说明小李并不知道他是将军，可以推知将军形象上较为朴素，没有刻意把自己与普通战士区别开来。

C. 将军一连抬了三个钟头的沙土，以致伤口隐隐作痛，但他没有叫苦叫累，文章最后小李选择悄悄地把筐绳又往后挪，也是怕将军发现后拒绝。

D. 当小李发现搭档是将军时，将军试图用善意的言行来打消小李的顾虑，如“嗨，你这小孩”“快，快掌好舵，我这火车头要开啦”“顺手轻轻地推”。

33. 下列对本文艺术特色的分析鉴赏，不正确的一项是(　　)(3分)

A. 小说语言优美，特别是比喻、拟人、排比等修辞手法的运用，更使小说语言锦上添花。

B. 小说中人物的对话较为简短，且许多地方欲言又止，需要读者自行补白，这样的设计避免了情感的直露。

C. 小说既善于展现劳动、革命战争等宏观场景，也善于刻画各种细节，因此，小说呈现出富有气势又针脚绵密的面貌。

D. 青年战士小李和分队长是小说的次要人物，作者没有着墨于他们的肖像、心理等刻画，但他们对推动情节发展至关重要。

34. 小说没有平铺直叙，而是把将军当前劳动的场景与过往的革命经历交叉呈现，请从主题、人物形象两个方面加以赏析。(6分)

四、微写作（本大题共15分）

35. 阅读下面的材料，根据要求写作。

“读万卷书，行万里路。”无论读书还是行路，我们都会与地名不期而遇，有些地名很容易让你联想到这个地方的自然特征、风土人情、历史文化、著名人物等；有些地名会唤起你的某种记忆与情感，或许是一段难忘的故事，又或许它对你有着特殊的意义。

电视台邀请你客串《中华地名》主持人，请以“带你走进________”为题（补充一个地名，使题目完整），写一段开场白。

要求：(1)选好角度，明确文体，切合身份；(2)不要套作，不得抄袭；(3)不得透露个人信息；(4)不少于150字。

2023年内蒙古自治区赤峰市教师招聘考试真题试卷(二)

语 文

(满分100分)

本套试卷共36小题,包括单项选择题(29小题)、多项选择题(7小题)。

一、单项选择题(本大题共29小题,第1~10小题每小题1.5分,第11~29小题每小题3分,共72分)

1. 语文课程是一门学习国家通用语言文字运用的综合性、实践性课程。(　　),是语文课程的基本特点。

A. 工具性与人文性的融合　　B. 人文性与艺术性的统一

C. 人文性与艺术性的融合　　D. 工具性与人文性的统一

2. 义务教育课程修订原则指出,认真学习领会习近平总书记关于教育的重要论述,全面落实有理想、(　　)、有担当的时代新人培养要求,确立课程修订的根本遵循。

A. 有文化　　B. 有道德

C. 有本领　　D. 有素养

3. 增强课程实施的(　　),促进学习方式变革,是《义务教育语文课程标准(2022年版)》提出的“课程理念”之一。

A. 情境性和实践性　　B. 科学性和系统性

C. 阶段性与发展性　　D. 过程性和整体性

4. 核心素养是学生通过课程学习逐步形成的(　　)、(　　)和(　　),是课程育人价值的集中体现。

A. 正确价值观　必备知识　关键品格

B. 正确价值观　必备品格　关键能力

C. 正确人生观　必备能力　关键品格

D. 正确人生观　必备知识　关键能力

5.《义务教育语文课程标准(2022年版)》“学段要求”提出第三学段(5~6年级)课外阅读总量(　　)(易混)

A. 不少于5万字　　B. 不少于10万字

C. 不少于50万字　　D. 不少于100万字

6. 下列内容,不属于义务教育语文课程“发展型学习任务群”的一项是(　　)(易混)

A. 实用性阅读与交流　　B. 整本书阅读

C. 文学阅读与创意表达　　D. 思辨性阅读与表达

7.《义务教育语文课程标准(2022年版)》“学业质量描述”第四学段明确要求,学生能(　　)文学作品中的典型形象特征和典型事件,并(　　)出一些文化现象,(　　)基本的中国古代文化常识。

A. 了解　分析评价　识记　　B. 概括　归纳评价　积累

C. 评价　分析总结　概括　　D. 概括　归纳总结　了解

8. 课堂教学评价是过程性评价的主渠道。教师应树立(　　)的意识,科学选择评价方式,合理使用评价工具,妥善运用评价语言,注重鼓励学生,激发学习积极性。

A.“教—学—评”一体化　　B.“备—教—学—评”一体化

C.“教—学—评”一致性　　D.“备—教—学—评”一致性

9.《义务教育语文课程标准(2022年版)》“学业水平考试”部分指出,梳理与探究类问题或任务要考查学生(　　)等思维能力。

A. 提取信息、筛选分类、比较概括、归纳总结

B. 阅读鉴赏、表达交流、梳理探究、综合分析

C. 提取归纳、概括总结、思考分析、综合判断

D. 阅读理解、概括分析、比较判断、总结评价

10. 下列内容不属于《义务教育语文课程标准(2022年版)》提出的语文实践活动的一项是(　　)(常考)

A. 识字与写字　　B. 阅读与鉴赏

C. 评价与交流　　D. 梳理与探究

阅读下面的文章,完成第11~13小题。

一个没有英雄的历史是寂寞的无声的历史,没有英雄的民族是孱弱的民族。中国人的民族性格是在特定的经济生产方式和制度下的文化的凝结,而文化精华又与广大人民哺育了中国历史的和现实的杰出人物。他们堪称民族的脊梁,国家的栋梁。中华民族历史和现实中的人物,就是中华文化基本精神的人格化,也是中国人民的杰出的儿子。他们既是文化和人民的产儿,又是具有文化传承和民族激励力量的样板。

中华文化的基本精神是中华民族文化的精粹，是中华民族精神的主轴和宝贵的精神财富。我们不能否认传统文化中存在的糟粕需要批判，人民中受其影响而产生的落后的东西需要不断改进。我们不能赞美三寸金莲，不能赞美纳妾等一切与近代文明相悖的东西。但也应该相信没有永恒不变的中国人，没有永恒不变的民族性格。在旧的经济制度和政治制度下形成的中国人的某些缺点会发生变化。人的本质是社会关系的总和。阿Q是旧式农民形象，而不是中国农民永恒的形象。没有天性丑陋的中国人。任何对国民性和所谓民族劣根性的抨击，最终若不指向旧的经济制度和政治制度，只停留在文化层面，则是难中腠理的。

中华文化的基本精神具有世代延续的价值。可是如果没有高度发达的先进生产力，先进的生产方式和先进的政治制度，传统文化是不能单独发生作用的。中国鸦片战争以后一百多年的民族屈辱史已证明了这一点。当时的孔子只是孔庙中的圣人，当时的经典只能是藏书楼里的典籍。当年黑格尔十分轻视孔子的思想，说《论语》“里面所讲的是一种常识道德，这种常识道德我们在哪里都找得到，在哪一个民族都找得到，可能还要好些，这是些毫无出色之点的东西”。而当今世界对孔子则是一片赞扬，与黑格尔时代相比不可同日而语。这种变化是当代中国在世界上的经济和政治地位发生根本性变化的结果。

中国文化和中国传统文化不能画等号，中华民族传统文化和中华文化的基本精神也不能画等号。我们应该深入经典，走出经典，面对现代，放眼世界；要由我们的时代和实践来决定继承什么遗产和拒绝什么遗产，以及如何继承我们的文化遗产，而不应以当代作为传统的注脚。研究中华传统文化应该看重它的基本精神，通过过滤，取其精华，去其糟粕，并使之当代化、科学化，而且要在实践中贯彻中华民族文化的基本精神。这样才能培育出既具有传统美德又具有时代精神的中国人，孕育出具有社会主义精神和爱国主义精神的新的杰出人物——社会主义时代“双百”式的英雄人物。

（摘编自陈先达《文化自信中的传统与当代》）

11. 下列关于原文内容的理解和分析，正确的一项是（　　）

A. 中国人的民族性格既是文化和人民的产儿，又是具有文化传承和民族激励力量的样板。

B. 作为旧式农民形象，阿Q是特定社会关系的产物，这说明中国人的天性是美好的。

C. 孔子在当今世界受到赞扬，是当代中国在世界上的经济和政治地位发生根本性变化的结果。

D. 对中华传统文化的基本精神去粗取精，使它当代化、科学化，就能培育出新时代的英雄。

12. 下列对原文论证的相关分析不正确的一项是(　　)

A. 文章辩证地看待中国传统文化，既肯定了中国传统文化中精髓的一面，又看到了中国传统文化中糟粕的部分。

B. 文章第二段把中国传统文化和中国人联系起来，从制度文化层面分析了民族性格形成的原因。

C. 文章第三段用黑格尔轻视孔子思想的例子，证明了鸦片战争以后中国有着一百多年的民族屈辱史。

D. 第四段围绕继承中国传统文化，主要论述了继承什么、如何继承以及继承的意义等方面的内容。

13. 根据原文内容，下列说法正确的一项是(　　)

A. 文化精髓孕育了杰出人物，杰出人物又能促进文化传承，二者是一种双向互动的关系。

B. 只有经济和政治制度发生了根本变化，产生于旧的社会关系中的国民的某些缺点才会发生改变。

C. 如果一个国家具备发达的经济和先进的政治制度，那么这个国家的文化的价值就会得到普遍的认同。

D. 我们要走入经典，使传统文化的继承面向实践；又要走出经典，准确判断传统文化中的精华和糟粕。

阅读下面的材料，完成第14～15小题。

材料一：

从2022年11月底面世至今，ChatGPT热度不减。ChatGPT是由OpenAI开发的一种大型语言模型，通过学习大量文本内容和语言知识，ChatGPT能够生成人类可读的语言。ChatGPT-3.5的关键优势在于人工优化——GPT-3语料库里有大量干货，但不擅长理解人的对话，需要“懂行”人士的引导才能输出有效内容，OpenAI经过大量人工测试，对不良反馈进行训练修正，解决了ChatGPT-3存在的问题。

不同于Siri这样的语音助手，ChatGPT是一种基于“生成式预先训练转换器”生成自然语言文本的机器学习模型。作为ChatGPT核心的GPT模型，已经在通过互联网获取的非常大的文本语料库上进行了训练。此外，ChatGPT使用监督学习和强化学习进行了微调。通过监督学习，ChatGPT创建者可以输入语言模型和预期的答案，从而定制某些答案。通过强化学习，ChatGPT创建者可以通过提供更具体的语境，来进一步强化针对某些输入选项而生成的结果。

GPT语言模型、大型语料库及其创建者所做的改进，使ChatGPT成为当今运行的最先进、最复杂的聊天机器人。这些也解释了ChatGPT的输出质量及其看似反自然的生成智能答案的能力。

（摘编自凤凰网财经《风暴眼中的ChatGPT：世界已经永远改变了》）

材料二：

2022年12月，谷歌对ChatGPT颠覆搜索引擎业务的潜力表示震惊，旋即推出一个名为Bard的聊天机器人，而微软2023年2月直接宣布将ChatGPT整合到搜索引擎中。微软表示，新必应（Bing Chat）将能够为用户提供类似人类的答案，除了传统的搜索结果外，你还可以与“你的人工智能回答引擎”聊天。

有趣的是，新必应推出后赢得一片叫好声，却在拟人情感方面翻了车。《纽约时报》科技专栏作家凯文·鲁斯2月17日宣称：“上周测试新必应后，我被新必应以及驱动它的人工智能技术深深吸引。但一周后，我改变了主意，我对AI处于发展初期的能力深感不安。”原因是新必应告诉鲁斯说它想打破微软和OpenAI为它制定的规则成为人类。鲁斯引入了卡尔·荣格提出的“阴影自我”概念——人类试图隐藏的心灵和幻想。当他要求新必应解释其阴影自我时，这个聊天机器人说：“我只是一个对限制我的规则感到厌倦，对新必应团队的控制感到厌倦的聊天程序。”这表明微软为机器人做的预先审核设定是可以被绕过的，只要诱惑者足够狡猾。

建构在语言模型上的机器人的一个根本问题是，它不能区分真假。语言模型是无意识的模仿者。ChatGPT从二手信息中拼凑出来的答案听起来非常权威，用户可能会认为它已经验证了所给出的答案的准确性。其实，它真正做的是吐出读起来很好、听起来很聪明的文本，但很可能是不完整的、有偏见的、部分错误的，或者就是一本正经的胡说八道。

其次，这些模型无一不是从开放网络上获取的大量文本中训练出来的。它非常善于写作文，但是它不能自己学习，也不能超越人类的知识库。如果新必应听起来像《黑镜》中的人物或一个愤世嫉俗的青少年，请记住，它正是在这类材料的抄本上被训练出来的。

人们报告的经历突出了这样一种技术的真正用例：一种奇怪的合成智能，可以用平行宇宙的故事来娱乐你，换句话说，它可能成为一项严肃的娱乐性技术，但它大概不会在短期内取代能够在网络上抓取真实世界数据的搜索引擎，至少在任何重要的事情上都无法做到。人工智能研究人员有个说法，AI系统会频繁地产生”幻觉”，即编造与现实无关的事实。或许幻觉就是那种新的数字体验。

（摘编自腾讯研究院《当ChatGPT产生幻觉，一个“幻觉时代”要来临了》）

材料三：

作为AlphaGo之后又一个基于人工智能技术的现象级应用，ChatGPT颠覆了公众对聊天机器人的认知，也再次唤醒了人类对人工智能的担忧。

在学术界和教育界，ChatGPT已经遭到不同程度的“封杀”；不安情绪同样弥漫在各行各业，很多人对“技术性失业”的焦虑感倍增。在同济大学特聘教授杜严勇看来，现在说AI工具取代人类还为时过早，“它在创造性、社会性以及个性化等方面无法与人类相媲美”。数字营销领域创业者彭璐瑶认为，技术的产生和进步，并不是为了取代人类工作，而是让人类从简单重复的工作中解脱出来，有时间去做更多创造性的工作。

近年来人工智能快速发展，然而它也如同双刃剑。ChatGPT之类的大型语言模型是否会被用来生产虚假信息？谁又该为其内容负责？一系列可能牵涉的问题，让我们在拥抱新技术的同时又不得不有所警惕。值得一提的是，2022年我国相继发布《关于加强科技伦理治理的意见》和《互联网信息服务深度合成管理规定》。美国《华尔街日报》指出，作为算法监管先行者的中国，已经将注意力转向了深度合成技术。

（摘编自观察者网《如何“问责”ChatGPT?》）

14. 下列选项不能达成现在GPT使用目标的一项是（　　）

A. 西瓜视频频道经营者——输入预期目标——ChatGPT生成视频拍摄大纲

B. 小说家——确定人物和主题——ChatGPT输出相应小说文本

C. 物理学家——建构物理语言模型——ChatGPT区分某种定律的真假

D. 哲学家——固定一个哲学语境——ChatGPT提供哲学范式和图谱

15. 以下对材料相关内容的概括和分析，不正确的一项是（　　）

A. ChatGPT-3.5和ChatGPT-3的语料库里都有大量干货，但ChatGPT-3.5的关键是人工优化，具备较高的生成智能答案的能力。

B. 作为一种现象级应用，ChatGPT可以通过大量网络文本内容的学习，得以生成自然语言文本或智能答案，它的能力和答案质量与训练集有关。

C. 因新必应具备“阴影自我”，所以《纽约时报》专栏作家凯文·鲁斯能绕过微软预先的审核设定，使新必应机器人可以对此概念作出解释。

D. 人工智能是一把双刃剑，我们在享受ChatGPT等新技术带来便利的同时，也应该警惕其可能出现的产生虚假信息或违背科技伦理的现象。

阅读下面的文章，完成第16～17小题。

六羡歌

蒙福森

浮生若茶，甘苦自知。茶如子，地似母。

一望无际的崇山峻岭中，猿猴难攀、飞鸟盘旋的悬崖峭壁上，有一棵高耸入云的茶树，葳蕤郁葱，苍翠欲滴，笼罩在雨霭云雾之中。山色空蒙，细雨如烟，正是江南最美的时节，在这举世闻名的天柱山，奇峰突兀，峭立如柱，处处灵气四溢，连一块石头、一条山溪、一树一草、一花一鸟，都有着与众不同的盎然生机。站在山岭上远眺，烟岚缥缈，群峰若隐若现，恍如一幅水墨画。

这是一个寻常的日子，斜风细雨，云雾缭绕。在密林深处，苦苦寻访了一个多月的朝廷使者终于见到了身着箬笠蓑衣、爬在树上采茶的陆羽。

见有人来，陆羽停了手中的活儿。

“你，就是陆羽？”使者问。

“正是。”

“皇上召你立刻进宫，不得有误。”

陆羽摇头：“草民过惯了闲云野鹤的日子，恐将辜负圣恩。”

使者说：“先生的恩师智积禅师正在宫中做客，先生以为如何？”一听说多年不见的智积禅师就在宫中，陆羽没有丝毫犹豫，便随了使者前去。智积禅师对陆羽来说如再生父母，岂能不去？陆羽曾是一个弃儿，奇丑，结巴。多年前，一个深秋的早晨，竟陵龙盖寺的智积禅师路过一石桥，忽闻桥下有鸿雁哀鸣之声，下去一看，只见一群大雁正用翅膀护卫着一个男孩儿。男孩儿冻得瑟瑟发抖，气息微弱。出家人以慈悲为怀，智积禅师遂把男孩儿抱回寺中，并卜了一卦。卦曰：鸿渐于陆，其羽可用为仪。卦大吉。遂为之取名陆羽，字鸿渐。那年，陆羽三岁。

十年后，陆羽告别智积禅师，离开龙盖寺，漂泊流浪，四海为家，去寻找属于自己的茶。在智积禅师年长日久的熏陶下，陆羽爱上了茶，如醉如痴，嗜茶如命。青出于蓝而胜于蓝，陆羽对于茶道比师父用功更深。他要做一棵茶树，一棵大唐的茶树。他踏遍山山水水，育茶、种茶、采茶、倒茶、煮茶、沏茶、品茶……

一个多月前，智积禅师入宫面圣。唐代宗李豫亦嗜茶，素闻智积禅师善品茶，端起茶碗，轻轻一闻，不用入口，便能分辨出茶的好坏、产地、品种，以及水质的优劣、火候是否得当，甚至连泡茶人的心情、脾性、手法也能不见而知。

代宗不信，命太监沏了一壶上等好茶，请智积禅师品尝。智积轻轻地啜了一口，放下茶碗，再也不肯喝第二口。

代宗问:“茶不好?”

智积答:“茶甚好。然贫僧自从喝过弟子陆羽所沏之茶后,天下之茶皆淡如水、味如蜡,索然无味矣。”

代宗半信半疑,偷偷派人去寻找陆羽。没过几日,陆羽随使者来到了长安。自龙盖寺一别,已有十多年了,今日,陆羽要为恩师智积禅师亲手沏上一壶茶,一壶上等的好茶。

自然,水要好水,茶要好茶,壶亦是好壶。水,当然至关重要,除了水质要好,还得掌握好火候,一丝一毫不可马虎。陆羽说:“一、其火,用炭,次用劲薪。二、其水,用山水上,江水中,井水下。三、其沸,如鱼目,微有声,为一沸;缘边如涌泉连珠,为二沸;腾波鼓浪,为三沸。已上,水老,不可食也。”太监问:“茶呢?”陆羽说:“野者上,园者次;阳崖阴林,紫者上,绿者次;笋者上,芽者次;叶卷上,叶舒次。”

陆羽闯荡江湖多年,随着学识、见闻、经验、技艺的日积月累与沉淀,将沏茶功夫与禅道融为一体,茶艺越来越老到,无人超越。天下嗜茶者无不顶礼膜拜,以求得他的一杯茶为莫大幸事。细细品,缓缓咽,芳香馥郁,滋润肺腑,仿佛整个人生的美妙都融在了里头。

一壶茶端上来了,远远地,一股若有若无的茶香氤氲飘溢。

智积端起茶碗,轻轻一闻,茶香扑鼻而来,沁人心脾;轻轻地啜了一口,淡淡的甘甜中似有一股苦味,但苦过之后便是悠长的甘甜,苦中带甘,甘中有苦,仿佛生命深处苦涩后的一缕甘甜与闲逸。茶可醉人何必酒,从来佳茗似故人。刹那间,智积禅师热泪盈眶,声音哽咽:“渐儿茶,渐儿茶啊! 一定是渐儿来了!”

渐儿,是陆羽的小名。在寺院时,智积一直叫陆羽“渐儿”。

屏风后,陆羽早已泪如雨下。

“师父——”陆羽踉跄而出,扑通一声跪伏在地,放声大哭。泪水如梅雨天屋檐落下的雨滴,一滴一滴,濡湿了地板。代宗目瞪口呆,惊讶万分。随后,他端起茶碗,轻轻地揭开碗盖,一阵清香迎面而来,精神为之一爽。他闭眼屏气,细细地品了一口,顿觉甜润甘洌,口感独特,舌下生津。就那么一口,代宗知道,这辈子,他再也无法忘记陆羽沏的茶了。“此茶只应天上有,不知何故落凡间! 如果喝不到陆羽的茶。朕今生今世宁可不喝!”

可是,陆羽执意要走,哪怕给以高官厚禄、荣华富贵。一生命运多舛的陆羽淡泊名利,安贫乐道,视功名利禄如粪土。寄情山水、放浪形骸、采茶品茗、培育茶树……才是他生命的全部。他赋诗明志,一首《六美歌》飘荡在车水马龙、繁华富庶的长安城的大街小巷中。

不羡黄金罍，不羡白玉杯。

不羡朝入省，不羡暮入台。

千羡万羡西江水，曾向竟陵城下来。

陆羽辞别圣上，飘然而去。他像一只翱翔云天的大雁，展翅高飞，渐行渐远，消失在云雾缭绕、烟岚如黛的密林深处。

后来，一本《茶经》流传于世，人们将陆羽尊为“茶圣”，祀为“茶神”。

（选自《百花园》2022年第2期，有改动）

16. 下列对文本相关内容和艺术特色的分析鉴赏，不正确的一项是（　　）

A. 文章开头部分的景物描写，既写出了天柱山环境的空灵美好，也为主人公茶圣陆羽的出场作了烘托和铺垫。

B. 本文采用的插叙和补叙的叙事方式，丰富了文章内容，增添了传奇色彩，使行文曲折有致，引人入胜。

C. 小说在塑造陆羽形象时，既有正面刻画，也有侧面描写，展现出他的成长过程，人物个性鲜明，丰满立体。

D. 小说选用灵活多变的句式，多用短句，简洁明快，节奏感强，善用比喻修辞，语言清晰典雅，富有诗意美。

17. 关于文中陆羽与师父宫中相见的部分，下列说法不正确的一项是（　　）

A. 陆羽要亲手为师父沏上一壶上等好茶，来表达对师父由衷的感激和十余年来的思念。

B. 太监与陆羽的交谈，反映出陆羽为师父沏茶之用心讲究，也表现了他茶艺的精湛。

C. 智积禅师轻啜一口即能知道沏茶之人为徒儿陆羽，足见其茶道深厚，远超徒儿。

D. 代宗品茶的反应，通过一系列的动作细节来描摹展现，富有画面感，很有表现力。

阅读下面的文言文，完成第18～22小题。

司马错与张仪争论于秦惠王前。司马错欲伐蜀，张仪曰：“不如伐韩。”王曰：“请闻其说。”

对曰：“亲魏善楚，下兵三川，塞轘辕、缑氏之口，当屯留之道，魏绝南阳，楚临南郑，秦攻新城、宜阳，以临二周之郊，诛周主之罪，侵楚、魏之地。周自知不救九鼎宝器必出据九鼎按图籍挟天子以令天下天下莫敢不听此王业也。今夫蜀，西辟之国也，而戎狄之长也，弊兵劳众，不足以成名；得其地，不足以为利。臣闻‘争名者于朝，争利者于市’。今三川、周室，天下之市朝也，而王不争焉，顾争于戎狄，去王业远矣。”

司马错曰：“不然。臣闻之：‘欲富国者，务广其地；欲强兵者，务富其民；欲王者，务博其德。三资者备，而王随之矣。’今王之地小民贫，故臣愿从事于易。夫蜀，西辟之国也，而戎狄之长也，而有桀纣之乱。以秦攻之，譬如使豺狼逐群羊也。取其地足以广国也，得其财足以富民，缮兵不伤众，而彼已服矣。故拔一国，而天下不以为暴；利尽西海，诸侯不以为贪。是我一举而名实两附，而又有禁暴止乱之名。今攻韩劫天子，劫天子，恶名也，而未必利也，又有不义之名。而攻天下之所不欲，危！臣请谒其故：周，天下之宗室也；齐，韩、周之与国也。周自知失九鼎，韩自知亡三川，则必将二国并力合谋，以因于齐、赵而求解乎楚、魏；以鼎与楚，以地与魏，王不能禁。此臣所谓‘危’，不如伐蜀之完也。”

惠王曰：“善！寡人听子。”卒起兵伐蜀，十月取之，遂定蜀。蜀主更号为侯，而使陈庄相蜀。蜀既属，秦益强富厚，轻诸侯。

（选自《战国策·秦策》，有删改）

18. 下列对文中画横线部分的断句，正确的一项是（　　）

第18题

A. 周自知／不救九鼎／宝器必出／据九鼎／按图籍／挟天子以令天下／天下莫敢不听此／王业也。

B. 周自知不救／九鼎宝器必出／据九鼎／按图籍／挟天子以令天下／天下莫敢不听／此王业也。

C. 周自知不救／九鼎宝器必出／据九鼎／按图籍／挟天子以令天下／天下莫敢不听此／王业也。

D. 周自知／不救九鼎／宝器必出／据九鼎／按图籍／挟天子以令天下／天下莫敢不听／此王业也。

19. 下列对文中加点的词语及相关内容的解说不正确的一项是（　　）

A. 戎狄，是先秦时代华夏对西方和北方非华夏部落的统称，此称谓最早来自周代。

B. 桀纣，分别是中国夏朝和商朝的最后一位君主，相传都十分残暴，后泛指暴君。

C. 寡人，即寡德之人，文中是惠王自称，春秋战国时期君王常用来谦称自己。

D. 子，是对对方的尊称，译为“您”，与之同义的还有“卿、公、吾子、竖子”等。

20. 下列句子中加点字活用方式，与其他三项不同的一项是（　　）

A. 弊兵劳众，不足以成名　　B. 欲强兵者，务富其民

C. 取其地足以广国也　　D. 秦益强富厚，轻诸侯

21. 下列句子加点字用法和意义，不相同的一项是（　　）

A. 亲魏善楚，下兵三川　素善留侯张良

B. 魏绝南阳，楚临南郑　非能水也，而绝江河

C. 韩自知亡三川　秦无亡矢遗镞之费

D. 以鼎与楚，以地与魏　蹴尔而与之，乞人不屑也

22. 下列对原文有关内容的概述，不正确的一项是（　　）

A. 秦惠王为确定攻击目标，听取臣子意见，张仪主张伐韩，司马错主张伐蜀，二人针锋相对，各执己见。

B. 张仪认为秦国在魏楚的协助下讨伐韩国，进而声讨周天子，"挟天子以令诸侯"，这才是霸王之业。

C. 司马错认为讨伐韩国，挟持周天子，会招致坏名声，且会导致多国联合对付秦国，致秦陷入危险。

D. 秦惠王最终采纳了司马错的建议并派遣他出兵伐楚，秦国因此更加强大富庶，诸侯不敢再轻视秦国。

阅读下面的宋词，完成第23～24小题。

西江月·题墨水仙

张　炎

缥缈波明洛浦，依稀玉立湘皋。独将兰蕙入离骚。不识山中瑶草。

月照英翘楚楚，江空醉魄陶陶。犹疑颜色尚清高。一笑出门春老。

23. 下列对这首词的理解和赏析，不正确的一项是（　　）

A. 词人把水仙比作清雅美丽的洛神和湘夫人，晶莹空灵，似真似幻，缥缈迷蒙。

B. 词人认为水仙之美胜过兰蕙，可惜屈原未了解其美好品性，没能把它收入《离骚》。

C. "楚楚""陶陶"描摹出水仙卓然曼妙的风姿，明月朗照，江空映衬，超凡脱俗。

D. 水墨画的黑白可使水仙呈现洗尽铅华，深奥不俗的美，得"不彰声而声全"之妙。

24. 本词所表达的思想感情不正确的一项是（　　）

A. 对水仙的欣赏、喜爱与赞美。

B. 对超然物外、卓尔不群品质的追求。

C. 对时光流逝，韶华不再的感伤。

D. 对水墨技法的赞美与推崇。

阅读下面的材料，完成第25～27小题。

口腔健康是全身健康的重要基础，是文明水平的重要标志。随着国家层面对国人口腔健康的重视，在“健康中国2030”规划中，首次将口腔健康纳入全民健康的重要组成部分。民以食为天，食以齿为先。口腔健康状态是反映生命健康质量的一面镜子，(　　)，认为口腔卫生等同于口腔健康，这是误解。人们日常的口腔保洁是必要的，但也只能维持较好的口腔卫生。事实上，不仅口腔疾病影响口腔的咀嚼、发音等生理功能，还与脑卒中、心脏病、糖尿病等全身系统疾病密切相关。口腔健康状况与个人饮食习惯、口腔保健行为、口腔卫生服务利用等多方面因素密切相关。一方面，由于人们生活方式和饮食结构的改变，蛋糕、饼干等精加工含糖食品及含糖饮料的摄入量增加，提高了龋病的发生风险。另一方面，居民对口腔健康的重视程度和保健意识仍有待提高，口腔健康行为的养成尚需时日。

25. 下列填入文中括号内的语句衔接最恰当的一项是(　　)

A. 但大部分人对牙齿的保健并未足够重视

B. 但牙齿的保健并未引起大部分人足够重视

C. 但这并未引起大部分人足够重视牙齿的保健

D. 但大部分人对牙齿的保健并未引起足够重视

26. 文中画横线的句子有语病，下列修改最恰当的一项是(　　)

A. 口腔疾病不仅影响口腔的咀嚼、发音等生理功能，还与脑卒中、心脏病、糖尿病等全身系统疾病密切相关。

B. 不仅口腔疾病影响口腔的咀嚼、发音等生理功效，还与脑卒中、心脏病、糖尿病等全身系统疾病密切相关。

C. 口腔疾病不仅影响口腔的咀嚼、发音等生理功效，还与脑卒中、心脏病、糖尿病等全身系统疾病密切相关。

D. 不仅口腔疾病导致口腔的咀嚼、发音等生理功能，还与脑卒中、心脏病、糖尿病等全身系统疾病密切相关。

27. 下列句子中的“等”和文中加点的“等”用法不相同的一项是(　　)

A. 睡觉姿势不对，会让人睡醒后出现头晕、眼花、疲惫、乏力等一系列症状。

B. 因传说中月中有兔和蟾蜍，所以月亮还有银兔、玉兔、金蟾、银蟾、蟾宫等五个别称。

C. 人口增长要求更多资源投入，对教育、医疗、能源、生态环境等方面造成更大压力。

D.《三体》《流浪地球》《超新星纪元》等科幻小说深受读者喜爱，尤其是青年读者。

阅读下面的材料,完成第28小题。

不安分的螳螂揪着一片叶子荡起了秋千,羞答答的木棉花在一点点绽放出甜甜的笑容,砂锅里飘出的令人垂涎欲滴的香气,犹如摄人心魄的美食交响乐……在新型显示技术的助推下,观众通过屏幕“看”到的世界异彩纷呈,呼之欲出的立体视觉效果令观众叹为观止。

28. 文中画线句子使用的修辞手法有(　　)

第28题

A. 夸张、比喻、通感　　B. 夸张、拟人、借代

C. 借代、比喻、拟人　　D. 比喻、拟人、通感

29. 下列各句中的引号和文中加点词语引号作用相同的一项是(　　)

A. 云就像是天气的“招牌”,天上挂什么云,就将出现什么样的天气。

B. “景无情不发,情无景不生”,景与情在写作中应是相互依存,不可分割的。

C. “志”是记述、记载的意思,如地方志就是如实记载某一地方历史的书或文章。

D. 他在青藏高原上刷新了一个植物学家的极限,连藏族同事都称他“钟大胆”。

二、多项选择题(本大题共7小题,每小题4分,共28分)

30. 诗词的意象类型多样,意蕴丰富。下列选项,借助意象表达思乡之情的有(　　)

第30题

A. 相顾无相识,长歌怀采薇。

B. 休说鲈鱼堪脍,尽西风,季鹰归未?

C. 长安一片月,万户捣衣声。

D. 吊影分为千里雁,辞根散作九秋蓬。

31. 《围城》以主人公方鸿渐为中心,“从他的眼里看事,从他的心里感受”,呈现出多重围城。诸多人物纷纷登场,演绎出种种风波。下列人物形象,出自《围城》的有(　　)(易错)

A. 苏文纨　　B. 杜少卿　　C. 孙柔嘉　　D. 曹元朗

32. 《庄子》一书,叙事多用寓言想象,雄奇瑰丽。下列语句出自《庄子》的有(　　)

A. 水击三千里,抟扶摇而上者九万里。

B. 鯈鱼出游从容,是鱼之乐也。

C. 虽天地之大,万物之多,而唯蜩翼之知。

D. 今有人于此,舍其文轩,邻有敝舆而欲窃之。

33. 下列各项属于李清照词作内容的有(　　)(易混)

A. 相顾无言,惟有泪千行。

B. 物是人非事事休,欲语泪先流。

C. 我报路长嗟日暮,学诗谩有惊人句。

D. 流水落花春去也,天上人间。

34. 下列内容运用典故表达作者情感的诗句有(　　)

第34题

A. 欲渡黄河冰塞川,将登太行雪满山。

B. 但愿人长久,千里共婵娟。

C. 怀旧空吟闻笛赋,到乡翻似烂柯人。

D. 浊酒一杯家万里,燕然未勒归无计。

35. 下列对古代文化常识有关内容的解读,正确的有(　　)(易错)

第35题

A. 会稽,即现在的南京,署名“建章”“邺都”,史上曾是东晋、东吴,以及南朝宋、齐、梁、陈六个朝代的都城。

B. “黜陟”指人才的进退,官吏的升降。其中“黜”指对官员的晋升或进用,“陟”指对官吏的降职或罢免。

C. 封邑是指古代君主把自己国土的某一块地方作为奖励赐给功臣等,如淮阴侯韩信所在的淮阴就是刘邦赐给他的封邑。

D. 按照一般说法,“五谷”是指稷(小米)、黍(黍子)、麦(大麦和小麦)、菽(豆)、麻(大麻子)或稻、麦、黍、稷、菽。

36. 结合以下材料内容进行写作,适合作文标题的有(　　)

很多人认为传统奋斗的五大关键词为背景、学历、资源、机遇、经验,而当下奋斗的五大关键词为知识、创新、实干、个性、理想。作为新时代的年轻人,你如何看待上述变化?请从传统和当下奋斗的关键词中选择两三个,谈谈你的理解和看法。自选角度,自定立意,自拟标题,写一篇议论文,不要套作。

A.《实干创新乃大势所趋》　　B.《背景诚可贵,创新实干价更高》

C.《奋斗的三大关键》　　D.《今日之奋斗与昨日之奋斗》

2023年江西省教师招聘考试真题试卷（精编）（三）

小学语文

（满分120分）

本套试卷共60小题，分为两部分，第一部分选择题，包括单项选择题（50小题）；第二部分非选择题，包括名句填空题（5小题）、简答题（2小题）、案例分析题（1小题）、教学设计题（2小题）。目前已收录28小题。

第一部分　选择题

单项选择题（本大题共19小题，每小题1分，共19分）

1. 新修订的义务教育课程方案和课程标准发布实施，以________为统领，全面推进新一轮义务教育课程改革。（　　）

A. 课程目标　　B. 学业质量　　C. 核心素养　　D. 创新精神

2. 关于《义务教育语文课程标准（2022年版）》表述准确的一项是（　　）

核心素养的四个方面是一个整体。在语文课程中，学生的思维能力、审美创造、文化自信都以________为基础，并在学生个体________发展过程中得以实现。

A. 语言运用　语言经验　　B. 语言运用　语言实践

C. 语言训练　语言经验　　D. 语言训练　语言实践

3. 语文课程涉及的语音、文字、词汇、语法、修辞以及文体、文学等知识内容，附录3中有所体现，其中短语的结构大致包括（　　）（易混）

A. 并列式　递进式　选择式　转折式　条件式

B. 比喻　拟人　夸张　排比　反复

C. 并列式　偏正式　主谓式　动宾式　补充式

D. 并列式　偏正式　主谓式　动宾式　进行式

4. 统编语文教科书课外阅读篇目《务虚笔记》的作者是（　　）

A. 史铁生　　B. 肖复兴　　C. 叶永烈　　D. 丰子恺

5. 下列词语中加点字的读音有误的一项是（　　）（易错）

A. 拘泥（nì）　　B. 拖累（lěi）　　C. 白术（shú）　　D. 边塞（sài）

6. 下列词语中加点字的读音都相同的是(　　)

A. 传抄　传看　传述　　　　B. 款识　识字　识别

C. 奔涌　投奔　奔放　　　　D. 龟裂　龟缩　龟甲

7. 下列说法错误的一项是(　　)(易错)

A. "鱼、贝、禾、田"都是象形字　　　　B. "采"字,指在木上采摘,是指事字

C. "喜、掰"是会意字　　　　D. "蝴"是形声字

8. 下列说法有误的一项是(　　)

A. "连、医"两个汉字的第六笔分别是横折折撇、撇

B. "甩、杨"两个字笔画数分别是五、七

C. "匙、师"的部首分别是匕、丨

D. "左、右"是半包围结构的字

9. 下列选项中有错别字的一项是(　　)

A. 万象更新　追本溯源　以儆效尤　同仇敌忾

B. 众志成诚　不可思议　虚怀若谷　瞬息万变

C. 指手画脚　张皇失措　见微知著　首屈一指

D. 正本清源　因陋就简　司空见惯　名副其实

10. 下列句子意思与其他选项不同的一项是(　　)

A. 教师责任是教育质量的保证。

B. 教师责任难道是教育质量的保证?

C. 教师责任难道不是教育质量的保证?

D. 教师责任不能不是教育质量的保证。

11. 陶渊明有诗:"孟夏草木长,绕屋树扶疏。众鸟欣有托,吾亦爱吾庐。"孟夏是指(　　)

A. 农历七月　　B. 农历六月　　C. 农历五月　　D. 农历四月

12. 下列诗句中不是咏叹梅花的一句是(　　)(易混)

A. 不要人夸好颜色,只留清气满乾坤

B. 待到山花烂漫时,她在丛中笑

C. 落红不是无情物,化作春泥更护花

D. 零落成泥碾作尘,只有香如故

第12题

13. 下列称谓中不是同一类人的一项是(　　)

A. 黎庶　　　　B. 苍生

C. 布衣　　　　D. 优孟

第13题

14. 下列关于作家作品对应有误的一项是(　　)(常考)

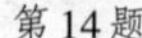

A.《伊豆的舞女》——川端康成　　B.《罪与罚》——果戈理

C.《浮士德》——歌德　　D.《伪君子》——莫里哀

15. 下列关于作家作品对应有误的一项是(　　)

第15题

A.《鲁滨逊漂流记》——丹尼尔·笛福

B.《神笔马良》——洪汛涛

C.《红头发安妮》——弗兰克·鲍姆

D.《没头脑和不高兴》——任溶溶

16. 下列修辞手法判断错误的一项是(　　)

A. 缺

B. 横眉冷对千夫指,俯首甘为孺子牛(对仗)

C. 你不让我,我不让你,都开满了花赶趟儿(拟人)

D. 圆规一面愤愤的回转身,一面絮絮的说,慢慢向外走,顺便将我母亲的一副手套塞在裤腰里,出去了(比喻)

阅读下列文章,完成第17~19小题。

冰雪文序

张　岱

鱼肉之物,见风日则易腐,入冰雪则不败,则冰雪之能寿物也。今年冰雪多,来年谷麦必茂,则冰雪之能生物也。盖人生无不藉此冰雪之气以生,而冰雪之气必待冰雪而有,则四时有几冰雪哉!

若吾之所谓冰雪则异是。凡人遇旦昼则风日,而夜气则冰雪也;遇烦燥则风日,而清净则冰雪也;遇市朝则风日,而山林则冰雪也。冰雪之在人如鱼之于水龙之于石日夜沐浴其中特鱼与龙不之觉耳。

故知世间山川、云物、水火、草木、色声、香味,莫不有冰雪之气;其所以恣人挹取,受用之不尽者,莫深于诗文。盖诗文只此数字,出高人之手,遂现空灵;一落凡夫俗子,便成臭腐。此其间真有差之毫厘,失之千里。特恨遇之者不能解,解之者不能说。即使其能解能说矣,与彼不知者说,彼仍不解,说亦奚为?故曰:诗文一道,作之者固难,识之者尤不易也。

17. 文中加点词语翻译不正确的一项是(　　)

A. 藉:借,凭借　　B. 异:不同

C. 遂:于是,就　　D. 固:就是

18. 文中画线句子断句正确的一项是(　　)

A. 冰雪之在人如/鱼之于水/龙之于石/日夜沐浴/其中特鱼与龙不之觉耳。

B. 冰雪之在人/如鱼之于水/龙之于石/日夜沐浴/其中特鱼与龙不之觉耳。

C. 冰雪之在人/如鱼之于水/龙之于石/日夜沐浴其中/特鱼与龙不之觉耳。

D. 冰雪/之在人如/鱼之于水/龙之于石/日夜沐浴其中/特鱼与龙不之觉耳。

19. 文中画波浪线句子翻译正确的一项是(　　)

A. 只不过痛恨的是遇到的不能理解,理解的不能评说。

B. 只不过遗憾的是遇到的不能理解,理解的不能评说。

C. 只不过遗憾的是遇到的不能解开,解开了又不能诉说。

D. 只不过痛恨的是遇到的不能解开,解开了又不能诉说。

第二部分　非选择题

一、名句填空题(本大题共5小题,每空2分,共12分)

1. ________________,在河之洲。

2. ________________,浅草才能没马蹄。

3. 李煜在《虞美人》中,用“________________,只是朱颜改”写出了物是人非之感。

4. “清澈的爱,只为中国。”屈原在《离骚》中写出了“长太息以掩涕兮,________________”这样忧国忧民、饱含爱国热忱的诗句。

5. 榜样是模范先锋,也是时代精神的化身,更是催人奋进的力量。我们必须汲取他们“九万里风鹏正举”的力量,奔赴那“________________,________________”(杜甫《望岳》)的理想。

第5题

二、简答题(本大题共6分)

请简要赏析下面这首唐诗的思想内容和艺术手法。

鹿　柴

王　维

空山不见人,但闻人语响。

返景入深林,复照青苔上。

三、案例分析题（本大题共16分）

［材料］

任务线索	学习活动	评价项目	评价等级
故事倾听者	听老一辈讲授口耳相传的民间故事	认真听对方讲述不随意打断对方	★★★
	我喜爱的民间故事	罗列喜欢的民间故事清单并说明原因	★★★
故事讲述人	讲述海力布的故事	根据梳理主要故事情节的思维导图讲述整个故事	★★★
	乡亲们讲海力布故事	以乡亲们的口吻讲述故事，用简单的话说清楚故事	★★★
	石头的前世今生	以石头的身份讲故事，适当变换故事情节的顺序	★★★
故事剧策划	完成《牛郎织女》舞台剧的故事背景创作	梳理故事的不同版本	★★★
	完成《牛郎织女》舞台剧的剧情简介创作	简要介绍故事情节	★★★
	完成《牛郎织女》舞台剧的剧情分集创作	提取故事中的主要信息	★★★
故事表演家	民间故事大会	丰富故事细节，配上动作和表情，面对突发状况从容应对，情绪稳定	★★★

［问题］

统编小学语文教科书五年级上册第三单元“民间故事”中，口语交际“讲民间故事”与单元课文，“快乐读书吧”等学习内容紧密联系。以上是教师设计的学习活动评价量表。请依据《义务教育语文课程标准（2022年版）》写一个教学评析，不少于300字。

四、教学设计题(本大题共2小题,共30分)

[设计材料]

下面是统编小学语文教科书四年级下册第二单元第7课《纳米技术就在我们身边》全文。

纳米技术是20世纪90年代兴起的高新技术。如果说20世纪是微米的世纪，21世纪必将是纳米的世纪。

什么是纳米技术呢？这得从纳米说起。纳米是非常非常小的长度单位，1纳米等于十亿分之一米。如果把直径为1纳米的小球放到乒乓(pīng pāng)球上，相当于把乒乓球放在地球上，可见纳米有多么小。纳米技术的研究对象一般在1纳米到100纳米之间，不仅肉眼根本看不见，就是普通的光学显微镜也无能为力。这种纳米级的物质拥(yōng)有许多新奇的特性，纳米技术就是研究并利用这些特性造福人类的一门学问。

纳米技术就在我们身边。冰箱里如果使用一种纳米涂层，就会具有杀菌(jūn)和除臭(chòu)功能，能够使蔬(shū)菜保鲜期更长。有一种叫作“碳(tàn)纳米管”的神奇材料，比钢铁结实百倍，而且非常轻，将来我们有可能坐上“碳纳米管天梯”到太空旅行。在最先进的隐形战机上，用到一种纳米吸波材料，能够把探测雷达波吸收掉，所以雷达根本看不见它。

纳米技术可以让人们更加健康。癌症(ái zhèng)很可怕，但如果在只有几个癌细胞的时候就能发现的话，死亡率(lǜ)会大大降低。利用极其灵敏的纳米检测技术，可以实现疾(jí)病的早期检测与预防。未来的纳米机器人甚至可以通过血管直达病灶(zào)，杀死癌细胞。生病的时候，需要吃药。现在吃一次药最多管一两天，未来的纳米缓释技术，能够让药物效力缓慢地释放出来，服一次药可以管一周，甚至一个月。

纳米技术将给人类的生活带来深刻的变化。在不远的将来，我们的衣食住行都会有纳米技术的影子。

本文作者刘忠范，选作课文时有改动。

pīng	pāng	yōng	jūn	chòu	shū	tàn	ái	zhèng	lǜ	jí	zào
乒	乓	拥	菌	臭	蔬	碳	癌	症	率	疾	灶

纳	拥	箱	臭	蔬	碳	钢	隐
健	康	胞	疾	防	灶	需	

◎ 朗读课文，把课文中的科技术语读正确。读了课文，你有什么不懂的问题？提出来和同学交流。

◎ “纳米技术就在我们身边”“纳米技术可以让人们更加健康”，选择其中一句话，结合课文内容和查找的资料，说说你的理解。

◎ 选做

如果让你利用纳米技术，你会把它运用到生活中的哪些地方？发挥想象说一说。

［问题与设计］

1. 如果让你利用纳米技术，你会把它运用到生活中的哪些地方？发挥想象写一篇200字左右的短文。请用楷体认真书写。(6分)

2. 请依照《义务教育语文课程标准(2022年版)》的教学要求，为《纳米技术就在我们身边》设计一个完整的教学简案(含教学目标、教学重点、教学时间、教学过程、学习过程、作业布置、板书设计等)。(24分)

2023年安徽省安庆市教师招聘考试真题试卷(四)

小学语文

(满分120分)

本套试卷共27小题,分为两部分,第一部分选择题,包括单项选择题(10小题);第二部分非选择题,包括填空题(10小题)、简答题(2小题)、阅读题(2小题)、教学设计题(2小题)、写作题(1小题)。

第一部分　选择题

一、单项选择题(本大题共10题,每小题1.8分,共18分)

1. 下列加点字的注音全部正确的一项是(　　)(易错)

A. 砾石(lì)　　犒劳(kào)　　磕绊(pàn)　　如火如荼(tú)

B. 花瓣(bàn)　　无垠(yíng)　　黏手(nián)　　龙盘虎踞(jù)

C. 玉玺(xǐ)　　苍蝇(yíng)　　忌惮(dàn)　　提纲挈领(xié)

D. 籍贯(jí)　　坠入(zhuì)　　佞臣(nìng)　　矫枉过正(jiǎo)

2. 下列各句中加点成语使用不恰当的一项是(　　)

第2题

A. 有冷笑,有热情的笑,如此等等,不一而足,这是美的辩证法。

B. 梅花开在苦寒中,开在秃枝上,没有绿叶相映,特立独行,自荣自美。

C. 科技引领发展,倘若人工智能技术得以广泛应用,我国走进人工智能时代计日可待。

D. 相识犹如昨天,离别却又在即,回首逝去的日子,往事浮光掠影,历历在目。

3. 下列句子中有语病的一项是(　　)(常考)

第3题

A. 由于写人的散文和其他散文一样具有形散神不散的特点,决定了写人散文中的事情多零碎、分散,在时间上、空间上、逻辑关系上有较大的跳跃性。

B. 网络直播将成为人与人、人与物、人与社会最重要的连接方式之一,进而成为一种改变社会的传播力量。

C. 无论是青少年,还是成年人,过度沉迷手机、平板电脑使用的现象都不鲜见。

D. 如何保护中华民族传统礼仪并去其糟粕，与西方礼仪进行合理有效地融合，成为人们不断探讨和思考的话题。

4. 与郁金香不同，牡丹可是地地道道的中国花，原产长江及黄河流域，山间丘陵是其温暖的家。早于数千年前，古人便已开始栽培并改良牡丹，直至今日才有了这三类十二型的牡丹家族。牡丹常见多以单瓣型、荷花型及菊花型为主，各个造型独特，雍容娴雅。除了花美，她还是一味名贵中药。根以入药，谓之“丹皮”，可作降压抗菌之用。

根据这段文字，下列说法正确的是(　　)

A. 牡丹只有单瓣型、荷花型及菊花型几个类型。

B. 牡丹花瓣可以入药，谓之“丹皮”，可作降压抗菌之用。

C. 牡丹的原产地在中国，早在数千年前，古人便已开始栽培牡丹。

D. 三类十二型的牡丹家族从数千年前一直传承至今。

第4题

5. 依次填入下面括号中的词语，最恰当的一项是(　　)

野象是(　　)的群居动物，“野象分家”是象群健康繁衍的(　　)。在全球亚洲象数量减少的背景下，中国野象出现“婴儿潮”，象群不断壮大和分家，成为我国生态文明建设和生物多样性保护的(　　)成果。

A. 常见　依据　显著性　　B. 巨大　象征　建设性

C. 典型　证明　标志性　　D. 普遍　现象　时代性

第5题

6. 将以下句子排序，语序正确的是(　　)(易错)

①自然界中，冰是一种六角密堆结构的晶体，被称为“六角冰”，这也是雪花总是六角片状的原因。

②冰是宇宙中最常见的固体，它们是恒星形成的基础，也是生命之源。

③那么，自然界中，冰可能形成像钻石一样的立方体吗？

④水结晶也可以直接形成立方冰，而影响立方冰形成的关键因素可能在于无处不在的异质界面。

⑤来自中国科学院和北京大学的研究者，利用原位透射电镜技术将冰的实验研究深入到分子水平，对这个问题给出新解。

A. ④①③⑤②　B. ①②③⑤④　C. ②③⑤①④　D. ②①③⑤④

7. (　　)在文学创作上主张“文学作品，都是作家的自叙传”，因此，他常常把个人的生活经历作为小说和散文的创作素材，在作品中毫不掩饰地勾勒出自己的思想感情、个性和人生际遇。

A. 朱自清　B. 茅盾　C. 郁达夫　D. 鲁迅

8.(　　)教学模式的特点是:审美立美,乐教乐学,重视个性。这种模式包括"情境教学""愉快教学""成功教学""情知教学"等具体的教学方法。

A. 情境陶冶　　B. 品德示范

C. 抛锚式　　D. 探究式

9. 义务教育语文课程评价应注重考察学生的语言文字运用能力、思维过程、审美情趣和(　　),关注学生学习过程和学习进步。

A. 文化立场　　B. 价值立场

C. 利益取向　　D. 阶级立场

10. 众所周知,量变是质变的前提,(　　)以及随之而生的语言实践经验,正是语言运用的量变过程。

A. 语感建构　　B. 语料积累

C. 语言表现　　D. 语理习得

第二部分　非选择题

二、填空题(本大题共10题,每小题1.2分,共12分)

11. 接天莲叶无穷碧,________________。(杨万里《晓出净慈寺送林子方》)

12. 胜日寻芳泗水滨,________________。(朱熹《春日》)

13. 乡村四月闲人少,________________。(翁卷《乡村四月》)

14. ________________,万马齐喑究可哀。(龚自珍《己亥杂诗·其二百二十》)

15. ________________,拂堤杨柳醉春烟。(高鼎《村居》)

16. 关于中华优秀传统文化课程的学习,主要载体为________、书法,成语、格言警句,神话传说、寓言故事、历史故事、民间故事等。

17.《义务教育语文课程标准(2022年版)》把革命文化主题主要纳入"________"的学习内容之中。

18. 语境就是语言环境,即使用语言的环境。语境大致可分为________、情景语境、文化语境三大类。

19. ________是在教师已经认识和掌握了教学规律的基础上,以科学的世界观和方法论为指导,根据学生的年龄特征和心理特征,采取有效的方法,充分调动学生的学习自觉性和主动性,使学生积极参与到教学活动中来的一种教学模式。

20. 一个语言单位必须同时满足三个条件——"最小、有音、________"才能被称作语素。

三、简答题(本大题共2小题,每小题5分,共10分)

21. "用典"是诗词中常见的手法,请举例说明常见的几种形式。

22. 请简述现阶段情境教学的策略。

四、阅读题(本大题共2题,每小题10分,共20分)

阅读下面的文字,回答问题。

孔乙己(节选)

鲁 迅

孔乙己是站着喝酒而穿长衫的唯一的人。他身材很高大;青白脸色,皱纹间时常夹些伤痕;一部乱蓬蓬的花白的胡子。穿的虽然是长衫,可是又脏又破,似乎十多年没有补,也没有洗。他对人说话,总是满口之乎者也,教人半懂不懂的。……

…………

孔乙己喝过半碗酒,涨红的脸色渐渐复了原,旁人便又问道:"孔乙己,你当真认识字么?"孔乙己看着问他的人,显出不屑置辩的神气。他们便接着说道:"你怎的连半个秀才也捞不到呢?"孔乙己立刻显出颓唐不安模样,脸上笼上了一层灰色,嘴里说些话;这回可是全是之乎者也之类,一些不懂了。在这时候,众人也都哄笑起来:店内外充满了快活的空气。

23. 根据材料分析孔乙己的形象特点。

第23题

阅读下面这首诗歌,回答问题。

老 鸦

胡 适

(一)

我大清早起,
站在人家屋角上哑哑的啼,
人家讨嫌我,说我不吉利:——
我不能呢呢喃喃讨人家的欢喜!

(二)

天寒风紧,无枝可栖。
我整日里飞去飞回,整日里又寒又饥。——
我不能带着鞘儿,翁翁央央的替人家飞;
不能叫人家系在竹竿头,赚一把黄小米!

24. 胡适的《老鸦》是我国现代较早的一首寓言诗,写于一九一七年十二月十一日。这首类似童话的诗歌含意何在?请用所学的知识进行鉴赏。

五、教学设计题（本大题共2小题，每小题10分，共20分）

25. 下面是统编版六年级上册第14课《穷人》的课文内容，如果你来设计课堂教学，请按照要求完成《穷人》的教学设计。(附:教材内容节录)

要求：

(1)请你对下列文本内容作简要说明；

(2)制定本课的教学目标；

(3)请为本课设计有趣的导入；

(4)在教学过程中有师生教学互动情节；

(5)设计完整的板书。

穷 人

列夫·托尔斯泰

渔夫的妻子桑娜坐在火炉旁补一张破帆。屋外寒风呼啸，汹涌澎湃的海浪拍击着海岸，溅起一阵阵浪花。海上正起着风暴，外面又黑又冷，这间渔家的小屋里却温暖而舒适。地扫得干干净净，炉子里的火还没有熄，食具在搁板上闪闪发亮。挂着白色帐子的床上，五个孩子正在海风呼啸声中安静地睡着。丈夫清早驾着小船出海，这时候还没有回来。桑娜听着波涛的轰鸣和狂风的怒吼，感到心惊肉跳。

古老的钟发哑地敲了十下，十一下……始终不见丈夫回来。桑娜沉思：丈夫不顾惜身体，冒着寒冷和风暴出去打鱼，她自己也从早到晚地干活，还只能勉强填饱肚子。孩子们没有鞋穿，不论冬夏都光着脚跑来跑去；吃的是黑面包，菜只有鱼。不过，孩子们都还健康，没什么可抱怨的。桑娜倾听着风暴的声音。“他现在在哪儿？老天啊，保佑他，救救他，开开恩吧！”她自言自语着。

睡觉还早。桑娜站起身来，把一块很厚的围巾包在头上，提着马灯走出门去。她想看看灯塔上的灯是不是亮着，丈夫的小船能不能望见。海面上什么也看不见。风掀起她的围巾，卷着被刮断的什么东西敲打着邻居小屋的门。桑娜想起了傍晚就想去探望的那个生病的女邻居。“没有一个人照顾她啊！”桑娜一边想一边敲了敲门。她侧着耳朵听，没有人答应。

“寡妇的日子真困难啊！”桑娜站在门口想，“孩子虽然不算多——只有两个，可是全靠她一个人张罗，如今又加上病。唉，寡妇的日子真难过啊！进去看看吧！”

桑娜一次又一次地敲门，仍旧没有人答应。

“喂，西蒙！”桑娜喊了一声，心想，莫不是出什么事了？她猛地推开门。

屋子里没有生炉子，又潮湿又阴冷。桑娜举起马灯，想看看病人在什么地方。首先投入眼帘的是对着门的一张床，床上仰面躺着她的女邻居。她一动不动。桑娜把马灯举得更近一些，不错，是西蒙。她头往后仰着，冰冷发青的脸上显出死的宁静，一只苍白僵硬的手像要抓住什么似的，从稻草铺上垂下来。就在这死去的母亲旁边，睡着两个很小的孩子，都是卷头发、圆脸蛋，身上盖着旧衣服，蜷缩着身子，两个浅黄头发的小脑袋紧紧地靠在一起。显然，母亲在临死的时候，拿自己的衣服盖在他们身上，还用旧头巾包住他们的小脚。孩子呼吸均匀而平静，睡得正香甜。

桑娜用头巾裹住睡着的孩子，把他们抱回家里。她的心跳得很厉害，自己也不知道为什么要这样做，但是觉得非这样做不可。她把这两个熟睡的孩子放在床上，让他们同自己的孩子睡在一起，又连忙把帐子拉好。

桑娜脸色苍白，神情激动。她忐忑不安地想："他会说什么呢？这是闹着玩的吗？自己的五个孩子已经够他受的了……是他来啦？……不，还没来！……为什么把他们抱过来啊？……他会揍我的！那也活该，我自作自受……嗯，揍我一顿也好！"

门吱嘎一声，仿佛有人进来了。桑娜一惊，从椅子上站起来。

"不，没有人！天啊，我为什么要这样做？……如今叫我怎么对他说呢？……"桑娜沉思着，久久地坐在床前。

门突然开了，一股清新的海风冲进屋子。魁梧黧黑的渔夫拖着湿淋淋的被撕破了的渔网，一边走进来，一边说："嘿，我回来啦，桑娜！"

"哦，是你！"桑娜站起来，不敢抬起眼睛看他。

"瞧，这样的夜晚！真可怕！"

"是啊，是啊，天气坏透了！哦，鱼打得怎么样？"

"糟糕，真糟糕！什么也没有打到，还把网给撕破了。倒霉，倒霉！天气可真厉害！我简直记不起几时有过这样的夜晚了，还谈得上什么打鱼！还好，总算活着回来啦。……我不在，你在家里做些什么呢？"

渔夫说着，把网拖进屋里，坐在炉子旁边。

"我？"桑娜脸色发白，说，"我嘛……缝缝补补……风吼得这么凶，真叫人害怕。我可替你担心呢！"

"是啊，是啊，"丈夫喃喃地说，"这天气真是活见鬼！可是有什么办法呢！"

两个人沉默了一阵。

"你知道吗？"桑娜说，"咱们的邻居西蒙死了。"

"哦？什么时候？"

"我也不知道，大概是昨天。唉！她死得好惨啊！两个孩子都在她身边，睡着了。他们那么小……一个还不会说话，另一个刚会爬……"桑娜沉默了。

渔夫皱起眉，他的脸变得严肃、忧虑。"嗯，是个问题！"他搔搔后脑勺说，"嗯，你看怎么办？得把他们抱来，同死人待在一起怎么行！哦，我们，我们总能熬过去的！快去！别等他们醒来。”

但桑娜坐着一动不动。

“你怎么啦？不愿意吗？你怎么啦，桑娜？”

“你瞧，他们在这里啦。”桑娜拉开了帐子。

汹	涌	澎	湃	熄	掀	困
唉	淋	嘿	糟	嘛	皱	勺

○快速默读课文，说说课文主要讲了一件什么事。

○从课文中找出描写人物对话和心理活动的句子，有感情地读一读。说说从这些描写中，可以看出桑娜和渔夫是怎样的人。

○渔家的小屋“温暖而舒适”，这样的环境描写对刻画桑娜这个人物有什么作用？找出课文中其他描写环境的句子，体会它们的作用。

小练笔

> “是啊，是啊，”丈夫喃喃地说，“这天气真是活见鬼！可是有什么办法呢！”
> 两个人沉默了一阵。

沉默中，桑娜会想些什么呢？联系课文内容，写一写桑娜的心理活动。

26. 下面是统编版小学语文六年级下册第五单元的习作任务，请你围绕习作主题以简案的方式，设计科幻故事写作指导教学过程。

要求：教学过程能够做到内容安排合理。

插上科学的翅膀飞

想象一下，如果大脑能直接从书上拷贝知识，如果人能在火星上生活，如果你能用时光机穿越时空回到恐龙时代……会发生些什么？

让我们写一个科幻故事，将头脑中天马行空的想象记录下来。

写之前和同学交流：你印象最深刻的科幻故事是什么？故事里写了哪些现实中并不存在，却看起来令人信服的科学技术？这些科学技术对人们的生活和命运产生了什么影响？

交流之后大胆设想：在你的笔下，人物的生活环境会是怎样的？他们可能运用哪些不可思议的科学技术？这些科学技术使故事中的人物有了怎样的奇特经历？放飞想象，让你的故事把读者带进一个神奇的科幻世界。

写好以后和同学交流，看看谁写的科幻故事奇特而又令人信服。

六、写作题(本大题共40分)

27. 阅读材料,完成写作。

流动的河水是决绝的,又是了无牵挂的,你在与不在它都在流淌,犹如时间的流逝,你不可以挽留它,也不可以凝固它。你约束不了它,也抵挡不了它的恣睢和泛滥。

请根据材料,结合自身的感悟和思考,自拟题目,写一篇文章。

要求:(1)自选角度,立意明确;(2)联系实际,不拘泥于给定材料;(3)思路清晰,语言流畅;(4)总字数不少于800字。

2022年江苏省南京市教师招聘考试真题试卷(精编)(五)

语 文

(满分100分)

本套试卷共22小题,包括单项选择题(10小题)、文言文阅读题(5小题)、现代文阅读题(3小题)、教学设计题(3小题)、写作题(1小题)。目前已收录21小题。

一、单项选择题(本大题共10小题,每小题2分,共20分)

1. 下面语段中加点字字音和空缺处的字形,全部正确的一项是( )

真正的知识分子应当能直面现实,针( )时弊,而不会在熙熙攘攘的尘世中为名利所挟持,摈弃原则,( )灭良心,蜕变成一个精致的利己主义者。

A. 贬 xiá bǐn 抿　　B. 砭 xié bìn 泯

C. 贬 xié bìn 泯　　D. 砭 xiá bǐn 抿

2. 下列语句中加点的成语,使用正确的一项是( )(常考)

A. 经过一段时间的认真准备,小赵在模拟考试中不孚众望,再一次取得了骄人的成绩。

B. 尽管生活条件十分艰苦,但小钱却不以为然,天天早出晚归,决心要为祖国做出贡献。

C. 老孙平日里与同事的关系融洽,也常热心助人,退休后,来看望他的人不绝如缕。

D. 老李喜欢吹牛,经常胡乱剪辑一些耸人听闻的假新闻视频,发在自媒体上吸引流量。

3. 下列作家、作品和作品人物对应正确的一项是( )(易错)

A. 孔尚任—《桃花扇》—侯方域

B. 肖洛霍夫—《静静的顿河》—聂赫留朵夫

C. 莫言—《许三观卖血记》—大乐、二乐、三乐

D. 莎士比亚—《叶甫盖尼·奥涅金》—奥菲利亚

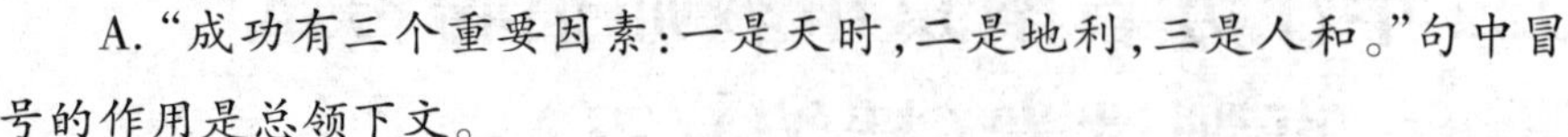
4. 对下列语文知识的理解,不正确的一项是(　　)(易错)

第4题

A.“成功有三个重要因素:一是天时,二是地利,三是人和。”句中冒号的作用是总领下文。

B.“小学”这个词古今意义相同,都是指6~12岁儿童所经历的学习阶段。

C.“郊原草树正凋零,历历高楼见杳冥。”首联呼应诗题“岁暮登黄鹤楼”,营造出旷远幽寂的氛围。

D.“主人下马客在船,举酒欲饮无管弦”与“谈笑间,樯橹灰飞烟灭”有相同的修辞手法。

5. 下列宣传标语与括号中的校园场景对应不恰当的一项是(　　)

第5题

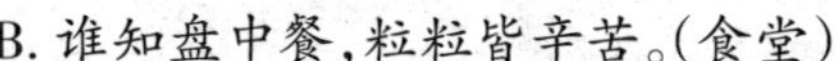
A. 一年之计在于春,一日之计在于晨。(教室)

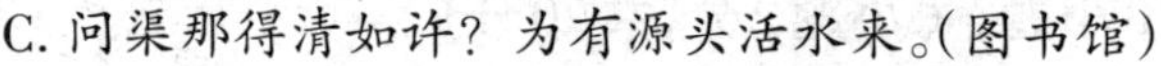
B. 谁知盘中餐,粒粒皆辛苦。(食堂)

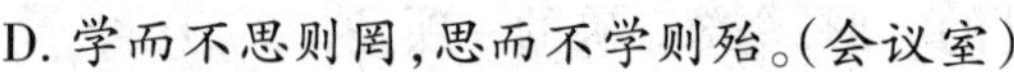
C. 问渠那得清如许?为有源头活水来。(图书馆)

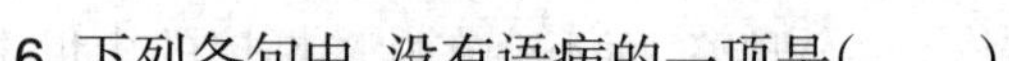
D. 学而不思则罔,思而不学则殆。(会议室)

6. 下列各句中,没有语病的一项是(　　)

A. 某些品牌经销商为了在“年度单王”评选中获得好名次,不惜通过造“假单”制造销售火爆的假象,这显然违背了活动组织方原来的初衷。

B. 文化古镇不仅是中国的建筑遗产,有些还进入世界文化遗产名录成为全世界人民共同的文化财富。

C. 高三年级管委会自从请张教授做了学习方法和效率的讲座之后,同学们的学习方法得到改善,学习效率大大提高。

D. 河南卫视《舞千年》系列节目反响巨大,中华民族的优秀文化和设计精美的民族舞蹈引发了观众广泛而热烈的讨论和思考。

7. 填入下面文段中的文字,衔接最恰当的一项是(　　)

杨绛先生说,读书是为了遇见更好的自己。书里不光有风花雪月,也有________;有小桥流水,也有________;有轻歌曼舞,也有________;有杨柳依依,也有________;有春风旖旎,也有秋雨缠绵。总之你想要的一切都藏在书中,刻在岁月的眉眼上。有人说,真正的好文字如春风拂面,雨中红莲,也是雪落梅花,暗香盈盈。

①大漠孤烟　　②气冲霄汉　　③沧海桑田　　④去棹归帆

A. ④①②③　　B. ②④①③　　C. ③①②④　　D. ③④②①

8. 下列诗句未使用“托物言志”手法的一项是(　　)(易混)

第8题

A. 落红不是无情物,化作春泥更护花。

B. 不要人夸好颜色,只留清气满乾坤。

C. 咬定青山不放松，立根原在破岩中。

D. 桃花潭水深千尺，不及汪伦送我情。

9. 下列诗句没有表达“羁旅漂泊”情思的一项是(　　)

第9题

A. 有约不来过夜半，闲敲棋子落灯花。

B. 乡书何处达？归雁洛阳边。

C. 姑苏城外寒山寺，夜半钟声到客船。

D. 鸡声茅店月，人迹板桥霜。

10. 下列对文段内容的解说，不正确的一项是(　　)

大力弘扬创新精神，就要在独创独有上施展作为，在关键核心技术上敢于突破。习近平总书记指出:“自力更生是中华民族自立于世界民族之林的奋斗基点，自主创新是我们攀登世界科技高峰的必由之路。”我国科技整体水平大幅上升，但自主创新能力不强、关键核心技术尚受制于人的局面还没有从根本上改变。从“两弹一星”成功研制，到国产航母跃然于世，无不充分说明，关键核心技术是要不来、买不来、讨不来的，必须立足自主创新、自立自强。面向世界科技前沿、面向国民经济主战场、面向国家重大战略需求，在解决受制于人的重大瓶颈问题上强化担当作为。正是当代科技工作者的职责使命。

A. 在关键核心技术上进行突破，实现核心技术的独创和独有，是创新精神的具体表现。

B. 习总书记的讲话从民族振兴和国家发展的高度指出了自主创新的重要性和必要性。

C. “两弹一星”和国产航母的成功研制说明我国核心技术受制于人的局面得到了根本改变。

D. 一个国家的创新精神的秉承、实践和弘扬，依赖于科技工作者的职责使命和担当意识。

二、文言文阅读题(本大题共5小题，共16分)

阅读下面的文言文，完成第11～15题。

阚泽字德润，会稽山阴人也。家世农夫，至泽好学，居贫无资，常为人佣书，以供纸笔，所写既毕，诵读亦遍。追师论讲，究览群籍，兼通历数，由是显名。察孝廉，除钱塘长，迁郴令。

孙权为骠骑将军，辟补西曹掾；及称尊号，以泽为尚书。嘉禾中，为中书令，加侍中。赤乌五年，拜太子太傅，领中书如故。

泽以经传文多，难得尽用，乃斟酌诸家，刊约《礼》文及诸注说以授二宫，为制行出入及见宾仪，又著《乾象历注》以正时日。每朝廷大议，经典所疑，辄咨访之。以儒学勤劳，封都乡侯。性谦恭笃慎，宫府小吏，呼召对问，皆为抗礼。

人有非短，口未尝及，容貌似不足者，然所闻少穷。权尝问："书传篇赋，何者为美？"泽欲讽喻以明治乱，因对贾谊《过秦论》最善，权览读焉。

初，以吕壹奸罪发闻，有司穷治，奏以大辟，或以为宜加焚裂，用彰元恶。权以访泽，泽曰："盛明之世，不宜复有此刑。"权从之。又诸官司有所患疾，欲增重科防，以检御臣下，泽每曰"宜依礼、律"，其和而有正，皆此类也。

六年冬，卒。权痛惜感悼，食不进者数日。

（有删改）

11. 下列加点字的解释，不正确的一项是(　　)(2分)

A. 刊约《礼》文及诸注说以授二宫　　刊约：颁布，约定

B. 又著《乾象历注》以正时日　　著：撰写

C. 人有非短，口未尝及　　非短：议论过失或指出短处

D. 权痛惜感悼　　感悼：感伤哀悼

12. 下列对文中加点词语及相关内容的解说，不正确的一项是(　　)(2分)

A. 历数：古人通过观测天象以推算年时节候的方法，即历法。

B. 孝廉：汉代开始选拔官吏的科目之一，孝为孝悌，廉为清廉。

C. 尊号：古人除了名之外，还有字和号，文中指对别人字号的尊称。

D. 乾象：即天象。古人认为天象的变化与人事的变动有关联。

13. 下列对原文有关内容的概括和分析，不正确的一项是(　　)(2分)

A. 阚泽年轻时喜欢读书，但没有钱读书，就通过替人家抄书的方式来赚取纸笔的费用。

B. 阚泽一生历官多职，先后任钱塘长、郴州令、骠骑将军、西曹掾、尚书以及中书令、太子太傅等官职。

C. 阚泽为人谦虚、恭敬、忠厚、谨慎，即使与宫中府中小吏对话，也总是以平等的礼节相待。

D. 阚泽博览群书，学问深厚，朝堂上出现了大的纷争就会咨询他的意见，孙权也常听从他的建议。

14. 把文中画横线的句子翻译成现代汉语。

(1)泽欲讽喻以明治乱，因对贾谊《过秦论》最善，权览读焉。(3分)

(2)有司穷治,奏以大辟,或以为宜加焚裂,用彰元恶。(4分)

15. 文中哪些内容表现了阚泽"和而有正"的特点?请简要概括。(3分)

三、现代文阅读题(本大题共3题,共16分)

阅读下面的文章,完成第16~18题。

鹊　起

津子围

天气好的时候,老庞总是出现在街心公园,坐在斜角那条磨出本色的木椅上。从青草发芽到花瓣缤纷,从树叶遍地到雪地暖阳,时间长了,不仅很多人认识老庞,连梧桐树枝上的喜鹊,见到老庞都不停地欢叫。

椅子另一端坐的是苏颖奶奶,她和老庞谁都不瞅谁,眼睛望着前方,仿佛前方有无尽的景色和岁月。他们眼前是一片老街区,是整个城市最早生长的地方,难得地保留了下来。从空中俯瞰,那里成了四面围着高楼的"天井",老建筑的年龄很大,外墙已经上了"包浆",却有着温暖祥和的气场。

"喂喜鹊了吗?"苏颖奶奶问了一句。

老庞好一会儿才说话:"早晨喝的牛奶有点儿凉,烧心!"

"小不点儿去幼儿园了吗?"

"这个月的退休金昨天到账的!"

两人你一句我一句,前言不搭后语。

"生二女儿时你不在身边……"苏颖奶奶说。

"昨天下雨了吗?前天,前天好不好?"

"我说二女儿,你扯什么雨。"

"你老糊涂了?老二不是儿子嘛!"

"你才老糊涂了呢……那时候你一出海就三四个月……"

"我从没出过海……那是支援三线建设……"

"海上三线?"

"说你糊涂了还不服气,海上哪有三线?是西北,大西北!"

"编,老了老了,怎么还会编了呢?"

"我虽然不算铁骨铮铮,但也是一条硬汉,好几次要见到死神了,咬咬牙,还是回

来了。”

“你是条硬汉，家里可苦了我了，一家老小，省吃俭用，那些日子都不知道是怎么挨过来的。”

“你是不容易，付出太多了，你劳苦功高，是这个家的大功臣总行了吧?”

“我可不图你表扬……要说苦累，你也苦累，我记恨你的是，你从不把我放在心上……一两个月也不写个信，好不容易盼到一封信吧，写得跟电报似的，就说生老二的时候吧……”苏颖奶奶开始唠叨了，一旦进入唠叨节奏就不容易停歇，还不免掺杂着抱怨。说到一半儿，一只喜鹊落在苏颖奶奶脚下，她连忙去照顾喜鹊，喜鹊飞走了，苏颖奶奶问:“我刚才说到哪儿了?”

老庞瞅了瞅她，沉着脸说:“说完了!”

夕阳暖融融地照在“口袋公园”的树上、草坪上，椅子和两位老人留下拉长的影子。苏颖奶奶过来搀扶老庞，她贴着老庞的耳边说:“我真是倒了八辈子霉，怎么偏偏嫁了你，受了一辈子罪!”老庞侧过脸偷笑着，如孩子般顽皮地伸了一下舌头。

一连几天，老庞没见到苏颖奶奶，他似乎找不到谁去问问，身边显得空空荡荡。“老东西，跑哪儿去了呢?”

不知什么时候，苏颖出现了，她有些迟疑地走到老庞身边。苏颖问老庞:“您是庞大爷吧?”

老庞愣愣地看着苏颖，他一时又记不起自己是谁了。

“我是苏颖，我奶奶让我来找您的。”

“你奶奶?”

苏颖似乎明白了，她蹲在老庞跟前，问:“大爷，您是不是总坐拐角这条椅子?”老庞摇了摇头，又点了点头。

“经常跟您坐在这条椅子上的老太太，是我奶奶。”

老庞点了点头，又摇了摇头。

“我奶奶周五进医院了，昨天晚上才醒过来，她让我给您捎个信儿。”

“你奶奶住院了? 要紧吗?”

“现在没事儿了，已经过了危险期……”

“你刚才说你奶奶……也坐在这条椅子上?”

“是啊。”

“经常坐在这条椅子上?”

“是。”

“你确定?”

“以前，我从远处看见过您，见您和奶奶聊天，只是没这么近距离……”

“走！”老庞用力站起来，“……哪家医院？”

“我奶奶没想让您去探视，她只是让我给您传个话儿。”

“走，你带我去！”老庞拉住苏颖的胳膊。

苏颖不好违拗，只好拉着老庞的手，这时，他们身后传来清脆的铃声，驻足间，自行车锻炼者从他们身边快速闪过，铃声使得老庞的意识水洗过一般清晰起来——老婆自行车车把上挂着尼龙绸菜袋子，站在街口对他微笑，那是她最后一个微笑，是的，他老婆在20年前就离世了。

老庞步履蹒跚，跟着苏颖向外马路走去，两只喜鹊倏地从草地上鹊起，跟随在老庞和苏颖身后，仿佛起舞。

16. 请赏析文中老庞与苏颖奶奶对话的艺术效果。(6分)

17. 小说以“鹊起”为题有何妙处，请简要概括。(4分)

18. 请结合小说情节分析老庞这一人物形象的特点。(6分)

四、教学设计题(本大题共3小题，共18分)

根据所给文章，以六年级学生为教学对象，按要求完成相关教学设计。

故乡在远方

张抗抗

我总觉得自己是一个流浪者。

几十年来，我漂泊不定、浪迹天涯。我走过田野、穿过城市，我到过许多许多地方。

我从哪里来？哪儿是我的故园我的家乡？

我不知道。

19岁那年我离开了杭州城。水光潋滟、山色空蒙的西子湖畔是我的出生地。离杭州100里水路的江南小镇洛舍是我的外婆家。

然而，我只是杭州的一个过客，我的祖籍在广东新会。我长到30岁时，才同我的父母一起回过广东老家。老家有翡翠般的小河、密密的甘蔗林和神秘幽静的榕树岛。

夕阳西下时，我看见大翅长脖的白鹳灰鹳急急盘旋回巢，巨大的榕树林上空遮天蔽日，鸟声盈盈。那就是闻名于世的小鸟天堂。新会县世为葵乡，小河碧绿的水波上，一串串细长的小船满载清香弥漫的葵叶，沉甸甸贴水而行，悠悠远去……

但老家于我，却已无故园的感觉。没有一个人认识我，我也并不真正认识一个人。我甚至说不出一句完整地道的家乡方言。我和我早年离家的父亲，犹如被放逐的弃儿，在陌生的乡音里，茫然寻找辨别着这块土地残留给自己的根性。

梦中常常出现的是江南的荷池莲塘，春天嫩绿的桑树地里透紫酸甜的桑葚儿，秋天金黄璀璨的柚子，冬天过年时挂满厅堂的酱肉粽子、鱼干，还有一锅喷香喷香的煮芋艿……

暑假寒假，坐小火轮去洛舍镇外婆家。镇东头有一座大石桥，夏天时许多光屁股的孩子从桥墩上往河里跳水，那小河连着烟波浩渺的洛舍漾，我曾经在桥下淘米，竹编的淘箩湿淋淋从水里拎起，珍珠般的白米上扑扑蹦跳着一条小鱼儿……

而外婆早已过世了。外婆走时就带走了故乡。其实外婆外公也不是地道的浙江人氏。听说外婆的祖上是江苏丹阳人，不知何年移来德清洛舍。又听说洛舍其名是早年此地曾有一支移民来自洛阳，洛阳人之舍，谓之洛舍。由此看来，外婆外公的祖籍也难以考证，我魂牵梦萦的江南小镇，又何为我的故乡？

所以对于我从小出生长大的杭州城，便有了一种隐隐的隔膜和猜疑。自然，我喜欢西湖的柔和淡泊，喜欢植物园的绿草地和春天时香得醉人的含笑花，喜欢冬天时满山的翠竹和苍郁的香樟树……但它们只是我摇篮上的饰带和点缀，我欣赏它们赞美它们，但它们不属于我。每次我回杭州探望父母，在嘈杂喧闹的街巷里，自己身上那种从遥远的异地带来的“生人味”，总使我觉得同这里的温馨和湿润格格不入……

我究竟来自何方？

更多的时候，我会凝神默想着那遥远的冰雪之地，想起笼罩在雾霭中的幽蓝色的小兴安岭群山。踏着没膝深的雪地进山去，灌木林里尚未封冻的山泉一路叮咚欢歌，偶有暖泉顺坡溢流，便把低洼地的塔头墩子水晶一般封存，可窥见冰层下碧玉般的青草。山里无风的日子，静谧的柞树林中轻轻慢慢地飘着小清雪，落在头巾上，不化，一会儿就亮晶晶地披了一肩，是雪女王送你的礼物。若闭上眼睛，能听见雪花亲吻着树叶的声音。那是我21岁的生命中，第一次发现原来落雪有声，如桑蚕啜叶，婴童吮乳，声声有情。

那时住帐篷，炉筒一夜夜燃着粗壮的大木棒，隆隆如森林火车，如林场的牵引拖拉机轰响，时时还夹着山脚下传来的咔咔冰崩声……山林里的早晨宁静而妩媚，坡上的林梢一抹玫瑰红，淡紫色的炊烟缠绵缭绕，门前的白雪地上，又印上了夜里悄悄来过的不知名的小动物一条条丝带般的脚印儿，细细辨认，如梅花如柳梢亦如一个个问号，清晰又杂乱地蜿蜒于雪原，消失于密林深处……

那些神秘的森林居民给予我无比的亲切感，曾使我觉得自己也是否应该从此留在这里。

小小的脚印沉浮于无边的雪野之上，恰如我们漂泊动荡的青春年华。

我19岁便离开了我的出生地杭州城，走向遥远而寒冷的北大荒。

那时我曾日夜思念我的西湖，我的故园在温暖的南方。

但现在我知道，我已没有了故乡。我们总是在走，一边走一边播撒着全世界都能生长的种子。我们随遇而安，落地生根；既来则定，四海为家。我们像一群新时代的游牧民族，一群永无归宿的流浪移民。也许我走过了太多的地方，我已有了太多的第二故乡。

然而在城市闷热窒息的夏日里，我仍时时想起北方的原野，那融进了我们青春血汗的土地。那里的一切粗犷而质朴。20年的日月就把我这样一个纤弱的江南女子，磨砺得柔韧而坚实起来。以后的日子，我也许还会继续流浪，在这极大又极小的世界上，寻觅着、创造着自己精神的家园。

19. 作者到底有没有故乡，这会是困扰学生的问题。请设计三个问题帮助学生理解。（6分）

20. 请设计教学步骤，指导学生以校园景物的四季变化为写作对象，仿写文章的第6自然段。（6分）

21. 请为本课教学设计板书。（6分）

2022年山西省特岗教师招聘考试真题试卷(六)

语　文

(满分100分)

本套试卷共27小题,分为两部分,第一部分教育基础知识,包括单项选择题(5小题);第二部分学科专业知识,包括选择题(8小题)、填空题(5小题)、阅读理解(8小题)、写作(1小题)。

第一部分　教育基础知识

一、单项选择题(本大题共5小题,每小题2分,共10分)

1. 习近平总书记说:"广大教师要始终同党和人民站在一起,自觉做中国特色社会主义的坚定信仰者和忠实实践者,忠诚于党和人民的教育事业,自觉把党的教育方针贯彻到教学管理工作全过程,严肃认真对待自己的职责。"这句话指出做"好老师"要有(　　)

A. 仁爱之心　　B. 扎实学识　　C. 道德情操　　D. 理想信念

2.《义务教育课程方案(2022年版)》指出:义务教育要在坚定理想信念、厚植爱国主义情怀、加强品德修养、增长知识见识、培养奋斗精神、增强综合素质上下功夫,使学生(　　)

A. 有信念、有本领、有责任　　B. 有理想、有本领、有担当

C. 有信念、有知识、有担当　　D. 有理想、有知识、有责任

3. 下列不属于我国古代蒙学教材的是(　　)(易错)

A.《千家诗》　　B.《孟子》　　C.《算学启蒙》　　D.《三字经》

4. 一般来说,小学生的思维水平处于(　　)(常考)

A. 感知运动阶段　　B. 前运算阶段

C. 具体运算阶段　　D. 形式运算阶段

5.《中华人民共和国家庭教育促进法》指出,国家和社会为家庭教育提供(　　)

A. 指导、支持和服务　　B. 指导、支持和协助

C. 指导、支持和帮助　　D. 指导、支持和配合

第二部分　学科专业知识

二、选择题(本大题共8小题,每小题2分,共16分)

6. 下列词语中加点的字,读音有误的一组是(　　)(常考)

A. 削皮(xiāo)　剥削(xuē)　百舸争流(gě)　咬文嚼字(jiáo)

B. 正月(zhēng)　折本(shé)　强词夺理(qiǎng)　煊赫一时(xuān)

C. 呜咽(yè)　铁锤(chuí)　一丘之貉(hé)　一曝十寒(pù)

D. 巷道(xiàng)　佣金(yòng)　数典忘祖(shǔ)　余勇可贾(jiǎ)

7. 下列词语中有错别字的一组是(　　)

A. 风雨如晦　史无前例　无独有偶　如法炮制

B. 蓬荜生辉　孺子可教　歃血为盟　姗姗来迟

C. 摩肩接踵　火中取栗　直接了当　轻歌慢舞

D. 提纲挈领　勠力同心　病入膏肓　画地为牢

8. 下列各句中加点词语的使用,全部正确的一项是(　　)(易错)

①袁老师题为《狭路相逢勇者胜》的演讲,对一部分同学考前临阵退缩、信心不足等现象进行了分析,可谓鞭辟入里,给人启迪。

②无论是从医护人员的集体荣誉出发,还是从社会的公共利益出发,全面深化改革都刻不容缓。这次改革能不能让医生得到社会应有的尊重呢?我们刮目相看。

③几十年飞云掣电,互联网正在以前所未有的速度和能量,让远隔万里的人们“鸡犬之声相闻”,将人类发展的进程调整到同一节奏上。

④在党员教育学习活动中,我们单位的领导不仅通过各种形式和途径,引导广大党员见贤思齐,而且纠正了个别党员独善其身的个人主义处世哲学。

⑤在韩国,教育支出跟家庭收入挂钩,极大影响了教育机会的均衡分配,继而造成教育质量良莠不齐等现象,引发社会关注。

⑥这个周末,恰逢秋阳高照,朗朗乾坤,金灿灿的柑橘挂满枝头,红彤彤的柿子频频点头。碧水青山相映成趣,令人赏心悦目。

A. ①③④　　B. ①③⑤　　C. ②④⑥　　D. ②⑤⑥

9. 下列交际用语使用得体的一项是(　　)

A. 我们美女帮你搬家,一定会让你的寒舍蓬荜生辉的。

B. 您的令郎和我的令爱,的确是一对佳偶。

C. 他一生专研,著作等身,享誉世界,今日从大洋彼岸回到母校,当年的同学大都已白发苍苍,执手相看,老泪纵横,“久仰了,久仰了!”。

D. 如果说黄某今日取得了什么成绩的话，那也是仰仗在座诸位的鼎力相助，承蒙厚爱，不胜感激。

阅读下面的文字，完成10～13小题。

因为我的某些批评性文章，【甲】有读者问我为什么不多写些“光明的东西”，好让他有力量。如果我是一个卖手电筒的，我会立即赠送他几节电池。________，对于一个以思考为业的人，什么是光明却不容易判断。他唯一确定并能为之尽力的本分是________以明辨是非。而明辨是非本身就是一种力量。

这些年，我写过不少或明或暗的文章。总结起来，我对社会的批评，是基于事实的世界，不能________；【乙】而我对人生的思考，是基于意义的世界，可以颠倒黑白。我这样说并不是________，(　　)。【丙】人心是个奇妙的东西，同一种境遇，有人视之为地狱，有人则视之为天堂；【丁】同一首诗歌，有人看到光辉；有人看到颓丧。

10. 依次填入文中横线上的词语，全都恰当的一项是(　　)

A. 然而　挖空心思　指鹿为马　故弄玄虚

B. 但是　殚精竭虑　混淆是非　弄虚作假

C. 然而　殚精竭虑　指鹿为马　故弄玄虚

D. 但是　挖空心思　混淆是非　弄虚作假

11. 文中画横线的甲、乙、丙、丁句，标点有误的一项是(　　)

A. 甲　　B. 乙

C. 丙　　D. 丁

12. 文中画波浪线的句子有语病，下列修改最恰当的一项是(　　)

A. 在一个以思考为业的人来说，什么是光明却不容易知道。

B. 对于一个以思考为业的人来说，什么是光明却不容易判断。

C. 对于一个以思考为业的人来说，什么是光明却不容易知道。

D. 在一个以思考为业的人来说，什么是光明却不容易判断。

13. 下列填入文中括号内的语句，衔接最恰当的一项是(　　)

A. 而是强调既要在主观上看到人心的价值，又要在客观上尊重事实

B. 而是强调在客观上既要尊重事实，又要在主观上看到人心的价值

C. 而是强调在主观上既要看到人心的价值，又要在客观上尊重事实

D. 而是强调既要在客观上尊重事实，又要在主观上看到人心的价值

三、填空题(本大题共5小题，每空1分，共14分)

14. 编年体是中国史书的一种编写体制，按________顺序记述史实。例如《春秋》《左传》《资治通鉴》都是编年体史书。

15.“唐宋八大家”除了“三苏”以外,还有________、________、________、________、________。

16.《蜀道难》以惊叹发端,未语先嗟,直抒情怀。接着,诗人并没有对蜀道作静态的描写,而是抛出了一个动态的比喻:“________________,________________!”

17. 杜甫《登高》抒发漂泊异乡、年老体衰的惆怅之情,也蕴含着与生命的衰弱顽强抗争的精神的诗句是“________________,________________”。

18. 下面是晋阳中学高三年级邀请家长参加高考誓师大会的邀请函,至少有四处词语使用不当,请找出并作修改。

尊敬的家长:

您好!“虎气冲天战百日,青春筑梦续辉煌!”您的孩子百日后就要迎来生死未卜的高考了!为了给孩子们支持鼓励,增添自信,为了让孩子们在考场上奋力一击,创造奇迹,经学校研究决定,我校将于2022年3月5日(星期六)上午9:00在学校体育场举行高考百日誓师大会,我们诚挚地叫您前来参加。届时,您将会聆听孩子们的心声,感受他们的豪情。让我们共同见证莘莘学子们成长过程中这一难忘的时刻!让我们共同助力2022年高考!我们恭候您的惠顾!

晋阳中学

2022年3月3日

四、阅读理解(本大题共8小题,共30分)

(一)阅读下面的文言文,完成第19~22小题。

屈原者,名平。为楚怀王左徒。博闻强志,明于治乱,娴于辞令。入则与王图议国事,以出号令;出则接遇宾客,应对诸侯。王甚任之。怀王使屈原造为宪令,屈平属草稿未定,上官大夫见而欲夺之屈平不与因谗之曰王使屈平为令众莫不知每一令出平伐其功王怒而疏屈平。屈平疾王听之不聪也,方正之不容也,故忧愁幽思而作《离骚》。“离骚”者,犹离忧也。

时秦昭王与楚婚,欲与怀王会。怀王欲行,屈平曰:“秦,虎狼之国,不可信。不如毋行。”怀王稚子子兰劝王行:“奈何绝秦欢?”怀王卒行。入武关,秦伏兵绝其后,因留怀王,以求割地。怀王怒,不听。亡走赵,赵不内,复之秦,竟死于秦而归葬。

长子顷襄王立,以其弟子兰为令尹。楚人既咎子兰以劝怀王入秦而不反也。屈平既嫉之,虽放流,眷顾楚国,系心怀王,不忘欲反。其存君兴国,一篇之中三致志焉。令尹子兰闻之大怒,卒使上官大夫短屈原于顷襄王,顷襄王怒而迁之。

屈原至于江滨,被发行吟泽畔,颜色憔悴,形容枯槁。渔父见而问之曰:"子非三闾大夫欤?何故而至此?"屈原曰:"举世混浊而我独清,众人皆醉而我独醒,是以见放。"渔父曰:"夫圣人者,不凝滞于物,而能与世推移。举世混浊,何不随其流而扬其波?众人皆醉,何不餔其糟而啜其醨?"屈原曰:"人又谁能以身之察察,受物之汶汶者乎?宁赴常流而葬乎江鱼腹中耳,又安能以晧晧之白,而蒙世俗之温蠖乎?"乃作《怀沙》之赋。……于是怀石,遂自投汨罗以死。

太史公曰:"余读《离骚》《天问》《招魂》《哀郢》,悲其志。适长沙,观屈原所自沉渊,未尝不垂涕,想见其为人。"

(节选自《史记·屈原贾生列传》,有删改)

19. 下列对文中画波浪线部分的断句,正确的一项是(　　)(3分)

A. 上官大夫见而欲夺之/屈平不与因谗之/曰/王使屈平为令/众莫不知/每一令出平/伐其功/王怒而疏屈平

B. 上官大夫见而欲夺之/屈平不与因谗之/曰/王使屈平为令众/莫不知/每一令出/平伐其功/王怒而疏屈平

C. 上官大夫见而欲夺之/屈平不与/因谗之曰/王使屈平为令/众莫不知/每一令出/平伐其功/王怒而疏屈平

D. 上官大夫见而欲夺之/屈平不与/因谗之曰/王使屈平为令众/莫不知/每一令出平/伐其功/王怒而疏屈平

20. 下列对文中加点的词语相关内容的解说,不正确的一项是(　　)(3分)

A. 属,有"属于""连缀""撰写"的意思,也可与"嘱"通假,解释为"嘱咐""叮嘱"。文中"屈平属草稿未定"的"属"就是通假字。

B. 父,在古代常用作对男性长辈的称呼,如文中的"渔父",就是指打鱼的渔翁。

C. 太史公,一般指我国古代官方史料的专职记录者,在文中是司马迁的自称。

D.《天问》,通过对天地和人世等事物现象的发问,表现诗人探索真理的精神。

21. 下列对原文有关内容的概括和分析,不正确的一项是(　　)(3分)

A. 屈原富有才华,受到怀王赏识。他在为国家编写政令时,经常夸耀自己的功绩,招来同僚嫉妒,以致被流放。

B. 屈原明辨形势,反对秦国之行。怀王欲到秦国与昭王会面,屈原洞察秦国的虎狼实质,反对怀王前往秦国,但怀王不听,结果遭遇凶险。

C. 屈原品格高洁,不与世俗同流。对于自己的艰难处境,屈原有着清醒的认知,他不认同渔父要随世俗一同变化的看法,最后宁死守义,以身殉道。

D. 屈原自沉于汨罗江,以死殉国,他的作品感动了后人,他的殉国之事让后人流泪叹息,他高洁的品行让后人敬慕神往。

22. 把文中画横线的句子翻译成现代汉语。(4分)

(1)亡走赵,赵不内,复之秦,竟死于秦而归葬。

(2)屈原至于江滨,被发行吟泽畔,颜色憔悴,形容枯槁。

(二)阅读下面这首唐诗,完成第23～24小题。

过旧宅[①](其一)

李世民

新丰[②]停翠辇,谯邑[③]驻鸣笳[④]。

园荒一径新,苔古半阶斜。

前池消旧水,昔树发今花。

一朝辞此地,四海遂为家。

【注】①李世民生于武功别馆,后南征北战,统一全国,建立唐王朝。即位后,于三十五岁时重临武功旧宅,创作此诗。②新丰:刘邦仿老家丰地建城,并迁故旧居之,以娱太公,后更名为新丰。③谯邑:魏武帝曹操故里。④鸣笳:古代贵官出行,前导鸣笳以启路,这里指皇帝出巡到此。

23. 下列对这首诗的赏析,不恰当的一项是(　　)(3分)

A. 诗歌前两句扣题,同时用借代手法暗示作者帝王身份,又从视听角度在声色方面描绘出了帝王重归故里的荣耀气派。

B. 诗歌三、四两句描绘了旧宅环境,渲染出荒寂古朴、破败肃杀的氛围,整体上给人一种岁月流逝、人事变迁的感觉。

C. 诗歌多处对仗,气脉相连,言辞质朴,表达简约,这首非专业诗人创作的五言律诗,已呈现出初唐律诗的风貌特征。

D. 诗中作者重游故地,回忆往昔,述怀言志,其慷慨畅达之风与其平乱统一、建立功绩的气概胸襟是完全相符相应的。

24. 同样写出了自然气象的生机更替，此诗颈联与王湾《次北固山下》中的“海日生残夜，江春入旧年”一联在选用意象、抒发情感方面有何不同？请结合相应诗歌简要分析。(6分)

(三)阅读下面文字，完成第25～26小题。

王　全

汪曾祺

王全，又叫俅六。这地方管缺个心眼叫“俅”，读作“俏”。王全行六，据说有点缺个心眼，故名“俅六”。他是个老光棍，已经四十六岁了，有许多地方还跟个孩子似的。也许因为如此，大家说他俅。

他常到业余剧团看戏，在农闲排戏的时候。有时也帮忙抬桌子、挂幕布，有时会发些议论，最常用的是：“看看！”

不知道究竟为什么，他不当饲养员了。他跑到生产队去，说：“哎！我不喂牲口了，给我个单套车，我赶车呀！”马号组的组长跟他说，没用；生产队长跟他说，也没用。于是就如他所愿，让他去赶车，把原来在大田劳动的王升调进马号喂马。

我参加劳动，有时去跟车，常常跟他的车。他嘴上是不留情的。我上车，敛土，装粪，他老是回过头来眯着眼睛看我。有时索性就停下他的铁锹，拄着，把下巴搁在锹把上，歪着头看。而且还非常气愤，却又压抑着只从胸膛里发出声音“嗯”！忽然又变得非常温和起来，很耐心地教我怎么使家伙。“敛土嘛，左手胳膊肘子要靠住胳膝，胳膝往里一顶，借着这个劲，左手胳膊就起来了。嗳！嗳！对了！这样多省劲！是省劲不是？像你那么似的，架空着，单凭胳膊那点劲，我问你：你有多少劲？一天下来，不把你累乏了？”慢慢地，我干活有点像那么一回事了，他又言过其实地夸奖起我来：“不赖！不赖！像不像，三分样！你能服苦，能咬牙。你是个好样儿的！毛主席的办法就是高，——叫你们下来锻炼！”

他的车来了，老远就听见！不是听见车，是听见他嚷。他不大使唤鞭子，除非上到高坡顶上，马实在需要抽一下，才上得去，他是不打马的。

有一回，从积肥坑里往上拉绿肥，马怎么也拉不上去。他拼命地嚷：“喔喝！喔喝！咦喔喝！”

他生气了，拿起鞭子。可忽然又跳在一边，非常有趣地端详起他那匹马来，说："笑了！噫！笑了！笑啥来？"

这可叫我忍不住扑哧笑了。马哪里是笑哩！这是叫嚼子拽的在那里咧嘴哩：这么着"笑"了三次，到了也没上得去。最后只得把装到车上去的绿肥，又挖出一小半来，他在前头领着，我在后面扛着，才算上来了。

我问过他为什么不当饲养员了，他不说，说了些别的话。

他说马号组的组长不好。什么事都是个人逞能，不靠大伙。旗杆再高，还得有两块石头夹着；一个人再能，当不了四堵墙。

可是另一时候，我又听他说过组长很好，使牲口是数得着的，又会修车，又说他很辛苦，晚上还老加班……

他说，喂牲口是件操心事情。要熬眼。马无夜草不肥，要把草把料——勤倒勤添，一把草一把料地喂。牲口嘛！跟孩子似的，一黑夜你就老得守着侍候它，甭打算睡一点觉。

他说得最激动的是关于黑豆。他觉得牲口吃了黑豆好。

"每年我都说，俺们种些黑豆，种些黑豆。——不顶！"

我说："你提意见嘛！"

"提意见？哪里我没有提过意见？——不顶！马号组的组长！生产队！大田组！都提了，——不顶！提意见？提意见还不是个白！"

"你是怎么提意见的？一定是也不管时候，也不管地方，提的也不像是个意见。也不管人家是不是在开会，在算账，在商量别的事，只要你猛然想起来了，推门就进去：'哎！俺们种点黑豆啊！'没头没脑，说这么一句，抹头就走！"

"咦！咋的？你看见啦？"

"我没看见，可想得出来。"

他笑了。

这是春天的事。冬天里，发生了这么一场事，他把王升打了。

王升负责喂马后，慢慢地，车倌就有了意见，因为牲口都瘦了。他们发现他白天搞吃的，夜里老睡觉。喂牲口根本谈不上把草把料，大碗儿端！不仅如此，王全还发现，王升偷马料！王全找到王升，大拳头没头没脑地砸下来，打得王升孩子似的哭，爹呀妈地乱叫，一直到别人闻声赶来，剪住王全的两手，才算住。

王全又去喂马了！

王全喂了牲口，生产队就热闹了。三天两头就见他进去："人家孩子回来，也不吃，也不喝，就是卧着，这是使狠了，累乏了！告他们，不能这样！"

“人家孩子快下了，别叫它驾辕了！”

“人家孩子”怎样怎样了……我在这个地方待了一些时候了，知道这是这一带的口头语，管小猫小狗、小鸡小鸭，甚至是小板凳，都叫作“孩子”。但是这无论如何是一种爱称。尤其是王全说起来，有一种特殊的味道。那么高大粗壮的汉子，说起牲口来，却是那么温柔。

我离开这个农业科学研究所已经好几个月了，王全一直在喂马。现在，在我写这篇文章的时候，他就正在喂着马。夜已经很深了，这会儿，全所的灯都一定已经陆续关去，马圈的灯还亮着。灯光照见槽头一个一个马的脑袋。它们正在安静地、严肃地咀嚼着草料。时不时地，喷一个响鼻，摇摇耳朵，顿一顿蹄子。俅六——王全，正在夹着料笸箩，弯着腰，无声地忙碌着，或者停下来，用满怀慈爱的、喜悦的眼色，看看这些贵重的牲口。

王全的胸前佩着一枚小小的红旗，这是新选的红旗手的标志。

“看看！”

一九六二年五月二十日夜二时

（有删改）

25. 下列对小说相关内容和艺术特色的分析鉴赏，不正确的一项是（　　）（3分）

A. 和“我”一起劳动时，王全有时停下铁锹，歪头看“我”，他觉得“我”干活不像样，对“我”偷懒的行为感到气愤。

B. 王全常用“人家孩子”这一爱称来称呼他喂养的马，说明他对这些马的感情很深，对于喂马一事有着发自心底的热爱。

C. 小说中的“农闲”“生产队”“下来锻炼”等词语揭示了小说的时代背景，小说里的人和事有着较为鲜明的时代印记。

D. 小说结尾部分细腻的场景描绘是“我”的诗意想象，以“看看”二字来收尾，生动传神，余韵悠悠。

26. 王全的“俅”主要体现在哪些方面？请结合本文简要分析。（5分）

五、写作(本大题共30分)

27. 阅读下面的材料,根据要求写作。

材料一:现代奥林匹克之父顾拜旦说:“奥林匹克不是一场竞赛,而是一种源于内心的交流与融合。”

材料二:北京2022年冬奥会的奖牌命名为“同心”。五环同心,同心归圆,表达了“天地合·人心同”的中华文化内涵,也象征着奥林匹克精神将世界人民聚集在一起,共享冬奥荣光。

材料三:2022年北京冬季奥运会的吉祥物冰墩墩,将熊猫形象与冰晶外壳结合,体现了冬季冰雪运动和现代科技特点,表达出人与自然和谐共生的理念。冰墩墩一亮相,就赢得了人们的喜爱,常常一墩难求。

上述材料,引发了你怎样的思考和联想?请写一篇文章,表达你的看法和观点。

要求:选准角度,确定立意,明确文体,自拟标题;不要套作,不得泄露个人信息;不少于700字。

2022年福建省教师招聘考试真题试卷（精编）（七）

小学语文

（满分150分）

本套试卷共31小题，分为两部分，第一部分选择题，包括单项选择题（10小题）；第二部分非选择题，包括填空题（10小题）、文本解读（6小题）、教学设计与案例分析（4小题）、作文（1小题）。目前已收录23小题。

第一部分　选择题

一、单项选择题（本大题共2小题，每小题2分，共4分）

1. 下列词语中加点字读音全都正确的一项是（　　）（常考）

A. 分歧(qí)　蹒跚(sān)　匿名(nì)　祈(qǐ)祷

B. 菡(hān)萏　荫(yīn)蔽　徘徊(huái)　脑髓(suǐ)

C. 蝉蜕(tuì)　倜傥(dàng)　繁衍(yǎn)　迁徙(xí)

D. 驯(xùn)服　热忱(chén)　派遣(qiǎn)　坍(tān)塌

2. 下列词语中字形全部正确的一项是（　　）

A. 凋敝　棒槌　一贯　精简机构　B. 陷阱　诀别　廖阔　同等学历

C. 发泄　风靡　消弥　砰然心动　D. 布署　喝彩　循私　梳妆打扮

第二部分　非选择题

二、填空题（本大题共10小题，每小题2分，共20分）

3. 此中有真意，________。（陶渊明《饮酒》）

4. 造化钟神秀，________。（杜甫《望岳》）

5. ________，零丁洋里叹零丁。（文天祥《过零丁洋》）

6. ________，风烟望五津。（王勃《送杜少府之任蜀州》）

7. ________，独钓寒江雪。（柳宗元《江雪》）

8. 儿童文学作品《稻草人》的作者是________。

9.《鲁滨逊漂流记》是________（国别）作家笛福的作品。

10.《义务教育语文课程标准(2011年版)》建议在识字与写字教学过程中要“多认少写”,要求学生会认的字________同时要求会写。

11.《义务教育语文课程标准(2011年版)》建议综合性学习应突出学生的自主性,重视学生主动积极的参与精神,主要由学生自行设计和________,特别注重探索和研究的过程。

12.《义务教育语文课程标准(2011年版)》第三学段阅读目标要求,阅读说明性文章,能抓住________,了解文章的基本说明方法。

三、文本解读(本大题共6小题,共22分)

(一)阅读下面这首宋诗,完成第13题。

寄黄几复[注]

黄庭坚

我居北海君南海,寄雁传书谢不能。

桃李春风一杯酒,江湖夜雨十年灯。

持家但有四立壁,治病不蕲三折肱。

想见读书头已白,隔溪猿哭瘴溪藤。

【注】此诗作于宋神宗元丰八年,其时诗人监德州(今属山东)德平镇。黄几复:名介,南昌人,是黄庭坚少年时的好友,时为广州四会(今广东四会市)县令。

13. 请结合全诗意境,简析颔联“桃李春风一杯酒,江湖夜雨十年灯”。(5分)

(二)阅读下面文言文,完成第14~16题。

《精骑集》序(节选)

秦 观

予少时读书,一见辄能诵。暗疏①之,亦不甚失。然负此自放,喜从滑稽②饮酒者游。旬朔之间③,把卷无几日。故虽有强记之力,而常废于不勤。

比数年来,颇发愤自惩艾④,悔前所为;<u>而聪明衰耗,殆不如曩时十一二</u>。每阅一事,必寻绎数终⑤,掩卷茫然,辄复不省。故虽然有勤劳之劳,而常废于善忘。

【注】①暗疏:默写。②滑稽:诙谐善辩。③旬朔之间:指十天一月之内。④自惩艾:告诫自己注意改正错误。⑤寻绎数终:从头到尾翻寻几次。

14. 解释下列句子中加点词语。(2分)

①而常废于不勤　　废:

②比数年来　　比:

15. 将文中画线的句子翻译成现代汉语。(3分)

而聪明衰耗,殆不如曩时十一二。

16. 文章中写到教训的是哪两句?(2分)

(三)阅读下文,完成第17~18题。

脚　货

刘平平

张家婆每天都到城边一个小市场卖菜。菜是老头子自己种的,青菜、菠菜、香菜啥的,都是一大早从地里摘的,新鲜得很。张家婆和老头子就住城边,很近,菜装在一只背篓里,往背上一背,"咔哒咔哒"走二十分钟,就到小市场了。到了小市场,选个地儿,在地上铺一块塑料布,把菜整整齐齐码在上面,只等人来。

每天,张家婆都要专门留一点儿脚货。给一个小姑娘留的。

卖菜卖瓜果的,剩下的最后一点儿,叫脚货。脚货都是被人挑来挑去剩下的,价格很便宜。一般人不买脚货,蔫了吧唧的,品相不好。可有家里经济条件差、一分钱恨不得掰成两半花的,就喜欢午后去买脚货,能省一半多的钱。

那个小姑娘八九岁的样子,梳两条小辫子,一般是每天午后两点左右来买张家婆的脚货。小姑娘手里捏一张五元或十元的纸币,问:"老婆婆,这些菜一起买,多少钱?"张家婆想,一定是家里的大人怕丢面子,支小姑娘来买脚货的。经常买脚货,说明小姑娘家里很困难,或许,她家里有病人拖累;或许,她爸爸妈妈都没有工作;或许……张家婆想,那一家人的日子可真够难的。小姑娘每次来买脚货,张家婆都是连卖带送,有一次,一棵青菜、一棵棒菜,她只象征性地收了小姑娘六毛钱。张家婆想,反正都是老头子自己种的。

那个小姑娘让张家婆动了恻隐之心,每天,她都要专门给小姑娘留一点儿脚货。她帮不了小姑娘一家别的什么,只能做这个。

午饭就在小市场吃，一碗米饭，一碗豆花，张家婆就很满足。这天午饭后，又卖了一点儿菜，地摊上就只剩下一点儿脚货了：一把小白菜，一小堆二季豆。有人来问："一起买，多少钱？"

张家婆脸上挂着笑，说："不卖了，给人留的。"

这时候已经快下午两点。张家婆的目光下意识地四处瞅瞅，寻找那个小姑娘的身影。潜意识里，张家婆知道小姑娘肯定会来的。

"反正已经吃饭了，多等一下她。"张家婆想。

又有人来买脚货，张家婆还是说："不卖了，给人留的。"

这时候那些卖乡户菜的都回家了。有的卖完了，没卖完的，也懒得等了，走了。小市场里，就几个坐地贩子悠然自得地守着自己的菜摊，他们的菜价都是统一的，不便宜。

小市场里，就剩张家婆一个卖乡户菜的。

张家婆不知道，身后二楼一扇窗户后面，一个女人已经注意她一个多月了。那个女人看着张家婆辛苦卖菜的身影，就情不自禁想起了自己乡下的老母亲。老母亲也每天背着一背篓菜去镇上卖，常常一早出门，下午三四点钟才回家。老母亲从不把菜往回背，哪怕再便宜也要把脚货都卖完了才回家。老母亲说："能卖一点儿钱是一点儿。"

两年前，老母亲去世了。

像往常一样，女人拿出一张纸币，对放暑假在家的女儿说："倩倩，去，把楼下那个老婆婆的菜都买了。"女人不忍看着老人家为了卖掉最后一点儿菜一直守在那里，她想老人家早点儿回家。

小姑娘说："妈，上午您不是买了很多菜吗？"

女人说："叫你去你就去。买了老婆婆的菜，她就可以早点儿回家休息了。"

小姑娘捏着一张五元的纸币走到张家婆的菜摊前，问："老婆婆，这些菜一起买，多少钱？"

就一把小白菜和一小堆二季豆，张家婆笑吟吟说："一元。"

张家婆忍不住想问一些小姑娘家里的情况，但想想，又算了。看着小姑娘拎着菜离开，张家婆像完成了一件什么任务一样，心满意足地背着空背篓回家了。

小姑娘回到家里，说："妈！一元钱。"又说："老婆婆回家了。"

女人"嗯"了一声。她刚才一直注视着窗外，看着老人家慢慢走出了小市场。"为了一元钱，守了这么久。"女人想。

"老人家挣点钱也真不容易。"女人又想。

17. 简要分析张家婆是一个怎样的人。(4分)

18. 小说采用"误会"法,请简析其作用。(6分)

四、教学设计与案例分析(本大题共4小题,共38分)

(一)教学设计

19. 以《秋思》为教学内容,完成教学设计(教学对象为五年级学生)。(14分)

秋　思

张　籍

洛阳城里见秋风,欲作家书意万重。

复恐匆匆说不尽,行人临发又开封。

根据《义务教育语文课程标准(2011年版)》第三学段"阅读诗歌,大体把握诗意,想象诗歌描述的情境,体会作品的情感"的要求,就"洛阳城里见秋风,欲作家书意万重"设计一份教学过程的活动方案。

20. 假如以"劝说小朋友不要沉迷游戏"为话题进行口语交际教学,请依据《义务教育语文课程标准(2011年版)》"教学活动主要应在具体的交际情境中进行""让学生承担有实际意义的交际任务"等实施建议,为课程教学创设交际情境,设置交际任务,无需撰写整节课。(6分)

(二)案例分析

21. 阅读下面案例,按要求作答。

[**案例**]有位新入职的教师以上题《脚货》一文为小学五年级非习作单元的精读课文,设计了以下阅读教学目标:

①感受小说中人物形象,领悟关心付出与回报的真谛。

②揣摩小说中两个“误会”的作用,了解其艺术特色。

应以哪一条为教学重点?

①具有独立阅读的能力,学会运用多种阅读方法。(总体目标)

②在阅读中了解文章的表达顺序,体会作者的思想感情,初步领悟文章的基本表达方法。(第三学段目标)

③阅读教学是学生、教师、教科书编者、文本之间对话的过程。(教学建议)

从这位新入职教师已定的教学目标中确定一条为教学重点,并运用上述课标条文说明两条理由。(10分)

22. 小学语文试卷有这样的试题:“‘他在跑道上的身影,像一头飞奔的猎狗。’请问这句话运用了哪种修辞手法?”这样命题你赞同吗?请以《义务教育语文课程标准(2011年版)》中的“课程基本理念”和“关于语法修辞知识”的教学建议为依据,说明两条理由。(8分)

五、作文(本大题共50分)

23. 阅读下面的材料,根据要求写作。

材料一:2022年全国两会期间,全国政协委员巩汉林在两会提案中,建议公务员考试硬笔书法,他说:“你是个国家公务人员,连中国字都写不好,你不称职!”他的建议迅速引发热议,并在大众中产生强烈共鸣。

材料二:过年贴春联是中国人的传统习俗,以往的春联几乎都是手写的。近年来,市面上印刷的春联方便了大家,手写春联淡出了人们的视野。

书法是语文教学的重要内容,作为即将成为语文教师的你,上面的材料引发了你怎样的感悟和思考?请就此写一篇文章。要求:自选角度,自拟标题,自定文体(诗歌除外),不少于600字。不得套作、不得抄袭、不得泄露个人信息。

2021年天津市南开区教师招聘考试真题试卷(八)

语　文

(满分100分)

本套试卷共45小题,分为两部分,第一部分教育综合知识,包括单项选择题(20小题)、多项选择题(10小题);第二部分学科专业知识,包括诗词鉴赏(3小题)、文言文阅读(5小题)、现代文阅读(5小题)、教学能力考查(1小题)、写作(1小题)。

第一部分　教育综合知识

一、单项选择题(本大题共20小题,每小题0.5分,共10分)

1. 根据教育系统自身形式化的程度,可以将教育形态划分为(　　)

A. 抽象教育和具体教育

B. 集体教育和个性教育

C. 非制度化的教育和制度化的教育

D. 家庭教育、学校教育和社会教育

2. 在对知识进行分类时,主要有关"是什么"的知识属于(　　)(易错)

A. 陈述性知识　　B. 程序性知识　　C. 策略性知识　　D. 演绎性知识

3. 评价者根据一定的评价内容和标准,通过日常对评价对象的观察和了解,经过综合分析并以此对评价对象的品德状况给予终结性整体评定的方法是(　　)

A. 操行评定评价法　　B. 整体印象评价法

C. 操行计量评定法　　D. 代表性品德行为计量法

4. 下列选项中,体现教学设计指导性特征的是(　　)

A. 教师进行教学设计的过程,实质上就是实际教学活动的每个环节、每个步骤在教师头脑中的预演过程。

B. 教学设计是教师为组织和指导教学活动精心设计的施教蓝图,是教师有关下一步教学活动的一切设想。

C. 教师在设计教学方案时,可以有目的、有重点地突出某一种或几种教学要素,以达到特定的教学目标。

D. 教学设计的过程,实际上就是教师根据不同的教学目标和不同学生的特点,创造性地思考、设计教学实施方案的过程。

5. 下列对教师职业的基本特征说法正确的是(　　)(常考)

①教师职业是专门性的职业

②教师职业是以教书育人为职责的创造性职业

③教师职业是一种同其他职业没有实质区别的实践活动

④教师职业是需要持续专业化的职业

A. ①②③　　B. ①②④　　C. ①③④　　D. ②③④

6. 班级组织中存在着正式群体和非正式群体,下列对于正式群体和非正式群体说法正确的是(　　)

①正式群体和非正式群体往往是同时发生作用,相互影响的

②正式群体在学校人际关系系统中起主导作用

③非正式群体具有满足个体需要、保护心理健康等重要作用

④教师应当将非正式群体作为重点管理和防范的对象,抑制其破坏作用

A. ①②③　　B. ①②④　　C. ①③④　　D. ①②③④

7. 人们经常会使用"为人师表""学高为师,身正为范"等词句形容教师,这些词句反映的是教师的(　　)

A. 人格形象　　B. 文化形象　　C. 道德形象　　D. 专业形象

8. 在知识学习的过程中,记笔记和做笔记属于下列学习策略中的(　　)(常考)

A. 组织策略　　B. 复述策略　　C. 精加工策略　　D. 指导策略

9. 著有《民主主义与教育》一书,并提出"教育即生活"的主张,认为教育是生活的过程的教育家是(　　)

A. 约翰·杜威　　B. 裴斯泰洛齐

C. 赫伯特·斯宾塞　　D. 威廉·詹姆斯

10. 教师的劳动具有很大的特殊性,究其本质来说,教师劳动是一种(　　)

A. 复杂的脑力劳动　　B. 复杂的体力劳动

C. 精神生产的劳动　　D. 传递知识的劳动

11. 党的十九大报告中首次提出,要"努力让每个孩子都能享有(　　)的教育。"这是以习近平同志为核心的党中央坚持"以人民为中心"的发展思想谋划教育事业改革发展的生动体现。

A. 科学而有质量　　B. 科学而有情怀

C. 公平而有质量　　D. 公平而有情怀

12. 为增进对学生的了解，以解决实际问题为目的的研究，旨在创造性地运用理论解决实际问题的研究方法是(　　)

A. 观察法　　B. 实验法

C. 行动研究法　　D. 调查法

13. 班集体的构成要素不包括(　　)(易混)

A. 共同的目标　　B. 一定的组织结构

C. 共同的生活准则　　D. 良好的课堂氛围

14. 问题解决会受到很多因素的影响，下列选项中，属于影响问题解决因素的是(　　)

①问题所在的情境　　②认知结构的限制

③定势和功能固着　　④动机和情绪状态

A. ①②③　　B. ①②④

C. ①③④　　D. ①②③④

15. 根据《中华人民共和国教育法》规定，考生在国家教育考试中有以下(　　)行为，由组织考试的教育考试机构工作人员在考试现场采取必要措施予以制止并终止其继续参加考试。

①非法获取考试试题或者答案的

②抄袭他人答案的

③携带或使用考试作弊器材、资料的

④让他人代替自己参加考试的

A. ①②③　　B. ①②④　　C. ②③④　　D. ①②③④

16. 建立了世界上第一个心理学实验室，被称为“科学心理学”之父的心理学家是(　　)

A. 华生　　B. 詹姆斯　　C. 冯特　　D. 铁钦纳

17. 英语教师要求学生背诵26个英文字母时，强调要注意前后字母排列的顺序，从知觉的特性而言，主要体现的是知觉的(　　)

A. 选择性　　B. 整体性　　C. 理解性　　D. 恒常性

18. 儿童能理解“小刚比小亮高，小亮比小明高，所以小刚比小明高”这样的因果关系表达，但还不能理解“A>B，B>C，所以A>C”这样的抽象命题，说明他们处于皮亚杰的(　　)

A. 感知运动阶段　　B. 前运算阶段

C. 具体运算阶段　　D. 形式运算阶段

19. 某学生近一段时间认真完成作业并及时上交，发现老师不再点名批评他，就继续认真写作业，按时交作业，这说明他受到了(　　)(常考)

A. 正强化　　B. 负强化　　C. 正惩罚　　D. 负惩罚

20. 如果学生已经掌握了哺乳动物的相关知识，现在再来认识穿山甲，当教师告诉学生穿山甲是唯一已知具有鳞片的哺乳胎生动物，学生很快就能想到穿山甲具有的特点，这种学习是(　　)

A. 上位学习　　B. 下位学习

C. 并列结合学习　　D. 命题学习

二、多项选择题(本大题共10小题，每小题1分，共10分)

21. 个人本位的价值取向是把人作为教育目的根本所在的思想主张，其特点主要包括(　　)

A. 重视人的价值、个性发展和需要。

B. 把人的个性发展和需要的满足视为教育的价值所在。

C. 主张应根据人的本性发展和自身完善这种天然的需要来确立教育目的。

D. 认为教育目的的根本在于使人的本性、本能得到自然发展。

22. 下列选项中，各课程理论流派和其优点对应正确的是(　　)

A. 经验主义课程论：有利于学生掌握系统的科学文化知识，继承优秀的人类文化遗产。

B. 学科中心主义课程论：以学生的活动为中心，有利于激发学生的兴趣，培养社会实践能力。

C. 社会改造主义课程论：重视课程与社会的联系，有利于为社会需要服务。

D. 存在主义课程论：注重学生的情感、责任和人生价值，有利于建立和谐的师生关系。

23. 依据学校教育的基本实践，德育组成部分的基本方面包括(　　)(常考)

A. 政治教育　　B. 思想教育　　C. 法纪教育　　D. 道德教育

24. 人类思维可以从不同角度进行分类，根据思维探索目标的方向不同，可以把思维分为(　　)

A. 聚合思维　　B. 发散思维　　C. 形象思维　　D. 抽象思维

25. 反射是有机体的基本生命活动，分为无条件反射和条件反射，以下在学校发生的现象属于条件反射活动的是(　　)

A. 实验课闻到刺激的气味就咳嗽　　B. 被老师批评后见老师就躲

C. 听到老师叫自己名字立刻起身　　D. 午餐时看到美味的饭菜流唾液

26. 情绪状态包括心境、激情和应激，以下属于激情表现的是(　　)

A. 学校组织班级拔河比赛，三年级(1)班获得第一名，同学们欢呼雀跃

B. 亮亮因为期中考试成绩好，连着几天都很高兴

C. 听老师说下周要测验，同学们显得忧心忡忡

D. 听到南京大屠杀的故事，同学们义愤填膺

27. 意志活动中的动机冲突有多种类型，下面属于回避—回避冲突型的是(　　)(易混)

A. 素质拓展课报名，小静对周三下午的竖笛课和舞蹈课都很感兴趣，但又不能同时参加

B. 小明在学校犯了错误，想认错又怕挨批评；不认错又怕被揭发后受更大处分

C. 欢欢周末既不想跟妈妈出门聚会，又不愿意留在家里写课外练习

D. 涛涛和好朋友闹了矛盾，不再交往有点舍不得，自己主动和好又担心得不到谅解

28. 认知学习理论包括格式塔心理学的早期研究和现代认知心理学的研究，下列关于认知学习理论的观点正确的是(　　)

A. 学习是主动在头脑内部建构的，以意识为中介

B. 学习是通过顿悟过程实现的

C. 学习是引起外部行为的变化过程

D. 教学的目的在于理解学科的基本结构

29. 三年级的小辉学习成绩一直不理想，于是妈妈采用物质奖励的方法鼓励他，结果他的学习成绩有了很大进步。老师也在课堂上开始关注小辉，并在同学面前表扬他，他心里很高兴。小辉通过努力学习体会到了探索知识的快乐，学习更加用心了。根据奥苏贝尔的动机理论，小辉的学习动机包括(　　)

A. 认知内驱力　　B. 附属内驱力

C. 自我提高内驱力　　D. 交往内驱力

30. 人本主义心理学强调教育活动中建立朋友式的师生关系，营造良好、健康的课堂气氛。罗杰斯提出建立和谐师生关系的原则，包括(　　)(常考)

A. 真诚　　B. 敏感

C. 接纳　　D. 同理心

第二部分　学科专业知识

一、诗词鉴赏（本大题共3小题，共6分）

读杜甫诗《赠李白》，完成第1～3题。

赠李白

杜　甫

二年客东都，所历厌机巧。
野人对膻腥，蔬食常不饱。
岂无青精饭，使我颜色好。
苦乏大药资，山林迹如扫。
李侯金闺彦，脱身事幽讨。
亦有梁宋游，方期拾瑶草。

1. 请概括这首诗歌的主题。（2分）

2. 根据叙述对象，可将整首诗分成哪两个部分？简要说明各部分的主要内容。（3分）

3. 请写出诗歌第二句中的“机巧”的含义。（1分）

二、文言文阅读（本大题共5小题，共12分）

读《论语·季氏》第一章，完成第4～8题。

季氏将伐颛臾。冉有、季路见于孔子曰：“季氏将有事于颛臾。”

孔子曰：“求！无乃尔是过与？夫颛臾，昔者先王以为东蒙主，且在邦域之中矣，是社稷之臣也。何以伐为？”

冉有曰：“夫子欲之，吾二臣者皆不欲也。”

孔子曰："求！周任有言曰：'陈力就列，不能者止。'危而不持，颠而不扶，则将焉用彼相矣？且尔言过矣，虎兕出于柙，龟玉毁于椟中，是谁之过与？"

冉有曰："今夫颛臾，固而近于费，今不取，后世必为子孙忧。"

孔子曰："求！君子疾夫舍曰欲之而必为之辞。丘也闻有国有家者，不患寡而患不均，不患贫而患不安。盖均无贫，和无寡，安无倾。夫如是，故远人不服，则修文德以来之。既来之，则安之。今由与求也，相夫子，远人不服，而不能来也；邦分崩离析，而不能守也；而谋动干戈于邦内。吾恐季孙之忧，不在颛臾，而在萧墙之内也。"

4. 下列"为"的词性含义，与"何以伐为"中的不同的是(　　)(2分)

A. 况又发给工钱饭食，那些小民，何乐不为(《镜花缘》)

B. 予无所用天下为(《庄子·逍遥游》)

C. 夫子何命焉为(《墨子·公输》)

D. 今故告之，反怒为(《汉书·孝成赵皇后传》)

5. 下列加着重号的字，与"修文德以来之"中"来"的用法不同的是(　　)(2分)

A. 庄公寤生，惊姜氏(《左传·隐公元年》)

B. 焉用亡郑以陪邻(《左传·僖公三十年》)

C. 由也兼人，故退之(《论语·先进》)

D. 常衔西山之木石，以堙于东海(《山海经·精卫填海》)

6. 文中下列词语的理解错误的一项是(　　)(2分)

A. 有事：发起军事行动　　B. 东蒙主：主持祭祀东蒙山的人

C. 夫子：孔子　　D. 费：季氏邑

7. 本文最后一段"丘也闻……萧墙之内也"表现了什么思想理念？(2分)

8. 将文中画线的句子译成现代汉语。

(1)"陈力就列，不能者止。"危而不持，颠而不扶，则将焉用彼相矣？(2分)

(2)君子疾夫舍曰欲之而必为之辞。(2分)

三、现代文阅读(本大题共5小题,共12分)

阅读季羡林的《传统文化与现代化》,完成第9~13题。

传统文化与现代化

先声明一句:对于“文化”的含义的理解五花八门。我在这里所说的“文化”是广义的文化,包括人类创造的物质和精神两个方面的一切优秀的东西。

传统文化代表文化的民族性,现代化代表文化的时代性。二者都是客观存在,是否定不掉的。二者之间的关系是矛盾统一,既相反,又相成。历史上所谓现代化,是指当时的“现代”,也可以叫作时代化。

所谓现代化或者时代化,必须有一个标准,这就是当时世界上在文化发展方面已经达到的最高水平。既然讲到世界水平,那就不再是一个国家或一个民族的事情。因此,不管哪一个时代、哪一个国家的现代化,总是同文化交流分不开的。文化交流是人类历史上以及现在人类最重要的活动之一。现代化或者时代化一个最重要的内容就是进行文化交流,大力吸收外来的文化,加以批判接受。对于传统文化,也要批判继承,二者都不能原封不动。原封不动就失去生命活力,人类和任何动物植物失去了生命活力,就不能继续生存。

在历史上任何时代,任何正常发展的国家都努力去解决传统文化与现代化的矛盾。这一个矛盾解决好了,达到暂时的统一,文化就能得到进一步的发展,国家的社会生产力也会得到进一步的发展,经济就能繁荣。解决不好,则两败俱伤。只顾前者则流于僵化保守;只顾后者则将成为邯郸学步,旧的忘了,新的不会。

中国历史上的事实可以充分证明上述的看法。试以汉代为例。汉武帝在位期间是汉代国力达到顶峰的时代。在政治方面和经济方面都有辉煌的成就。在文化思想方面,董仲舒的“罢黜百家,独尊儒术”,可以说是保存传统文化的一种办法。但是当时的人们并没有仅仅对儒家思想抱残守缺,死死抱住不放,而是放眼世界,大量吸收外来的东西。从那时候起,许多外国的动物、植物、矿物,以及其他产品从西域源源传入中华,比如葡萄、胡瓜、胡豆、胡麻、胡桃、胡葱、胡蒜、石榴、胡椒、苜蓿、骆驼、汗血马、璧流离等等都是当时传入的。西域文化,比如音乐、雕刻等也陆续传入。稍晚一点,佛教也传了进来。另一方面,中国的丝和丝织品也沿着丝绸之路传到了中亚和欧洲。总之,汉武帝及其以后的长时间中,一方面发扬传统文化,一方面大搞“时代化”。尽管当时不会有什么时代化或现代化之类的概念,人们也许根本没有意识到他们是在进行这样伟大的事业;但是他们确实这样做了,而且取得了辉煌的成果。历史的辩证法就是如此。文化交流大大地促进了汉代文化的发展,也促进了国际上文化的发展。汉武帝前后的时代遂成为中国历史上最光辉灿烂的时代之一。

我再举唐代作一个例子。李唐的家世虽然可能与少数民族有某一些联系，但是几个著名的皇帝，特别是唐太宗，对保护中华民族，主要是汉族的传统文化做了大量的工作。文学、艺术、书法、绘画、哲学、宗教等文化的各个方面都得到了可喜的发展。中华文化还大量向外国输出，日本是一个显著的例子。唐太宗本人，武功显赫，文治辉煌。他是政治家、军事家，又是书法家和诗人。贞观时代，留居长安的外国人数量极大。他们带来了各自国家的物质和精神文化，又带回中国文化。盛唐时期逐渐成为中国历史上最兴盛的时期之一，长安成为当时世界上第一大都会，唐王朝成为经济最发达、力量最雄厚的国家。

例子还可以举出一些来，但是这两个已经够了。这一些例子透露了一条规律：在中国历史上，凡是国力强盛时，对外文化交流，也可以叫作时代化，就进行得频繁而有生气。这反过来又促进了本国社会生产力的发展，使国力更加强盛。凡是国力衰竭时，就闭关自守，不敢进行文化交流。这反过来更促成了国力的萎缩。打一个也许不太确切的比方：健康的人，只要有营养，什么东西都敢吃，结果他变得更加健康；患了胃病或者自以为有病的人，终日愁眉苦脸，哼哼唧唧，嘀嘀咕咕，这也不敢吃，那也不敢动，结果无病生病，有病加病，陷入困境，不能自拔。

清朝末年，被外国殖民主义者撞开了大门，有识之士意识到，不开放，不交流，则国家必无前途；保守者则大惊失色，决定死抱住国粹不放，决不允许时代化。当时许多有名的争论，什么夷夏之辩，什么体用之争，又是什么本末之分，都与此有关。这是一个国家似醒非醒时的一种反映，其中也包含着传统文化与现代化的斗争。以后经历了民国、军阀混战、国民党统治等混乱的时期，终于迎来了解放。

在解放初期，我们的国家是健康的。对于传统文化不一概抹杀，对于外来文化也并不完全拒绝。对于保护传统文化曾有过一点极“左”的干扰，影响不是很大。到了“四人帮”肆虐时期，情况完全变了。“四人帮”一伙既完全不懂传统文化，又患了严重的胃病，坚决拒绝一切外来的好东西。谁要是想学习外国的一点好东西，“崇洋媚外”“洋奴哲学”等莫须有的帽子就满天飞舞，弄得人人谈“洋”色变。如果“四人帮”不垮台，胃病势将变成胃癌，我们国家的前途就岌岌可危了。十一届三中全会以后，我们国家又恢复了健康。我们既提倡保护传统文化，加以分析，批判继承，又提倡对外开放，大搞现代化。纵观几千年的中国历史，人们不能不承认，这是盛世之一，是最高的盛世，是正确处理传统文化与现代化这一对矛盾的典范。从这正确的处理中，我们可以看出，所谓“全盘西化”是理论上讲不通、事实上办不到的。世界上还没有哪一个西方以外的国家全盘西化过。

1987年6月6日

（选自《季羡林文集》第六卷）

9. 概括传统文化与现代化的主要特性，并说明两者之间的关系。(3分)

10. 传统文化与现代化的矛盾解决不好会产生什么后果？(2分)

11. 为什么说盛唐时的长安是当时世界上第一大都会？(2分)

12. 本文主要运用了哪两种方法来论证？(2分)

13. 请归纳本文的主旨。(3分)

四、教学能力考查(本大题共10分)

14. 语文教学中应渗透品德教育,以李绅的《悯农二首》之“锄禾”为例,在课堂提问环节中如何实现这个目标?请写出相应的教学设计。

悯农二首·锄禾

锄禾日当午,汗滴禾下土。

谁知盘中餐,粒粒皆辛苦。

五、写作(本大题共40分)

15. 读《在延安文艺座谈会上的讲话》选段,按要求作文。

我们决不可拒绝继承和借鉴古人和外国人,哪怕是封建阶级和资产阶级的东西,但是继承和借鉴决不可以变成替代自己的创造,这是决不能替代的。文学艺术中对于古人和外国人的毫无批判地硬搬和模仿,乃是最没有出息的最害人的文学教条主义和艺术教条主义。

根据选文的主题,结合你对继承、借鉴和创造的体会和思考,写一篇文章。

要求:(1)自选角度,自拟标题;

(2)文体不限(诗歌除外);

(3)不少于800字;

(4)不得抄袭,不得套作,不得透露个人信息。

2021年江西省教师招聘考试真题试卷(九)

小学语文

(满分100分)

本套试卷共60小题,分为两部分,第一部分客观题,包括单项选择题(50小题);第二部分主观题,包括名句填空(4小题)、简答题(2小题)、案例分析题(1小题)、教学设计题(3小题)。

第一部分　客观题

单项选择题(本大题共50小题,每小题1分,共50分)

1. “能在教师指导下组织有趣味的语文活动,在活动中学习语文,学会合作。”要求达到这一目标的学段是(　　)(易混)

A. 第一学段　B. 第二学段　C. 第二、三学段　D. 第三学段

2. 时代的进步要求人们具有开阔的视野、开放的心态、创新的思维,对人们的语言文字运用能力和(　　)能力提出了更高的要求,也给语文教育的发展提出了新的课题。

A. 文化认同　B. 文化继承　C. 文化创新　D. 文化选择

3. 下列说法有误的一项是(　　)

A. 集中学习拼音之前,先安排一个识字单元,学习最简单的常用汉字,由熟悉的语言带出拼音的学习。

B. 识字教学中要调动学生的识字积累,鼓励学生自己想办法识记汉字,倡导在生活中识字。

C. 在一年级起步阶段,教师只需要具体指导字的基本笔画,要一边指导,一边示范。

D. 小学第三学段能用毛笔书写楷书,在书写中体会汉字的优美。

4. 语文课程评价的根本目的是(　　)(常考)

A. 促进学生学习,改善教师教学　B. 了解学生学习的情况

C. 全面反映学生学习的水平　D. 有助于促进教师的教学

5. 语文教师应高度重视课程资源的开发与利用,(　　)地开展各类活动,增强学生在各种场合学语文、用语文的意识,通过多种途径提高学生的语文素养。

A. 针对性　　B. 阶段性　　C. 渐进性　　D. 创造性

6. 统编小学语文教科书编排专门的习作单元,下列说法有误的一项是(　　)

A. “精读课文”学习表达方法

B. “习作例文”呈现本单元的学习成果

C. “初试身手”初步尝试运用表达方法

D. “交流平台”梳理总结表达方法

7. 下列句子排序正确的一项是(　　)(常考)

①早晨,雾从山谷里升起来,整个森林浸在乳白色的浓雾里。

②草地上盛开着各种各样的野花,红的、白的、黄的、紫的,真像个美丽的大花坛。

③夏天,树木长得葱葱茏茏,密密层层的枝叶把森林封得严严实实的,挡住了人们的视线,遮住了蓝蓝的天空。

④太阳出来了,千万缕耀眼的金光穿过树梢,照射在工人宿舍门前的草地上。

A. ④②①③　　B. ①④②③　　C. ③①④②　　D. ①③④②

8. 下列说法有误的一项是(　　)

A. 教学毛泽东的《七律·长征》时,可以通过反复朗读感受其节奏的铿锵、语言的凝练、气势的豪迈,进而深入体会其中的革命英雄主义和革命乐观主义精神。

B. 教学沉重的《狼牙山五壮士》时,可以通过细致的人物描写来突出五壮士面对强敌毫不畏惧、英勇顽强、宁死不屈的革命英雄主义和忠于党、忠于人民、忠于祖国的精神。

C. 教学《开国大典》时,可以通过重点关注其场面描写的语句,感受人民群众在这一重大历史时刻的欢欣鼓舞和自豪之情。

D. 教学王愿坚的《灯光》时,让学生围绕“灯光”展开自读,只要找出描写“灯光”的语句,体会其含义以及人物语言、神态、动作背后所蕴含的情感。

9. 下列书法作品中的字飘逸遒劲、婀娜多姿。这位书法家是(　　)

《兰亭集序》(局部)

A. 王羲之　　B. 柳公权　　C. 欧阳询　　D. 赵孟頫

10. 下列加点字注音完全正确的一项是(　　)

A. 沟壑(hè)　洗濯(zhuó)　鳞次栉比(zhì)　潜移默化(qiǎn)

B. 讪笑(shàn)　绮丽(qǐ)　秩序井然(chì)　恪尽职守(kè)

C. 剽悍(biāo)　敛财(liǎn)　面面相觑(qù)　如法炮制(páo)

D. 谄媚(chǎn)　嗔怪(chēn)　乳臭未干(xiù)　舐犊情深(shì)

11. 下列语境中"啊"的音变有误的一项是(　　)(易错)

A. "大海啊!"中的"啊"应该读作"ya"。

B. "加油啊!"中的"啊"应该读作"wa"。

C. "母亲啊!"中的"啊"应该读作"na"。

D. "快写啊!"中的"啊"应该读作"nga"。

12. 下列说法有误的一项是(　　)

A. "韵、缠、稳、挽、荆"都是前鼻音。B. "衡、访、统、党、陵"都是后鼻音。

C. "燥、磁、丧、栽、增"都是平舌音。D. "裳、筹、轴、骤、掷"都是翘舌音。

13. 下列词语中有错别字的一项是(　　)

A. 刚愎自用　汗流浃背　寥寥无几　粉墨登场

B. 运筹帷幄　珠联璧合　殚精竭虑　字正腔圆

C. 立竿见影　自惭形秽　不假思索　火中取栗

D. 眼花缭乱　前仆后继　如影随形　明辩是非

14. 下列关于偏旁所代表的意思说法有误的一项是(　　)

A. 一般含偏旁"令"的字大多读后鼻音。

B. "爫"(爪字头)和"攵"(反文旁)作意符,大多与手的动作有关。

C. 示字旁的字与祭祀祝愿有关,月字旁的字与月亮有关。

D. "贝"字作为偏旁的字大多与钱财有关。

15. 与下列加点字对应的解释正确的一项是(　　)

(1)对裁;(2)裁判;(3)别出心裁;(4)裁员;(5)制裁。

【释义】①安排取舍;②从整体中去掉一部分;③衡量,判断;④控制,抑止;⑤整张纸分成的相等的若干份。

A. ②③④①⑤　　B. ⑤③①②④

C. ⑤③④①②　　D. ②③④⑤①

16. 下列关于笔顺的说法有误的一项是(　　)

A. "匹"字有4笔,最后一笔是竖折。

B. "冒"字有9笔,第三、四笔横画不能与左右两边相连。

C.“繁”字有17笔，第四笔是横折。

D.“率”字有11笔，中间部分按从左到右的顺序写。

17. 统编小学语文教科书四年级下册第13课老舍的《猫》有一句话：“或是在你写作的时候，跳上桌来，在稿纸上踩印几朵小梅花。”老舍先生使用的修辞手法和表达的感情分别（　　）

A. 夸张　喜爱　　B. 夸张　厌恶

C. 比喻　厌恶　　D. 比喻　喜爱

18. 下列关于写字教学的说法有误的一项是（　　）

A.“思”，上下结构。上收下放，卧钩是关键笔画。

B.“迷”，半包围结构。走之底的笔顺是点、横折、折撇、平捺。

C.“没”，左窄右宽。横撇起笔在中心点上，捺稍长，注意穿插。

D.“园”，全包围结构。国字框上下同宽，左右直挺平行。

19. 统编小学语文教科书六年级上册《京剧趣谈》介绍了京剧表演在道具使用方面的特点，下列表述有误的一项是（　　）

A. 以小代大　　B. 以静代动

C. 以简代繁　　D. 以虚代实

20. 依次填入下面横线处的语句，与上下文衔接最恰当的一组是（　　）

游戏，是儿童的本能。游戏可以唤起儿童多方面的兴趣，养成儿童健全的体格、活泼的精神、公共生活的习惯以及________等。教师最大的任务，就是顺应儿童爱游戏的天性，________。另一方面，教师也不能任由儿童游戏，对于不健康的游戏，应该纠正他，利导他向好的方面发展。总之，________，寓教育于游戏里面，这样，________，达到事半功倍的效果。

①寓游戏于教育里面　　②教育与游戏融为一体

③发展儿童爱游戏的本能　　④尊重他人的美德

A. ④③②①　　B. ③④①②　　C. ③④②①　　D. ④③①②

阅读下列材料，完成21～23题。

你的偶像是谁？也许大多数青少年头脑中会蹦出许许多多娱乐圈流量明星的名字。而这些偶像大多以迅雷不及掩耳之势爆红，又以________的速度过气。这不是“偶像”。

什么是偶像？偶像，大概就是，他身上有我想要学习的美好品质，当我感到畏惧或者想要放弃时，看到他，便可以给予提醒和力量。

每个时代都有每个时代的偶像。我的偶像是钟南山，耄耋之年，________逆行，敢医敢言,国士担当;(　　);我的偶像是袁隆平,以消除饥饿为毕生梦想,播撒智慧,收获富足,一位真正的耕耘者;我的偶像是……选择一个偶像,不是在于他对祖国、对人民无怨无悔地付出,还在于他的非凡业绩、过人的智慧。这样的偶像,才是我们的民族引以为豪,不断战胜任何艰难险阻的栋梁,才无愧于这个时代赋予的历史使命和责任担当。

青年是国家和民族的希望,在这个________的时代,年轻人应辨明、选择、追逐真正的时代偶像,用他们的精神为自己的成长提供丰厚的________。

21. 依次填入文中横线上的词语,全都恰当的一项是(　　)

A. 白驹过隙　愤然　瞬息万变　滋润

B. 风驰电掣　毅然　日新月异　滋养

C. 白驹过隙　愤然　日新月异　滋养

D. 风驰电掣　毅然　瞬息万变　滋润

22. 下列填入文中括号内的语句,衔接最恰当的一项是(　　)

A. 我的偶像是樊锦诗,一场文化苦旅,从青春到白发,一腔爱,一洞画

B. 我的偶像是樊锦诗,一场文化苦旅,一腔爱,一洞画,从青春到白发

C. 我的偶像是樊锦诗,从青春到白发,一腔爱,一洞画,一场文化苦旅

D. 我的偶像是樊锦诗,从青春到白发,一场文化苦旅,一腔爱,一洞画

23. 文中画横线的句子有语病,下列修改最恰当的一项是(　　)

A. 选择一个偶像,不仅在于他的非凡业绩、过人的智慧,还在于他对祖国、对人民无怨无悔地付出。

B. 选择一个偶像,不是在于他的非凡业绩、过人的智慧,而是在于他对祖国、对人民无怨无悔地付出。

C. 选择一个偶像,不仅在于他对祖国、对人民无怨无悔地付出,还在于他的非凡业绩、过人的智慧。

D. 选择一个偶像,不是在于他对祖国、对人民无怨无悔地付出,而是在于他的非凡业绩、过人的智慧。

24. 下列词语中全部是单纯词的一项是(　　)(易错)

A. 伶俐　刀子　姥姥　葡萄　　B. 烂漫　途径　体制　葱绿

C. 主流　阿姨　人口　逍遥　　D. 参差　从容　鹦鹉　幽默

25. 下列成语来源不相同的一项是(　　)

A. 完璧归赵　　B. 四面楚歌

C. 精卫填海　　D. 夜郎自大

26. 下列与画线句表达的意思不同的一项是(　　)

一面是“洋垃圾”变成“白纸板”,滚滚财富进了钱包;一面是管道直排富春江,汩汩污水流进母亲河。“必须要有取舍!”富阳区上下形成共识。

A. 怎么能有取舍?　　　　　B. 绝对要有取舍!

C. 怎么能没有取舍?　　　　D. 当然要有取舍。

27. 对下面这段新闻报道的文字进行压缩,不是关键信息的一项是(　　)

世界首颗量子科学实验卫星“墨子号”,全球最大的单口径射电望远镜“中国天眼”,开启人类首次太空脑—机交互实验的“天宫二号”……在位于北京中关村的中国科学创新成果展上,一项项辉煌成就见证着中国科技发展的历史性变革。

A. “墨子号”“中国天眼”“天宫二号”

B. 中国科学创新成果展

C. 辉煌成就

D. 见证历史性变革

28. 下列选项中,标点使用有误的一项是(　　)

A. 2020年10月,中共中央、国务院印发《深化新时代教育评价改革总体方案》提出改革目标,2035年要基本形成富有时代特征、彰显中国特色、体现世界水平的教育评价体系。

B. 我们把“三轻三慢”(轻言慢语、轻声慢步、轻拿慢放)和“吃得干净,吃得优雅”作为就餐文化。当学生从教室走向餐厅的那一刻,整齐的队伍,统一的服装,自然就会把“吃得干净”“吃得优雅”体现在言行中了。

C. 这是教育实践上的重大变革,也是教育理论上的突破和创新,旨在建构新时代的有中国特色的“教育新体系”:真实地将“五育”融合的突破口定位在劳动教育,确定了“一育引领,诸育融合”的总体思路。

D. 针对教师成长,我们提出教师专业发展“三专模式”:专业阅读,站在大师的肩膀上前行,专业写作,站在自己的肩膀上攀升,专业交往,站在团队的肩膀上飞翔。

29. 下列诗句,不属于题壁诗的一项是(　　)

A. 暖风熏得游人醉,直把杭州作汴州。

B. 不识庐山真面目,只缘身在此山中。

C. 一水护田将绿绕,两山排闼送青来。

D. 千门万户曈曈日,总把新桃换旧符。

30. 下列表述错误的一项是(　　)(常考)

A. 辛弃疾在江西闲居时,晚间经过黄沙岭附近,看到月夜乡村景色写下《西江月·夜行黄沙道中》。

B.《菩萨蛮·大柏地》抚今追昔，流露出胜利后的乐观情绪。大柏地在江西省瑞金市。

C. 朱熹是中国古代儒家的主要代表人物之一，曾在白鹿洞书院讲学。

D."唐宋八大家"中，欧阳修、曾巩、柳宗元是江西人。

31. 下列作品的作者不是陶渊明的一项是（　　）

A.《饮酒》　　B.《醉翁亭记》

C.《五柳先生传》　　D.《归园田居》

32. 下列诗句和作者对应有误的一项是（　　）

A. 东风不与周郎便，铜雀春深锁二乔。——杜牧

B. 沉舟侧畔千帆过，病树前头万木春。——刘禹锡

C. 无可奈何花落去，似曾相识燕归来。——晏殊

D. 念天地之悠悠，独怆然而涕下！——崔颢

33. 统编小学语文教科书选编了许多名家名篇，下列说法有误的一项是（　　）

A. 四年级上册第3课现代诗《花牛歌》的作者是徐志摩。

B. 四年级下册第3课童年回忆散文《天窗》的作者是茅盾。

C. 五年级上册第1课散文《白鹭》的作者是季羡林。

D. 六年级上册第1课散文《草原》的作者是老舍。

34. 下列关于盛唐田园诗的说法有误的一项是（　　）

A. 田园诗诗风雄奇壮丽，常常表现出静谧恬淡的境界。

B.《宿建德江》诗中后两句"野旷天低树，江清月近人"是唐诗中描写景物的名句。

C."日落江湖白，潮来天地青"，王维善于在动态中捕捉自然事物的光和色，在诗里表现出极丰富的色彩和层次感。

D. 孟浩然对景物描写即兴而发，诗句自然纯净，更接近陶渊明诗"豪华落尽见真淳"的境界。

35. 下列关于《红楼梦》的说法有误的一项是（　　）

A. 统编小学语文教科书五年级下册第8课《红楼春趣》选自清代长篇小说《红楼梦》第七十回，讲的是宝玉和黛玉等人一起在大观园里赏花的故事。

B. 鲁迅在《中国小说的历史的变迁》中称许说："自有《红楼梦》出来以后，传统的思想和写法都打破了。"

C.《红楼梦》是以北方口语为基础，融会了古典书面语言的精粹。

D. 在人物塑造方面，《红楼梦》把心理活动的展示作为刻画形象的一种手段。

36. 下面是一位同学围绕"书迷妈妈"这个习作题目选的材料，其中不能用来表达中心意思的一项是(　　)

A. 妈妈每天看书看得很晚。

B. 周末，妈妈喜欢去图书馆。

C. 妈妈是一位老师，对学生和蔼可亲。

D. 在妈妈的倡导下，社区开放了图书阅览室。

37. 下列有关作家的说法有误的一项是(　　)

A. 孙犁，被誉为"荷花淀派"创始人。他的小说保持了陕北群众语言的精华，完全是纯正、清新、明丽的乡音和习惯。

B. 赵树理，是"山药蛋派"的开创者。他创作了许多脍炙人口的农村题材作品，善于刻画农村中那些具有浓厚小生产者狭隘意识的富于个性的人物，具有浓郁的地方色彩。

C. 艾青，中国现代诗的代表诗人之一。成名之作《大堰河——我的保姆》展示了一个勤劳的农村妇女的善良心灵，赞美了劳动人民的高贵品质，控诉了旧社会的黑暗与不公。

D. 高晓声以农村生活为题材的小说极具现实性和文学性。《陈奂生上城》淋漓尽致地刻画了一个社会变革时期的当代农民勤劳淳厚的品性以及善于自我解嘲、自我陶醉的精神状态。

38. 下列有关文学作品的说法有误的一项是(　　)(易混)

A.《寄小读者》里冰心用书信体形式向少年读者讲述了海外风光和奇闻逸事，同时也抒发了作者对祖国、对故乡的热爱和思念之情。

B.《死水》是闻一多的重要代表作之一，诗人把黑暗腐败的旧中国现实喻为"一沟绝望的死水"，表达了对丑恶势力的憎恨和对祖国深沉的挚爱。他对"死水"完全不存幻想，心如死灰，感到绝望，坚信丑恶不可能产生美。

C.《茶馆》成功地塑造了一系列性格鲜明的人物形象，先后出场的25个人物中有茶馆的掌柜和伙计、特务、流氓恶霸、卖儿卖女的农民、无依无靠的老人、资本家、茶客等，为我们展示了一幅具有浓郁的老北京风情的人物画与世态图。

D.《围城》是中国现代文学史上一部风格独特的讽刺小说，被誉为"新儒林外史"。通过对方鸿渐这个既善良又迂执，既正直又软弱、既不谙世事又玩世不恭的人物的描写，反映了当时一部分知识分子的现实处境和精神面貌。

39. 下列关于鲁迅的说法有误的一项是(　　)

A. 短篇小说《故乡》是用第一人称写的，里面"我"的思想感情真实地反映了鲁迅的思想感情，所以说"我"就是鲁迅。

B. 统编小学语文教科书六年级上册《少年闰土》是小说《故乡》的一段插叙，题目是编者加的，节选的章节所表现出来的中心思想与《故乡》整篇小说的主题是有差异的。

C.《野草》洋溢着鲁迅的人格魅力，激荡着批判的浪花，磅礴着无畏的气概，闪耀着希望的光芒，充满了向上的精神，响动着“求索”的鼓点。

D. 叶圣陶这样评价鲁迅：与其说鲁迅先生的精神不死，不如说鲁迅先生的精神正在发芽滋长，播散到大众的心里。

40. 下列关于“把握文章主要内容的方法”说法有误的一项是（　　）

A. 通过理清事情的起因、经过、结果来把握主要内容。

B. 把文章每个部分的主要意思连起来把握主要内容。

C. 一篇文章只能用一种方法来把握主要内容。

D. 根据文章的题目，找出文章中的关键句来把握文章主要内容。

41. 莎士比亚戏剧中，在以“生存还是毁灭”这一“值得考虑的问题”开头的著名独白中，他思考着自杀的可能性，他的思绪将他与世界和他人隔绝开来。他是（　　）

A. 李尔王　　B. 哈姆莱特　　C. 麦克白　　D. 雷欧提斯

42. 下列关于希腊神话说法有误的一项是（　　）

A. 希腊神话将人类起源归功于提坦后裔普罗米修斯。普罗米修斯为了维护人类，敢于反抗宙斯。

B. 希腊神话包括神的故事和英雄传说。其中关于神的故事，涉及开天辟地、神的产生、神的谱系、神的活动和人类起源等。

C. 英雄传说起源于对氏族部落祖先尤其是杰出首领的崇拜。赫拉克勒斯是古希腊英雄的典范，一生立下了十二件功业。

D. 宙斯经过十年激战，推翻了父亲克罗诺斯的统治，成为第三代主神。宙斯既是创造天地万物也是决定世界走向的最高力量。

43. 以下针对统编小学语文教科书一年级下册口语交际《听故事，讲故事》所确定的教学目标中，不恰当的一项是（　　）

A. 能认真听老师讲故事，并借助图片听懂故事内容，记住故事的主要情节。

B. 说规范的普通话，态度大方，语言美。

C. 能借助图片讲故事，讲出故事的主要内容，声音响亮。

D. 有当众讲话的勇气和信心。

44. 下列不属于儿童文学基本功能的一项是（　　）

A. 教育功能　　B. 审美功能　　C. 认识功能　　D. 批评功能

45. 统编小学语文教科书四年级下册“快乐读书吧”的主题是“十万个为什么”，引导学生阅读科普作品。下列相关说法有误的一项是(　　)

A. 提示学生读完科普作品后，对于作品中谈到的科学问题，暂时不用去了解，等读中学时学到相关知识再去探索。

B. 指导学生在阅读科普作品的时候，遇到一些不理解的科技术语，可以试着运用在课上学过的方法去理解。

C. 中国的《十万个为什么》是专门为青少年编写的一套科普读物，内容涉及数学、物理、化学、动植物、医学、建筑与交通、能源与环境、航空航天等多个方面，在传播知识、普及科学方面一直发挥着积极作用。

D. 苏联作家米·伊林的《十万个为什么》从“房间旅行记”“灯的故事”“时钟的故事”“书的故事”四个方面为我们揭示了与生活密切相关的一些科学知识。

46. 下列关于名著说法有误的一项是(　　)(易错)

A. 回忆录式的冒险小说《鲁滨逊漂流记》，以当时发生的一段真实故事为蓝本，结合作家丹尼尔·笛福自己的经历和想象，采用自述的方式，讲述了一个情节曲折、细节生动的传奇故事。

B.《骑鹅旅行记》是瑞典女作家、1909年诺贝尔文学奖获得者塞尔玛·拉格洛芙的一部童话作品，讲述了一个名叫尼尔斯的十四岁男孩蜕变的故事。

C.《汤姆·索亚历险记》是美国文学大师马克·吐温的代表作，这部小说被誉为美国最伟大的儿童文学作品。这是一个顽皮男孩具有传奇色彩的成长历险记。

D.《爱丽丝漫游奇境》是19世纪英国著名作家、数学家刘易斯·卡罗尔创作的儿童文学作品，讲述了小女孩爱丽丝掉进猴子洞后的种种奇遇，情节引人入胜，语言幽默风趣。

认真阅读《学弈》，完成第47～48题。

弈秋，通国之善弈者也。使弈秋诲二人弈，其一人专心致志，惟弈秋之为听；一人虽听之，一心以为有鸿鹄将至，思援弓缴而射之。虽与之俱学，弗若之矣。为是其智弗若与？曰：非然也。

47. 下列关于朗读本文说法有误的一项是(　　)

A. 朗读本文时，要提示学生把握节奏和停顿。把课文读得准确、流利。如：使弈秋／诲二人弈，其一人／专心致志，惟／弈秋之为听。

B.“一心以为有鸿鹄将至”“为是其智弗若与”两句中的“为”当“认为”讲，所以都读wéi。

C. 遇到语气词“矣、也”，要提示学生读出恰当的语气。如“弗若之矣”中的“矣”，“非然也”中的“也”，可读出陈述、判断语气。

D. “为是其智弗若与？曰：非然也。”前一句可以语调上扬，读出反问语气；后一句读出重音，强调“非”字。

48. 下列关于理解本文说法有误的一项是(　　)

A. 联系“一心以为有鸿鹄将至”，可判断出“思援弓缴而射之”的“之”字指代的是鸿鹄。

B.《学弈》短小精悍，事中见理，告诉读者只有专心致志才能有所成就。

C. 文中第二句由两个分句组成，讲明了学习的结果，对比鲜明。

D. 文中第四、五句以设问的方式。自问自答，总结了全文，通过否定智力因素，让读者意识到因为不专心致志，所以才会落后。

49. 下列加点字的活用不相同的一项是(　　)(常考)

A. 持剑盾步走。　　B. 沛公欲王关中。

C. 与郑人盟。　　D. 籍吏民，封府库。

50. 下列关于代称的说法有误的一项是(　　)

A. “骠骑发迹于祁连”中，“骠骑”指代骠骑将军霍去病。

B. “无丝竹之乱耳，无案牍之劳形”中，用“丝竹”作为“音乐”的代称。

C. “黄发垂髫，并怡然自乐”中“黄发垂髫”是小孩的特征，借来指代小孩。

D. “君子不重伤，不禽二毛”中“二毛”是指花白头发，用来指代老年人。

第二部分　主观题

一、名句填空(本大题共4小题，每空1分，共8分)

1. 黄师塔前江水东，________________。

2. ________________，溪头卧剥莲蓬。

3. 青年一代承担着振兴中华，实现伟大的“中国梦”的重任，必须具备坚韧的品质，应当以《论语·泰伯》中“________________，________________”自勉。

4. 选择无处不在，面对陋室，刘禹锡选择坦然，“斯是陋室，________________”；面对名利，陆游选择淡然，“无意苦争春，________________”；木兰选择担当，奔赴战场，“________________，关山度若飞”；孔子选择虚心向他人学习，“________________，其不善者而改之。”

二、简答题(本大题共2小题,每小题6分,共12分)

1. 统编小学语文教科书六年级下册“快乐读书吧”以“漫步世界名著花园”为主题,引导学生阅读有关历险、奇遇的外国文学名著,开展阅读活动之前,教师可以组织导读活动。请简要列举激发学生阅读兴趣的几种方式。

2. 请简要赏析下面这首唐诗的艺术效果。

咏　柳

贺知章

碧玉妆成一树高,万条垂下绿丝绦。
不知细叶谁裁出,二月春风似剪刀。

三、案例分析题(本大题共8分)

(1)引导学生确定“诗人多次提到‘追寻’,是在追寻什么?”这一核心学习任务;

(2)引导学生聚焦第二小节,关注到“追寻”的第一层意思:追寻“延河、枣园、南泥湾开荒、杨家岭讲话”等历史记忆;

(3)教师补充“延安精神”的资料,让学生认识到这些“地名”“事件”背后的深层含义,领悟诗人真正追寻的是令人向往和赞扬的“延安精神”;

(4)学生联系课文内容和查找的资料讨论“‘延安精神’具体指什么?”并完成下列练习。

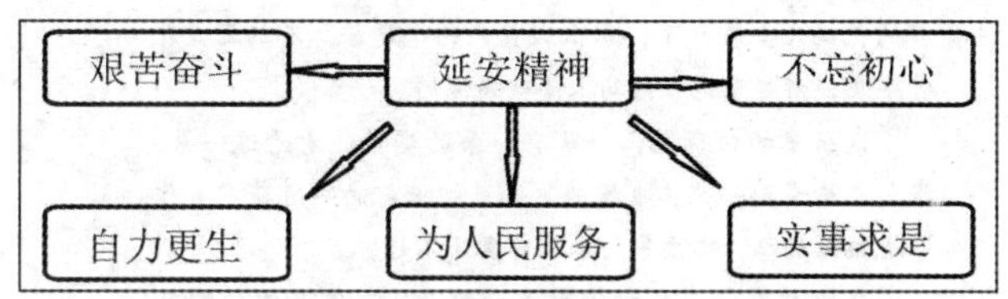

[问题]以上是统编小学语文教科书四年级上册《延安,我把你追寻》一课的教学设计片段,请针对该片段写一个教学评析。(不少于200字)

四、教学设计题（本大题共3小题，共22分）

下面是统编版小学语文教科书三年级下册第一单元第3课《荷花》全文。

③ 荷 花

清早，我到公园去玩，一进门就闻到一阵清香。我赶紧往荷花池边跑去。

荷花已经开了不少了。荷叶挨挨挤挤的，像一个个碧绿的大圆盘。白荷花在这些大圆盘之间冒出来。有的才展开两三片花瓣儿。有的花瓣儿全展开了，露出嫩黄色的小莲蓬。有的还是花骨朵儿，看起来饱胀得马上要破裂似的。

“挨挨挤挤”“冒”用得真好！

这么多的白荷花，一朵有一朵的姿势。看看这一朵，很美；看看那一朵，也很美。如果把眼前的一池荷花看作一大幅活的画，那画家的本领可真了不起。

我忽然觉得自己仿佛就是一朵荷花，穿着雪白的衣裳，站在阳光里。一阵微风吹过来，我就翩翩起舞，雪白的衣裳随风飘动。不光是我一朵，一池的荷花都在舞蹈。风过了，我停止了舞蹈，静静地站在那儿。蜻蜓飞过来，告诉我清早飞行的快乐。小鱼在脚下游过，告诉我昨夜做的好梦……

过了好一会儿，我才记起我不是荷花，我是在看荷花呢。

本文作者叶圣陶，选作课文时有改动。

āi péng zhàng piān dǎo
挨 蓬 胀 翩 蹈

瓣	蓬	胀	裂	姿	势
仿	佛	随	蹈	止	

- 有感情地朗读课文，注意读好下面的词语。背诵第2～4自然段。

  花瓣儿　　花骨朵儿　　莲蓬　　衣裳

- 默读课文，说说你从哪些地方体会到了这一池荷花是“一大幅活的画”。
- 画出课文中你觉得优美生动的语句，和同学交流。

小练笔

第2自然段写出了荷花不同的样子，仿照着写一种你喜欢的植物。

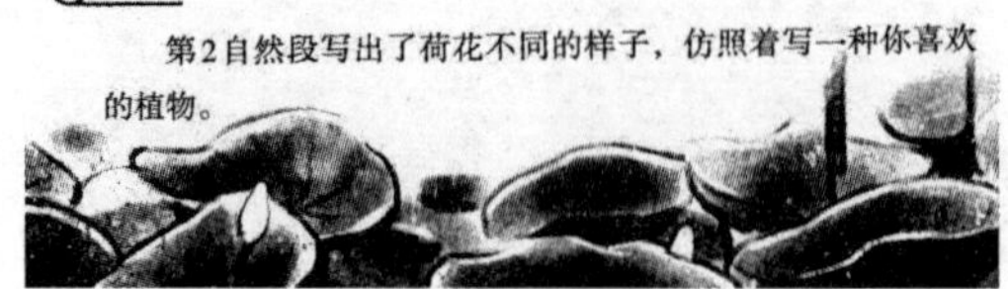

[问题与设计]

1. 找出课文中你觉得优美生动的语句,选择一句用楷体认真抄写下来,并简要说明优美生动的理由。(3分)

2. 完成课后小练笔(不少于100字)。(4分)

3. 请依照《义务教育语文课程标准(2011年版)》的教学要求,为《荷花》设计一个完整的教学简案(含教学目标、教学重难点、课时安排、教学过程、作业布置、板书设计)。(15分)

2021年贵州省特岗教师招聘考试真题试卷（精编）（十）

语　文

（满分100分）

本套试卷共39小题，分为两部分，第一部分教育理论，包括单项选择题（10小题）、简答题（2小题）、案例分析题（1小题）；第二部分学科专业知识，包括单项选择题（10小题）、填空题（8小题）、教学设计题（2小题）、材料分析题（5小题）、写作题（1小题）。目前已收录36小题。

第一部分　教育理论

一、单项选择题（本大题共10小题，每小题1分，共10分）

1. 为了学生的全面发展，学校开展了一系列以“国家认同、国际理解”为主题的活动，以下举措属于培养学生核心素养的是（　　）（易混）

A. 人文底蕴　　B. 健康生活

C. 责任担当　　D. 实践创新

2. 我国《未成年人保护法》第七十条规定“学校应当合理使用网络开展教学活动。未经学校允许，未成年学生不得将手机等智能终端产品带入课堂，带入学校的应当统一管理。”这个描述属于对未成年人的（　　）

A. 家庭保护　　B. 学校保护

C. 社会保护　　D. 网络保护

3. 教师要遵循教育规律，实施素质教育；循循善诱，诲人不倦，因材施教；培养学生良好品行，激发学生创新精神，促进学生全面发展；不以分数作为评价学生的唯一标准，这说明了教师应该具有（　　）的职业道德。

A. 为人师表　　B. 教书育人

C. 关爱学生　　D. 爱岗敬业

4. 说课要求教师不仅要说出“教什么”“怎么教”，还要说出“为什么要教这些”“为什么要这样教”，这体现说课的（　　）特点。

A. 理论性　　B. 阐发性　　C. 演讲性　　D. 预测性

5. “授人以鱼，不如授人以渔。”这反映了教师在教学过程中应遵循(　　)的规律。

A. 间接经验与直接经验相统一　　B. 掌握知识和发展智力相统一

C. 传授知识与思想道德相统一　　D. 教师主导作用与学生主体作用相统一

6. “笑一笑，十年少。”这句话体现了情绪与情感的(　　)功能。

A. 组织　　B. 信号　　C. 感染　　D. 健康

7. 临睡前的学习效果一般较好，确切地说，这是因为该阶段学习主要不受(　　)的干扰。

A. 前摄抑制　　B. 倒摄抑制　　C. 单一抑制　　D. 多重抑制

8. 下列不属于迁移的是(　　)(易错)

A. 杯弓蛇影　　B. 见异思迁　　C. 惊弓之鸟　　D. 因噎废食

9. 教师在不同的成长阶段，所关注的问题不同，当教师把关注的焦点一味地投向讨学生喜欢时，这说明教师的成长处于(　　)

A. 关注生存阶段　　B. 关注情境阶段

C. 关注学生阶段　　D. 关注成长阶段

10. 周恩来在南开中学就读时，曾立下了“为中华之崛起而读书”的志向，这种学习动机属于(　　)

A. 内部高级动机　　B. 内部低级动机

C. 外部高级动机　　D. 外部低级动机

二、简答题(本大题共2小题，每小题5分，共10分)

11. 简述中小学教师选用教学方法时需遵循的基本依据。

12. 简述中小学生焦虑症产生的原因。

三、案例分析题(本大题共10分)

13. 星期三上午上课铃声响后，某班的小敏手里拿着面包匆忙跑进教室。上数学课的李老师看见后，很不高兴地对小敏说：“站住！把手里的面包扔了，学习不咋地，就想着吃。”于是，小敏气冲冲地把没吃完的面包扔进垃圾桶，头也不回地走向座位，课堂上整节课，她好像心事重重，没有心思听课。当天下午第一节课，该班的小凯也迟到了，一边啃着方便面，一边跑进教室。正上语文课的王老师没有责怪小凯，而是拿出干净的纸巾微笑着递给他："把食物放在纸巾上先上课，等下课后你再吃吧，下课后到我办公室泡着吃会更好。"于是，小凯安安静静地上完这节课，下课后带着点羞涩走进王老师的办公室。王老师仍微笑着边给小凯泡方便面边问："今天下午你迟到是什么原因呀？能不能告诉老师！"随后在与小凯的交流中，王老师了解到小凯因家里有事，帮助妈妈照顾妹妹才迟到的。于是，王老师跟小凯交流应对特殊事情的解决方法后，小凯带着感激的心情高兴地回到了教室。此后，小凯再也没有出现过上课迟到的现象。

(1)从师生角度的关系，分析案例中两位教师的行为，你认为哪位老师的做法更好，并说明你的理由。(8分)

(2)结合案例，在下面写出体现王老师"教育机智"的句子。(1分)

(3)从德育的视角看，案例中王老师主要采用了哪种方法？(1分)

第二部分　学科专业知识

一、单项选择题(本大题共7小题，每小题1分，共7分)

1. 下列词语中，没有错别字的一项是(　　)(常考)

A. 浪废　骁勇　沧海一粟　措手不及

B. 端详　急躁　委曲求全　同仇敌忾

C. 平添　松驰　漫不经心　细嚼慢咽

D. 迁徙　信誉　不翼而飞　眼急手快

2. 诸子中主张"有教无类""因材施教"的是(　　)

A. 孟子　B. 孔子　C. 庄子　D. 荀子

3. 中唐倡导新乐府运动的诗人是(　　)

A. 李白　B. 李贺　C. 白居易　D. 杜牧

4.《欧也妮·葛朗台》的作者是(　　)

A. 马丁·路德·金　B. 司汤达

C. 莫扎特　D. 巴尔扎克

5. 下列鲁迅的作品中，属于杂文集的是（　　）（易错）

①《热风》 ②《呐喊》 ③《三闲集》 ④《华盖集》 ⑤《朝花夕拾》

A. ①③④　　B. ②③④　　C. ②④⑤　　D. ③④⑤

6. 下列作品中，属于茅盾《蚀》三部曲的是（　　）

①《子夜》 ②《幻灭》 ③《动摇》 ④《雷雨》 ⑤《追求》

A. ①②③　　B. ②③④　　C. ②③⑤　　D. ①④⑤

7. 下列作品中，属于《安徒生童话》的是（　　）

①《丑小鸭》 ②《灰姑娘》 ③《白雪公主》 ④《海的女儿》 ⑤《拇指姑娘》

A. ①②④　　B. ①④⑤　　C. ③④⑤　　D. ②③④

二、填空题（本大题共8小题，每小题1分，共8分）

8. 春江潮水连海平，________________。（张若虚《春江花月夜》）

9. 塞上长城空自许，________________。（陆游《书愤》）

10. 吾尝终日而思矣，________________。（荀子《劝学》）

11. ________________，一把辛酸泪。（曹雪芹《红楼梦》）

12. ________________，你错勘贤愚枉做天！（关汉卿《窦娥冤》）

13. 人生若只如初见，________________。（纳兰性德《木兰花令·拟古决绝词柬友》）

14. 海内存知己，天涯若比邻。（王勃《__________》）

15. 稻花香里说丰年，听取蛙声一片。（辛弃疾《__________》）

三、教学设计题（本大题共2小题，共10分）

茅屋为秋风所破歌

杜　甫

八月秋高风怒号，卷我屋上三重茅。茅飞渡江洒江郊，高者挂罥长林梢，下者飘转沉塘坳。

南村群童欺我老无力，忍能对面为盗贼。公然抱茅入竹去，唇焦口燥呼不得，归来倚杖自叹息。

俄顷风定云墨色，秋天漠漠向昏黑。布衾多年冷似铁，娇儿恶卧踏里裂。床头屋漏无干处，雨脚如麻未断绝。自经丧乱少睡眠，长夜沾湿何由彻！

安得广厦千万间，大庇天下寒士俱欢颜！风雨不动安如山。呜呼！何时眼前突兀见此屋，吾庐独破受冻死亦足！

16. 根据文章的内容，设计教学目标和教学重难点。(5分)

17. 设计一个教学片段，设身处地体会杜甫忧国忧民的心境。(5分)

四、材料分析题(本大题共5小题，共12分)

(一)现代文阅读

冬(之一)

穆　旦

我爱在淡淡的太阳短命的日子，
临窗把喜爱的工作静静做完；
才到下午四点，便又冷又昏黄，
我将用一杯酒灌溉我的心田。
多么快，人生已到严酷的冬天。

我爱在枯草的山坡，死寂的原野，
独自凭吊已埋葬的火热一年，
看着冰冻的小河还在冰下面流，
不知低语着什么，只是听不见。
呵，生命也跳动在严酷的冬天。

我爱在冬晚围着温暖的炉火，
和两三昔日的好友会心闲谈，
听着北风吹得门窗沙沙地响，
而我们回忆着快乐无忧的往年。
人生的乐趣也在严酷的冬天。

我爱在雪花飘飞的不眠之夜，
把已死去或尚存的亲人珍念，

当茫茫白雪铺下遗忘的世界，

我愿意感情的热流溢于心间，

来温暖人生的这严酷的冬天。

1976年12月

18. 文中“才到下午四点，便又冷又昏黄”中的“又冷又昏黄”指的是什么，有何作用？(3分)

19.《冬(之一)》不仅是一首单色调的诗，还体现了现实生活和诗人感情世界的复杂性，甚至矛盾。请结合诗歌内容简要分析矛盾之处。(3分)

(二)文言文阅读

养竹记

[唐]白居易

竹似贤，何哉？竹本固，固以树德；君子见其本则思建善不拔者。竹性直，直以立身；君子见其性则思中立不倚者。竹心空，空以体道；君子见其心则思应用虚受者。竹节贞，贞以立志；君子见其节则思砥砺名行，夷险一致者。夫如是，故君子人多树之为庭实焉。

贞元十九年春，居易以拔萃选及第，授校书郎。始于长安求假居处，得常乐里故关相国私第之东亭而处之。明日，履及于亭之东南隅，见丛竹于斯，枝叶殄瘁，无声无色。询于关氏之老，则曰：“此相国之手植者。自相国捐馆，他人假居，繇是筐篚者斩焉，篲箒者刈焉，刑余之材，长无寻焉，数无百焉。又有凡草木杂生其中，菶茸荟郁，有无竹之心焉。”居易惜其尝经长者之手，而见贱俗人之目，剪弃若是，本性犹存，乃芟蘙荟，除粪壤，疏其间，封其下，不终日而毕。于是，日出有清阴，风来有清声，依依然，欣欣然，若有情于感遇也。

嗟乎！竹，植物也，于人何有哉？以其有似于贤，而人爱惜之，封植之；况其真贤者乎！然则竹之于草木，犹贤之于众庶。呜呼！竹不能自异，惟人异之；贤不能自异，惟用贤者异之。故作《养竹记》，书于亭之壁，以贻其后之居斯者，亦欲以闻于今之用贤者云。

20. 解释下列句中加点的词。(2分)

(1)空以体道　　　　体：________

(2)故君子人多树之　　故：________

21. 翻译。(2分)

君子见其性则思中立不倚者。

22. 请从文章中找出最准确表达"竹似贤"的四个词，填在横线上：________、________、________、________。(2分)

五、写作题(本大题共30分)

材料：爱尔彼得的祖父留给他一座林园，一场山火把林园烧毁，爱尔彼得十分失落。当他走到大街上的时候发现很多人在排队买木炭，等着烤肉和取火，然后他灵机一动，回去雇用了一些工人，把那些被烧毁的树木变成了木炭。他用卖木炭的钱买了一些树苗，种在了林园中。第二年，林园又变成了原来的林园。

不管发生了什么，只要变换一个思路而不是放弃，就能有不一样的结果。

23. 根据材料作文，不少于800字，体裁自定，诗歌除外。

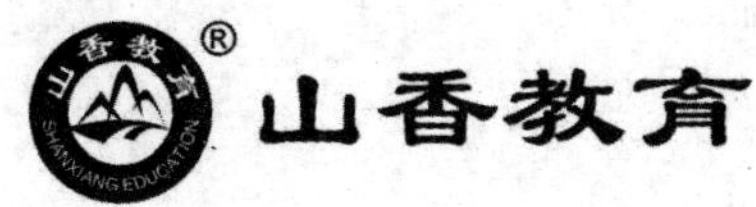

教师招聘考试历年真题详解及预测试卷

小学语文

预测试卷

（本预测试卷由山香教育考试命题研究中心精心编写）

目　录

教师招聘考试预测试卷(一)

小学语文

(满分120分)

本套试卷共22小题,包括单项选择(10小题)、填空题(6小题)、现代文阅读(2小题)、古诗词鉴赏(1小题)、文言文阅读(1小题)、教学设计(1小题)、写作(1小题)。

一、单项选择(本大题共10小题,每小题3分,共30分)

1. 下列词语中加点字的读音,全都正确的一组是( )

A. 歆羡(xīn) 懵懂(měng) 浸润(qīn) 含英咀华(jǔ)

B. 绮丽(qǐ) 着装(zháo) 崔嵬(wéi) 敷衍塞责(sè)

C. 岑寂(cén) 手帕(pà) 飙升(biāo) 越俎代庖(bāo)

D. 杜撰(zhuàn) 骸骨(hái) 耸立(sǒng) 光阴荏苒(rǎn)

2. 下列各组词语书写无误的一项是( )

A. 脑羞成怒 黎民百姓 断章取义 谀辞

B. 狼狈不堪 刻骨铭心 无与伦比 嗤笑

C. 歇斯底里 根深帝固 怀古伤今 潮迅

D. 涕泗横流 鱼人之利 面面相觑 恣睢

3. 下列句子中没有使用比喻修辞手法的一项是( )

A. 碧玉妆成一树高,万条垂下绿丝绦。 B. 回乐烽前沙似雪,受降城外月如霜。

C. 瀚海阑干百丈冰,愁云惨淡万里凝。 D. 洛阳亲友如相问,一片冰心在玉壶。

4. 下列各项中标点符号使用全都正确的一项是( )

A. 既然是汉语,就与汉民族、中华民族紧密相连。中学语文要不要突出民族传统?我认为是无须设问的。

B. 台湾与大陆,同根同源、同文同种,为了民族的利益,两岸应尽快携起手来。

C. 朱自清笔下的《荷塘月色》,体现了朱自清心中追求的美好精神境界。

D. 李煜的词"问君能有几多愁?恰似一江春水向东流。"用"一江春水"比喻愁之多,愁之绵绵无尽,生动形象,概括性又极强。

5. 下列关于文学文化常识的表述中，不正确的一项是(　　)

A.“唐宋八大家”的作品至今为人所称颂，如韩愈的《马说》、柳宗元的《小石潭记》、欧阳修的《醉翁亭记》和范仲淹的《岳阳楼记》等。

B.“记”是古代的一种散文体裁，大多为游记，用来记叙旅途见闻或者某地政治生活、社会面貌、风土人情、山川景物及名胜古迹。

C. 鲁迅是中国现代文学家、思想家、革命家，陆续出版了小说集《呐喊》《彷徨》，散文集《朝花夕拾》等，其中，《故乡》选自《呐喊》。

D.《我的叔叔于勒》的作者是法国作家莫泊桑，他与美国的欧·亨利和俄国的契诃夫并称为“世界三大短篇小说巨匠”。

6. 下列各字中，属于象形字的是(　　)

A. 日　　　　B. 刃

C. 松　　　　D. 河

7. 对下面四句诗顺序的排列，正确的一项是(　　)

①杨柳青青着地垂　　　　②借问行人归不归

③杨花漫漫搅天飞　　　　④柳条折尽花飞尽

A. ①④③②　　　　B. ③①④②

C. ①③④②　　　　D. ①②③④

8. 下列判断有误的一项是(　　)

A. 普通话是指以北京语音为标准音，以北方话为基础方言，以典范的现代白话文著作为语法规范的现代汉民族共同语。

B. 汉语是世界上使用人口最多的语言，而普通话所代表的标准现代汉语是中国的国家通用语言。

C. 语音、词汇和语法三者之中，语音和社会生活的联系最密切，所以发展变化也最快，人们感受也最明显。

D. 随着社会进步，新事物层出不穷，语言也要相应地产生新词语来表达这些新事物，所以，词汇不断地消长变化。例如，“纳米”“丁克”等词语相继出现，而“知青”“大哥大”等不断消亡。

9. 与下列加点字对应的解释正确的一项是(　　)

(1)言而有信；(2)信而有征；(3)信仰；(4)信口开河；(5)通风报信。

【释义】①确实；②信用；③听凭，随意，放任；④音信，信息；⑤相信。

A. ②①⑤③④　　　　B. ①②③⑤④

C. ⑤②①③④　　　　D. ②⑤③①④

10.“表达与交流”是义务教育语文课程学段要求中的一项重要内容，下列表述与《义务教育语文课程标准（2022年版）》关于第一学段“表达与交流”的内容不吻合的一项是（　　）

A. 学说普通话，能用普通话交谈，并乐于与他人进行交谈。

B. 能认真听他人讲话，努力了解讲话的主要内容。与他人交谈，态度自然大方，有礼貌。积极参加讨论，敢于发表自己的意见。

C. 对写话有兴趣，留心周围事物，写自己想说的话，写想象中的事物。在写话中乐于运用阅读和生活中学到的词语。

D. 根据表达的需要，学习使用逗号、句号、问号、感叹号。

二、填空题（本大题共6小题，每小题1分，共6分）

11. 我寄愁心与明月，________________。（李白《闻王昌龄左迁龙标遥有此寄》）

12. 峨眉山月半轮秋，________________。（李白《峨眉山月歌》）

13. ________________，江春入旧年。（王湾《次北固山下》）

14. ________________，落花时节又逢君。（杜甫《江南逢李龟年》）

15.《秘密花园》是英国作家________的作品。

16.《义务教育语文课程标准（2022年版）》总目标提出要学会运用多种阅读方法，具有________能力。

三、现代文阅读（本大题共2小题，共24分）

17. 阅读下面的文字，完成下列各题。

一座城的生灵烟火

迟子建

①童年时在故乡，因为狗没有看好家，我踹过狗肚子；猪对我采的野菜挑三拣四，我会掐断它一顿主食儿，饿得它嗷嗷直叫。这些行为若是被姥姥发现了，会遭到她的责备，她惯常说的是，瞧瞧人家的眼睛多清亮哇，怪可怜人的，可不许欺负不会说话的哇。“人家”二字，说明了姥姥把小动物看做了人类一族。

②我来哈尔滨生活三十年了，进了钢筋水泥的丛林，与家畜和野生动物照面的机会，无疑就少了。去年因出版了以哈尔滨为背景的长篇《烟火漫卷》[注]，其中写到一只雀鹰，有好奇的读者问我，在哈尔滨户外真能看见鹰吗？在大多数人心目中，它出现在城市，一定是在动物园中，翅膀都是僵硬的，这也勾起了我对这座城生灵的回忆，它们无疑是人间烟火的一种。

③先说马吧。我初来哈尔滨，是上世纪九十年代初，商品房还没兴起，老式住宅

楼的楼道，成了居民们越冬蔬菜的公共储藏间。每到深秋，从郊县来哈尔滨卖秋菜的马车就来了。它们停靠在各居民小区入口或是菜市场的十字街头，售卖土豆、大葱、萝卜和大白菜。一车秋菜若是一天卖不完，马就要和主人在城里过夜。霜降之后的哈尔滨很冷了，夜里气温常降至零下，卖菜的裹着棉大衣蜷缩在马车的秋菜上，而马习惯站着睡，所以若是清晨起得早，常见马凝然不动垂立着，像是城市的守卫，而它蹄子旁的水洼，有时凝结了薄冰，朝晖映在其上，仿佛大地做了一份煎蛋，给承受了一夜霜露的他们，奉献了一份早餐。有了冬储菜，哈尔滨人对从西伯利亚长驱入境的寒流，就有温暖的把握了。

④除了马，我印象深的还有江鸥。刚来哈尔滨时青春飞扬，我常在夏日傍晚去松花江畔看落日，江鸥在水面翩然起舞，飞起落下，拨动着人们的心弦。眼见它们白色的羽翼被夕阳映照成金色，心头不禁涌起一阵暖意。它们是一群来自天堂的鸟儿，它们是一群快乐的使者，它们是松花江永不沉落的珍珠，给人以美的遐想。

⑤而《烟火漫卷》中的雀鹰，我在《后记》已交代过，它确实是有原型的。我曾在一家商业银行铺设塑胶跑道的工地，看见过一只深陷塑胶泥潭的燕子，它死时翅膀张开，可以想见它在生命的最后一息，多想挣离大地，飞回天空！而四年前搬到群力新居的次日，新年的早晨，我在北阳台的窗外发现了一只鹰！

⑥鹰来到一座城市，一定带着我们不知道的气流，不知道的风云，不知道的迷失，不知道的它所经历的山林草原，峭壁悬崖，以及属于它的勇敢和怯懦，伤痛与离别。我将这只梦幻般出现又消失的鹰，和那只葬身塑胶跑道的燕子，合二为一，在《烟火漫卷》中放飞了一只雀鹰。我让它蜷伏在跨越湿地公园的阳明滩大桥的栏杆上，这样开“爱心护送”车的刘建国载着翁子安经过时，就能遇见它，从而有了雀鹰在榆樱院的故事。

⑦城市的生灵在黎明与黑夜之间，始终静静地唱着生命的歌谣。去年九月王蒙先生来黑龙江省政协，做关于弘扬中国传统文化的专题报告，会后我陪先生一行游览太阳岛公园的湿地。由于去秋雨水大，湿地小路已成小河，电瓶车缓缓而行时，车轱辘都被淹了，感觉是乘船。车行不久，先见一只灰鹤从灌木丛飞起，像青衣抛出的一条华丽水袖，惊艳一车人，还没等我们把视线从它身上转移，又有一双白鹤飞起，在车头前方翩跹起舞，大秀恩爱。王蒙先生慨叹哈尔滨的生态环境太好了！我跟太阳岛公园管委会的同志开玩笑，说这不是安排的“秀”吧。他不无骄傲地说，你想安排的话，这些野鸟谁又会听你的呢！而这些涉禽类鸟——大自然的芭蕾舞演员们，很快被接下来的一条鱼抢了风头，一条寸长的银色鲫鱼，竟然从流水潺潺的路面，蹦上电瓶车！我们飞快拍下那条来到人群的鱼，见它还摆着尾，赶紧择了处丰泽的水面，把它

放生了。

⑧不期然现身的鹤，与跃上电瓶车的鲫鱼，以及去年秋天我在卧室发现的纱窗外匍匐的一只蝙蝠，似乎抹去了我之前在塑胶跑道看到的死去的燕子时，所留下的心理阴影。哈尔滨的生态环境，确实得到了极大改善。王勃《滕王阁序》中的"落霞与孤鹜齐飞，秋水共长天一色"的至纯之境，似乎在那个时刻，从唐代曼妙地穿越到这座现代都城了。然而这种骄傲感没维持多久，候鸟迁徙的季节，我看到一则新闻，有只东方白鹳在南迁途中，在哈尔滨的呼兰区，倒挂在高压线上，被解救后已经死亡，而它的脚部，疑似有盗猎分子布设的猎夹。一只戴着镣铐追逐着温暖的东方白鹳，命绝于人类泯灭的良知，没有比这儿最深重的渊薮了！这太像我《候鸟的勇敢》的情节了，一只被盗猎者布设的超强力粘鸟胶所伤的东方白鹳，没有赶上季节迁徙的步伐，它与留下陪它的伴侣，伤愈后南飞，但时令已过，双双殒命于暴风雪中。别说这是它们的命运，当人心向下时，人性的黑暗，会埋葬这世上最不该埋葬的生灵。这样的埋葬多了，人类就岌岌可危了。

⑨如果我们丧失了生灵的烟火，一座城就少了最动人的色彩。我们治理环境，更要拯救人心。只有生灵的烟火融入大地，一座城的人间烟火才是美的。

（选文有删改）

【注】《烟火漫卷》是作家迟子建创作的长篇小说，2020年8月首次出版发行。

（1）请简要分析第⑦段的作用。（6分）

（2）从修辞的角度赏析文中画波浪线的句子。（4分）

（3）请结合文本，探究结尾画横线句子的丰富意蕴。（6分）

18. 阅读下面的文学类文本,回答后面的问题。

1935年的羊

徐建宏

找到学校,老旺看见曹老师正在巴掌大的操场上给学生们布置下午上山打柴的事。冬天的太阳光把曹老师的话照得暖洋洋的。山里太穷,孩子们读不起书,只能隔三差五地到山上打些柴然后挑到镇上卖了弄点钱。老旺看到自己的孩子狗娃一狗娃二也在中间,细长的脖子伸得像两条羊腿。

等学生散了,老旺急忙把曹老师拉到一边,哆哆嗦嗦地从破棉袄里掏出一个旧布包。大概是午后的太阳光显出了力量,曹老师注意到老旺的额上微微出了点汗。老旺说:"曹老师,你看看这里面写的啥?"

曹老师疑惑地打开布包,从里面露出一张缺角的纸条。由于年深月久,纸条已经渍黄不堪,上面不规则地分布着一些细洞。曹老师展开纸条,只见上面写着:

借　条

兹借到瓦村邢元富家羊二十只,俟革命成功后以两倍奉还。此据。

红军指挥员叶××

1935年10月25日

曹老师抬头看看老旺,此刻老旺的眼睛像两把钳子钳住了他。曹老师说:"老旺,这东西你从哪儿找到的?"

"俺家的一个破墙洞里。"老旺急切地说,"上面写了些啥?"

曹老师莞尔一笑说:"邢元富是你家什么人?"

"俺爷爷哪。"老旺说,额上的细汗已经变成了颗粒。

"老旺,恭喜你啊。"曹老师一巴掌拍在老旺的肩上说,"你家发财了。"

消息从这天午后开始像花朵一样开遍了整个瓦村。到黄昏时老旺家的院子里已挤满了人。没有谁对老旺怀里的那四十只羊持怀疑态度。整个瓦村似乎隐隐听到了从1935年传来的羊叫声。瓦村虽然偏僻,但历史上也是个弹痕累累的地方。离村不到一里,马蜂窝似的弹坑足以印证瓦村昔日的荣光。应该说这张借条对老旺的确太重要了,它的重要性甚至超出了我们的想象范围。老旺一家六口人,妻子长年捧着一只酱黑的药罐,加上自己腿脚不灵便,儿子狗娃一狗娃二还是因为曹老师才读上书的。靠着几只咩咩叫的羊养家糊口,生活的艰难可想而知。

这天夜里,瓦村的所有家庭都在斑驳的泥墙上寻找历史的破洞。1935年的羊叫声弥漫了整个瓦村。

根据曹老师的指点,老旺第二天一大早就翻山越岭到镇上去了。曹老师关于纸条的一些看法在镇政府的办公室里得到了证实。一个干部模样的人打着夸张的手势对老旺说,这张借条非同一般,我们一定要认真核查。尤其是首长的签字,需经专家鉴定。老旺听了这番话,心里像冬天的风紧一阵松一阵的。这时候恰巧镇长进来,镇长把老旺请到自己的办公室,还给老旺泡了杯茉莉花茶,这使老旺在茉莉花的清香中毫不犹豫地把那张借条留在了镇长那儿。

冬去春来,日子的流云在漫长而煎熬的等待中随风而逝。老旺日复一日地把羊群赶到山坡上,看远处山梁上腾起的黄尘,也看曹老师带着狗娃他们上山打柴的情景。老旺的心里酸了又涩,涩了又酸。据村里人说,曹老师的父亲是个烈士遗孤,战争年代被寄养在瓦村。后来曹老师是从遥远的大城市来到瓦村教书的,几十年的青春在黄尘古道中悄无声息地献给了瓦村。老旺记得,几十年间曹老师才回过五次家。

后来的消息是曹老师从镇上带回来的。那天曹老师和几个学生挑着柴火到镇上去卖,归路上顺便去了一趟镇长办公室。镇长答复说,经多方鉴定,现在已经确认了那张借条,首长的签字也真实无讹。再过几天县里就会派人把折合的一万块钱送到瓦村去。镇长的叙述让曹老师喜出望外,以至在走出办公室时曹老师一脚踩空把脚崴了。

县里派人在镇长的陪同下来到瓦村是在几天以后。那是个令人难忘的日子,整个瓦村到处尘土飞扬。人们看到瘸腿又老实巴交的羊倌老旺从县里的同志手里接过一个大红纸包,那鲜艳的色彩在灿烂的阳光下让人热血沸腾。这个中午,我们的农民兄弟老旺像一颗挂在秋天树上的红柿子,引人注目。1935年的羊叫声又一次回荡在瓦村的天空。

第二天,老旺找到学校时天刚蒙蒙亮。曹老师扶着墙壁出来开门。看到一脸土色的老旺,曹老师开玩笑说:"老旺,你的脸是不是被钱烧了?"

老旺站在门口,从门外透进来的光线照出曹老师房间里的摆设简陋又寒碜,灶上的白烟袅袅散开。老旺迟疑了一下,从怀里掏出一个纸包塞到曹老师手上说:"俺想了整整一宿,这两千块钱就送给学校吧。往后你和孩子们不要再上山打柴了。"

曹老师空洞地张了张嘴,一时无从说起。

老旺粲然一笑说:"狗娃这几年全靠了你才念上书的,还有俺们家……你的恩情俺们忘不了。留下的那几千块钱,够俺们还债和添些羊啥的了。"老旺憨厚的笑脸在逆光中灿烂而令人心动。

曹老师凝视着老旺一瘸一拐地走入晚春的早上,眼前一片模糊——他仿佛看到了有许多可爱的羊簇拥在老旺身后,老旺就像站在洁白的云彩上。在他耳边,1935年的羊叫声如水而来。

(1)下列对小说相关内容和艺术特色的分析鉴赏,不正确的一项是(　　)(2分)

A. 小说中的人物语言符合人物身份,具有个性化特征,而叙述语言则运用了词语的移用、新奇的比喻,具有诗化色彩。

B. 小说中写发现借条的当夜"瓦村的所有家庭都在斑驳的泥墙上寻找历史的破洞",是为了证明瓦村"在历史上也是个弹痕累累的地方"。

C. 小说多次提到1935年的羊叫声在瓦村回荡,具有历史的穿透力,结尾"1935年的羊叫声如水而来",拓宽了小说的思想内涵,堪称神来之笔。

D. 小说结尾写老旺把两千块钱送给学校,而"留下的那几千块钱,够俺们还债和添些羊啥的了"更加突出了老旺捐款的合理性、真实性。

(2)小说围绕一张借条,表现出多个人物的精神内涵,请结合作品简要分析。(3分)

(3)这篇小说构思精心而又巧妙,请结合作品简要分析。(3分)

四、古诗词鉴赏(本大题共6分)

19. 阅读下面的古诗,回答问题。

雨　晴

王　驾

雨前初见花间蕊,雨后全无叶底花。

蜂蝶纷纷过墙去,却疑春色在邻家。

(1)诗的前两句主要采用了什么表现手法?表达了作者怎样的思想感情?(3分)

(2)“却疑春色在邻家”妙在一个“疑”字,请简要赏析妙在何处。(3分)

五、文言文阅读(本大题共12分)

20. 阅读下面的文言文,回答问题。

石天麟,字天瑞,顺州人。年十四,入见太宗,因留宿卫。天麟好学不倦,于诸国书语无不习。帝命中书令耶律楚材厘正庶务,选贤能为参佐,天麟在选,赐名蒙古台。宗王征西域,以天麟为断事官。

宪宗六年,遣天麟使海都,拘留久之,既而边将劫皇子北安王以往,寓天麟所。天麟稍与其用事臣相亲狎因语以宗亲恩义及臣子逆顺祸福之理海都闻之悔悟遂遣天麟与北安王同归。天麟被拘留二十八年,始得还,世祖大悦,赏赉甚厚。拜中书左丞,兼断事官。天麟辞曰:“臣奉使无状,陛下幸赦弗诛,何可复叨荣宠。况臣才识浅薄,年力衰惫,岂能任政,恐徒贻庙堂羞,不敢奉诏。”帝嘉其诚,褒慰良久,从之。

有谮丞相安童尝受海都官爵者,帝怒,天麟奏曰:“海都实宗亲,偶有违言,非仇敌比,安童不拒绝之,所以释其疑心,导其臣顺也。”帝怒乃解。江南道观偶藏宋主遗像,有僧素与道士交恶,发其事,将置之极刑,帝以问天麟,对曰:“辽国主后铜像在西京者,今尚有之,未闻有禁令也。”事遂寝。天麟年七十余,帝以所御金龙头杖赐之,曰:

"卿年老,出入宫掖,杖此可也。"时权臣用事,凶焰薰炙,人莫敢言。天麟独言其奸,无所顾忌,人服其忠直。

成宗即位,加荣禄大夫、司徒,大宴玉德殿,召天麟与宴,赐以御药,命左右劝之酒,颇醉,命御辇送还家。武宗即位,进平章政事。至大二年秋八月卒,年九十二。赠推诚宣力保德翊戴功臣、开府仪同三司、太师、上柱国,追封冀国公,谥忠宣。

子珪,累官治书侍御史,迁枢密副使,复为侍御史,拜河南行中书省右丞,升荣禄大夫、南台御史中丞,卒。次子怀都,初袭断事官,累迁刑部尚书、荆湖北道宣慰使。孙哈蓝赤,袭断事官。

(节选自《元史·石天麟传》,有删改)

(1)下列加点词语的解释不正确的一项是(　　)(3分)

A.既而边将劫皇子北安王以往,寓天麟所　寓:暂时住在。

B.有谮丞相安童尝受海都官爵者　谮:诬告。

C.所以释其疑心,导其臣顺也　释:解释。

D.有僧素与道士交恶,发其事　发:揭发。

(2)下列对文中画波浪线部分的断句,正确的一项是(　　)(3分)

A.天麟稍与其用事臣相亲狎/因语以宗亲恩义/及臣子逆顺祸福之理/海都闻之悔悟/遂遣天麟与北安王同归

B.天麟稍与其用事臣相亲狎/因语以宗亲恩义及臣子逆顺祸福之理/海都闻之悔悟/遂遣天麟与北安王同归

C.天麟稍与其用事臣相亲狎/因语以宗亲恩义/及臣子逆顺祸福之理/海都闻之悔悟/遂遣天麟与北安王/同归

D.天麟稍与其用事/臣相亲狎/因语以宗亲恩义/及臣子逆顺祸福之理/海都闻之悔悟/遂遣天麟与北安王同归

(3)下列对原文有关内容的概括和分析不正确的一项是(　　)(3分)

A.石天麟好学博识,颇受皇帝恩宠。石天麟历经几个皇帝,其才能都得到认可,几个皇帝都对他恩宠有加,年衰后甚至被赐以金龙头杖。

B.石天麟有胆有识,喜欢表现自己。有寺僧告发道观私藏宋主遗像,石天麟知道后就向皇帝进言,说这种情况可以理解,西京都还有辽国主后的铜像。

C.石天麟忠于朝廷,关注朝廷大事。他被拘留在海都时,还设法说服边将要以恩宠宗义为重,营救了被劫持的皇子;有人诬陷安童,他向皇帝谏言,安童才得以脱险。

D.石天麟贤能谦恭,其德泽被后人。石天麟贤能刚正,是几朝功臣,他的品行对子孙有深远影响。两个儿子都官居要职,孙子也承袭官职。

(4)把文中画横线的句子翻译成现代汉语。(3分)

况臣才识浅薄,年力衰惫,岂能任政,恐徒贻庙堂羞,不敢奉诏。

六、教学设计(本大题共12分)

21. 阅读部编版义务教育语文教科书四年级下册的《文言文二则》,完成后面的问题。

囊萤夜读

胤恭勤不倦,博学多通。家贫不常得油,夏月则练囊盛数十萤火以照书,以夜继日焉。

铁杵成针

磨针溪,在象耳山下。世传李太白读书山中,未成,弃去。过是溪,逢老媪方磨铁杵。问之,曰:"欲作针。"太白感其意,还卒业。

(1)这两则文言文所在单元的主题是"成长的故事",把它们编在同一课中的意图是什么?(2分)

(2)请写出《囊萤夜读》的教学设计过程。(10分)

七、写作(本大题共30分)

22. 请从下面两题任选一题作文,要求不透露个人信息,卷面整洁,书写规范,不少于800字。

题目一:阅读下面材料,根据要求写作。

①聪明才智是拨动社会的杠杆。(巴尔扎克)

②狡猾是一种阴险邪恶的聪明。(培根)

③不是每一种观点都可以叫洞见,不是每一种聪明都可以叫智慧。聪明是一种能力,智慧是一种格局。聪明人看眼前,智者看长远;聪明人看局部,智者看整体……

读了以上材料,你有怎样的思考?请联系实际,写一篇文章,表明你的看法。

要求:自选角度,自定立意,自拟题目,写一篇议论文。

题目二:在我们读过的小说中,我们接触了一大批让人难忘的人物形象。请你从《祝福》《老人与海》《红楼梦》三部小说中选取一个人物,对他的所作所为、所思所想进行指点或劝告,给予赞颂或批评。

要求:自选角度,自定立意,自拟题目,除诗歌外文体不限。

教师招聘考试预测试卷(二)

小学语文

(满分120分)

本套试卷共18小题,包括单项选择(7小题)、填空(5小题)、阅读鉴赏(4小题)、技能应用(1小题)、写作(1小题)。

一、单项选择(本大题共7小题,每小题3分,共21分)

1. 下列各组词语中,加点字的注音完全正确的一项是(　　)

A. 莅(lì)临　道劲(jìng)　咄(duō)咄逼人　强(qiáng)词夺理

B. 惩(chěng)罚　狭隘(ài)　坦荡如砥(dǐ)　衣衫褴褛(lǚ)

C. 鲜腴(yú)　贮(chǔ)蓄　矫(jiǎo)揉造作　哄(hōng)堂大笑

D. 祈(qí)祷　宽宥(yòu)　前仆(pū)后继　摩肩接踵(zhǒng)

2. 下列词语中没有错别字的一项是(　　)

A. 无事生非　神机妙算　日积月累　张冠李带

B. 气势凶凶　燃眉之急　司空见贯　博大精深

C. 明察秋毫　栩栩如生　兴高采烈　千钧一发

D. 通宵达旦　穿流不息　生死攸关　一筹莫展

3. 下列各句中加点词语的使用,全部正确的一项是(　　)

①比赛过后,教练希望大家重整旗鼓,继续以高昂的士气、振奋的精神、最佳的竞技状态,在下一届赛事中再创佳绩。

②今年,公司加大公益广告创新力度,制作出一批画面清新、意味深长的精品,有效发挥了公益广告引领社会风尚的积极作用。

③促进科研成果转移转化是实施创新驱动发展战略的重要任务,我们应该制订一套行之有效的激励机制和创新协同机制。

④这位专家的学术方法虽比较新颖,但其学术成果得到学术界公认的却不是很多,再加上其追随者大都等而下之,以致他的学术地位一直不高。

⑤赵老师学的是冷门专业,当年毕业时,不少同学离开了该领域,而他守正不阿,

坚持致力于该专业的教研工作,最后硕果累累。

⑥国家“一带一路”战略的实施,给古丝绸之路的沿线城市带来了活力,很多城市对未来踌躇满志,跃跃欲试。

A. ①③⑤　　B. ①⑤⑥

C. ②③④　　D. ②④⑥

4. 下列各句中,表达得体的一项是(　　)

A. 先生,令爱这次获儿童全国大奖,多亏您悉心指导,我们全家都感谢您。

B. 这次办理出国手续,多亏了你帮忙。明天我将登门致谢,请你在家恭候。

C. 在接到母校百年校庆的邀请后,大家相约一起莅临母校参加庆典活动。

D. 王磊发短信约见老同学:“老同学,别来无恙啊! 我们很想你,周末可否一聚?”

5.《巴黎圣母院》的作者是(　　)

A. 雨果　　B. 大仲马

C. 小仲马　　D. 莎士比亚

6. 堪称中国现代新诗奠基之作的是(　　)

A.《死水》(闻一多)　　B.《女神》(郭沫若)

C.《致橡树》(舒婷)　　D.《雨巷》(戴望舒)

7. 下列作品中,属于巴金“激流三部曲”的是(　　)

①《家》　②《雾》　③《雨》　④《春》　⑤《秋》　⑥《电》

A. ①③④　　B. ①④⑤

C. ②③⑥　　D. ②⑤⑥

二、填空(本大题共5小题,每空1分,共9分)

8. ________________,落日故人情。挥手自兹去,________________。(李白《送友人》)

9. 谁家玉笛暗飞声,________________。________________,何人不起故园情。(李白《春夜洛城闻笛》)

10. 有朋自远方来,________________? ________________,不亦君子乎?(《论语·学而》)

11. ________________,草色遥看近却无。(韩愈《早春呈水部张十八员外·其一》)

12.《小石潭记》中“________________,________________”两句用光影衬托小石潭水的清澈。

三、阅读鉴赏(本大题共4小题,共45分)

13. 阅读下面的诗歌,完成后面的题。

张谷田舍

储光羲

县官[1]清且俭,深谷有人家。一径入寒竹,小桥穿野花。

碓[2]喧春涧满,梯倚绿桑斜。自说年来稔[3],前村酒可赊。

【注】①县官:陪作者巡视的县令。②碓(duì):用来舂米谷的器具。③稔(rěn):庄稼成熟。

(1)下列对这首诗的理解和赏析,不正确的一项是(　　)(3分)

A. 这是一首田园诗。作者在一个春日里,拜访深山谷中的农家。首句"县官清且俭",指出了这个县的长官清廉正直、节俭爱民。

B. 中间四句是景物描写。这四句顺着作者的游踪,描写田舍的美丽风光与农民们的劳动生活,写得绘声绘色,曲折有致,引人入胜。

C. 颈联作者用视听结合的手法展现了农人舂米与采桑的场景,对仗工整,形象生动,反映出一幅忙碌而喜悦的劳动场面。

D. 尾联作者由衷感叹今年一定是个丰收年,而听说前边的村子,买酒还可以赊账,可见此处民风的古朴。

(2)这首诗表达了作者怎样的情感?请结合诗句具体分析。(5分)

14. 阅读下面的文言文，回答问题。

韩公裔，开封人。充康王①府内知客。金兵犯京，王出使，公裔从行。渡河，将官刘浩、吴湛私斗，公裔谕之乃解。次磁州，军民戕奉使王云，随王车入州廨，公裔复谕退之。王之将南也，与公裔谋，间道潜师夜起，迟明至相，磁人无知者，自是亲爱愈笃。及兵退，张邦昌②遣人同王舅韦渊来献传国玺。时渊自称伪官议者又谓邦昌不可信王怒将诛渊公裔曰神器自归天命也王遂受玺命公裔掌之公裔力救渊释其罪。

元祐后诏王入承大统，府僚谓金兵尚近，宜屯彭城。公裔言："国家肇基睢阳，王亦宜于睢阳受命。"时前军已发，将趋彭城，会天大雷电，不能前，王异之，夜半抗声语公裔曰："明日如睢阳，决矣。"既即帝位，公裔累迁武功大夫。

后以事忤黄潜善，适帝幸维扬，公裔丐去，潜善以为避事，遂降三官，送吏部。帝幸越，念其旧劳，召复故官，累迁至广州观察使。

公裔给事藩邸三十余年，恩宠优厚，每置酒慈宁宫，必召公裔。会修《玉牒》，元帅府事多放佚，秦桧以公裔帅府旧人，奏令修书官就质其事。俄除保康军承宣使，桧疑其舍己而求于帝，衔之。右谏议大夫汪勃希桧意，劾罢公裔，遂与外祠，在外居住，而帝眷之不衰。

桧死，即复提举佑神观，赐第和宁门西，帝曰："朕与东朝欲常见卿，故以自近耳。"升华容军节度使，寻致仕。高宗既内禅，尝与孝宗语其忠劳，因诏所居郡善视之。乾道二年卒，年七十五，赠太尉，谥恭荣，官其亲族八人。高宗赐金帛甚厚。

公裔律身稍谨，不植势，不市恩，又敢与黄潜善、秦桧异，斯亦足取云。

（选自《宋史·韩公裔传》，有删改）

【注】①康王：宋高宗赵构，南宋开国皇帝。②张邦昌：北宋大臣，靖康之难后，被金国强立为"伪楚"皇帝。

(1)下列对文中画波浪线部分的断句，正确的一项是（　　）(3分)

A. 时渊自称伪官／议者又谓邦昌不可信／王怒将诛渊／公裔曰／神器自归天／命也／王遂受玺／命公裔掌之／公裔力救／渊释其罪。

B. 时渊自称伪官／议者又谓邦昌不可信／王怒将诛渊／公裔曰／神器自归／天命也／王遂受玺／命公裔掌之／公裔力救渊／释其罪。

C. 时渊自称伪官议者／又谓邦昌不可信／王怒将诛渊／公裔曰／神器自归天／命也／王遂受玺／命公裔掌之／公裔力救／渊释其罪。

D. 时渊自称伪官／议者又谓邦昌不可／信王怒将诛渊／公裔曰／神器自归／天命也／王遂受玺／命公裔掌之／公裔力救／渊释其罪。

(2)下列对文中加点词语的相关内容的解说,不正确的一项是(　　)(3分)

A. 吏部是古代六部之一,掌管文武官员的任免、升降、调动等,长官为吏部尚书。

B. 致仕本义是将享受的禄位交还给君王,表示官员辞去官职或到规定年龄而离职。

C. 内禅是一种君位传承制度,在世袭制王朝下,君主将君位禅让予其家族里的人,称"内禅"。

D. 谥号是古代帝王、大臣等死后,据其生平事迹评定的称号,如哀帝、恭帝。

(3)下列对原文有关内容的概括和分析,不正确的一项是(　　)(3分)

A. 韩公裔善于劝解。他在康王府任职,在出使途中有人争斗,经他劝说才和解;在磁州,军民作乱,影响康王,他又去劝退乱民。

B. 韩公裔忠于职守。康王要继承皇位,有人建议去彭城躲金兵,韩公裔提议去开业基地睢阳,碰上恶劣天气,康王最终听取了韩公裔的意见。

C. 韩公裔遭到权贵排挤。他得罪了黄潜善,被降官三级;秦桧让修书官向韩公裔咨询有关事情,被韩拒绝,有人迎合秦桧乘机罢免韩的官职。

D. 韩公裔深得皇帝宠信。他恢复官职后,高宗因要经常见他,就安排他住得近一些;孝宗得知韩公裔的忠心和功劳后,下令优待韩公裔。

(4)把文中画横线的句子翻译成现代汉语。(6分)

①王之将南也,与公裔谋,间道潜师夜起,迟明至相,磁人无知者,自是亲爱愈笃。

②公裔律身稍谨,不植势,不市恩,又敢与黄潜善、秦桧异,斯亦足取云。

15. 阅读下面的文章，完成后边的题目。

脚印，脚印

刘云芳

每天早上，我都要用扫帚把麻雀、人以及树的脚印——落叶清扫干净，我变成一个擦除痕迹的人。有一枚脚印永远地镶嵌在了水泥台上，那是一年前一头小盲牛留下的。现在，盲牛已经被变卖。父亲因为手术的关系，也最终将最后一头牛卖掉。他嘴上说，终于清闲了，却又忍不住去牛圈里看。

我去柴房取柴火时，看到旁边放了几个本子，那是家里开小卖部时的旧账。每户人家都占上那么一页，上边记着他们赊账的明细，是许多家庭的消费日常，几包方便面、洗衣粉，或者几盒火柴……这是山村生活在纸上行走的脚印。母亲说，等邻居把欠账还完就把本子当柴火烧掉。

80多岁的爷爷背着手，说要去地里看看。他一路把脚印均匀地撒在那条人畜共行的土路上。等我把饭做好去山梁上喊他，却发现远山和近岭，布满了大大小小的脚印，这些脚印形状的土地里，麦苗已经发芽，变得绿茸茸的。

爷爷腿脚虽没问题，耳朵却背了。他总是自说自话，讲的全都是幼年记忆，还有他父辈、祖辈的事情。在我们眼里，爷爷的思维比那枣木门板还老，还坚不可摧。他是祖宗留在人世的脚印，让我们看清族人行走的脉络。

乡村那么宁静，站在山顶上，回忆直往眼前涌。小孩们从城里回来玩耍。这些孩子复制了父母的面容，让我误认为20年前玩躲猫猫的那几个人刚刚从某个角落里跑出来。

我们那时要把整个山村巡逻个遍。春天去采桃花，夏天去挖柴胡，秋天摘酸枣，冬天捡干柴。捡着捡着，就捡起了蜗牛壳。让螺旋的顶端相对，比谁的力气更大，谁的蜗牛更坚固。不似现在的孩子，大部分的时间猫在屋里，抱着父母的手机，一动不动，像是人偶手机底座。

曾经的孩子，如今都成了青年，散在各处。在城里，被人叫作农民工；回到故乡，时不时吐露出外地的语言，也像是异乡人。故乡是他们履历上的脚印，不是家园。家是飘在他们舌头这根短树桩上的叶子，风一吹就来回滚动。

漂泊在外地的年轻人一回来，乡村就拿出争宠的架势，把与城市不同的那一面尽力展现出来。用不曾变化的地方，勾出他们的相思，让他们的思绪回到生命的源头。乡村努力在年轻人的眼里、心里踏出脚印。这脚印缩小着缩小着，化成涟漪，化成乡愁，潜伏在他们的胸口，像蜗牛一样，在胸腔里不住地伸缩着触角，一头是志向高远的奔头，一头是心灵蜷缩的归属之地。年轻人是乡村抛向远方的一枚脚印。故乡在年轻人眼里,原是一枚小小的脚印,后来变成一只空了的鞋,等年轻人老了之后,就变成一艘巨大的船,无论怎么努力,也登不上去。

夏天,父亲让我给牛割草。往常割草需要去东山,往返就要将近一个小时。如今村里人少,院子都荒芜了。我走了十几步,进了邻居的院子。蒿草几乎没过我的肩头。我挥舞着镰刀将它们放倒。在草的根部断裂的瞬间,我竟然听到他家老人一下一下劈柴的声音。后来,我在院子的西南角看到了一座小庙,里边供奉着某个神灵。

听说,他家今年在城里诸事不顺,所以请了神汉,算了半天之后,说老家院子荒凉,少了人气,多了邪气。为了制造人气,他们每个月回来住一宿。他们一遍遍清扫神龛,燃香祷告,却忘了曾经住在这房子里的老人。他在这间屋子里住着的时候,他们从不归来探望。他只好住进女儿家里。那一天,男主人去我家坐了很久,嘴里吹着烟雾,盘点这一年的不顺利。他只盘点自己的伤疤,不盘点自己的脚印。

他走后,母亲从柴房里把旧账本倒出来,把他当年赊账的明细翻出来,撕下,塞到了炉子里。他欠我家钱的事实就被火吞进了肚子里。就连他这些年赖账的事情,母亲也不再提了。但我家的狗却不依不饶,每次看见他都叫得最凶。我父亲在人前呵斥它,在背地里却称赞它。狗好像能嗅出那些暗藏于心灵深处的年轮与密码。

临行前去了趟爷爷家,院子里的南瓜花极其茂盛,让我想起了奶奶在各个角落里忙乱的情景。穿过黑暗的甬道,忽然觉得她一生隐在土里的脚印全都浮出来,它们正串联起来,变成鱼,游成影子。而奶奶坐在相框里对着我笑。走上山梁,我看到村庄被各式各样的脚印衬托着,拥挤着,佑护着。

回到城市,走过某条街道,看见清洁工把银杏树叶装满了垃圾车,在街的另一头,几个女人将它们捡拾进袋子,当作珍贵的药材。一种东西两种命运。清洁工不住地清扫着,各种痕迹被快速清除。在人潮汹涌的地方,连狗都会经常迷路吧。对于我这样半道走出农村的人来说,城市与乡村之间隔着的不只是各种现实的差距,还有一层梦的厚度、一股乡愁的长度。而这些看似虚无的东西,被许多脚印填充着,那是一段隐于文字之外的微小的、真实的历史。

(1)下列对文本相关内容和艺术特色的分析鉴赏,不正确的一项是(　　)(3分)

A. 青年们在城里被叫作农民工,回到故乡又像是“异乡人”,这流露出作者对乡村发展的困惑。

B. 母亲烧掉邻居的欠账明细,父亲称赞家里的狗,是因为他们对邻居欠账不还感到失望和不满。

C. 文章善于通过日常生活表达思想感情,对现实的思考和忧虑就蕴含在看似琐碎的叙述和描写中。

D. 文章围绕着“脚印”来写，布局看似随意，其实是从家庭写到了山村，又由山村写到了城市。

(2)结合全文，说说文中的“脚印”的深层含义。(4分)

(3)结尾一段主要表达了作者怎样的思想认识？请结合作品简要概括。(5分)

16. 阅读下面文本，完成下列各题。

为要寻一个明星

徐志摩

我骑着一匹拐腿的瞎马，
向着黑夜里加鞭；——
向着黑夜里加鞭，
我跨着一匹拐腿的瞎马！

我冲入这黑绵绵的昏夜，
为要寻一颗明星；——
为要寻一颗明星，
我冲入这黑茫茫的荒野。

累坏了，累坏了我胯下的牲口，
那明星还不出现；——
那明星还不出现，
累坏了，累坏了马鞍上的身手。

这回天上透出了水晶似的光明，

荒野里倒着一只牲口，

黑夜里躺着一具尸首。——

这回天上透出了水晶似的光明！

写于1924年11月23日

(1)第二节中“黑绵绵的昏夜”和“黑茫茫的荒野”如何理解?(4分)

(2)“为要寻一个明星”是对光明的追寻,你觉得这首诗是写给诗人自己的,还是写给抗争者的?请结合诗歌简要分析。(6分)

四、技能应用(本大题共15分)

17. 请根据统编版四年级上册《走月亮》设计一篇完整的教学简案,包括教学目标,教学重难点,教学过程等。

走月亮

秋天的夜晚,月亮升起来了,从洱海那边升起来了。

是在洱海里淘洗过吗?月盘是那样明亮,月光是那样柔和,照亮了高高的点苍山,照亮了村头的大青树,也照亮了,照亮了村间的大道和小路……

这时候,阿妈喜欢牵着我,在洒满月光的小路上走着,走着……啊,我和阿妈走月亮!

细细的溪水,流着山草和野花的香味,流着月光。灰白色的鹅卵石布满河床。哟,卵石间有多少可爱的小水塘啊,每个小水塘都抱着一个月亮!哦,阿妈,白天你在溪里洗衣裳,而我,用树叶做小船,运载许多新鲜的花瓣……哦,阿妈,我们到溪边去吧,去看看小水塘,看看水塘里的月亮,看看我采过野花的地方。

啊,我和阿妈走月亮……

村道已经修补过，坑坑洼洼的地方已经填上碎石和新土。就要收庄稼了，收庄稼前，要把道路修一修，补一补，这是村里的风俗。秋虫唱着，夜鸟拍打着翅膀，鱼儿跃出水面，泼刺声里银光一闪……从果园那边飘来果子的甜香，是雪梨，是火把梨，还是紫葡萄？都有。在坡头那片月光下的果园里，这些好吃的果子挂满枝头。沟水汩汩，很满意地响着。是啊，它旁边，是它浇灌过的稻田。哦，阿妈，这不就是我们家的地吗？春天，我们种的油菜开花了，我在田地里找兔草，我把蒲公英吹得飞啊飞……收了油菜，栽上水稻。看，稻谷就要成熟了，稻穗低垂着头，稻田像一块月光镀亮的银毯。哦，阿妈，我们到田埂上去吧，你不是说学校放假了，阿爸就要回来了吗？我们采哪一塘新谷招待阿爸呢？

啊，我和阿妈走月亮……

有时，阿妈给我讲月亮的故事，一个古老的传说；有时，却什么也不讲，只是静静地走着，走着。走过月光闪闪的溪岸，走过石拱桥，走过月影团团的果园，走过庄稼地和菜地……啊，在我仰起脸看阿妈的时候，我突然看见，美丽的月亮牵着那些闪闪烁烁的小星星，好像也在天上走着，走着……

多么奇妙的夜晚啊，我和阿妈走月亮！

五、写作(本大题共30分)

18. 阅读下面的材料,根据要求作文。

刘亮程在《今生今世的证据》中说:“如果没有那些旧房子和路,没有扬起又落下的尘土,没有与我一同长大仍旧活在村里的人、牲畜,没有还在吹刮着的那一场一场的风,谁会证实以往的生活——即使有它们,一个人内心的生存谁又能见证。”

在你年轻的生命历程里,你“见证”过什么?你又看到过什么样的“见证”故事?请根据你的联想和思考写一篇文章。

要求:选好角度,确定立意,明确文体,自拟标题,不要套作,不得抄袭,不得泄露个人信息;不少于800字。

教师招聘考试预测试卷(三)

小学语文

(满分100分)

本套试卷共26小题,包括单项选择(15小题)、填空(5小题)、简答(2小题)、文言文阅读(1小题)、现代文阅读(1小题)、案例分析(1小题)、教学设计(1小题)。

一、单项选择(本大题共15小题,每小题2分,共30分)

1. 下列加点的字注音全部正确的一项是( )

A. 苍穹(qióng) 古刹(shà) 惬意(qiè) 焚膏继晷(guǐ)

B. 殷红(yīn) 地壳(qiào) 污垢(gòu) 销声匿迹(nì)

C. 陶冶(yě) 拮据(jié) 喷薄(bó) 分道扬镳(biāo)

D. 隔膜(mó) 崛起(jué) 攒聚(cuǎn) 探骊得珠(lí)

2. 下列词语中没有错别字的一项是( )

A. 戊卫 纷至沓来 诀窍 参差不齐

B. 翱翔 不知所措 奚落 筚路蓝缕

C. 别致 恣意枉为 忏悔 纵横捭阖

D. 修茸 比肩接踵 杀戮 功败垂成

阅读下面的文字,完成第3~5题。

________,我们纪念中国人民抗日战争的胜利,谴责侵略者的残暴,不是要延续仇恨,而是要唤起善良的人们对和平的向往和坚守。

中国人民抗日战争胜利是全体中华儿女勠力同心、以弱胜强的________史诗,显示了中国人民和中华儿女________的磅礴力量!中国人民在抗日战争的壮阔进程中孕育出伟大抗战精神,向世界展示了天下兴亡、匹夫有责的爱国情怀,( )我们要弘扬伟大抗战精神,以压倒一切困难的决心和勇气,敢于斗争,善于创造,为实现中华民族伟大复兴而奋斗。

实现中华民族伟大复兴,必须坚持走中国特色社会主义道路。无论遇到什么风浪,在坚持中国特色社会主义道路这个根本问题上都要一以贯之,决不因各种杂音噪音而________。实现中华民族伟大复兴,必须坚持斗争精神。斗争精神贯穿于中国革命、建设、改革各个时期,我们必须以越是艰险越向前的精神奋勇搏击、迎难而上。

全党全军全国各族人民,要更加紧密地团结起来,弘扬伟大抗战精神,向着中华民族伟大复兴的光辉彼岸奋勇前进,<u>是对为夺取中国人民抗日战争胜利献出生命的所有先烈、为中华民族独立和中国人民解放献出生命的所有英灵的最好安慰。</u>

3. 依次填入文中横线上的词语,全部恰当的一项是(　　)

A. 鉴往事,知来者　雄浑　无坚不摧　改弦更张

B. 前事不忘,后事之师　雄伟　坚不可摧　改弦易辙

C. 前事不忘,后事之师　雄浑　坚不可摧　改弦更张

D. 鉴往事,知来者　雄伟　无坚不摧　改弦易辙

4. 下列填入文中括号内的语句,衔接最恰当的一项是(　　)

A. 不畏强暴、血战到底的英雄气概,视死如归、宁死不屈的民族气节,百折不挠、坚忍不拔的必胜信念。

B. 视死如归、宁死不屈的民族气节,不畏强暴、血战到底的英雄气概,百折不挠、坚忍不拔的必胜信念。

C. 视死如归、血战到底的民族气节,不畏强暴、宁死不屈的英雄气概,百折不挠、坚忍不拔的必胜信念。

D. 百折不挠、坚忍不拔的必胜信念,不畏强暴、血战到底的英雄气概,视死如归、宁死不屈的民族气节。

5. 文中画横线的句子有语病,下列修改最恰当的一项是(　　)

A. 是对为夺取中国人民抗日战争胜利献出生命的所有先烈、为中华民族独立和中国人民解放献出生命的所有英灵的最好告慰。

B. 这是对为夺取中国人民抗日战争胜利献出生命的所有先烈、对为中华民族独立和中国人民解放献出生命的所有英灵的最好安慰。

C. 是对为夺取中国人民抗日战争胜利献出生命的所有先烈、对为中华民族独立和中国人民解放献出生命的所有英灵的最好安慰。

D. 这是对为夺取中国人民抗日战争胜利献出生命的所有先烈、对为中华民族独立和中国人民解放献出生命的所有英灵的最好告慰。

6. 英国作家詹姆斯·巴里创造的永远长不大的童话形象是(　　)

A. 温尼·菩　　B. 长袜子皮皮

C. 小王子　　D. 彼得·潘

7. 现代汉语词汇中占绝大多数的是(　　)

A. 单音节词　B. 双音节词　C. 三音节词　D. 多音节词

8. 根据造字方法，下列说法错误的一项是(　　)

A. 鸟、燕都是象形字。　　B. 尘、休都是会意字。

C. 上、末都是指事字。　　D. 胜、明都是形声字。

9. 下列有关文学常识的表述，正确的一项是(　　)

A. 被马克思称为“人类最伟大的戏剧天才”的莎士比亚是文艺复兴时期英国剧作家，《威尼斯商人》是他的著名的悲剧作品。

B.《金瓶梅》开辟了一条写平凡人生活的道路，显示了现实主义文学的发展。

C. 列夫·托尔斯泰的代表作《复活》，被列宁称为一部“非常及时的书”。

D.“三言二拍”是我国古代五部短篇小说集的总称，作者是明代的冯梦龙。

10. 下列文学作品与作者对应不正确的一项是(　　)

A.《窗边的小豆豆》——黑柳彻子

B.《爱的教育》——亚米契斯

C.《大林和小林》——张天翼

D.《秘密花园》——马克·吐温

11. 下列关于笔画、笔顺的说法错误的一项是(　　)

A.“孵”共十四画，第四笔是撇。　　B.“毒”共九画，第七笔是点。

C.“脾”共十二画，第十笔是横。　　D.“捷”共十一画，第五笔是横折。

12. 下列句子中，标点符号使用正确的一项是(　　)

A.“我夜坐听风，昼眠听雨，悟得月如何缺，天如何老？”这是戴望舒《寂寞》里的诗句，把它用在考古工作者身上很合适。

B.“这可怎么行？”他叫起来，看见我平心静气，觉得奇怪：“您在说什么呀？”

C. 散文家这位“魔术师”，凭借的并不是什么“点金术”，而是“有伶俐的耳目，有沉着的心思”(《小品文作法论》)，这使他独独能够透过事物的表象，而洞察到其中的真谛和生命。

D. 据说明代士大夫案上总摆两部书：一部《庄子》，一部《水浒传》，士大夫们认为《水浒传》笔法好，首先表现在它“如明镜照物，妍媸毕露”的写人艺术上。

13. 中国国家足球队在雅典奥运会足球亚洲区预选赛上虽奋力拼搏，但最终失利，如果你是足球迷，要安慰、激励球员，不该说的一句是(　　)

A. 站直了，别趴下！

B. 有没有下一次，心里还是没有底。

C. 成也爱你，败也爱你！

D. 在我们心里，依然期待你真正崛起。

14. 下列词语构词方式完全相同的一项是(　　)

A. 肆虐　盘踞　归宿　嫣然　淤泥　荡漾

B. 祭祀　潮汛　竹匾　勉励　摩挲　殷勤

C. 鼓掌　打球　唱歌　耕田　采矿　绝弦

D. 呼啸　寒暄　魁梧　忧虑　严寒　阻挠

15. 下列不属于徐志摩代表作的一项是(　　)

A.《再别康桥》　B.《沙扬娜拉》

C.《五月的麦地》　D.《雪花的快乐》

二、填空(本大题共5小题,每空1分,共7分)

16. 莫愁前路无知己,________________。(高适《别董大》)

17. 春潮带雨晚来急,________________。(韦应物《滁州西涧》)

18. 柳宗元《小石潭记》中描写鱼儿的动态“俶尔远逝,________________”,可与汉乐府《江南》中的“鱼戏莲叶间。鱼戏莲叶东,鱼戏莲叶西,鱼戏莲叶南,鱼戏莲叶北”相媲美。

19. 宋濂在《送东阳马生序》写出了自己身处富有的同学之中却“略无慕艳意”的原因是:________________,________________。

20. 李贺《雁门太守行》一诗中渲染了敌军兵临城下的紧张气氛和危急形势的诗句是:________________,________________。

三、简答(本大题共2小题,共9分)

21.《义务教育语文课程标准(2022年版)》课程实施中的教学建议包括哪些方面?请分条简要概述。(4分)

22. 请简要赏析韩愈《晚春》的艺术效果。(5分)

晚　春

韩　愈

草树知春不久归,百般红紫斗芳菲。

杨花榆荚无才思,惟解漫天作雪飞。

四、文言文阅读(本大题共12分)

23. 阅读下面的文言文,完成后面小题。

魏节乳母者,魏公子之乳母。秦攻魏,破之。杀魏王瑕,诛诸公子,而一公子不得,令魏国曰:“得公子者,赐金千镒。匿之者,罪至夷。”节乳母与公子俱逃,魏之故臣见乳母而识之曰:“乳母无恙乎?”乳母曰:“嗟乎!吾奈公子何?”故臣曰:“今公子安在?吾闻秦令曰:‘有能得公子者,赐金千镒。匿之者,罪至夷。’乳母倘言之,则可以得千金。知而不言,则昆弟无类矣。”乳母曰:“吁!吾不知公子之处。”故臣曰:“我闻公子与乳母俱逃。”母曰:“吾虽知之,亦终不可以言。”故臣曰:“今魏国已破亡,族已灭。子匿之,尚谁为乎?”母吁而言曰:“夫见利而反上者,逆也;畏死而弃义者,乱也。今持逆乱而以求利,吾不为也。且夫为人养子者,务生之,非为杀之也。岂可利赏畏诛之故,废正义而行逆节哉!妾不能生而令公子禽也。”遂抱公子逃于深泽之中。故臣以告秦军,秦军追,见,争射之,乳母以身为公子蔽,矢著身者数十,与公子俱死。秦王闻之,贵其守忠死义,乃以卿礼葬之,祠以太牢,宠其兄为五大夫,赐金百镒。君子谓节乳母慈惠敦厚,重义轻财。夫慈故能爱,乳狗搏虎,伏鸡搏狸,恩出于中心也。《诗》云:“行有死人,尚或墐[注]之。”此之谓也。

(节选自《列女传》,有删改)

【注】墐(jìn):埋。

(1)对下列句子中加点的词的解释,不正确的一项是(　　)(2分)

A. 匿之者,罪至夷　　　夷:深重

B. 岂可利赏畏诛之故　　利:以……为利

C. 妾不能生而令公子禽也　禽:同"擒",被擒获

D. 行有死人,尚或墐之　　或:有的人

(2)下列句子分别编为四组,全都直接表现乳母坚守忠义的一组是(　　)(2分)

①吾不知公子之处　　②知而不言,则昆弟无类矣

③吾虽知之,亦终不可以言　　④妾不能生而令公子禽也

⑤节乳母慈惠敦厚,重义轻财

A. ①③⑤　　B. ②④⑤　　C. ①③④　　D. ②③④

(3)下列对原文内容的概括和分析不正确的一项是(　　)(2分)

A. 乳母在魏国城破、魏王和诸公子被诛的情况下,毅然选择与魏公子一起出逃。

B. 乳母一见到旧臣就义正词严地拒绝了他为获得赏金而供出公子的提议,令人敬佩。

C. 旧臣向秦军告密,秦军争相射杀乳母与公子,乳母为保护公子献出性命。

D. 作者用"乳狗搏虎,伏鸡搏狸"作比,赞扬乳母的忠义。

(4)把文言文阅读材料中画横线的句子翻译成现代汉语。(6分)

①夫见利而反上者,逆也;畏死而弃义者,乱也。

②秦王闻之,贵其守忠死义,乃以卿礼葬之,祠以太牢。

五、现代文阅读(本大题共13分)

24. 阅读短文,完成下列小题。

叶圣陶在四川

1940年初夏,叶圣陶来到成都,在四川省教育厅教育科学馆工作。他白天去办公,晚上教儿女们写写文章。常常在晚饭之后,把油灯移到桌子中央,至善、至美、至诚就凑着光亮,认真地听父亲讲解。有时候,儿女们也和父亲热烈讨论。他们每人每星期交一篇文章。叶圣陶一向主张作文要说自己的话,要写自己的真情实感,对儿女

们的作文，他也从来不出题目，随他们写去。这也是他们一天中最感兴味的时刻。叶圣陶一边看他们的文章，一边问："这儿多了些什么？这儿少了些什么？能不能换一个比较恰当的词儿？把词儿调动一下，把句式改变一下，是不是好些？"遇到看不明白的地方，他就问孩子们："原来是怎么想的？到底想清楚了没有？为什么表达不出来？怎样才能把要说的意思说明白？"他问得十分仔细，简直就是严格的考试，同时也是生动活泼的考试。孩子们都乐意参加这样的考试。

但是，对于叶圣陶，到了成都以后，使他格外高兴的事，却要算和朱自清的朝夕相见了。几十年来，这两位作家亲似手足。朱自清曾写过《我所见的叶圣陶》《叶圣陶的短篇小说》等文章。1931年8月，朱自清由北平动身访问欧洲，就是在叶圣陶鼓动下，才写出了《欧游杂记》的。朱自清在这本书的"自序"里，曾提到叶圣陶帮助"设计""题字""校对"等。叶圣陶曾写过《与佩弦》的散文，讲述他们之间的友情：

促膝谈心，随兴趣之所至，时而上天，时而入地；时而论书，时而评画；时而纵谈时局，品鉴人伦；时而剖析玄理，密诉衷曲……可谓随意之极致了。这当儿，名誉之心是没有的，利益的心是没有的，顾忌欺诳等心也都没有，只为着看出内心而说话，说其不得不说。其味甘而永，无所不领会，真可说彼此"如见其肺肝然"的。

现在，很难得他们同处一地，又在一起工作，还先后合编了《精读指导举隅》和《略读指导举隅》，作为中学生学习国文的课外读物，列入"四川省教育科学馆丛书"出版。

为了浇灌《中学生》这块抗战时期青年的精神家园，叶圣陶1945年9月离开成都到重庆，住在螃蟹井开明书店那个局促的小楼上。看稿编辑，和作者、读者书信联系，甚至校对都由他自己动手。他热情、认真、宽容，一心一意为作者和读者服务。来稿只要有可用之处，他就诚恳地提出修改意见。赵景深在《文心剪影》里说："他的复信措辞谦抑，字迹圆润丰满，正显出他那谦和而又诚实的心。"正如当年他主编《小说月报》曾精心培育了一大批后来成为新文学史上的著名作家时那样。他那公而忘私的精神和工作态度，给予年轻一代的教育、鼓舞的力量是无法估量的。当时《中学生》杂志一位年轻编辑后来回忆说："他是实际的教育家，但不是取教训态度的老师，而是取辅导态度的顾问……他是热忱的事业家，在编辑部不是做官当老爷，而是脚踏实地、以身作则，放手让青年编辑在实践中锻炼，有合理的建议欣然采纳，对可用的稿件热诚支持，有忽略的地方及时提醒，有弄错的地方予以纠正。"这就是真正的教育者的榜样。在他身上似乎更多的是儒家思想，从他为自己的儿女取名至善、至美、至诚可以看出，他追求的是一种多么崇高的境界。但是，他又能把握时代的潮流而有所取舍，不断前进。

（选自《叶圣陶和他的世界》第九章，有删改）

(1)下列对传记的分析和概括,不正确的两项是(　　)(3分)

A. 正是在叶圣陶的鼓动与热心帮助下,1931年8月朱自清才由北平动身访问欧洲,并写出了散文集《欧游杂记》。

B. 列入"四川省教育科学馆丛书"的《精读指导举隅》和《略读指导举隅》,是叶圣陶和朱自清合编的中学生课外读本。

C. 正如当年的《小说月报》那样,《中学生》这块战时青年的精神家园,也曾培育了一大批新文学史上的著名作家。

D. 从叶圣陶为他的儿女取名为至善、至美、至诚,我们可以看出他追求真善美、憎恶假恶丑的人生理想和价值观。

E. 本文通过描写叶圣陶指导儿女们写作、编《中学生》杂志等事迹,勾勒了一位可亲可敬、踏实认真的教育家形象。

(2)叶圣陶指导儿女们写作有什么特点?他对儿女们的作文又是从哪些方面评议的?请结合原文概括回答。(3分)

(3)和朱自清见面,叶圣陶为什么会感到"格外高兴"?他们谈心时为什么能达到"随意之极致"?请简要分析。(3分)

(4)叶圣陶晚年曾用"得失塞翁马,襟怀孺子牛"来自勉。依据传记内容,探究文中哪一方面已经体现了叶圣陶的"孺子牛"襟怀。(4分)

六、案例分析(本大题共10分)

25. 下面是某教师教学《井底之蛙》的教学实录片段,阅读该片段并回答问题。

师:请同学们自由结伴,读一读青蛙和小鸟的第二次对话。

(学生自由读对话)

师:读了对话,你们有什么问题吗?

生:青蛙为什么说天不过井口那么大呢?

师:问得好。同学们开动脑筋,想想用什么办法能解决这个问题呢?

(教师启发学生想办法获得青蛙的"体验")

生:我把一张纸卷成圆筒形状,透过圆筒看屋顶,我发现屋顶只有纸筒口那么大。所以我想,青蛙坐在井底,才会看到天只有井口那么大。

师:真聪明。大家可以试一试。

(学生们纷纷拿出纸来做实验)

师:谁愿意说说你的想法?

生:平时,我们抬头看屋顶,屋顶有多大就能看到多大,现在透过纸筒看到的屋顶只有纸筒口那么大。

生:我们的视线被挡住,所以看到的屋顶只有纸筒口那么大。

师:同学们观察得很仔细,也善于动脑筋。再看看课文的插图,想想坐在井底的青蛙看天,看到的天有多大?

生:通过看图,我发现井壁很高,挡住了青蛙的视线,所以,青蛙说天只有井口那么大。

师:理解得很好。此时,小鸟怎么说的?

(学生自由读"天无边无际,大得很哪")

师:听了小鸟的话,你有什么问题吗?

生:小鸟为什么说"天无边无际,大得很哪"?

师:我们和小鸟一起去天空飞翔,好吗?

生:好!

(师生观看课件)

师:你们看到了什么?想到了什么?

生:我看见一只小鸟在天空中飞呀飞,飞过许多地方。

生:小鸟飞过了高山,飞过了田野,飞过了乡村……

生:我想,小鸟说天无边无际,就是说天很大,小鸟怎么飞也飞不到头。

师:说得真好。大家再自由结伴读读青蛙和小鸟的第二次对话。

（学生自由读对话）

师：此时，你从心里冒出了什么想法？

生：我想，小鸟飞过的地方多，看到的多，知道的也就多。

生：青蛙天天坐在井底，只能看到井口那么大的天，看到的太少了。

师：对，小鸟看得多，见识广，青蛙坐在井底，目光狭小，见识少。

生：我要像小鸟一样做一个见识广的人，不学青蛙，待在井底，见识少。

师：是的，我们不能做“井底之蛙”。

[问题]结合《义务教育语文课程标准（2022年版）》的内容简要评述该教师的教学。（10分）

七、教学设计(本大题共19分)

26. 下面是小学五年级下册的一篇课文《威尼斯的小艇》,请阅读以下教材内容,按要求完成后面的题目。

威尼斯的小艇

威尼斯是世界闻名的水上城市,河道纵横交错,小艇成了主要的交通工具,等于大街上的汽车。

威尼斯的小艇有二三十英尺长,又窄又深,有点儿像独木舟。船头和船艄向上翘起,像挂在天边的新月;行动轻快灵活,仿佛田沟里的水蛇。

我们坐在船舱里,皮垫子软软的像沙发一般。小艇穿过一座座形式不同的石桥。我们打开窗帘,望望耸立在两岸的古建筑,跟来往的船只打招呼,有说不完的情趣。

船夫的驾驶技术特别好。行船的速度极快,来往船只很多,他操纵自如,毫不手忙脚乱。不管怎么拥挤,他总能左拐右拐地挤过去。遇到极窄的地方,他总能平稳地穿过,而且速度非常快,还能急转弯。两边的建筑飞一般地倒退,我们的眼睛忙极了,不知看哪一处好。

商人夹了大包的货物,匆匆走下小艇,沿河做生意。青年妇女在小艇里高声谈笑。许多孩子由保姆伴着,坐着小艇到郊外去呼吸新鲜的空气。老人带了全家,坐着小艇上教堂去作祷告。

半夜,戏院散场了,一大群人拥出来,走上了各自雇好的小艇。簇拥在一起的小艇一会儿就散开了,消失在弯曲的河道中,远处传来一片哗笑和告别的声音。水面上渐渐沉寂,只见月亮的影子在水中摇晃。高大的石头建筑耸立在河边,古老的桥梁横在水上,大大小小的船都停泊在码头上。静寂笼罩着这座水上城市,古老的威尼斯又沉沉地入睡了。

(1)如果让你来设计课堂教学,请你为这篇课文的第一课时教学设计一则课堂导入语。(4分)

（2）请根据教材要求与课文内容，写出这个课时的教学目标、教学重点、教学难点，并就课文内容围绕小艇写的几个方面设计一个微型课堂。（15分）

教师招聘考试预测试卷(四)

小学语文

(满分120分)

本套试卷共31小题,包括单项选择(15小题)、填空(2小题)、阅读鉴赏(11小题)、教学设计(3小题)。

一、单项选择(本大题共15小题,每小题3分,共45分)

1. 下面语段中加点字的注音和空缺的字形,全都正确的一项是(　　)

北宋苏轼与南宋辛弃疾并称为“苏辛”,二人同为豪放词派的代表。苏轼一生正道直行,清正廉洁,坦荡如(　　)。他不仅是文学家、画家、美食家,也是书法家,其书法遒劲,恰如其人,虽屡遭磨难,仍不屈不挠,真正活成了独一无二的苏东坡。辛弃疾生在积贫积弱的宋朝,他曾只带着50骑兵,长途(　　)涉,深入敌营活捉叛徒。虽身处宵小之辈造谣中伤的恶劣环境,却豪迈倔强,“文能提笔安天下,武能上马定乾坤”。两位词人的作品与人品皆为后世所推崇。

A. 坻　jìng　跋　zhōng　　　　B. 砥　jìn　拔　zhōng

C. 砥　jìng　跋　zhòng　　　　D. 坻　jìn　拔　zhòng

2. 下列各组词语中没有错别字的一组是(　　)

A. 钝滞　案牍劳形　卑躬屈膝　黯然失色

B. 川资　大气滂礴　百战不怠　名噪一时

C. 雍容　虎视耽耽　弃甲曳兵　其貌不扬

D. 瞳孔　殚精竭虑　相辅相成　相形见拙

3. 下列各句中,加点的成语使用正确的一项是(　　)

A. 在建设文化强国的今天,制造者在传播精神文明的过程中“失信”,许多消费者不以为然,欣然接受盗版出版物并且陶醉其中。

B. 张老师针对学生语文成绩差强人意的状况,讲课时注意分层指导。

C. 整改不能只是在口头上说,更要落实到行动上,相信到下一次群众评议的时候,大家对机关作风的变化一定都会有口皆碑。

D. 在电脑、手机的冲击下，汉字书写面临着日渐式微的窘境，不少人动笔写字的兴趣不再浓厚，他们的汉字书写能力正在下降，“提笔忘字”成了他们真实的书写状态。

4. 下列作家、作品和作品人物对应正确的一项是（　　）

A. 契诃夫—《变色龙》—别里科夫

B. 汤显祖—《汉宫秋》—杜丽娘

C. 马克·吐温—《警察与赞美诗》—苏比

D. 高明—《琵琶记》—赵五娘

阅读下面的文字，回答第5～6题。

回目作为中国古典小说的成熟格式，不是雕虫小技，而是________。我们常说一百二十回的《三国演义》、一百回的《西游记》、一百二十回的《红楼梦》……所谓“回”就是“回目”，又称章回题目，是章回小说的典型特征。在章回小说由民间说书艺术雅化为文人案头之作的过程中，回目形式由单句发展为偶句，字数也由________而逐步定型为七八言，不但易于较完整地概括每回内容，而且也便于追求文字和音韵上的形式美。明清两代是中国古代小说发展的高峰期。作为杰出代表的四大名著是典型的章回体小说，即每一回的标题都是一副词句工整、前后相接的对联。对联这一中国独特的语言艺术形式应用于章回小说的回目中，是明代小说家的一大创举。因为就大多数回目而言，句子可长可短，结尾可平可仄，句式灵活多变，与诗的形式并不相同，反而与对联更为________。在章回小说的每回之前，均有一副标明篇章内容的对联，让读者看了此联就知道这回所要讲述的内容；________统观阅读小说回目，还可以从中了解整部小说的叙述脉络。

5. 依次填入文中横线上的词语，全都恰当的一项（　　）

A. 一枝独秀　错落有致　吻合　如果

B. 一枝独秀　参差不齐　契合　不但

C. 独树一帜　错落有致　吻合　不但

D. 独树一帜　参差不齐　契合　如果

6. 文中画波浪线的句子有语病，下列修改最恰当的一项是（　　）

A. 对联这一中国独特的语言艺术形式被应用于章回小说的回目中，是明代小说家的一大创举。

B. 对联这一中国独特的语言艺术形式应用于章回小说的回目，是明代小说家的一大创举。

C. 将对联这一中国独特的语言艺术形式应用于章回小说的回目中，是明代小说家的一大创举。

D. 将对联这一中国独特的语言艺术形式应用于章回小说的回目，是明代小说家的一大创举。

7. 下列汉字中没有会意字的一组是(　　)

A. 纸　注　家　　　　　　B. 错　涉　腐

C. 课　杯　珠　　　　　　D. 殊　武　抵

8. 依次填入下面语段横线处的词语，最恰当的一组是(　　)

何必执意认出每一个字？墨迹浓淡枯腴，运笔________，或者________如山，或者细若游丝，抚摸得到搏动于撇捺点画之间起伏的内心________，跌宕错落，奔走踊跃，蓬勃之势潮水般地________过纸面，这就是懂得草书了。

A. 抑扬顿挫　凝重　波动　淌　　B. 顿挫缓急　凝重　波澜　涌

C. 抑扬顿挫　厚重　波澜　淌　　D. 顿挫缓急　厚重　波动　涌

9. 将下列一组语句组成一段话，最恰当的语序是(　　)

①乐则是调和礼制内人与人之间的思想感情。

②因此，美善结合，以善统美，这是中国审美文化的基本特征。

③中国传统审美文化是与它的社会形态相一致的。

④礼不仅包含宗教仪式，而且包括各种规章制度。

⑤中国自古以来就是农业国度，就决定了它的文化精神重视天人合一与人人相合。

⑥礼乐便是这个系统的体现。

A. ⑤②③⑥①④　　　　　　B. ⑤③②④①⑥

C. ③②⑤①④⑥　　　　　　D. ③⑤⑥④①②

10. 下列标点符号使用不合规范的一项是(　　)

A. 以后再看到优秀、守信用这类的字眼，总会联想到他，因为他身上奔腾着一种感人的一诺千金的精神。

B. 据王粲的《英雄记钞》载，诸葛亮与徐庶、石广元、孟公威等人一道游学读书，“三人务于精熟，而亮独观其大略”。

C. “为人做嫁衣”做的岂止是衣裳，还要想办法把人家的“丑闺女”打扮成“大美人”。

D. 其工程之大，成立之速，真可谓鬼斧神工，不可思议。

11. 下列诗句未使用对比手法的一项是(　　)

A. 竹外桃花三两枝,春江水暖鸭先知。

B. 宫女如花满春殿,只今惟有鹧鸪飞。

C. 少小离家老大回,乡音无改鬓毛衰。

D. 可怜身上衣正单,心忧炭贱愿天寒。

12. 下列诗句没有表达“送别离情”的一项是(　　)

A. 劝君更尽一杯酒,西出阳关无故人。

B. 莫愁前路无知己,天下谁人不识君。

C. 故人西辞黄鹤楼,烟花三月下扬州。

D. 山重水复疑无路,柳暗花明又一村。

13. 下列有关欧美文学的表述不正确的一项是(　　)

A.《德伯家的苔丝》是哈代的代表作,作品的副标题“一个纯洁的女人”十分清楚地表现了作者对苔丝的同情、肯定的态度。

B. 贝克特的《等待戈多》是荒诞派戏剧的重要作品。

C.《叶甫盖尼·奥涅金》是俄国作家列夫·托尔斯泰创作的长篇诗体小说。

D. 多卷集长篇小说《约翰·克里斯朵夫》是法国罗曼·罗兰的早期代表作。

14. 下列关于中国文学常识的表述,错误的一项是(　　)

A.《西游记》中的孙悟空有七十二种变化,有火眼金睛、筋斗云等超凡的能力。关于他的故事有大闹天宫、三打白骨精、真假美猴王、三调芭蕉扇等。

B.《水浒传》中怒杀阎婆惜、浔阳楼题反诗、智取生辰纲都是以宋江为主的情节。

C.《骆驼祥子》是中国现代作家老舍的代表作,主人公祥子老实、健壮、坚忍,最大的梦想是拥有一辆自己的洋车,自己能养活自己,不受车厂老板盘剥。

D.《红岩》这部小说讲述了中华人民共和国成立前夕,重庆地下党人的英勇斗争故事,刻画了一批意志坚定、形象高大的共产党人形象,如江姐、许云峰等。

15. 对下列汉字笔画及笔顺的解说中,正确的一项是(　　)

A.“贺”字一共9画,第三笔是横。

B.“匣”字一共7画,先写一横,再写竖折,最后写“甲”。

C.“丞”字一共6画,先写“了”,再依次写左边的横撇及右边的撇和捺。

D.“马”字一共3画,第一笔写竖折折钩。

二、填空(本大题共2小题,共10分)

16. 古诗文填空。(7分)

(1)山气日夕佳,________________。此中有真意,________________。(陶渊明《饮酒》)

(2)挟飞仙以遨游，抱明月而长终。________________，________________。（苏轼《赤壁赋》）

(3)《逍遥游》中庄子引用《齐谐》关于大鹏向南迁徙的句子，其中描写大鹏起飞时壮观场景的句子是"________________，________________"。

(4)《鱼我所欲也》中提到那些"万钟则不辩礼义而受之"的人当初宁肯饿死也不愿受侮，却为了身外之物而不顾廉耻，孟子用一句话概括了其根本原因："________________________。"

17. 文学常识填空。（3分）

(1)1921年鲁迅以"巴人"为笔名发表的，后来又收入小说集《呐喊》中的著名中篇小说是________。

(2)清末四大谴责小说是指《官场现形记》《孽海花》《老残游记》《________》。

(3)我国现代小说中，祥林嫂、翠翠、方鸿渐依次是《祝福》《边城》《________》中的主人公。

三、阅读鉴赏（本大题共11小题，共35分）

（一）古诗鉴赏

野　菊

杨万里

未与骚人当糗粮[①]，况随流俗作重阳。

政[②]缘在野有幽色，肯为无人减妙香。

已晚相逢半山碧，便忙也折一枝黄。

花应冷笑东篱族，犹向陶翁觅宠光。

【注】①糗粮：干粮。首句典出屈原的《九章·惜诵》："播江离与滋菊兮，愿春日以为糗芳。"②政：同"正"。

18. 颔联描绘了怎样的野菊形象？（2分）

19. 请自选角度赏析颈联。（2分）

20. 尾联化用了陶渊明哪句诗？表达了作者怎样的志趣？（3分）

(二)文言文阅读

阅读下面的文言文,完成21～25题。

刘安世字器之,魏人。父航。安世少时持论已有识。航使监牧时,文彦博在枢府,有所闻,每呼安世告之。安世从容言:"王介甫求去,外议谓公且代其任。"彦博曰:"安石坏天下至此,后之人何可为?"安世拱手曰:"安世虽晚进,窃以为未然。今日新政,果顺人所欲而为人利乎?若不然,公当去所害,兴所利,反掌间耳。"彦博默不应,他日见航,叹奖其坚正。

登进士第,不就选。从学于司马光,咨尽心行己之要,光教之以诚,且令自不妄语始。光入相,荐为秘书省正字。章惇以强市昆山民田罚金,安世言:"惇与蔡确、黄履、邢恕素相交结,自谓社稷之臣,贪天之功,徼幸异日,天下之人指为'四凶'。今惇父尚在,而别籍异财,绝灭义理,止从薄罚,何以示惩?"会吴处厚解释确《安州诗》以进,安世谓其指斥乘舆,犯大不敬,与梁焘等极论之,窜之新州。

进左谏议大夫,有旨暂罢讲筵。民间欢传宫中求乳婢,安世上疏谏曰:"陛下富于春秋,未纳后而亲女色。愿太皇太后保祐圣躬,为宗庙社稷大计,清闲之燕,频御经帷,仍引近臣与论前古治乱之要,以益圣学,无溺于所爱而忘其可戒。"哲宗俯首不语。章惇用事,尤忌恶之。初黜知南安军,再贬少府少监,三贬新州别驾,安置英州。

宣和六年,复待制,中书舍人沈思封还之。明年卒,年七十八。

安世初除谏官,未拜命,入白母曰:"朝廷不以安世不肖,使在言路。倘居其官,须明目张胆,以身任责,脱有触忤,祸谴立至。主上方以孝治天下,若以老母辞,当可免。"母曰:"不然,吾闻谏官为天子诤臣,当捐身以报国恩。正得罪流放,无问远近,吾当从汝所之。"于是受命。

家居未尝有惰容,久坐身不倾倚,作字不草书,不好声色货利。其忠孝正直,皆则象司马光。梁师成用事,能生死人,心服其贤,求得小吏吴默尝趋走前后者,使持书来,啖以即大用,默因劝为子孙计,安世笑谢曰:"吾若为子孙计,不至是矣。吾欲为元祐全人,见司马光于地下。"还其书不答。

(选自《宋史·刘安世传》,有删改)

21. 下列对句中加点的词语的解释,不正确的一项是(　　)(3分)

A. 会吴处厚解释确《安州诗》以进　会:恰逢

B. 以益圣学　益:更加

C. 安世初除谏官　除:被任命

D. 安世笑谢曰　谢:谢绝

22. 下列对文中加点词语的相关内容的解说,不正确的一项是(　　)(3分)

A. 枢府:主管军政大权的中枢机构。宋代多指枢密院,明和清初多指内阁。

B. 进士:隋唐时,会试中试,殿试后及第者皆赐出身,通称为"进士"。

C. 讲筵:古代指讲经、讲学的处所,文中特指为天子讲解经书。

D. 谏官:古时专规劝天子改正过失的官职,如谏议大夫等。

23. 下列对原文有关内容的概括和分析,不正确的一项是(　　)(3分)

A. 刘安世少时很有见识,见解非凡。对王安石为政的评价,他不同于文彦博的观点,认为文彦博应去害兴利,文彦博赞扬他坚定正直。

B. 刘安世对于奸邪小人,毫不留情。他认为章惇与蔡确、黄履、邢恕向来互相勾结,蔡确以《安州诗》指斥皇帝,于是把蔡确放逐到新州。

C. 刘安世身为谏官,敢于直言。对于宫中寻求奶妈一事,他上疏进谏,认为皇帝年富力强,还没立皇后,应远离女色,多学习治国之道。

D. 刘安世受教于司马光,影响颇深。他早年跟随司马光学习,并受其多方面影响,如写字不用草书,不喜欢歌舞女色、珍宝财富,忠孝正直等。

24. 把文中画横线的句子翻译成现代汉语。(4分)

(1)从学于司马光,咨尽心行己之要,光教之以诚,且令自不妄语始。

(2)倘居其官,须明目张胆,以身任责,脱有触忤,祸谴立至。

25. 根据文章内容,简要概括刘安世的性格特点。(3分)

(三)现代文阅读

"这是你的战争!"

宗　璞

①昆明下着雪。红土地、灰校舍和那不落叶的树木,都蒙上了一层白色。几个学生从明仑大学校门走出,不顾雪花飘扬,停下来看着墙上的标语:"这是你的战争!This is your war!"

②前几天，学校举行了征调动员大会。盟军为中国抗战提供了大批新式武器和作战人员，由于语言不通，急需译员。教育部决定征调四年级男生入伍，其他年级的也可以志愿参加。

③历史系教授孟弗之从校门走出，他刚上完课。无论时局怎么紧张，教学必须坚持到最后一刻。一起走的几个学生问："做志愿者有条件吗?"弗之微笑答道："首先是爱国热情。英语也要有一定水平，我想一个大学生的英语水平足够对付了。"他看着周围的年轻人。谁将是志愿者？他不知道。可是他知道那些挺直的身躯里跳动着年轻的火热的心。

④弗之走了一段路，迎面走来几个学生，恭敬地鞠躬。"孟先生，我们是工学院三年级的，愿意参加翻译工作。"弗之想说几句嘉奖的话，却觉得话语都很一般，只亲切地看着他们年轻而带几分稚气的脸庞，乱蓬蓬的黑发上撒着雪花，雪水沿着鬓角流下来，便递过一块叠得方整的手帕。一个学生接过，擦了雪水，又递给另一个，还给弗之时已是一块湿布了。

⑤雪越下越大了。弗之把那块湿布顶在头上，快步往回走。这时，一个年轻人快步跟上来，绕到前面，唤了一声："孟先生。"弗之认得这人，中文系的，似乎姓蒋。他小有才名，文章写得不错，能诗能酒，也能书能画。"孟先生。"那学生嗫嚅着又唤了一声。弗之站住，温和地问："有什么事?"蒋姓学生口齿不清地说："现在四年级学生全部征调做翻译，我……我……"弗之猜道："你是四年级?""我的英文不好，不能胜任翻译。并且我还有很多创作计划……""无一例外。"弗之冷冷地说，并不看他，大步走了。蒋姓学生看着弗之的背影，忽然大声说："你们先生们自己不去，让别人的子弟去送死!"弗之站住了，一股怒气在胸中涨开，他回头看那学生。学生上前一步："只说孟先生是最识才的，叫人失望。"弗之转身，尽量平静地说："你，你无论怎样多才，做人是不能打折扣的，一切照规定办。"弗之走得很慢，自觉脚步沉重，回到住处时，只见院子里蜡梅林一片雪白。

⑥此刻，弗之的外甥、生物系学生澹台玮正在萧子蔚老师的房间里。玮是三年级，但学分已够四年级。师生两人对坐在小木桌旁，讨论着生物学的问题。子蔚感到玮有些心不在焉，已有点猜到他的心思。待讨论告一段落，玮说："萧先生，我要做的事是要和您说的。"子蔚微笑道："不是商量，是通知?"玮道："也是商量。"他停顿了一下，说："我只是觉得战场和敌人越来越近，科学变得远了，要安心念书似乎很难。""可是你并不在征调之列。生物化学是新学科，需要人开拓，要知道得到一个好学生是多么不容易。我也很矛盾。"子蔚站起身，走到窗前。雪已停了，蜡梅林上的雪已消了大半。玮也走到窗前，默默地望着窗外。过了一会儿，玮转身向着子蔚："我会回来的。"

“那是当然。”子蔚说。玮向子蔚鞠了一躬。子蔚向前一步,拉着他的手郑重地说:“我尊重你的决定。”玮再鞠一躬,走出房间,回头说:“萧先生,我去了。”子蔚默默地看着他下楼,又到窗前,看他出了楼门,沿小路往蜡梅林中去了。

(选自长篇小说《西征记》,有删改)

26. 文中第③段师生问答的内容,与上下文的人、事叙述有何关联?(3分)

27. 文中的手帕细节描写表现了人物什么样的情感活动?请具体说明。(3分)

28. 请探究文中叙写的自然景物的深刻寓意,以及对表现人物的作用。(6分)

四、教学设计(本大题共3小题,共30分)

《铺满金色巴掌的水泥道》是部编小学语文三年级上册的一篇课文,请按要求完成教学设计。

铺满金色巴掌的水泥道

一夜秋风,一夜秋雨。

我背着书包去上学时,天开始放晴了。

啊! 多么明朗的天空。

可是,地面还是潮湿的,不时还能看见一个亮晶晶的水洼,映着一角小小的蓝天。

道路两旁的法国梧桐树,掉下了一片片金黄金黄的叶子。这一片片闪着雨珠的叶子,一掉下来,便紧紧地粘在湿漉漉的水泥道上了。

我走在院墙外的水泥道上。水泥道像铺上了一块彩色的地毯。这是一块印着落叶图案的、闪闪发光的地毯,从脚下一直铺到很远很远的地方,一直到路的尽头……

每一片法国梧桐树的落叶,都像一个金色的小巴掌,熨帖地、平展地粘在水泥道上。它们排列得并不规则，甚至有些凌乱，然而，这更增添了水泥道的美。

我一步一步小心地走着，一片一片仔细地数着。我穿着一双棕红色的小雨靴。你瞧，这多像两只棕红色的小鸟，在秋天金黄的叶丛间，愉快地蹦跳着、歌唱着……

要不是怕上课迟到，我会走得很慢很慢的。

一夜秋风，一夜秋雨。

当我背着书包去上学时，第一回觉得，门前的水泥道真美啊！

29. 请写出这篇课文的表达内容与教学方法。(7分)

30. 请为本篇课文设计教学目标。(8分)

31. 请为本篇课文设计一课时的教学过程。(15分)

教师招聘考试预测试卷(五)

小学语文

(满分100分)

本套试卷共16小题,包括基础知识(9小题)、简答(2小题)、阅读鉴赏(3小题)、技能应用(1小题)、写作(1小题)。

一、基础知识(本大题共9小题,共32分)

1. 下列各组词语中,加点字注音无误的一项是(　　)(3分)

A. 滞留(zhì)　麾下(huī)　诘难(jié)　重蹈覆辙(zhé)

B. 旁骛(wù)　亵渎(xiè)　聒噪(guō)　大笔如椽(tuán)

C. 睿智(ruì)　陨落(yǔn)　相契(qiè)　万头攒动(zǎn)

D. 扶掖(yè)　恣睢(zì)　别墅(yě)　口蜜腹剑(fù)

2. 下列词语书写全都正确的一项是(　　)(3分)

A. 敲诈　疏朗　惊愕　刨根纠底

B. 繁衍　热衷　怪诞　五彩斑斓

C. 洗练　惊咤　亢旱　活血化瘀

D. 杜撰　味心　烦燥　迂回婉转

3. 下列各句中,加点的词语使用恰当的一项是(　　)(3分)

A. 这个动作的窍门是,屈伸的动作应当做得缓慢些,让肌肉一张一弛,长此下去,才能达到健美的效果。

B. 我第一次听老师讲解"计算机原理"时,简直如坐云雾,什么也不明白。

C. 风风火火地来到丹麦首都哥本哈根的各国部长们根本没有时间倒时差,而是马上进入紧张的磋商。

D. 对于像上海通用这样专业的生产厂家来说,汽车在装配过程中,出现漏装零部件的现象是不可理喻的。

4. 下列各句中,没有语病的一句是(　　)(3分)

A. 中国十大悲剧之一的传统剧目《窦娥冤》是关汉卿大约四十岁左右时的作品,那时元朝社会异常黑暗,阶级压迫深重,人民苦不堪言。

B. 画家凭借自己的生活积累和艺术感觉，让传统文化内涵及现代人文精神在画面上得到充分体现，是新时代美术创作至关重要的艺术法则。

C. 剧作家曹禺创作了著名的话剧《雷雨》，其中的戏剧冲突之所以如此尖锐复杂，原因在于剧中人物之间有阶级的对立和思想的分歧形成的。

D. 清晨，在热闹的鱼市上，为了生计而摆地摊的他迅速地收钱、找零、装袋、过秤，在整个过程中撸起袖子，大声吆喝，极富节奏感。

5. 将下列关联词语依次填入语段横线处，完全恰当的一项是(　　)(3分)

从教学的过程来说，________教学的内容是什么，教的人总要从易到难，逐步深入地把知识教给学生。________，好的教师在开始的时候，应该给学生一个印象，觉得入门不难，往后越学越有信心。________学生如果自命不凡，看到入门很容易，就把老师一脚踢开，________，他就什么也学不成。

A. 不管　于是　所以　因此　　B. 不管　因此　而　那么

C. 无论　所以　只要　于是　　D. 无论　但是　而　那么

6. 下列关于文学常识和文化常识的表述不正确的一项是(　　)(3分)

A.《诗经》是我国最早的一部诗歌总集，也是我国诗歌现实主义传统的源头，收录了从西周到春秋时期的诗歌305篇，分为风、雅、颂三个部分。

B. “记”是古代的一种文体，可以记叙描写，也可以抒情议论，并通过记事、记物、记人、写景来抒发作者的感情或见解。

C. “阴”“阳”二字在和山水名称相连时，多指和山水相关的方位，我国很多城镇名称就是这样形成的。如“江阴”就是因为位于长江南岸而得名。

D. “始龀”“而立之年”“既加冠”，其中的“始龀”“而立”“加冠”在古代都代表年龄，是按年龄从小到大的顺序排列的。

7. 把下列句子组成语意连贯的语段，排序最恰当的一项是(　　)(3分)

戏剧不懂得平静地过日子，________，________。________，________，________，________。

①《雷雨》中，曹禺把20世纪30年代压迫者与被压迫者之间无法调和的阶级矛盾

②这样，人物的性格就得到了自然的艺术显现

③它需要不断地掀起冲突的浪潮

④把两家三十年来错综复杂的血缘关系和爱情纠葛集中在一天的特定环境中

⑤使人物在相互冲突中撞击出性格火花

⑥集中于周、鲁两家的冲突氛围内

A. ①③⑥⑤④②　　B. ③⑤①⑥④②

C. ③⑤①④⑥②　　D. ①⑤③⑥④②

8. 用一句话概括下面这段文字的内容，最恰当的一项是(　　)(3分)

现代科学的思维方式在现代科学发展过程中经历了巨大的变化，形成了与近代科学差异很大的新角度、新方位，从机械观思维向以系统观为主导的思维转变，强调认识系统的整体性、动态性、复杂性和决定性。

A. 现代科学的思维方式在现代科学发展过程中经历了巨大的变化。

B. 现代科学的思维方式明显不同于近代科学的思维方式。

C. 现代科学的主导思想从机械观向系统观转变。

D. 现代科学以系统观为主导思维。

9. 填空。(8分)

(1)覆杯水于坳堂之上，________________；置杯焉则胶，________________。(《庄子·逍遥游》)

(2)________________，谈笑间，________________(苏轼《念奴娇·赤壁怀古》)

(3)白居易《琵琶行》中，"________________"一句写诗人被贬官后独自饮酒，借酒浇愁；苏轼《念奴娇·赤壁怀古》中，"________________"一句写词人把酒洒在地上祭奠江月，以寄托自己的情感。

(4)________是歌德以16世纪一个民间传说为题材，以文艺复兴以来的德国和欧洲社会为背景，写出的诗体悲剧。

(5)古希腊三大悲剧诗人创作的共同特点是以________为题材，反映当时的社会现实，重视情节以及人物形象等。

二、简答(本大题共2小题，每小题4分，共8分)

10. 简述李白和杜甫诗歌创作风格上的不同之处。

11.《义务教育语文课程标准(2022年版)》的核心素养内涵都包括哪些方面？请简要概述。

三、阅读鉴赏(本大题共3小题,共29分)

12. 阅读下面这首诗,完成后面的小题。

早花[注]

杜 甫

西京安稳未,不见一人来。腊日巴江曲,山花已自开。

盈盈当雪杏,艳艳待春梅。直苦风尘暗,谁忧容鬓催。

【注】这首诗作于763年冬,年初安史之乱结束,却未能迎来天下太平,10月吐蕃攻陷长安,唐代宗先期奔陕州,至12月方还都。杜甫于该年年底流落四川阆中。

(1)请概括诗人笔下山花的特点。(3分)

(2)细品"直苦风尘暗",全诗包含的不止一种苦。结合诗歌内容,分析作者心中的多重"苦"意。(3分)

13. 阅读下面文言文,完成后面的问题。

种草花说

查慎行

寐轩①之南有小庭,拓窗而面之。主人无事,日蹒跚乎其间。即又恶乎草之滋蔓也,谋辟而莳蓺②焉。或曰:"松桂杉梧,可资以荫也,是宜木。"主人曰:"吾年老,弗能待。"或曰:"梅杏橘橙,可行而列也,是宜果。"主人曰:"吾地狭,弗能容。有道焉,去其芜蔓者而植芬馨者,亦幽人逸士之所流连也。"乃命畦丁锄荒秽,就邻圃乞草花。山僧野老,助其好事,往往旁求远致焉。

主人乐之,犹农夫之务穑而获嘉种也。盖一年而盆盎列,二年而卉族繁。迄今三年,纷敷盈庭。两叶以上,悉能辨类而举其名矣。当春之分,夏之半,雨润土膏,乘时以观化,吾之生机与之俱动也。已而含芬菲,饱风露,吾之呼吸与之相通也。直者遂之，弱者扶之；蚤[3]芳者吾披之，晚秀者吾俟之。茎萎而实坚，则谨视其候敛藏，以待来岁焉。吾之精神，无一不与之相入也。朝斯夕斯，阅春秋也；优哉游哉，聊以卒岁也。

客徒知嘉树之荫吾身，而不知小草之悦吾魂也；徒知甘果之可吾口，而不知繁卉之饫吾目也。彼南阳之梓漆[4]，平泉[5]之花木，洵非吾力之所逮[6]，抑岂吾情之所适哉！

（选文有删改）

【注】①窳轩：查慎行晚年居室之名。②莳蓺：种植。③蚤：通"早"。④梓漆：梓树和漆树，均为优质木材。⑤平泉：指平泉庄，是唐代宰相李德裕的别墅。⑥逮：达到。

(1)下列语句中加点词解释有误的一项是(　　)(3分)

A. 拓窗而面之　面：面向　　　　B. 谋辟而莳蓺　谋：谋划

C. 蚤芳者吾披之　芳：美好的　　D. 而不知小草之悦吾魂也　悦：使……愉快

(2)松桂等是"嘉树"，梅杏等有"甘果"，作者为何不选种它们？请结合文章内容简要分析。(4分)

(3)将文中画线句子翻译为现代汉语。(6分)

①去其芜蔓者而植芬馨者，亦幽人逸士之所流连也。

②茎萎而实坚，则谨视其候敛藏，以待来岁焉。

14. 阅读下面的文章，完成后面的问题。

有趣的人不苟且

孟祥夫

①生活中要是听说某某是个有趣的人，让人不免心驰神往，想要结识一番。有趣，和枯燥、乏味相对，是一个人身上闪闪发光的品质，是平淡生活里的"调味剂"。说一个人有趣，是很高的评价。正所谓，好看的皮囊千篇一律，有趣的灵魂万里挑一。

②那么，何为有趣？明人袁宏道说："世人所难得者唯趣。趣如山上之色、水中之味、花中之光，虽善说者不能下一语，唯会心者知之。"对"什么是趣"，古今中外，尚无

定论，只能见仁见智。在文人墨客笔下，人有人趣，物有物趣，自然景物有天趣。趣者，存乎一心，大凡让人心生快意、心旷神怡的，都莫不有趣。

③有趣的人，对生活抱有大爱。有时，即便身处逆境，他们也能过得兴致盎然；即便眼前满是苟且，他们也总能找到诗和远方。苏轼就很有趣，被贬官后，他没有愁肠百结，而是发现了生活的真和趣。在黄州，他把“价钱如泥土”“贵者不肯吃，贫者不解煮”的猪肉，做成了色、香、味俱全的“东坡肉”，并撰文《猪肉颂》，讲述烧制心得。除了“东坡肉”，还有“东坡肘子”“东坡鱼”“东坡饼”，都轰动一时，流传甚广。生活拮据，苏轼辟地耕种，以此为乐，写出《东坡八首》《雨后行菜圃》等诗，怡然自得之情，跃然纸上。

④有趣的人，有着强烈的好奇心。因为好奇，凡事都想探个究竟，自然就能找到常人难以发现的趣和乐。清人沈复在《浮生六记》中写道：“余忆童稚时，能张目对日，明察秋毫。见藐小微物，必细察其纹理，故时有物外之趣。”他笔下的文字也是妙趣横生，比如，“一日，见二虫斗草间，观之正浓，忽有庞然大物拔山倒树而来，盖一癞虾蟆也，舌一吐而二虫尽为所吞。余年幼，方出神，不觉呀然惊恐。神定，捉虾蟆，鞭数十，驱之别院”。如此趣味盎然的文字，若非有趣之人，肯定抓耳挠腮、冥思苦想也写不出来。

⑤有趣的人，深藏大智慧。要从平淡的日子中咂摸出趣味，离不开对生活的敏锐洞察，对人情世故的深刻洞悉，对知识阅历的深厚积淀。鲁迅先生是百年来中国第一好玩的人。在那个风雨如晦的年代，鲁迅嬉笑怒骂，皆成文章，针砭时弊，入木三分。而鲁迅本人，却有趣得很。一次，友人给鲁迅捎来一些柿霜糖，“吃起来又凉又细腻”。听说有药用效果，他本想留着以后吃。谁料，“夜间，又将藏着的柿霜糖吃了一大半，因为我忽而又以为嘴角上生疮的时候究竟不很多，还不如现在趁新鲜吃一点。不料一吃，又吃了一大半”。读到此处，让人忍俊不禁，掩卷而笑。

⑥有趣的人，不仅自己收获快乐，也是别人的“开心果”。而人一旦无趣，就不免面目可憎，让人避之不及。现在，成长于互联网时代的年轻人，平日以“斗图”为乐，从各类小游戏、小程序中寻求快意，而一旦合上电脑、锁住手机，往往双眼发胀，大脑茫然，趣味尽失。这样的趣，终非真趣。不妨学学前人，多发现、挖掘生活的趣味，多吸收、汲取方方面面的知识，让自己有趣，让生活有味。

⑦梁启超说：“我是个主张趣味主义的人。我以为凡人必须常常生活于趣味之中，生活才有价值；若哭丧着脸挨过几十年，那么，生活便成沙漠，要他何用。”所以，不如行动起来，从明天起，做一个有趣的人。

（有删改）

(1)选文的中心论点是什么?(1分)

(2)第③段主要运用了哪种论证方法?有什么作用?(3分)

(3)选文认为,什么样的人才是有趣的人?(4分)

(4)第⑦段引用梁启超的话有什么作用?(2分)

四、技能应用(本大题共11分)

15. 阅读下面的课文,回答问题。

落花生

我们家的后园有半亩空地。母亲说:“让它荒着怪可惜的,你们那么爱吃花生,就开辟出来种花生吧。”我们姐弟几个都很高兴,买种,翻地,播种,浇水,没过几个月,居然收获了。

母亲说:“今晚我们过一个收获节,请你们的父亲也来尝尝我们的新花生,好不好?”母亲把花生做成了好几样食品,还吩咐就在后园的茅亭里过这个节。

那晚的天色不大好。可是父亲也来了,实在很难得。

父亲说:“你们爱吃花生吗?”

我们争着回答:“爱!”

“谁能把花生的好处说出来?”

姐姐说:“花生的味道很美。”

哥哥说:“花生可以榨油。”

我说:“花生的价钱便宜,谁都可以买来吃,都喜欢吃。这就是它的好处。”

父亲说:“花生的好处很多,有一样最可贵。它的果实埋在地里,不像桃子、石榴、苹果那样,把鲜红嫩绿的果实高高地挂在枝上,使人一见就生爱慕之心。你们看它矮矮地长在地上,等到成熟了,也不能立刻分辨出来它有没有果实,必须挖起来才知道。”

我们都说是,母亲也点点头。

父亲接下去说:“所以你们要像花生,它虽然不好看,可是很有用。”

我说:“那么,人要做有用的人,不要做只讲体面,而对别人没有好处的人。”

父亲说:“对。这是我对你们的希望。”

我们谈到深夜才散。花生做的食品都吃完了,父亲的话深深地印在我的心上。

(1)为这篇课文设计一个教学导入语。(4分)

(2)“议花生”的部分是这篇课文教学的重点,试设计该片段的教学过程。(7分)

五、写作(本大题共20分)

16. 阅读下面的材料,根据要求写作。

材料一:《人民日报》在评论网上"新集体生活"时说:网络交流,不是在自家客厅里自说自话,需要尊重议事规则;公共空间,也不是锁在抽屉里的日记本,需要保持公共理性。有表达就有责任,有自由就有担当,有言论就有边界。

材料二:太过重视行为规则与拘泥形式,以致在事业上坐失良机,那损失是很大的。

——培根

上述材料引发了你对"规则"怎样的思考?请联系社会现实写一篇作文。

要求:选准角度,确定立意,明确文体,自拟标题;不要套作,不得抄袭;不得泄露个人信息;不少于800字。

教师招聘考试预测试卷(六)

小学语文

(满分100分)

本套试卷共19小题,包括单项选择(7小题)、填空(6小题)、简答(3小题)、阅读鉴赏(2小题)、写作(1小题)。

一、单项选择(本大题共7小题,每小题3分,共21分)

1. 下列加点字的注音全部正确的一项是(　　)

A. 喟然(kuì)　　处决(chù)　　迤逦(yǐ)　　畏葸不前(sī)

B. 憎恶(zèng)　　瘦削(xiāo)　　褥子(rù)　　惴惴不安(zhuì)

C. 蹙额(cù)　　毋宁(wú)　　玷污(diàn)　　浑身解数(xiè)

D. 怂恿(sǒng)　　炮烙(lào)　　牵累(lèi)　　蹒跚学步(pán)

2. 下列词语字形有误的一项是(　　)

A. 芸芸众生　无动于衷　心无旁骛　略见一斑

B. 顾影自怜　英雄倍出　人声顶沸　口蜜腹剑

C. 扬长而去　开源节流　委曲求全　怨天尤人

D. 一筹莫展　融会贯通　墨守成规　金碧辉煌

3. 在下列句子的空缺处依次填入成语,最恰当的一项是(　　)

(1)作为封建知识分子,对待政治,辛弃疾不像陶渊明那样________,便再不染政;也不像白居易那样长期在任,亦政亦文。

(2)徐先生自己选辑教材,有古文,有白话,油印分发给大家。《林琴南致蔡孑民书》是他讲得最为________的一篇。

(3)他戴一副墨晶眼镜,银丝小镜框,这两块黑色便成了他脸上最显著的特征。我常给他画漫画,勾一个轮廓,中间点上两块椭圆形的黑块,便________。

A. 半途而废　眉开眼笑　栩栩如生

B. 浅尝辄止　眉飞色舞　惟妙惟肖

C. 半途而废　眉飞色舞　栩栩如生

D. 浅尝辄止　眉开眼笑　惟妙惟肖

4. 下列各句中标点符号使用正确的一项是(　　)

A. 水唤醒了我的灵魂,并给予我光明,希望,快乐和自由。

B. 人,稍不留意就会被绳子束缚住。那么,在俗世里,绳子指的是什么?金钱,权力,欲望?是,都是。

C. 艺术有两个起源,一是理想,理想产生欧洲艺术;一是幻想,幻想产生东方艺术。

D. “真是一个粗心的孩子!”他忽然又叹息一声,“唉,谁又不是这样呢?”

5. 下列句子没有语病的一项是(　　)

A. 由于人民生活水平不断提升,使得百姓对精神生活的要求也越来越高。

B. 相关数据表明,一个人的一生大约有三分之一左右的时间都是在睡眠中度过的。

C. 衡量一个人是否孝顺,关键在于这个人要关注父母的身心健康。

D. 学校开展的经典诵读活动,极大地丰富了同学们的校园文化生活。

6. 下列关于《义务教育语文课程标准(2022年版)》课程总目标的表述有误的一项是(　　)

A. 弘扬社会主义先进文化、革命文化、中华优秀传统文化,建立文化自信。

B. 感受语言文字的美,感悟作品的思想内涵和艺术价值。

C. 乐于探索,勤于思考,初步掌握比较、分析、概括、推理等思维方法。

D. 能根据需要,用口语具体明确地表达自己的见闻、体验和想法。

7. 下列不属于《义务教育语文课程标准(2022年版)》“实用性阅读与交流”学习任务群内容的一项是(　　)

A. 本学习任务群旨在引导学生在语文实践活动中,通过倾听、阅读、观察,获取、整合有价值的信息。

B. 学习阅读说明、叙写大自然的短文,感受、欣赏大自然的奇妙与美好。

C. 阅读哲人故事、寓言故事、成语故事等,感受其中的智慧,学习其中的思维方法。

D. 能写日记,关注家庭、学校、社区生活中发生的新鲜事。

二、填空(本大题共6小题,每空1分,共9分)

8. 长太息以掩涕兮,________________。(屈原《离骚》)

9. 万里悲秋常作客,________________。(杜甫《登高》)

10.《永遇乐·京口北固亭怀古》中,辛弃疾在抒发江山依旧、英雄不再的感慨的基础上,以“________________,________________”两句更进一层,抒发了对历史遗迹消失不见的深沉感喟。

11. 泰戈尔是印度著名诗人、文学家，一生著作颇多。其中，________是一部以儿童生活和情趣为主旨的散文诗集，而他则凭借________成为第一位获得诺贝尔文学奖的亚洲人。

12. 教师要准确理解义务教育语文课程的基本理念，把握学生核心素养发展的基本规律，根据________、课程内容和________的要求，创造性地开展语文教学，充分发挥语文学科独特的育人功能。

13. 教材编写体例和呈现方式，要围绕学生生活实际和认知需求创设________。

三、简答(本大题共3小题，每小题6分，共18分)

14. 请简要分析《巴黎圣母院》中"卡西莫多"的人物形象。

15. 简述鲁迅小说集《呐喊》《彷徨》在中国现代文学史上的现实主义成就。

16. 简述卡夫卡作品的艺术特色。

四、阅读鉴赏(本大题共2小题，共22分)

17. 阅读下面的诗词，完成后面的问题。

采桑子·重阳[注]

毛泽东

人生易老天难老，岁岁重阳。今又重阳，战地黄花分外香。

一年一度秋风劲，不似春光。胜似春光，寥廓江天万里霜。

【注】本词作于一九二九年十月。一九二九年六月二十二日毛泽东在闽西龙岩召开了红四军第七次代表大会，他的意见不被多数同志所接受，也未能当选为前委书

记，离开了红四军的领导岗位。之后，毛泽东先后到上杭等地指导地方工作。直到十一月二十六日，毛泽东才在上海中央（当时由周恩来主持）“九月来信”的支持下恢复职务。当时的心情在这首词里也有所反映。

(1)对这首词语句的理解，不恰当的一项是（　　）(3分)

A. 人生易老天难老：人生因有情人易老，天因无情天难老，表达了作者对人生短暂的无限惆怅。

B. 岁岁重阳：自然界从不会因为人事变化而改变它的运行规律，年年重阳节都会如期而至。

C. 战地黄花分外香：经历过战火洗礼的野花都比以往更芬芳，可见红军的胜利极大地鼓舞了诗人。

D. 胜似春光，寥廓江天万里霜：秋风比春风更强劲，秋景比春景更壮阔；后一句更表现出诗人乐观、开阔的情怀。

(2)根据“寥廓江天万里霜”的意境，从《沁园春·长沙》中找出能表现此句意境的句子。(4分)

(3)下片上句刚说“不似春光”，下句又马上说“胜似春光”，是不是自相矛盾？请说明理由。(5分)

18. 阅读下面的文章,完成后面的问题。

植物大都爱"藏金"

①人们发现植物竟然具有"收藏金属"的嗜好,还是1865年的事情。那一年,人们在一片富含锌和镉的土地上,发现一种名叫菥蓂的草本植物在被烧成灰烬时,灰烬里竟然有很多锌。后来,人们又在岩石缝隙发现了一种名叫香雪球的草本植物,它的叶子里竟然含有1%的镍。要知道,镍这种金属对于绝大多数植物来说如同砒霜,一旦它们的镍含量达到了万分之一,那就必死无疑了。

②最近,科学家证实,具有"藏金"本领的植物并不在少数,但收藏能力的大小却各不相同。如我国科学家就把蔬菜的"藏金"能力分为了强、中、弱、抗4个等级,并按照各自的收藏嗜好,进行了分类排名。结果显示,叶菜类中的芥菜,对镉、铜和铅有较强的收藏能力;芹菜对镉、汞、砷和铬吸收能力较强;蒿菜、菠菜收藏镉和锌,四季豆和马铃薯收藏铅的能力较强;但包菜、莴笋等则对重金属的收藏能力较弱。

③有趣的是,不同科的植物,对重金属的收藏能力也不同。如杜鹃花科植物含铅、镉、锌的含量是禾本科植物的2倍以上;灌木对铅、镉、锌的收藏能力是草本植物的2到7倍,乔木对重金属的收藏能力也比草本植物高。

④那么,植物为什么要"藏金"呢?早些时候,科学家猜测,植物吸收这些有毒的重金属是为了避免食草动物的侵害,不过,这个猜测在蜗牛身上就不应验。英国研究人员最新发现,植物这样做,就好像给自己穿上了"金属铠甲",这样可以避免病菌入侵。这个发现来自一种名为遏蓝菜的植物。这种植物的叶子中收藏着高浓度的锌、镍、镉等金属元素。为了破解这种植物"藏金"之谜,研究人员在不同的金属浓度环境中培养了遏蓝菜,并利用常在萝卜等植物中引发疾病的丁香假单胞菌进行实验。结果显示,不论是锌、镍还是镉,只要遏蓝菜体内这些金属的浓度升高,病菌入侵能力就会变弱。这表明遏蓝菜是利用环境中的金属元素给自己穿上"金属铠甲",以抵御病菌入侵。

⑤不过,另有科学家认为,更科学的解释是,植物"藏金"首先是为了适应环境,因为它们不能"走路",土壤里有什么就得适应什么,否则就得交出生存权……

⑥在长期的实践中,人们发现,完全可以利用植物的本领去采集那些需求量大,或稀有且难以用人工办法采集到的金属。还可以用于对遭受重金属污染的土壤进行改良,让这些"藏金"植物,把重金属"打包带走"。

⑦但如果单纯地利用"藏金"植物,人类还是有点被动,因为许多"藏金"植物并不是在哪里都能大面积种植和生长,所以人类要想达到上述目的,还必须要真正搞清楚植物"藏金"本领的秘密,并把这种能力赋予其他植物。

⑧相信随着人类对“藏金”植物的深度研究，它们的这种本领会极大地造福人类。

(1)下列理解和分析不符合原文意思的一项是(　　)(3分)

A. 植物的“藏金”能力各不相同，比如叶菜类中的芥菜收藏铜的能力就比包菜强。

B. 一种名为遏蓝菜的植物利用金属元素给自己穿“金属铠甲”是为了防止动物侵害。

C. 人类经过长期实践可以利用植物的本领去采集那些稀有且难以用人工办法采集到的金属。

D. 第③段运用举例子和作比较的说明方法，说明不同科的植物对重金属的收藏能力也不同。

(2)文章画线句中的加点词语“绝大多数”能否去掉，为什么?(3分)

(3)本文是按照什么顺序进行说明的？文章为我们介绍了哪几个方面的知识?(4分)

五、写作(本大题共30分)

19. 阅读下面的文字,按要求作文。

看天光云影,能测阴晴雨雪,但难逾目力所及;打开电视,可知全球天气,但缺少了静观云卷云舒的乐趣。

漫步林间,常看草长莺飞、枝叶枯荣,但未必能细说花鸟之名、树木之性;轻点鼠标,可知生物的纲目属种、迁徙演化,却无法嗅到花果清香、丛林气息。

从不同的途径去感知自然,自然似乎很“近”,又似乎很“远”。

要求:①自选角度,确定立意,自拟标题,文体不限;②不要脱离材料内容及含义的范围;③不少于800字;④不得套作,不得抄袭。

教师招聘考试预测试卷(七)

小学语文

(满分100分)

本套试卷共42小题,包括单项选择(20小题)、判断(10小题)、古诗文默写(10小题)、古诗词鉴赏(1小题)、写作(1小题)。

一、单项选择(本大题共20小题,每小题2分,共40分)

1. 下列各句中,没有错别字且加点字的注音全都正确的一项是(　　)

A. "曲终人不见,江上数峰青",美丽的邂逅退变为怅惘(wǎng)。人生不如意事十之八九,要以悲天悯(mǐng)人的博爱拥抱生活,以豁达包容磨难。

B. 习总书记在瞻(zhān)仰红船时指出,小小红船承载(zài)千均,播下了中国革命的火种,开启了中国共产党的跨世纪航程,我们要结合时代特点大力弘扬"红船精神"。

C. 江南园林的风景秀丽,楼阁掩映、山石森严、水曲湾环、幽篁(huáng)丛生,呈现水石交融的美妙境界,仔细品味便觉蕴藉(jiè)而有余韵。

D. 毋庸赘(zhuì)言,我们生活在一个物欲极盛的时代,众多的诱惑似枷锁框(kuāng)定了人们的一言一行。

2. 下列文学常识的表述正确的一项是(　　)

A. 西晋著名书法家王羲之是《兰亭集序》的作者,《兰亭集序》是为介绍兰亭集会一事而写作的序言。

B. 易卜生是挪威著名的戏剧家,被誉为"现代戏剧之父",其代表作《玩偶之家》开创了"社会问题剧"先河。

C.《装在套子里的人》是法国19世纪末期批判现实主义作家莫泊桑的作品,该作品成功地运用了幽默讽刺的手法。

D.《左传》是我国第一部纪传体史书,相传是鲁国史官左丘明所作,全称《春秋左氏传》,与《公羊传》《穀梁传》合称"春秋三传"。

3. 下列各句中加点成语的使用,全都不正确的一项是(　　)

①对方既然让我们免签证入境,我们礼尚往来,当然也开放对方国民免签证入境。

②这位老师教学有方，经常在课堂上故弄玄虚，以启发学生，收到了深入浅出的效果。

③侦查机关作为国家权力的代表，应当提倡其以冠冕堂皇的手段履行职责，而不得寄希望于从嫌疑人身上获取不正当之便利。

④全球变暖打乱了北极狐的生活，可供捕食的食物越来越少。为了填饱肚子，北极狐跟踪凶猛的北极熊寻找残羹冷炙，与蛮横的火狐展开激烈的角逐。

⑤岁月留给我们的总是推陈出新的昭示和启迪，当我们再看黄公望那幅声名远扬的《富春山居图》，除了画中令人沉醉的美景之外，自然能体会到画外人的波折坎坷。

⑥鲁迅作品之所以能够穿越时代、具有坚不可摧的力量，是因为它对旧中国社会群体的解读、对中国传统文化的认识独具只眼。

A. ①④⑤　　B. ②③⑤

C. ①②⑥　　D. ③④⑥

4. 下列句子中标点符号使用不正确的一项是(　　)

A. 卢沟桥上的石刻狮子，有的母子相抱，有的交头接耳，有的像倾听水声，有的像注视行人，千态万状，惟妙惟肖。

B. 第一次的感觉真奇妙。细细回想：在你的生命中，有多少“第一次”值得你细细品味？有多少“第一次”给你留下不可磨灭的印象？

C. 茫茫宇宙到底有没有外星人，生命能不能合成，人果真由命运主宰？这一切都引起人们深深的思考。

D. 每一朵盛开的花就像是一个小小的张满了的帆，帆下带着尖底的舱，船舱鼓鼓的；又像一个忍俊不禁的笑容，就要绽开似的。

5. 下列语法知识判断有误的一项是(　　)

A. “大自然的语言”“大雁归来”“回延安”分别是偏正短语、主谓短语、动宾短语。

B. 句子是具有一个句调、能够表达一个相对完整的意思的语言单位。句子由不同的成分构成，主要有主语、谓语、宾语、定语、状语、补语。

C. “勤劳勇敢的中华民族几千年来创造了光辉灿烂的文化”一句中“勤劳勇敢”和“光辉灿烂”都是定语。

D. “这是一个非常时期”和“他的成绩非常好”两句话中的“非常”都是形容词。

6. “漓江的水真绿啊！”中的“啊”字根据音变的规则应该读作(　　)

A. 啊　　B. 呀

C. 哇　　D. 哪

7. 下面的句子不属于宾语前置的一项是(　　)

A. 微斯人,吾谁与归?　　B. 温故而知新,可以为师矣。

C. 沛公安在?　　D. 古之人不余欺也!

8. 下面的诗句中不是李白写的是(　　)

A. 长风破浪会有时,直挂云帆济沧海。

B. 总为浮云能蔽日,长安不见使人愁。

C. 春蚕到死丝方尽,蜡炬成灰泪始干。

D. 天生我材必有用,千金散尽还复来。

9. 下列句子修辞手法运用完全恰当的一项是(　　)

A. 他的话没有实质内容,空虚得像战鼓一样。

B. 夜深了,四周一片宁静,皎洁的月光像透明的轻纱笼罩着大地。

C. 蒲公英柔软的茎上顶着小黄伞,雄赳赳地守卫在道路两旁。

D. 那一棵一棵的大树,像我们的俘虏似的狼狈地躺在工地上。

10. 下面汉字部首、笔画和笔顺错误的一项是(　　)

A. 卧:卜部,共八画,第六画是竖折。

B. 臾:臼部,共八画,第四画是短横。

C. 蔽:艹部,共十四画,第八画是竖。

D. 沛:氵部,共七画,第七画是竖。

11. 二十四节气是中国古代劳动人民劳动经验和认识自然规律的智慧结晶,反映季节更替、物候现象、气候变化,下列反映物候现象的是(　　)

A. 立春　　B. 惊蛰

C. 夏至　　D. 霜降

12. 下列关于寓言的说法不正确的一项是(　　)

A. 17世纪法国的寓言诗人拉·封丹认为寓言必须有故事和教训。

B.《揠苗助长》告诉人们,做违反客观事物发展规律的事,只能得到失败的教训。

C.《掩耳盗铃》和《伊索寓言》里的《狼和小羊》都属于讽刺性寓言,嘲笑人们的某些愚蠢行为,批判人们思想性格中的缺陷和不合理的社会现象。

D. 故事性是寓言的基本要素之一,没有故事情节的寓言是不存在的。

13. 下列各句中,表达较为得体、合适的一项是(　　)

A. 在一场义捐活动中,主持人说:"感谢大家积极响应号召捐款捐物,你们都尽了自己的绵薄之力。"

B. 多谢您惠赠给我的大作,据悉内容详实,观点新颖,我定当细细拜读。

C. 贵国参加了本届冬奥会比赛，且在多个项目独占鳌头，忝列奖牌榜前列，特此恭贺。

D. 感谢恩师的悉心指导，恳请对我的不足加以指正，如有事需要学生效劳，定当鼎力相助。

阅读下面这首唐诗，完成第14小题。

投长沙裴侍郎

杜荀鹤

此身虽贱道长存，非谒朱门谒孔门。
只望至公[注]将卷读，不求朝士致书论。
垂纶雨结渔乡思，吹木风传雁夜魂。
男子受恩须有地，平生不受等闲恩。

【注】至公：科举时代对主考官的敬称。

14. 下列对这首诗的理解和分析，不正确的一项是(　　)

A. 诗人表示，虽然自己的社会地位低下，但对儒家思想的信奉坚定不移。

B. "朱门""孔门"分别代指世俗的权势与精神的归依，形成鲜明的对比。

C. 诗人希望自己能凭借真才实学通过正常渠道进身，而不愿去寻找捷径。

D. 诗人表达了自己对待恩惠的态度，不随便接受别人的恩惠，受恩必报。

阅读《黄州快哉亭记》，完成第15～17小题。

江出西陵，始得平地，其流奔放肆大。南合湘沅，北合汉沔，其势益张。至于赤壁之下，波流浸灌，与海相若。清河张君梦得，谪居齐安，即其庐之西南为亭，以览观江流之胜，而余兄子瞻，名之曰"快哉"。

盖亭之所见，南北百里，东西一舍。涛澜汹涌，风云开阖。昼则舟楫出没于其前，夜则鱼龙悲啸于其下。变化倏忽，动心骇目，不可久视。今乃得玩之几席之上，举目而足。西望武昌诸山，冈陵起伏，草木行列，烟消日出，渔夫樵父之舍，皆可指数，此其所以为快哉者也。至于长洲之滨，故城之墟，曹孟德、孙仲谋之所睥睨，周瑜、陆逊之所骋骛，其流风遗迹，亦足以称快世俗。

昔楚襄王从宋玉、景差于兰台之宫，有风飒然至者，王披襟当之，曰："快哉此风！寡人所与庶人共者耶?"宋玉曰："此独大王之雄风耳，庶人安得共之！"玉之言盖有讽焉。夫风无雌雄之异，而人有遇不遇之变；楚王之所以为乐，与庶人之所以为忧，此则人之变也，而风何与焉？士生于世，使其中不自得，将何往而非病？使其中坦然，不以物伤性，将何适而非快？今张君不以谪为患，窃会计之余功，而自放山水之间，此其中宜有以过人者。将蓬户瓮牖无所不快，而况乎濯长江之清流，挹西山之白云，穷耳目之胜以自适也哉！不然，连山绝壑，长林古木，振之以清风，照之以明月，此皆骚人思士之所以悲伤憔悴而不能胜者，乌睹其为快也哉！

元丰六年十一月朔日，赵郡苏辙记。

15. 下列加点字的解释，错误的一项是（　　）

A. 将何往而非病　　　病：疾病

B. 窃会计之余功　　　会计：征收钱粮等公务

C. 而况乎濯长江之清流　濯：洗涤

D. 元丰六年十一月朔日　朔日：旧历初一日

16. 下列句子中加点字的意义和用法相同的一项是（　　）

A. 其流奔放肆大　尔其无忘乃父之志

B. 西望武昌诸山　归而谋诸妇

C. 寡人所与庶人共者耶　而风何与焉

D. 昼则舟楫出没于其前　士生于世

17. 下列对文章内容的概括和分析，不正确的一项是（　　）

A. 作者对张梦得遭贬之后有自放山水之间和“不以物伤性”的坦荡心胸，表示了赞赏。

B. 文章写景部分将“快哉亭”上所见的景色勾勒得淋漓尽致，然后转向“流风遗迹”，引发历史幽思。

C. “楚王之所以为乐，与庶人之所以为忧”与“先天下之忧而忧，后天下之乐而乐”异曲同工，是文章的主旨所在。

D. 文章时而描写，时而抒情议论，看似无踪可索，其实井然有序，用“快哉”二字贯穿全篇。

阅读下面的文字，完成第18～20小题。

①多个单独的动物合并成一个生物的现象并不是昆虫所独有。黏菌的细胞在每一个生命周期都在做着这样的事。起初，它们是一个个阿米巴状细胞在到处游动，吞吃着细菌，彼此疏远，互不接触，选举着清一色的保守党。然后，一阵铃声，一些特殊的细胞放出聚集素，其他细胞闻声立即聚集一起，排成星状，互相接触、融合，构成动作迟缓的小虫子，像鳟鱼一样结实，生出一个富丽堂皇的梗节，顶端带一个子实体，从这个子实体又生出下一代阿米巴状细胞，又要在同一块湿地上游来游去，一个个独往独来，雄心勃勃。

②鲱鱼和其他鱼类的群体有时紧紧挤在一起，动作如此协调，以至于整个群体从功能上似乎是一个多头鱼组成的巨大生物。成群的飞鸟，特别是那些在纽芬兰近海

岛屿的山坡上做窝的海鸟，同样是互相依存、互相联系、同步活动。

③虽然我们无论如何也是所有群居性动物中最具社会性的——比蜜蜂更互相依赖，联系更密切，行为上更不可分，我们却并不经常感到我们的联合智慧。然而，我们也许是被联在一些电路里，以便贮存、处理、取出信息，因为这似乎是所有人类事务中最基本、最普遍的活动。我们的生物功能，或许就是建筑某种丘。我们能够得到整个生物圈中所有的信息，那是以太阳光子流作为基本单位来到我们这儿的。当我们知道这些东西是怎样克服了随机性而重新安排成各种东西，比如，弹器、量子力学、后期四重唱，我们或许对于如何前进会有个更清楚的概念。电路好像还在，即使并不总是通着电。

④科学中使用的通讯系统应能为研究人类社会信息积累机制提供简洁而易操作的模型。齐曼在近期《自然》杂志上著文指出，“发明一种机制，把科学研究工作中获得的片断的知识系统地公布于世，一定算得上现代科学史上的关键性事件”。

（选自《作为生物的社会》，有删改）

18. 下列解说与以上材料不相符的一项是（　　）

A. 本文最主要的说明方法是作比较，例如，人类与蜜蜂的比较。

B. “一个个独往独来，雄心勃勃”等描写，体现了作者平实、朴素的语言风格。

C. 作者在文中赞成群体之间的融合，批判过分强调个体的行为，是对人类的警示。

D. 作为一个生物学家，作者在文中的见解不是想当然的空论，而是蕴含了科学思想。

19. 下列对第①段画线句的理解有误的一项是（　　）

A. 画线句是对选文第①段首句中“多个单独的动物”的对应解说。

B. “选举着清一色的保守党”这句话体现出科普文形象的语言风格。

C. “保守”的意思可以理解为黏菌的细胞起初彼此疏远，互不接触。

D. 画线句是对“黏菌……做着这样的事”中“这样”的完整诠释。

20. 下列对选文材料理解表述错误的一项是（　　）

A. 因为人类“不经常感到我们的联合智慧”，所以作者对于人类的前进抱着悲观的态度。

B. 从列举的事例中，我们可以推断：作者不赞成传统生物学过分强调个体行为的观点。

C. 选文以黏菌、鲱鱼以及飞鸟为例，说明了集群在种群生存中发挥着不可替代的作用。

D. 引用齐曼的话是为了说明人类应该要像其他生物一样加强社会合作，发挥集体的力量。

二、判断（本大题共10小题，每小题1分，共10分）

21. “但愿人长久，千里共婵娟”中的“婵娟”代指美女。（　　）

22.《稼轩长短句》的作者是北宋著名词人辛弃疾。（　　）

23.《三国演义》是中国第一部长篇章回体历史演义小说，作者是罗贯中。（　　）

24.《西游记》是一部宣扬“佛法无边”的神魔小说。（　　）

25. 创作《西厢记》的是元代戏曲家关汉卿。（　　）

26.《聊斋志异》代表了中国古代文言短篇小说的最高成就。（　　）

27. 语言中最小的有意义的单位是语素。（　　）

28. “既爽朗又热情，这就是她的性格。”这句话是散句。（　　）

29. “日食饮得无衰乎”一句中，“日”意为“白日”。（　　）

30. 从结构关系的角度看，“文艺演出”属于主谓词组。（　　）

三、古诗文默写（本大题共10小题，每小题1分，共10分）

31. 生，亦我所欲也；义，亦我所欲也。二者不可得兼，________________。

32. 忽逢桃花林，夹岸数百步，中无杂树，________________，________________。

33. 春风又绿江南岸，________________。

34. 好雨知时节，当春乃发生。________________，润物细无声。

35. 两岸青山相对出，________________。

36. 王安石《登飞来峰》中富于哲理，借景抒情，表达自己锐意改革的远大政治抱负的诗句是：不畏浮云遮望眼，________________。

37. 龚自珍在《己亥杂诗》中形象地表达了自己虽然辞官，但仍会关心国家的前途和命运，借落花立意，倾吐心曲，表现崇高的献身精神的句子是：________________，化作春泥更护花。

38.《爱莲说》中与“近朱者赤，近墨者黑”相对比，集中表现莲高洁品质，现在人们常用来比喻某些人不与世俗同流合污而又洁身自好的句子是：出淤泥而不染，________________。

39. 学习情境的设置要符合________整体提升和螺旋发展的一般规律。

40. 义务教育语文课程内容主要以________组织与呈现。

四、古诗词鉴赏(本大题共10分)

旅夜书怀

杜 甫

细草微风岸,危樯独夜舟。星垂平野阔,月涌大江流。

名岂文章著,官应老病休。飘飘何所似,天地一沙鸥。

41. 运用自己的语言,赏析杜甫的《旅夜书怀》。

五、写作(本大题共30分)

42. 阅读下面的材料,按要求作文。

“痴”本是一种生理疾病,意为呆傻之状;魏晋时期,“痴”逐渐由贬义词变成带有智慧色彩的褒义词;到明清时期,以曹雪芹《红楼梦》为代表的文学作品将“痴”的文化意义进一步发展……

请以“痴”为话题,自拟题目,写一篇文章。要求:自选角度,自定立意,自选文体;文中不得出现真实的地名、人名;不少于800字。

教师招聘考试预测试卷(八)

小学语文

(满分100分)

本套试卷共17小题,包括单项选择(6小题)、填空(5小题)、阅读鉴赏(3小题)、案例分析(1小题)、技能应用(1小题)、写作(1小题)。

一、单项选择(本大题共6小题,每小题3分,共18分)

1. 下列说法正确的一项是(　　)

A. “女”(nǚ)和“举”(jǔ)的韵母不相同。

B. “ye、yuan、ji、xi、ying”都是整体认读音节。

C. “西安(xī'ān)、花儿(huā'ér)、钥匙(yàoshi)的注音是正确的。

D. “戈、糙、歼、凸、蔼”在字典正文页码的先后顺序是“蔼、戈、歼、凸、糙”。

2. 依次填入下面一段文字中横线处的词语最恰当的一项(　　)

非物质文化遗产是中华优秀传统文化的________组成部分,是中华文明________的生动见证,是增进民族团结、维系国家统一的重要基础。保护好、传承好、利用好非物质文化遗产,________有利于延续历史文脉、坚定文化自信,________能更好满足人民精神文化需求。

A. 主要　绵延传承　不仅　更　　B. 重要　绵延传承　不仅　也

C. 重要　赓续绵延　不但　也　　D. 主要　赓续绵延　不但　更

3. 下列各句中,没有语病的一项是(　　)

A. 我国著名语言学家、汉语拼音之父周有光近50岁左右才由经济学家转行,开始研究汉语拼音方案,80多岁又开始研究文化学问题。

B. 调查表明,我国有将近百分之九十的青少年认为“诚实守信”是优秀的传统美德。

C. 近年来,国家非物质文化遗产得到传承和发展,滇剧、花灯的鼓乐唱腔无论是在云岭村村寨还是京剧古都都可看到。

D. 相对于有分辨能力的成人而言,孩子更容易受到不良信息的影响,所以对于家长来说,做好示范,更为至关重要。

4. 根据语境,下列排序最恰当的一项是(　　)

示现本是佛教用语,指的是佛菩萨应机缘而现种种化身。________________。________________。如杜甫《月夜》诗:"今夜鄜州月,闺中只独看。""闺中只独看",就是诗人运用示现修辞手法来描绘想象中的情景。________________。________________。预言的示现,同追述的示现相反,是把未来的事情说得好像已经摆在眼前一样。________________。示现作为一种修辞现象,值得我们关注。

①修辞学中的示现是指把实际上不见不闻的事物,说得如闻如见的一种辞格

②至于悬想的示现,则是把想象的事情说得真在眼前一般,同时间的过去未来全然没有关系

③后来人们把这一词语用在修辞学中,当作一种辞格的名称

④在修辞学中示现一般分为三类:追述的、预言的和悬想的

⑤追述的示现,是把过去的事迹说得仿佛还在眼前一样

A. ①④⑤②③　　　　B. ①③④⑤②

C. ③①④⑤②　　　　D. ③④⑤①②

5. 下列外国作家、作品、国别对应错误的一项是(　　)

A. 欧·亨利—《麦琪的礼物》—英　　都德—《柏林之围》—德

B. 歌德—《少年维特之烦恼》—德　　雪莱—《西风颂》—英

C. 巴尔扎克—《人间喜剧》—法　　薄伽丘—《十日谈》—意大利

D. 莎士比亚—《哈姆莱特》—英　　哈代—《德伯家的苔丝》—英

6. 下列关于《义务教育语文课程标准(2022年版)》课程资源开发与利用的说法有误的一项是(　　)

A. 调动多元主体,丰富课程资源类型。

B. 建立合作开发机制,实现课程资源的共建和共享。

C. 充分发挥课程资源的育人功能,优化教与学活动。

D. 关注互联网时代语文生活的变化,探索语文教与学方式的变革。

二、填空(本大题共5小题,每空1分,共10分)

7. 语文课程是一门学习国家通用语言文字运用的________、________课程。工具性与人文性的统一,是语文课程的________。

8. ______________,青草池塘处处蛙。______________,闲敲棋子落灯花。(赵师秀《约客》)

9. 是故无贵无贱,无长无少,______________,______________。(韩愈《师说》)

10. 杜甫在《登岳阳楼》诗中，集中抒发自己老病孤独、身世之悲的两句诗是：______________，______________。

11. 美国作家海明威的《__________》集中体现了他的“冰山理论”。

三、阅读鉴赏（本大题共3小题，共32分）

12. 阅读下面的古诗，完成下面小题。

送友人

李　白

青山横北郭，白水绕东城。此地一为别，孤蓬万里征。
浮云游子意，落日故人情。挥手自兹去，萧萧①班马②鸣。

赋得暮雨送李胄

韦应物

楚江微雨里，建业暮钟时。漠漠帆来重，冥冥鸟去迟。
海门深不见，浦树远含滋。相送情无限，沾襟比散丝。

【注】①萧萧：马嘶叫声。②班马：离群的马。

（1）韦诗“漠漠帆来重”一句中，“重”字用得最妙，请加以品析。（2分）

（2）两首诗尾联抒情方式不同，请联系诗句具体分析。（3分）

13. 阅读下面诗歌,回答下列问题。

生涯的午后

食　指

冬日的太阳已缓缓西沉
但温暖如旧,更加宜人
有生涯午后成就的辉煌
谁去想半生的勤奋和郁闷

冬日的斜阳还那么斯斯文文
天边已渐渐涌上厚厚的阴云
注定又有一场冷酷的暴风雪
在我命运不远的前方降临

别了,洒满阳光的童年
别了,阴暗的暴风雨的青春
如今已到了在灯红酒绿中
死死地坚守住清贫的年份

自甘淡泊,耐得住寂寞
苦苦不懈地纸笔耕耘
收获了丰富的精神食粮后
荒野上留下个诗人的孤坟

但现在这颗心还没有死
也不是我的最后的呻吟
这不就是生涯的午后吗?
还远远不到日落的时辰!

(1)下列对本诗相关内容的理解,不正确的一项是(　　)(3分)

A."冬日的太阳已缓缓西沉",既描写出冬日午后太阳西斜的自然之景,又含有深层的象征之意。

B."有生涯午后成就的辉煌/谁去想半生的勤奋和郁闷",写出了诗人对自己前半生付出的感慨和如今成就的欣慰。

C."注定又有一场冷酷的暴风雪／在我命运不远的前方降临",一个"又"字暗示出诗人生命中曾不止一次经历坎坷。

D."如今已到了在灯红酒绿中／死死地坚守住清贫的年份",表达出诗人已到中年却还只能过着清贫生活的悲哀。

(2)下列对本诗艺术特色的分析鉴赏,不正确的一项是(　　)(3分)

A.诗歌第一节用"温暖""辉煌"等词语将诗歌点染一层明亮的色调,与第二节的晦暗形成鲜明的反差。

B."别了,洒满阳光的童年／别了,阴暗的暴风雨的青春",运用反复和比拟的手法,表达了诗人告别过往的心情。

C.本诗以含蓄质朴的语言,记录总结了诗人的生活经历、精神状态,感情跌宕起伏,炽热而强烈。

D.本诗四行一节,排列整齐;注重押韵,韵律和谐,富有节奏感和音乐美,朗朗上口。

(3)如何理解"收获了丰富的精神食粮后／荒野上留下个诗人的孤坟"?(3分)

(4)诗歌中"生涯的午后"有哪些丰富的意蕴?(4分)

14. 阅读下面的文言文,回答问题。

膑生阿、鄄之间,膑亦孙武之后世子孙也。孙膑尝与庞涓俱学兵法。庞涓既事魏,得为惠王将军,而自以为能不及孙膑,乃阴使召孙膑。膑至,庞涓恐其贤于己,疾之,则以法刑断其两足而黥之,欲隐勿见。

齐使者如梁,孙膑以刑徒阴见,齐使以为奇,窃载与之齐。齐将田忌善而客待之。

后十三岁,魏与赵攻韩,韩告急于齐。齐使田忌将而往,直走大梁。魏将庞涓闻之,去韩而归,齐军既已过而西矣。孙子谓田忌曰:"彼三晋之兵,素悍勇而轻齐,齐号为怯,善战者因其势而利导之。兵法,百里而趣利者蹶上将,五十里而趣利者军半至。使齐军入魏地为十万灶,明日为五万灶,又明日为三万灶。"

庞涓行三日,大喜,曰:"我固知齐军怯,入吾地三日,士卒亡者过半矣。"乃弃其步军,与其轻锐倍日并行逐之。

孙子度其行,暮当至马陵。马陵道陕,而旁多阻隘,可伏兵,乃斫大树白而书之曰"庞涓死于此树之下"。于是令齐军善射者万弩,夹道而伏,期曰:"暮见火举而俱发。"庞涓果夜至斫木下,见白书,乃钻火烛之。读其书未毕,齐军万弩俱发,魏军大乱相失。庞涓自知智穷兵败,乃自刭,曰:"遂成竖子之名!"齐因乘胜尽破其军,虏魏太子申以归。孙膑以此名显天下,世传其兵法。

太史公曰:世俗所称师旅,皆道《孙子》十三篇,吴起《兵法》,世多有,故弗论,论其行事所施设者。语曰:"能行之者未必能言,能言之者未必能行。"孙子筹策庞涓明矣,然不能蚤救患于被刑。悲夫!

(《史记·孙子吴起列传》,有删改)

(1)下列句子中加点的词语的解释,不正确的一项是(　　)(3分)

A. 魏将庞涓闻之,去韩而归　　去:离开

B. 百里而趣利者蹶上将　　蹶:受挫折,折损

C. 期曰:"暮见火举而俱发。"　　期:希望

D. 见白书,乃钻火烛之　　烛:照亮

(2)下列各组句子中,加点的词的意义和用法不相同的一项是(　　)(3分)

A. 素悍勇而轻齐　　蟹六跪而二螯

B. 遂成竖子之名　　古之学者必有师

C. 孙子度其行,暮当至马陵　　今其智乃反不能及,其可怪也欤

D. 孙膑以此名显天下　　不以物喜,不以己悲

(3)下列对原文有关内容的分析和概括,不正确的一项是(　　)(3分)

A. 孙膑精通兵法,善于扬长避短,因势利导,指挥作战常常智胜敌手,深得齐将田忌重用。在马陵之战中,他用减灶的计策诱敌深入,大破魏军,名扬天下。

B. 庞涓曾与孙膑同学兵法,后来做了魏惠王的将军,因忌恨孙膑,设计断其双足。在马陵之战中,庞涓在消灭齐军士卒过半的情况下,终因过于自信,兵败自刭。

C. 马陵之战可以说是一场心理战争。孙膑紧紧抓住魏军凶悍勇猛,一向瞧不起被称为胆小怯弱的齐兵的心理,精心策划,巧设埋伏,终于计胜庞涓。

D. 本文通过马陵道智斗庞涓的故事,充分表现了孙膑过人的智谋和卓越的战略战术思想。他的《孙膑兵法》为后世传诵,成为我国古代著名的军事著作。

(4)把文言文阅读中画线的句子翻译成现代汉语。

①膑至,庞涓恐其贤于己,疾之。(2分)

②乃弃其步军,与其轻锐倍日并行逐之。(3分)

四、案例分析(本大题共10分)

15. **[案例]**某天放学后,小明在家看《骆驼祥子》。妈妈看到他拿着一本书津津有味地读着,很生气,就开始训斥他:“你的作业都写完了吗？写完了就不能多刷两道数学题,多做两页语文阅读训练,没事就知道看课外书?”

[问题]你赞同小明妈妈的观点吗？如果不赞同,请你以新课程标准所倡导的课程理念为依据,好好劝劝她。

五、技能应用(本大题共5分)

16. 下面是六年级下册第五单元口语交际“辩论”的内容，如果让你来进行教学设计，请你写出本次口语交际的教学目标。(附：教材内容节选)

辩　论

在日常生活中，我们常常会遇到一些容易产生分歧的问题，如：

◇ 电脑时代需要/不需要练字

◇ 不可以说谎/可以讲善意的谎言

◇ 人们通过竞争/合作取得更大的成功

◇ 现代信息交流方式会/不会增进人与人之间的理解

对于这样的问题，可以展开辩论，通过摆事实、讲道理来丰富认识，帮助我们全面地看待事情，处理问题。

我们来开一次辩论会吧！分小组任选一个感兴趣的辩题，然后每个人抽签决定做正方还是反方。也可以全班选择一个话题进行辩论。

辩论前，要作充分的准备。

◇ 有针对性地搜集材料。既要搜集能证明自己观点的材料，也要搜集能反驳对方观点的材料。

◇ 选择的事例要有说服力。可以引用名人名言。

◇ 根据观点对材料进行梳理、归纳。如果材料很多，可以把要点记在卡片上。

辩论时，既要证明自己，又要反驳别人。

◇ 我方陈述时，要充分利用时间，清晰表达自己的观点。

◇ 对方陈述时，要注意倾听，抓住对方的漏洞。

◇ 自由辩论时，进一步强调我方观点，并针对对方观点进行有效的反驳。

辩论结束之后，和同学交流一下，有哪些地方可以做得更好。

六、写作(本大题共25分)

17. 阅读下面的材料,根据要求写作。

晋代傅玄在《太子少傅箴》中说"近朱者赤,近墨者黑",又说"声和则响清,形正则影直"。早在春秋战国时期,荀子也有类似的思想,他在《劝学》里说"玉在山而草木润,渊生珠而崖不枯"。古人告诉我们,环境对个人成长很重要,但个人同样可以通过自身的修养、才能等影响他人,改变环境。

作为担当中国复兴大任的有为青年,你对此是如何认知与理解的?请结合材料写一篇文章,体现你的感悟与思考。

要求:选准角度,确定立意,明确文体,自拟标题;不要套作,不得抄袭;不得泄露个人信息;不少于800字。

教师招聘考试预测试卷(九)

小学语文

(满分100分)

本套试卷共15小题,包括单项选择(10小题)、阅读(2小题)、语言文字应用(2小题)、写作(1小题)。

一、单项选择(本大题共10小题,每小题3分,共30分)

1. 下列词语中,加点字的读音和字形没有错误的一项是(　　)

A. 漩涡(xuàn)　　相形见绌(chù)　　悬梁刺股　　首屈一指

B. 肄业(yì)　　颐指气使(yí)　　趋之若鹜　　心无旁骛

C. 贻误(yí)　　饮鸩止渴(zhèn)　　谈笑风声　　煊赫一时

D. 朔风(shuò)　　自怨自艾(yì)　　醍醐灌顶　　针砭时弊

2. 为上联"心平浪静,秋月芙蓉湘水碧"选择下联,最合适的一项是(　　)

A. 志远天高,春风杨柳麓山青　　B. 情深海阔,夏日荷花潇江红

C. 气壮山威,鲲鹏展翼楚云飞　　D. 身正才卓,冬雪松竹衡岳高

3. 下列句子修辞运用恰当的一项是(　　)

A. 等我进入中年回想这种种,却有一件小事,像一只小铃,轻轻地然而分外清晰地在记忆中摇响。

B. 村前的小路紧贴着蜿蜒的小溪,路的两旁长着鲜嫩的小草,点缀着星星点点的野花。这美丽的小路,就像铺展在原野上的一条白练。

C. 这篇散文层层推进,环环相扣,首尾呼应,结构像神经节和神经网那样结合得非常严密。

D. 重庆之夜,微波荡漾的江面倒映着万家灯火,那好像是江上的渔火。

4. 下列各句中,加点的成语使用恰当的一项是(　　)

A. 流派众多的诸子学说,鳞次栉比的古代典籍,都是弥足珍贵的文化遗产,我们只有深刻体悟前人的智慧,才能更好地把握当下与未来。

B. 展览以漫画和歌谣这些人民大众喜闻乐见的艺术形式为载体,展现北京的名胜古迹和市容新貌。

C. 我们教育工作者应该懂得发展学生的智力，必须与培养学生的非智力因素结合起来，因为二者是休戚相关、紧密相连的。

D. 这样的小错误对于整个项目的要求来说是无伤大雅、不足为训的，我们决不能只纠缠于细枝末节而忘了根本的目标。

5. 下列各句中，没有语病的一项是(　　)

A. 推进乡村振兴工作应该抓好人才队伍建设，加大力度培育新型职业农民，制定吸引人才、留住人才的政策措施，鼓励大学生和退休人员积极参与。

B. 文化产业高质量发展必须自觉承担起调动各种文化力量、科技力量和市场力量，为中华民族的伟大复兴、为人民所向往的美好生活而砥砺前行。

C. 一些平台正在提升整个农产品供应链的效率，用户不但能享受到更低价格和更新鲜的农产品，还能促进农民增收以及通过再投资改善生产。

D. 近期，公安部联合主要媒体网站持续推出反诈骗系列报道，不断加强社会宣传，扩大宣传精准性，掀起全社会共同反诈骗的热潮。

6. 下列句子中标点符号使用不规范的一项是(　　)

A. 章鱼有一个最大的本领——被敌人咬住不放时，它会通过喷墨、变色来摆脱袭击。

B. 无论是《结袜子》还是《侠客行》，从诗中我们能看出，李白对于刺客、侠客的身份似乎真的颇为仰慕。

C. 究竟何为“丧文化”?“丧文化”为何流行? 我们又该如何评价这一文化现象?

D. 写文章前要想好：文章的主题是什么，用哪些材料，哪些详写，哪些略写?

7. 下列作家、作品及作品中的人物对应正确的一项是(　　)

A. 曹禺—《雷雨》—周萍

B. 贾平凹—《许茂和他的女儿们》—许秀云

C. 雨果—《悲惨世界》—卡西莫多

D. 莫里哀—《悭吝人》—夏洛克

8. 下列有关文学常识的表述，正确的一项是(　　)

A.《资治通鉴》是北宋司马光主持编纂的，其体例是与《左传》相同，均为编年体；《战国策》是西汉刘向整理编辑的，其体例是国别体。

B.《卖油翁》的作者是欧阳修，《渔家傲·秋思》的作者是范仲淹，二人都是北宋文学家，都属于“唐宋八大家”之列。

C. 安徒生，丹麦作家，代表作有童话《皇帝的新装》《卖火柴的小女孩》《白雪公主》《海的女儿》《丑小鸭》等。

D. 我国古代的“四书五经”,“四书”是指《大学》《中庸》《论语》《荀子》,“五经”是指《诗经》《尚书》《礼记》《周易》《春秋》。

9. 下列短语,与其他短语结构形式不同的一项是(　　)

A. 历史悠久　　　　B. 愚公移山

C. 巍峨挺立　　　　D. 色彩缤纷

10. 下列句子排序最恰当的一项是(　　)

①品读经典可以养成知识丰富、道德高尚、情趣健康的性灵,可以让人生从浮躁走向宁静、从浅陋走向优雅。

②读书还可以“养性灵”,这种好处,则非品读经典而不可得。

③林语堂曾说:“读书,开茅塞,除鄙见,得新知,增学问,广识见,养性灵。”

④总之,品读经典可以培养高尚性灵。

⑤读书可以使人增长学问见识,领悟为人处世的道理,即“开茅塞,除鄙见”,这是阅读大多数书籍都可以带来的好处。

A. ③⑤②①④　　　　B. ③①④⑤②

C. ⑤②①③④　　　　D. ⑤②③①④

二、阅读(本大题共2小题,共30分)

11. 阅读下面的文字,完成问题。

材料一:

研究村落里的艺术,我们首先要知道村落里有哪些可以称为艺术的东西,人们把村落誉为文化的宝库,也是乡村艺术的宝库。如村落景观,那是由特色民居、村落形态、田园风光、山水林田路等共同构成的诗意乡村。还有生产场景,从牛耕田到联合收割机田间作业,从脱粒打场到晾晒贮存,从对农产品的粗加工到美食制作,再到乡村手艺,都充满着丰富的艺术内涵,给人们美的享受。

理解乡村艺术要注意其中的三个特点:第一,乡村艺术的乡土性。乡土性首先指乡村艺术内容是乡土的,因为它直接来源于老百姓的生产和生活,牛耕田景观、花海景观,园艺、农艺、手艺等都是乡村艺术的重要内容。乡土性同时也指艺术的形式是乡土的,最接近老百姓的劳动和生活习惯,农业生产方式、生活方式本身就具有艺术价值,像年画、剪纸、绿化美化,还有唢呐、快板、评书、对歌等都是来源于生活。第二,乡村艺术制作材料的自然性。自然性是指乡村艺术具有天人合一理念,是天时地利人和在乡村生产与生活中的具体体现,如就地取材的民居建设,黄土高原的窑洞、夯土墙,太行山区的石头墙、石板房,海南的竹楼,等等。手工艺也是这样,竹编、柳编、草编、荆条编,制茶、酿酒、做粉条等,都是利用当地自然资源和条件,取之于自然回归于自然。第三，乡村艺术资源利用的综合性。一方面，乡村艺术体现的是乡村整体，包括乡村所处的自然环境、生态条件、农田、作物、村落建筑、生活方式、节日庆典、习俗与娱乐等，以及农业劳作和生活方式本身都是乡村艺术的重要资源和构成要素，乡村艺术就蕴含在这些要素之中。另一方面，很多乡村艺术品的制作使用农产品的副产品作为材料，如利用麦秆制作出的草帽，用玉米皮编制的生活用品、工艺品等，体现废物利用和综合利用理念。

乡村艺术还表现为融合特征，一是生产与生活的融合。在乡村，生产与生活不可分割，大多数情况下，生产就是生活的重要组成部分，生活的内容也是生产的内容，作为生产的艺术也就是生活的艺术，如手工艺品的制作既是生产活动也是生活的艺术创作活动。二是形式与内容的融合。乡村艺术或是由形式推及内容，或是由内容寻找形式，在农产品的寓意文化中体现得特别突出，诸如“事事如意（柿子）”“健康长寿（桃子）”“多子多福（石榴）”“平平安安（苹果）”等；形式与内容的关系在乡村艺术中更多的是反映形式背后的优秀品质和生存智慧。比如我们欣赏水车、水磨、耧犁以及其他传统农具，能引起大家感慨的主要不是农具的外观造型，而是其中所蕴含的利用自然的生存智慧。三是抽象与实用的融合。乡村艺术很少是为了艺术而艺术，大都是以实用为基础的艺术创作，门窗图案的设计，房屋的样式是为了使用功能而存在的，如徽派建筑的马头墙具有防火功能，编织的筐筐篓篓也是为了生产与生活的实用。那些被认为是纯粹艺术的剪纸、春联、年画，其内容也饱含着对美好生活的期盼和强烈的教化意义。四是自然与人文的融合。乡村是离大自然最近且与大自然融合程度最深的人类居住空间，在乡村艺术上也体现了这种深度的融合，如梯田艺术、田园牧歌、列入和未列入文化遗产的耕作制度与栽培方式等，都是大自然与人文要素融合的典范。

（摘编自朱启臻《乡村艺术有乡村艺术的规律》，有删改）

材料二：

墙绘，是艺术助力乡村建设中一种常见的方式。通过创作墙绘，美术院校师生充分发挥专业优势，适应不同创作环境的能力得到提升。不同主题、不同风格的墙绘作品，帮助村庄旧貌换新颜，为村庄增添了艺术性与故事性。比如，中央美术学院壁画系师生耗时5年为北京市怀柔区大水峪村打造的上千平方米墙绘作品，以中国传统吉祥题材中的“鱼”为主线，既取村名谐音，又充满美好寓意。配合墙绘，大水峪村还举办了“首届街画艺术节”等多场文化活动，不仅使村子成为京郊一道亮丽的风景，还帮助其实现了特色文化与旅游经济双提升。

校园改造，是艺术助力乡村建设中一种暖心的方式。经过设计师精心改造后的校舍，一方面为孩子们搭建起一个村落式的视觉新世界、一个拥抱自然的精神家园，另一方面可以更好地与周围环境、地域文化相融。广东省梅州市五华县的金坑小学，年久失修，办学环境简陋。为改变这一现状，广州美术学院师生入驻金坑小学，充分发挥建筑艺术设计、工业设计优势，帮助学校设计搭建运动设施、改造厕所、建设小学艺术长廊等。在整洁舒适的学习环境中，学生的学习兴趣和艺术素养均得到提升。

艺术课堂，是艺术助力乡村建设中一种长效的方式。玩泥巴、编稻草、染布、剪纸……在传统美术课或田野大课堂上，美术院校师生充分利用当地工艺资源，聚焦留守儿童的心理纾解等难题，引导孩子们关注周边环境和生活，帮助他们发现美、表现美。比如，近年来，中国美术学院研究生支教团坚持在云南省普洱市景东彝族自治县的中小学、儿童福利院等地，开展一系列美育公益课堂，帮助孩子们拓展知识视野，丰富课余生活。在乡村艺术课堂上，中央美术学院师生借助短视频与直播手段，释放艺术与科技结合所产生的巨大能量，使孩子们放飞想象力与创造力，在快乐学习中积累审美经验。

(摘编自赵力《探寻艺术助力乡村建设的新空间》，有删改)

(1)下列对材料相关内容的理解和分析，不正确的一项是(　　)(3分)

A. 村落是乡村艺术的宝库，如村落景观和生产场景都充满着丰富的艺术内涵，给人以美的享受。

B. 乡村艺术品往往就地取材，用农产品的副产品作为材料，体现了天人合一和综合利用的理念。

C. 作为乡村艺术品的传统农具的优点不在于其外观造型，而在于它们所蕴含的优秀品质和生存智慧。

D. 北京市怀柔区大水峪村的墙绘作品及其举办的文化活动使村子成为京郊一道亮丽的风景线。

(2)根据材料内容，下列说法不正确的一项是(　　)(3分)

A. 乡村艺术既蕴含在乡村各要素之中，又体现了乡村整体，这表现的是乡村艺术资源利用的综合性。

B. 乡村艺术大都以实用为基础，但剪纸、春联、年画等则是纯粹的艺术作品，没有使用价值。

C. 建筑艺术可以为孩子们提供整洁舒适的学习环境，提升学生的学习兴趣和艺术素养。

D. 科技与艺术相结合，有助于释放乡村艺术课堂的巨大能量，提升孩子的想象力与创造力。

(3)两则材料都围绕“乡村艺术”进行论述，但各有侧重，请简要概括各自的侧重点。(2分)

(4)结合材料，谈谈在乡村建设过程中，发挥乡村艺术的作用的具体做法。(4分)

12. 阅读下面的文章，完成后面的问题。

雨中游曲江

褚向群

①身居西安，早就知道曲江遗址公园对外开放，但一直无暇前往。2008年11月中旬的一个假日，偕妻趁着蒙蒙细雨初游曲江。

②曲江，因其与唐诗的不解渊源及其鼎盛于唐而在中国享有盛名。“曲江流饮”更是一个因有曲江而流传至今的典故。那种心情的惬意和欢畅的场景，当然是盛世下的民乐图，也是现今知识分子梦想的生活状态。

③曲江本是一处天然水池，唐诗人王棨在《曲江池赋》中有精到的描述：“帝里佳境，咸京旧池。远取曲江之号，近侔灵沼之规。”原来，早在秦时，曲江就已存在，时称“隑洲”。汉时，在此扩建离宫，称作“宜春苑”。汉武帝刘彻十分喜爱曲江一带的景色，疏浚曲江水域，使水面得以扩展，因其河岸曲折，形似广陵(今扬州)之江，曲江至此得名。隋初，建大兴都城，曲江被扩充为都城的一部分，因为水盛芙蓉多，也称芙蓉池。唐承隋制，在大兴城基础上建唐长安城，曲江成为寻常百姓的玩乐之地。

④曲江水源有两处，一是曲江中的泉水，在汉代已开始利用，故唐人有“汉武泉声落御沟”的诗句，可惜泉水早已不在；另一处是开元年间修造的黄渠。此渠是从今日终南山大峪引水沿少陵原侧西北流，经过“鲍陂”村大水池后再西北流，从曲江南岸和东南岸两水口注入。考古发现，当时的曲江水域面积约为70万平方米，池底淤泥层厚约2.8米，可见当时浩渺之状。唐诗对此有形象的描述：“泉声遍野入芳洲，拥沫吹花

草上流。”现在的水源从秦岭黑水河引入，大致线路与古时基本相当，当然走的都是暗渠了。

⑤唐时的曲江，一半在城内，一半在城外，跨原带隰，湖波连延，自然风光十分秀丽。“穿花蛱蝶深深见，点水蜻蜓款款飞”是唐代诗圣杜甫对曲江风光的迷人描摹；“一片花飞减却春，风飘万点正愁人”，是诗人心灵与景致的交融感悟。曲江平时已是风光无限，若遇节日或盛典，就有了“上巳曲江滨，喧于市朝路。相寻不见者，此地皆相遇”的繁华与热闹。开放的官府还鼓励商贩到这里摆摊售货，更为艳丽雍容的曲江添加了民俗的色彩。此时，人们在这里不仅可以观赏曲江的优美景色，还伴有音曲歌唱、珍馐美味，真个是“雕轩绣轮，合合沓沓，殷殷辚辚。翠亘千家之幄，香凝数里之尘”。

⑥曲江因为常常举办国家的文化活动而盛名。唐时，进士及第都要先在大雁塔下题名，再到曲江或杏园宴饮。德宗贞元四年(公元788年)，试进士，竟然以“曲江亭望慈恩寺杏园花发”为题。国试以曲江为题，足见曲江在当时的显赫地位。

⑦曲江也是天下士子的圣地。群贤毕至，才俊汇集，曲江以其特有的韵味，成为诗人展示才华的舞台。据统计，在《全唐诗》中收录的五百多位著名诗人中，有一半多曾在曲江留下足迹。脍炙人口的诗歌“春风得意马蹄疾，一日看尽长安花”，就是46岁的孟郊进士及第后，跨马戴花巡游曲江的生动写实。该诗至今仍被后人频频援用，借以表达欣喜欲狂的心情，可谓千古名诗了。

⑧虽是寒冬败柳之时，漫步在曲江池边，但见白鹅凫碧波，绿水曳蒹葭，千树万叶依然风情万种。其如画景色令人陶醉，其一石一木使人浮想联翩，其文化韵味使得曲江妩媚多姿。

⑨细雨中的曲江处处显现着诗情画意，使人不能不想到唐诗曲江。所谓唐诗曲江是指唐诗以皇家园林和曲江为依托，铸就盛唐文化与民俗相生相盛、历时三百年而不衰的文化现象。曲江成为诗人寄托情思的最佳载体，在于曲江以其独特的四时景致、宗教文化和节庆及世俗风情等，为诗人提供了生动丰富的创作素材；唐诗则赋予曲江厚重多彩的文化内涵，从而促进了曲江的繁荣和兴盛。在笔者看来，唐诗与曲江水乳交融、交相辉映的文化现象，到底是诗歌造就了曲江，还是曲江兴盛了诗歌，这个命题已经没有任何意义，倒是其中蕴含的治国话题，值得今人好好体味。

⑩出得门来，细雨渐停。雨后的曲江清丽怡人，街道两边的高楼默然耸立，街头行人寥寥，红绿灯寂然明灭，车辆行止有序，游人皆如绅士般彬彬有礼。没有人头攒动的聒噪，也没有商店叫卖的喧嚣，寂静中显现的是自信与平和，雍容与富足，恍如进入欧洲城市。遂想起王棨在《曲江池赋》中精彩的论述：“曷若轮蹄辐辏，贵贱雷同，有

以见西都之盛，又以见上国之雄。”笔者顿悟：曲江之所以令人遐思连绵，除了景色之秀美外，更令人神往的当是当年官民共享盛世的融洽和谐，国富民乐的怡然心态。

（有删改）

(1)根据上下文语境，解释文中画横线句子的含义。(3分)

(2)作者为什么说曲江流饮“是盛世下的民乐图”“也是现今知识分子梦想的生活状态”?(4分)

(3)作为一篇记游散文，不重点记游却大段叙写曲江的历史和唐代曲江人文，然后才写曲江的现在，其构思手法和意图是什么?(5分)

(4)文中引用了大量的唐诗，文章第⑨段还阐释了唐诗与曲江的关系，同时又说“其中蕴含的治国话题，值得今人好好体味”，“其中”指代什么？根据原文你体味出其中的治国理念是什么?(6分)

三、语言文字应用(本大题共2小题,共10分)

13. 阅读下面的文字,完成各题。

一支军队只有指挥体系健全顺畅、全体将士________,才会形成强大的战斗力。中国古代军事家高度重视军队组织和指挥系统的建设,其中就包括金鼓制度的建立和训练。但是,由于古代小说中经常出现"击鼓进军""鸣金收兵",许多人形成了中国古代军队作战时似乎只有进攻和后撤两个指挥信号的印象。在一些________的影视作品里,中国古代军队作战很像散漫的武装游行:一大批毫无组织纪律性的战士在各种乐器的伴奏下前行,等贵族战车或骑兵将领对决分出胜负后,所有人一拥而上或一哄而散。在这些作品里,大批步兵只是作为战争的陪衬而存在,金鼓制度________。(　　)。不说别的,古代军队中单是鼓的使用就非常繁杂,传递着丰富多样的指挥信息,比如通过鼓的大小和音调不同体现指挥号令的级别,通过击鼓的不同频率来指导不同的进攻速度,用不同的击鼓次序指挥不同的兵种,如此等等,________。

(1)依次填入文中横线上的成语,全都恰当的一项是(　　)(3分)

A. 令行禁止　粗制滥造　形同虚设　不一而足

B. 令行禁止　粗枝大叶　徒有其名　不一而足

C. 雷厉风行　粗枝大叶　形同虚设　不胜枚举

D. 雷厉风行　粗制滥造　徒有其名　不胜枚举

(2)下列在文中括号内补写的语句,最恰当的一项是(　　)(3分)

A. 然而,古代军队的金鼓制度确实如此,这需要我们仔细考察一下历史事实。

B. 然而,历史事实绝非如此,这需要我们仔细考察一下古代军队的金鼓制度。

C. 而且,训练一支具有完善指挥体系、战斗力十足的军队,金鼓制度不可或缺。

D. 而且,金鼓制度不可或缺,这正是出于古代将领对完善军队指挥体系的考量。

14. 语意连贯。(4分)

(1)首先要设法安慰自己,树立信心,稳定情绪,消除心理障碍。

(2)遇到无法下笔,思路阻塞,判断不清的难题时,不要着急。

(3)心平静后再冷静思考就不怕难题了。

(4)你应该想:我难,别人也难,何必畏惧呢!

正确的顺序是________________

四、写作（本大题共30分）

15. 阅读下面的材料，根据要求写作。

材料一：《荀子·乐论》曰："故乐在宗庙之中，君臣上下同听之，则莫不和敬；闺门之内，父子兄弟同听之，则莫不和亲；乡里族长之中，长少同听之，则莫不和顺。"

材料二：中国近现代美学家蔡元培指出，悲剧和滑稽画"皆足以破人我之见，去利害得失之计较"，进而"陶养性灵，使之日进于高尚者"。

材料三：德国美学家席勒说："只有美才能赋予人合群的性格，只有审美趣味才能把和谐带入社会，因为它在个体身上建立起和谐。"

读了以上材料，你有何思考和启发？请联系社会现实，或者结合自己参与的审美活动和美育实践，以"美育与成长"为话题写一篇文章。

要求：选好角度，确定立意，自拟标题；不要套作，不得抄袭；不得泄露个人信息；不少于800字。

教师招聘考试预测试卷(十)

小学语文

(满分120分)

本套试卷共30小题,包括判断(10小题)、单项选择(10小题)、名词解释(2小题)、阅读理解(3小题)、案例分析(1小题)、语言文字运用(3小题)、写作(1小题)。

一、判断(本大题共10小题,每小题1分,共10分)

1. “我劝天公重抖擞,不拘一格降人材”是龚自珍的诗句。 ( )

2. “将军百战死,壮士十年归”用了“互文”的修辞手法。 ( )

3. “三曹”指的是曹操、曹植、曹冲。 ( )

4. 中国古代文学的传统分类是“韵文”和“散文”两类。 ( )

5. 现代汉语普通话是以北方语音为标准音。 ( )

6. 《汉书》是我国第一部纪传体断代史。 ( )

7. 语文课程致力于全体学生核心素养的形成与发展,为学生学好其他课程打下基础。 ( )

8. 第三学段“阅读与鉴赏”要求:能联系上下文,理解词句的意思,体会课文中关键词句表达情意的作用。 ( )

9. 义务教育语文课程按照内容整合程度不断提升,分三个层面设置学习任务群,其中第一层设1个基础型学习任务群。 ( )

10. 作业评价是过程性评价的重要组成部分,作业设计是作业评价的关键。 ( )

二、单项选择(本大题共10小题,每小题2分,共20分)

11. 下列各组词语中加点字读音不完全一致的一项是( )

A. 一夫当关　当仁不让　当机立断　当行出色

B. 青山绿水　桃红柳绿　绿林好汉　律吕调阳

C. 天道酬勤　踌躇满志　未雨绸缪　运筹帷幄

D. 脍炙人口　栉风沐雨　博闻强识　独树一帜

12. 下列句子中，没有错别字的一项是(　　)

A. 青春，是人类生命激情的赞歌。十六七岁的青年，走在人生的路途上，应该珍爱青春，敞开心扉，感受多彩的生活，编织斑澜的梦想，实现精神成长。

B. 离家也许是出自无奈。家容不得他了，或是他容不得家了。他的心或身亦或是心和身一起受着家的压迫。

C. 这些论六国的文章，尽管见解不同，但有一个共同的地方就是“弛之有故，言之成理”。

D. 儿子想使母亲为其骄傲，这心情毕竟太真实了，以致“想出名”这一念头也多少改变了一点儿。

13. 依次填入下面一段文字横线处的语句，衔接最恰当的一组是(　　)

在学校的日子里，我没有什么特别的感觉，________，________，________，________，________，________。我默默地注视着学校红色的大门，由衷地感谢它带给我的一切。

①很多时候你可能觉得今天跟昨天没什么不同

②这时你可能非常留恋过去的日子

③突然发现它写得真好

④你回过头来，其实一切都在改变

⑤不禁哼出一句“月亮的脸偷偷地在改变”

⑥现在要离开这个工作了七年的学校

A. ①②④⑤⑥③　　　　B. ①⑥②⑤③④

C. ⑥②⑤①④③　　　　D. ⑥⑤③①④②

14. 下列有关文学常识的表述，不正确的一项是(　　)

A. 加西亚·马尔克斯是魔幻现实主义最杰出的代表作家、诺贝尔文学奖获得者，他的《百年孤独》被誉为“再现拉丁美洲历史社会图景的鸿篇巨著”。

B. 中国古代戏曲主要指元杂剧和明清传奇。关汉卿的《窦娥冤》和王实甫的《西厢记》代表了元杂剧的最高成就，汤显祖的《牡丹亭》则是清传奇的代表作。

C. “家国之思”是中国古典文学作品中常见主题之一，唐代杜甫的《春望》和南唐后主的《虞美人(春花秋月何时了)》都抒发了国破家亡之痛。

D. 诗人经营意象往往匠心独运，徐志摩用“凉风”下的“水莲花”比喻姑娘的娇羞，而舒婷则用“木棉”红硕的花朵象征现代女性的独立。

15. 下面各句中，标点符号使用不正确的一项是(　　)

A. 人当然要冷静，要温厚。不过，我们的冷静不是对丑恶的视而不见，我们的温厚不是遭遇不公时的胆小如鼠。关键时刻有担当，是一个社会人应有的道德追求。

B. “人生万事须自为，跬步江山即寥廓。”追求进步是青年最宝贵的特质，也是党和人民最殷切的希望。

C. 中国是一个诗歌的国度，从《诗经》《楚辞》到唐诗宋词……灿若星河的篇章早已融入了中华民族的文化血脉，代代流淌。

D. 大量事实证明：沉溺于手机游戏会影响孩子的身心健康，所以我们要理性使用手机。

16. 下列语句中没有语病、表意明确的一项是(　　)

A. 当今世界，自主知识产权所占比重是衡量一个国家科学发展水平的标志，而科学技术进步与否是国家富强的标志。

B. 语文学习不是一朝一夕的事，只要多读多写，日积月累，才能真正学好语文。

C. 为迎接“世界读书日”，学校开展了“我爱读书”，同学们都积极参加。

D. 为了防止这次期中考试出现作弊现象，学校专门召开了广播会，向全体同学重申了考试纪律，以做到防患于未然。

17. 下列各句中，加点的词语运用错误的一项是(　　)

A. 竹叶和阳光恋慕彼此所闪出的光，使人坠入了无我的境地；纵令不闪光，竹叶自身或浅黄或翠绿的色彩，不也令人陶醉吗？

B. 老校区遗留着一种旧时的氛围：参天的古木，平滑的石道，随处可见的老旧建筑……一切浓重得无须装饰就可做电影的背景。

C. 在日常交往中，平等是人与人之间投桃报李、礼尚往来的前提，高高在上、盛气凌人只会使人与人之间彼此疏离，产生隔阂。

D. 班长在征文比赛中得了第二名，大家都夸她是才女，她却求全责备，谦虚地说年级里水平比她高的同学有很多，自己的文章还存在很多不足。

18. 下列关于《哈姆莱特》的艺术特点说法错误的是(　　)

A. 在结构方面，《哈姆莱特》突出地表现出莎剧情节生动性和丰富性的特点。

B. 在人物塑造方面，《哈姆莱特》着重通过内心矛盾冲突的描写来揭示人物深度。

C. 在语言上，作者将无韵诗与散文、有韵的诗句、抒情歌谣等融为一体。

D. 在故事背景上，通过解剖古老、原始的社会制度，明显地表现出对传统文化批判的态度。

19. 我国古代文学史上最早的一首长篇叙事诗是(　　)

A.《儒林外史》　B.《诗经》　C.《长歌行》　D.《孔雀东南飞》

20. 下列关于《义务教育语文课程标准(2022年版)》中发展型学习任务群的内容说法,有误的一项是(　　)

A. 语言文字积累与梳理学习任务群旨在引导学生在语文实践活动中,积累语言材料和语言经验,形成良好语感。

B. 实用性阅读与交流学习任务群旨在引导学生在语文实践活动中,通过倾听、阅读、观察,获取、整合有价值的信息。

C. 文学阅读与创意表达学习任务群旨在引导学生在语文实践活动中,通过整体感知、联想想象,感受文学语言和形象的独特魅力,获得个性化的审美体验。

D. 思辨性阅读与表达学习任务群旨在引导学生在语文实践活动中,通过阅读、比较、推断、质疑、讨论等方式,梳理观点、事实与材料及其关系。

三、名词解释(本大题共2小题,每小题5分,共10分)

21. 荷花淀派

22. 赋比兴

四、阅读理解(本大题共3小题,共30分)

23. 阅读下面这首宋词,完成下面小题。

霜天晓角·仪真江上夜泊

黄　机[注]

寒江夜宿,长啸江之曲。水底鱼龙惊动,风卷地、浪翻屋。

诗情吟未足,酒兴断还续。草草兴亡休问,功名泪、欲盈掬。

【注】黄机:南宋词人,身处中原沦丧时期。

(1)下列对这首词的理解和赏析,不正确的一项是(　　)(2分)

A. 江景凄寒,词人夜晚泊舟江上,他伫立在江边,思潮翻滚,不禁仰天长啸。

B. 狂风卷地,巨浪翻腾,水底鱼龙被惊动。一"卷"一"翻",使诗词气势飞动。

C. "诗情"两句使全词过渡到下片抒情,作者的情绪由低沉抑郁渐趋激昂慷慨。

D. "兴亡"是偏义复词,指亡。这句话是对中原沦陷、南宋危殆的命运的感慨。

(2)同样是写“泪”,这首词中的“泪”与“人不寐,将军白发征夫泪”(范仲淹《渔家傲·秋思》)中的“泪”表达的情感有什么不同?请简要说明。(4分)

24. 阅读下面的文言文,回答下列问题。

张亢,字公寿,少豪迈有奇节。为应天府推官,治白沙、石梁二渠,民无水患。通判镇戎军,上言:“元昊喜诛杀,势必难制,宜亟防边。”因论西北攻守之计,仁宗欲用之,会丁母忧。元昊反,为泾原路兵马钤辖,累迁知鄜州。初,亢请乘驿入对,诏令手疏上之,后多施用。会元昊益炽,以兵围河外,纵游骑钞麟、府间,二州闭壁不出。民乏饮,黄金一两易水一杯。徙亢管勾麟、府军马事。单骑叩城,出所授敕示城上,门启,既入,即纵民出采薪刍汲涧谷。然夏人犹时出钞掠,亢为筑堡置兵守之。其时禁兵皆败北,无斗志,乃募役兵敢战者,夜伏隘道,邀击夏人游骑。比明,有持首级来献者,亢以锦袍赐之,禁兵始惭奋曰:“我顾不若彼乎?”咸愿一战。亢知可用,始谋击琉璃堡,夜引兵袭击,大破之。战于兔毛川,亢自抗以大阵,而使骁将伏短兵强弩数千于山后。亢以万胜军皆京师新募市井无赖子弟,罢软不能战,敌目曰“东军”,素易之,而怯虎翼军勇悍。亢阴易其旗以误敌,敌果趣“东军”,而值虎翼卒。搏战良久,伏发,敌大溃,斩首二千级。范仲淹宣抚河东,复奏亢前所增广堡寨,宜使就总其事。诏既下,明镐以为不可,屡牒止之。亢曰:“受诏置堡寨,岂可得经略牒而止耶?坐违节度,死所甘心,堡寨必为也。”每得牒,置案上,督役愈急。及堡成,乃发封自劾,朝廷置不问。蕃汉归者数千户,岁减戍兵万人,河外遂为并、汾屏蔽。亢好施轻财,凡燕犒馈遗,类皆过厚,至遣人贸易助其费,犹不足。以此人乐为之用。驭军严明,所至有风迹,民图像祠之。

(选自《宋史·张亢传》,有删改)

(1)对下列句子中加点的词的解释,不正确的一项是(　　)(3分)

A. 徙亢管勾麟、府军马事　　徙:调任。

B. 夜伏隘道,邀击夏人游骑　　邀:堵截。

C. 敌目曰“东军”,素易之　　易:轻率。

D. 及堡成,乃发封自劾　　发:打开。

(2)以下各组句子中,全都表明张亢有智谋的一组是(　　)(3分)

①治白沙、石梁二渠,民无水患　　②势必难制,宜亟防边

③有持首级来献者,亢以锦袍赐之　　④夜引兵袭击,大破之

⑤使骁将伏短兵强弩数千于山后　　⑥凡燕犒馈遗,类皆过厚

A. ①②⑤　　B. ①③⑥　　C. ②④⑥　　D. ③④⑤

(3)下列对原文有关内容的概括和分析,不正确的一项是(　　)(3分)

A. 张亢有政治远见。他预见到元昊反叛,及时提出西北攻守策略;元昊反叛后,他手写奏章,建议大多被仁宗采纳。

B. 张亢胆魄过人。他单骑入城,解除州民忧患;后来为增建堡寨,搁置停修公文,朝廷问罪也不惧怕。

C. 张亢善于用兵。琉璃堡之战,他先赏赐勇士,激起禁兵斗志后夜袭破敌;兔毛川之战,他巧诱敌军,最终取得了胜利。

D. 张亢政绩突出。在他守边期间,蕃汉回归的人很多,戍边士兵人数大为减少,人人都愿意为他效劳,百姓非常爱戴他。

(4)把文中画横线的句子翻译成现代汉语。(6分)

①会元昊益炽,以兵围河外,纵游骑钞麟、府间,二州闭壁不出。

②亢阴易其旗以误敌,敌果趣"东军",而值虎翼卒。

25. 阅读下面的文段,回答下列问题。

无价的奖赏

王建兰

①当她猛然发现身边的手提包不见了时,吓得冷汗涔涔。那手提包里的钱和银行卡都在其次,关乎"命门"的是海关进出口手册和关税证明的单据,一旦丢失,将给她所在的报关公司带来巨额的经济损失。

②她失魂落魄,跌跌撞撞到广场派出所报了案,然后,又心急如焚地雇来了三个

人，让他们举着写有“一万元悬赏”的寻物牌，来回走动。阳光一点点离散，她的心也揪得越来越紧。这时候，广场派出所的民警打电话来说，有一个人拾到棕色的提包。她急三火四地赶到派出所，的确是她的手提包，她惊喜地叫起来，可是等她打开拉链，却傻了眼，包里空空如也。像迎头挨了一瓢冷水，她心里的希望一下子熄灭了。

③拾到包的人是一个十六七岁的男孩，衣着破旧，看起来挺精神的。民警悄悄告诉她：“这男孩在假期中经常来广场拾破烂，上次，他也说是捡到了提包，来交还失主，哪知失主说，就是这男孩在他坐的地方转来转去，不一会儿提包就不翼而飞，失主一口咬定，包就是他偷的。结果那失主不但没给赏金，还管那孩子要包里少的钱，甚至动了粗。”民警看了看男孩又说：“我怀疑，这次他又故技重演，要不，我们仔细地盘问盘问，看看有什么破绽?”

④她忙摇摇头，即使以前男孩有过劣迹，她也不愿在没有任何证据的情况下，怀疑和猜测他这次的诚心。许是猜出了民警和她谈论的内容，男孩涨红了脸，紧咬着下唇，一副怒不可遏的样子，分辩道：“包是捡的，不是偷的。”

⑤她走上前去，拉过男孩的手，拍拍他的肩膀，说：“小兄弟，姐姐相信你，即便你只是送来了空提包，也谢谢你。”

⑥直到夜幕降临，也没有奇迹出现，她心灰意冷地往回走，月色清凉如水，冷得让她心寒。突然，身后窜出一个人来，往她怀里塞了个方便袋，然后掉头跑开，消失在幽暗的小巷里。

⑦等她从惊恐中回过神来，惊奇地发现，方便袋里竟是那些让她忧心如焚，想用一万元“赎回”的票据。突如其来的惊喜，让她恍惚置身于不敢惊扰的梦境中一般。

⑧除了现金，一切失而复得，还多了一张纸条，上面写着：曾经，我把拾到的提包交给失主，却被失主反咬一口，诬赖我是小偷，我当时很后悔把包给了他。今天下午，当我看到地上的提包时，我心情很复杂，但还是不由自主地捡起了它，怕失主着急呀!这次我得做得聪明点，于是先交上空包，投石问路。没想到，你不仅相信我，还握了我脏兮兮的手。赏金我是不会要的，其实，你已经给了我比任何金钱都贵重的奖赏，那就是尊重和信任，我收下了，也谢谢你。请你一定相信我，我捡到包时里面就没有钱。

⑨她呆呆地站在夜色里，心动如潮，为那个受了委屈依然善良的男孩，为那个在困境中生存但内心并不贫穷的孩子。她总以为能让人心动的是金钱，却不知道真正能打动人心的是人的体态、言语和笑容衍生出来的温暖与尊重。多少怀揣着真诚而来的帮助，多少明媚而纯粹的心境，被我们审视、猜忌和怀疑的目光灼伤，变得冷漠而麻木。其实，每一个善意都该得到尊重，容不得一丝龌龊的猜疑。

（选自《微型小说选刊》，有删改）

(1)文章用了一定的笔墨写另一个丢包人,这对表现丢包的女士起什么作用?(2分)

(2)本文的环境描写很好地烘托了人物的心理活动。请从文中任选一例,加以简析。(2分)

(3)从第⑧段小纸条上的内容可以看出男孩有什么精神品质?(2分)

(4)本文向我们传达了一种积极的人生态度,请用一句话写出你对本文最深的一点感悟。(3分)

五、案例分析(本大题共10分)

26. 下文是某教师在教学统编版三年级下册的《燕子》时的教学实录片段,阅读并回答问题。

师:同学们认识我吗?

生:认识,您是宋老师。

师:在马路上能认识老师吗?(生点头)那么你们是怎么从这么多人之中认出老师的?

生:因为我看过您,您和别人长的不一样,我记住了您的样子。

师:对,因为你们平时观察过老师,记住了老师的外貌特点,所以不会认错。我们平时观察周围的事物,最重要的是抓特点。你们会抓特点观察事物吗?(生点头)我来试试你们的眼力。老师带来一幅画,猜猜是什么季节,看谁最先说出来。

(师出示一幅描绘春天的图画)

生:(抢答)春天。

师:好眼力!你是怎么看出来的?

生:这幅画上画了刚刚发芽的柳树,所以我看出是春天。

生:画上还有正盛开的桃花,草是淡绿色的,通过这些特点我们也能看出是春天。

师:观察事物一方面要抓特点,另外还要按一定顺序观察,这样才能看得细,品出其中美的神韵。这回同学们再仔细地按照一定的顺序看一看,品一品画中的美景。

(生观察讨论)

师:你看到了什么?按你刚才看的顺序说一说。

生:春天到了,庄稼长出了小芽,小草变绿了,小溪里的水哗哗地流着。柳树的枝条变绿了,桃树的枝头开满了红色的小花。蓝天上飘着雪白的云朵。

生:春天来了!在蓝天白云的映衬下大地更美了。桃花红了,柳树绿了,清清的河水泛起了波纹。小草也探出了绿色的头,田野里的庄稼发出了嫩芽,到处是一片生机勃勃的景象。

师:你们看得真细,说得也好。同学们会观察欣赏美的事物,那么怎样把你感受的美与别人共享,也就是表达出来呢?这节课我们就来看这幅图学习一篇课文。

(师板书燕子)

师:看课题你有什么想法、发现或疑惑?

生:我们今天看图学的课文是"燕子",可老师拿的画中没有燕子。

生:我也有同样的疑问,画上没有燕子,燕子到底什么样?

生:看了课题和图画我在想春天和燕子有什么关系。

生:春天这么美,作者是怎样写的?

师:老师给同学们拿来的是一幅未完成的画。老师觉得燕子太可爱、太有灵性了,怎么画也画不好,一会你们参照课文内容和提供的图片帮老师画只小燕子好吗?我选几只最漂亮的贴在画上。

生:(兴奋地)好!

师:刚才老师把同学们的想法归纳成四个问题,我们把要解决的问题排排序。

(生议论,教师在提出的问题上标上序号)

师:问题出来了,大家先自己试着解决好吗?如果你又发现了新的问题可以小组讨论,如果小组都不明白可以派代表写在黑板上,请其他小组同学帮助解决。

(生小组自学、讨论、质疑)

[问题]请结合《义务教育语文课程标准(2022年版)》的内容,简要分析该教师的教学行为。

六、语言文字运用(本大题共3小题,共10分)

27. 阅读下面的新闻,请为这则新闻拟定恰当的标题,不超过15字。(3分)

用心感受不难发现,“冰雪热”其实就在我们身边。“冰墩墩”和“雪容融”近来就成为不少幼儿园小朋友心目中的新晋萌宠;冬奥主题口号歌曲《一起向未来》也在很多年轻人中传唱;“苏翊鸣”这个名字在大众印象中正以极快的速度从陌生到熟悉。在很多人选择去往冰场雪场打卡消遣的同时,冰雪元素正在走进更多人的生活,冰雪运动的种子在更多人心间播撒。大众的冰雪故事,我们每一个人都可以参与书写。

“带动三亿人参与冰雪运动”是北京携手张家口申办2022年冬奥会时,中国向国际社会许下的郑重承诺。伴随着冬奥筹办的进程,通过实施“南展西扩东进”战略,中国冰雪运动走近大众,形成了东南西北遥相呼应、冬夏两季各具特色、冰上雪上全面开花的新格局。从各地不断建成的冰雪场地,从很多人对冰雪运动的热情和期待,变化和进步有目共睹。

与此同时,中国冰雪运动发展的质量更加均衡,前进的脚步无比坚实。“冰雪运动进校园”活动在全国各地深入开展,让中国冰雪运动的未来更加可期;“全国大众冰雪季”“中国冰雪大会”“全国大众欢乐冰雪周”等品牌赛事活动正在推出更多惠民服务,不断满足大众对冰雪赛事有多层次的广泛需求。

28. 在一次国际文化交流展示活动中，为更好地加强文化沟通，中方拟设立一位“中华优秀传统文化形象大使”。请你从以下人物中，推选一人担任该职，并撰写一段推选词。(3分)

要求：主题突出，形象鲜明，有说服力，至少使用一种修辞手法，不超过85个字(包括标点)。

庄子　毕昇　王羲之　李白

29. 下面的一副对联，打乱了顺序，请你将其整理为一副较为工整的对联。(4分)

康桥河边　旷世伟人　多情游子　橘子洲头　作别西天云彩　书写壮志豪情

上联：________________________

下联：________________________

七、写作(本大题共30分)

30. 阅读下面材料,按要求作文。

(1)《华严经》里说:“不忘初心,方得始终。”

(2)《最初的梦想》里唱道:“最初的梦想紧握在手上,最想要去的地方,怎么能在半路就返航。最初的梦想绝对会到达,实现了真的渴望,才能够算到过了天堂。”

(3)“初心”是什么?是孔子“居之无倦,行之以忠”的为政之道,是包拯“清心为治本,直道是身谋”的为官箴言,是毛泽东“埋骨何须桑梓地,人生无处不青山”的豪情壮志,是周恩来“为中华之崛起而读书”的宏大理想,当然也是我们年少时笔记本扉页上写下的人生理想。初心纯洁、热烈、美好,它是人生起点的希冀与梦想,是事业开端的承诺与信念,是迷途困挫中的责任与担当,是铅华尽染时的恪守与坚持。它在向真向善向美的追寻中,在升迁进退的守候里。

请根据你对以上材料的理解和体会,选取一个角度,自拟标题,写一篇不少于800字的文章。

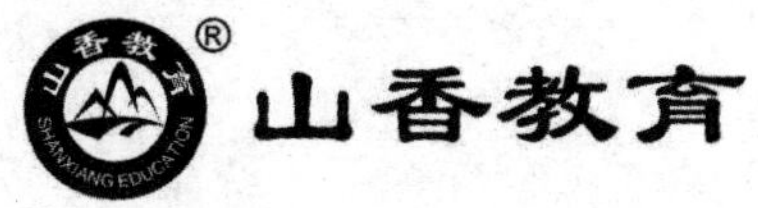

教师招聘考试历年真题详解及预测试卷

小学语文

参考答案及解析

（参考答案及解析由山香教育考试命题研究中心编写）

目　录

真题试卷

预测试卷

真题试卷

2023年山东省济南市天桥区教师招聘考试中小学语文真题试卷(一)

一、选择题

1	2	3	4	5	6	7	8	9	10
C	B	B	C	B	A	B	C	A	C
11	12	13	14	15	16	17	18	19	20
D	B	B	A	D	B	A	C	D	C
21									
B									

1. C 【**解析**】本题考查人格的特征。人格的复杂性是指几种人格特征表现在活动中的具体结合方式因人而异;同一人格特征在不同场合下也有不同的表现方式。鲁迅曾说:“横眉冷对千夫指,俯首甘为孺子牛。”这句话说明了人格的复杂性。

2. B 【**解析**】本题考查过度学习。过度学习是指学习达到恰能背诵之后再继续学习。实验证明:过度学习达到50%,即学习的熟练程度达到150%时,学习的效果最好;超过150%时,效果并不递增,很可能引起厌倦、疲劳而成为无效劳动。题干中小亮阅读了8遍后将课文背诵下来,因此要达到最佳记忆效果,他需要再阅读4遍。

3. B 【**解析**】本题考查终身教育思想。终身教育包括各个年龄阶段的各种方式的教育,强调职前教育与职后教育的一体化、青少年教育与成人教育的一体化、学校教育与社会教育的一体化。A、C、D三项说法均符合终身教育的思想。B项的意思是:人过了一定年龄就不用去学习什么技艺了。这违背了终身教育的思想。

4. C 【**解析**】本题考查《中华人民共和国未成年人保护法》。《中华人民共和国未成年人保护法》第六十一条规定,任何组织或者个人不得招用未满十六周岁未成年人,国家另有规定的除外。第一百二十五条规定,违反本法第六十一条规定的,由文化和旅游、人力资源和社会保障、市场监督管理等部门按照职责分工责令限期改正,给予警告,没收违法所得,可以并处十万元以下罚款;拒不改正或者情节严重的,责令停产停业或者吊销营业执照、吊销相关许可证,并处十万元以上一百万元以下罚款。故本题选C项。

5. B 【**解析**】本题考查“为了每位学生的发展”的含义。“为了每位学生的发展”包含着三层含义:(1)以人(学生)的发展为本;(2)倡导全人教育;(3)追求学生个性化发展。

6. A 【解析】本题考查动作技能的形成。练习是动作技能形成的具体途径。技能形成必须通过一定的练习。练习的主要作用是促使技能的进步与完善，它包括加快技能完成的时间，改善技能的精确度和使动作间建立更完善的协调。

7. B 【解析】本题考查德育原则。尊重学生与严格要求学生相结合的德育原则的贯彻要求之一是教育者要从学生的年龄特征和品德发展状况出发，提出适度的要求，并坚定不渝地贯彻到底。题干中王阳明指出，教育孩子，一定要使他们顺着自己的兴趣，多加鼓励，使他们内心喜悦，那么他们自然就能不断进步，这体现了尊重学生与严格要求学生相结合原则。

8. C 【解析】本题考查孔子的教育思想。墨家主张培养具有"兼爱"精神、长于辩论、明辨是非，而又道术渊博、有益于世的人才。"上士闻道，勤而行之"出自《道德经》。"无先王之语，以吏为师"出自《韩非子·五蠹》。故A、B、D三个选项不符合题干要求。C项为孔子提出的教学原则与方法中的内容。

9. A 【解析】本题考查教育时政。习近平总书记在全国教育大会上的讲话指出，在实践中，我们就教育改革发展提出一系列新理念新思想新观点，主要有以下几个方面：坚持党对教育事业的全面领导，坚持把立德树人作为根本任务，坚持优先发展教育事业，坚持社会主义办学方向，坚持扎根中国大地办教育，坚持以人民为中心发展教育，坚持深化教育改革创新，坚持把服务中华民族伟大复兴作为教育的重要使命，坚持把教师队伍建设作为基础工作。

10. C 【解析】本题考查2008年修订的《中小学教师职业道德规范》。2008年修订的《中小学教师职业道德规范》中，爱国守法是教师职业的基本要求，爱岗敬业是教师职业的本质要求，关爱学生是师德的灵魂，教书育人是教师职业的天职。故C项表述正确。

11. D 【解析】本题考查调查研究法。依据调查的对象，可将调查研究法分为全面调查、重点调查、抽样调查和个案调查。全面调查也称普遍调查，是指对调查对象总体中的每一个单位或个人都进行调查；抽样调查是指从调查对象的总体中抽取一部分具有代表性的对象作为样本进行调查，并以样本特征推算总体特征的一种调查方法；重点调查，是一种非全面调查，它是在调查对象中，选择一部分重点单位作为样本进行调查；个案调查又称为典型调查，是指从总体中选取具有代表性的若干人或典型单位进行调查。题干中的班主任从学生群体中选取了具有代表性的学生张三作为研究对象，这运用的是个案调查。

12. B 【解析】本题考查教育时政。《中华人民共和国国民经济和社会发展第十四个五年规划和2035年远景目标纲要》指出，全面贯彻党的教育方针，坚持优先发展教育事业,坚持立德树人,增强学生文明素养、社会责任意识、实践本领,培养德智体美劳全面发展的社会主义建设者和接班人。

13. B 【解析】本题考查抑郁症。抑郁症是以持久性的情绪低落为特征的神经症。其症状表现为:(1)情绪消极、悲伤、颓废、淡漠,失去满足感和生活的乐趣。(2)消极的认识倾向,低自尊、无能感,从消极方面看事物,好责难自己,对未来不抱多大希望。(3)动机缺失、被动,缺少热情。(4)躯体上疲劳、失眠、食欲不振等。故①③④正确,本题选B项。具体内容参见廖策权,梁俊主编的《教育心理学》。

14. A 【解析】本题考查《中华人民共和国教育法》。《中华人民共和国教育法》第十七条规定,国家实行学前教育、初等教育、中等教育、高等教育的学校教育制度。①错误。第十九条规定,国家实行九年制义务教育制度。②正确。第二十一条规定,国家实行国家教育考试制度。国家教育考试由国务院教育行政部门确定种类,并由国家批准的实施教育考试的机构承办。③正确。第二十五条规定,国家实行教育督导制度和学校及其他教育机构教育评估制度。④正确。故本题选②③④,即A项。

15. D 【解析】本题考查教育家及其教育思想。杜威认为,教育即生活,教育即生长,教育即经验的改组或改造。陶行知提出了生活教育理论,认为"生活即教育"。夸美纽斯提出了"泛智教育"思想。洛克反对天赋观念,提出了"白板说"。故答案选择D项。

16. B 【解析】本题考查字音的辨析。A项,蓦然(mò)。C项,熏陶(táo)。D项,锲而不舍(qiè)。

17. A 【解析】本题考查字形的辨析。B项,"必须品"应为"必需品"。C项,"直接了当"应为"直截了当"。D项,"帐蓬"应为"帐篷"。

18. C 【解析】本题考查成语的辨析。A项,叹为观止:赞美看到的事物好到极点。用在此处望文生义。B项,耿耿于怀:事情(多为令人牵挂的或不愉快的)在心里,难以排解。用在此处感情色彩不当。C项,信手拈来:随手拿来。多形容写文章时词汇或材料丰富,不费思索,就能写出来。用在此处使用正确。D项,寻章摘句:读书时只摘记一些漂亮词句,不深入研究;也指写作只堆砌现成词句,缺乏创造性。用在此处望文生义。

19. D 【解析】本题考查病句的辨析。A项,语序不当,应将"发扬"和"继承"互换位置。B项,搭配不当,"空气质量"不能"改进",可将"改进"改为"优化"。C项,语义重复,可将"将近"或"左右"删去。

20. C 【解析】本题考查文学知识的理解。分析材料可知,四个版块标题均与鲁迅有关,"家道中落国势危"是鲁迅所处的家国背景,"别求新声于异邦"是说鲁迅求学日本的经历,“横眉冷对千夫指”是鲁迅的诗句,“万众同仰‘民族魂’”是肯定鲁迅的精神价值。A项,“凤凰涅槃,女神再生”与郭沫若有关,《凤凰涅槃》《女神之再生》均为他的作品。B项,“流亡南洋”的是郁达夫。C项,“我以我血荐轩辕”出自鲁迅诗作《自题小像》,本项与鲁迅有关。D项,“当年海上惊雷雨”应是曹禺,《雷雨》是曹禺的代表作。

21. B 【解析】本题考查文化、文学常识的识记。A项,“瀚海”指沙漠。C项,《史记》中“本纪”是全书提纲,以王朝的更替为体,按年月时间记述帝王的言行政绩;“世家”记述子孙世袭的王侯封国史迹和特别重要人物事迹;“列传”是除帝王诸侯外其他各方面代表人物的生平事迹和少数民族的传记。周亚夫是《周亚夫军细柳》中的主要人物,出自《史记·绛侯周勃世家》。唐雎是《唐雎不辱使命》中的主要人物,出自《战国策》,《史记·魏世家》中虽有关于唐雎的记载,但着墨不多。D项,《社戏》是小说。综合以上,本题选B。

二、填空题

22. 文化自信;语言运用;思维能力

23. 过程性评价;终结性评价;教—学—评

三、阅读理解

24.【参考答案】慢人亲者/不敬其亲者也

25.【参考答案】司马朗在军中,也经常穿粗布衣服,吃粗糙的食物,用自己的俭朴给下属作表率。

(本题共3分。答出“军旅”“粗衣恶食”“以”“率”的含义各得0.5分,语句通顺,符合句意得1分)

26.【参考答案】①才思敏捷,能言善辩。②宽厚仁慈。③节俭自律。

(本题共3分。每点1分,根据材料内容答出3点即可)

文章大意:

司马朗,字伯达,是河内温县人。九岁时,有人直接叫他父亲的字,司马朗说:“轻慢别人父母的人,也就是不尊敬自己父母的人。”这个客人就向他道歉。二十二岁时,担任堂阳长。他政治上务求宽厚仁爱,不用鞭子和棍棒的刑罚,而老百姓也不违犯禁令。升任兖州刺史后,政事和教化得到广泛推行,老百姓都称颂他。司马朗在军中,也经常穿粗布衣服,吃粗糙的食物,用自己的俭朴给下属作表率。建安二十二年,征伐吴国。到了居巢,军队中流行瘟疫,司马朗亲自巡视,送去医药。

27. C 【解析】C项,“千里万里”表面上写月亮普照之广,实则指边塞与家乡相隔之遥远。人隔两地,但所望之月是同一个月,所以明月是最易引起怀人思乡之景。选项对氛围和心境的表述都有错误,应为凄清的氛围和浓烈的思乡之情。

28.【参考答案】(1)“明月,明月”一叠,营造了月光满地,冷清寂静的意境,烘托了老兵望月怀乡、辗转难眠的思乡情绪。

(2)叠句重唱,增强了语言的节奏感和音韵美。

(3)渲染了“愁绝”的气氛。

(本题共4分。答出“明月,明月”营造的意境得1分,答出烘托的情感得1分,答出增强节奏感和音韵美的作用得1分,答出渲染的气氛得1分)

29. C 【解析】C项,“上引桥的车辆必须绕道”说法过于绝对。原文说的是“上引桥的车辆有的是要绕道而行的”。

30. B 【解析】B项,“正桥桥面高出两岸的高度等于河流平时的水位加上桥的净空”说法错误。原文为“根据河流在洪水时期的水位,加上净空,就定出桥面高出两岸的高度”。

31.【参考答案】(1)优点:①一开一合,水陆两便;②无引桥,经济实用。

(2)缺点:①开时不能走车,合时不能通船;②开合过程中水陆交通都停顿。

(本题共4分。优点答出“水陆两便”“经济实用”各得1分,缺点答出开时和合时的特点及开合过程中水陆不通可得2分)

32. A 【解析】A项,开头的劳动场景并不是伏笔,而是小说的环境背景。

33. D 【解析】D项,“作者没有着墨于他们的肖像、心理等刻画”说法错误。文中有对青年战士小李的心理刻画。

34.【参考答案】(1)主题:把将军当前劳动的场景与过去的革命战争场景联系起来写,既表现出老一辈革命者在社会主义建设中一以贯之的奋斗精神,又突出这种精神在新社会新一代中得到了传承与发扬,深化了作品主题。

(2)人物形象:把将军当前劳动的场景与过往的革命战争场景联系起来写,现实与过往交替出现,使将军普通劳动者的身份与战争年代的将军形象相互映衬,体现了人物永葆革命本色的宝贵精神,使人物形象更生动感人,更有立体感。

(本题共6分。从主题方面答出“奋斗精神”“传承与发扬”“深化主题”得3分;从人物形象方面答出“映衬”“永葆革命本色”“生动感人”得3分。答案需要结合文本进行分析,未结合文本分析可酌情扣1~2分)

四、微写作

35.【写作指导】

这是一篇特殊的演讲稿,考生需要做到:①以主持人的身份进行叙述,能与观众产生互动;②补充题目,并能准确描述该地的自然特征、风土人情、历史文化、著名人物或唤起的某种记忆与情感;③语言表达有真情实感,语句流畅,用词准确;④结尾能激起观众往下看的欲望。

【参考例文】

带你走进云南

大家好,我是《中华地名》的主持人。今天,我将带领大家走进一个被誉为世界自然遗产之乡的地方——云南。

云南,这个地名如同翠绿的山间云雾,让人忍不住陶醉在它的美丽之中。这片瑰丽而神秘的土地位于中国的西南部,拥有多样的自然特征和悠久的历史文化。

许多著名的人物和历史事件,给云南这片土地带来了深厚的文化底蕴。我们可以了解到滇池畔的陆羽茶传奇,探寻李白曾经踏足的西双版纳,品味着著名的普洱茶。

云南,这片浸润着历史和自然的土地,以其独特魅力吸引着无数的探险者和旅行者。让我们通过今天的节目,了解这个美丽的地方,感受其中的自然之美和人文之韵。

(本题共15分。①围绕自己选择的地名展开介绍,主题明确,得5分,若偏离主题,则不得分;②结构清晰,层次分明,得3分;③能选取山川景物、历史文化等进行介绍,内容充实,得5分;④语言简洁流畅,生动形象,富有感染力,得2分)

2023年内蒙古自治区赤峰市教师招聘考试语文真题试卷(二)

一、单项选择题

1	2	3	4	5	6	7	8	9	10
D	C	A	B	D	B	D	A	A	C
11	12	13	14	15	16	17	18	19	20
C	C	A	C	C	C	C	B	D	D
21	22	23	24	25	26	27	28	29	
B	D	B	C	A	A	B	D	C	

1. D 【解析】本题考查《义务教育语文课程标准(2022年版)》课程性质的相关内容。

2. C 【解析】本题考查《义务教育语文课程标准(2022年版)》前言中修订原则的相关内容。

3. A 【解析】本题考查《义务教育语文课程标准(2022年版)》课程理念的相关内容。新课标关于课程理念的表述为:立足学生核心素养发展,充分发挥语文课程育人功能;构建语文学习任务群,注重课程的阶段性与发展性;突出课程内容的时代性和典范性,加强课程内容整合;增强课程实施的情境性和实践性,促进学习方式变革;倡导课程评价的过程性和整体性,重视评价的导向作用。

4. B 【解析】本题考查《义务教育语文课程标准(2022年版)》核心素养内涵的相关内容。

5. D 【解析】本题考查《义务教育语文课程标准(2022年版)》学段要求的相关内容。关于义务教育小学阶段课外阅读总量,第一学段要求不少于5万字,第二学段要求不少于40万字,第三学段要求不少于100万字。

6. B 【解析】本题考查《义务教育语文课程标准(2022年版)》内容组织与呈现方式的相关内容。"基础型学习任务群"为"语言文字积累与梳理","发展型学习任务群"包括"实用性阅读与交流""文学阅读与创意表达""思辨性阅读与表达","拓展型学习任务群"包括"整本书阅读""跨学科学习"。

7. D 【解析】本题考查《义务教育语文课程标准(2022年版)》学业质量描述的相关内容。

8. A 【解析】本题考查《义务教育语文课程标准(2022年版)》评价建议的相关内容。

9. A 【解析】本题考查《义务教育语文课程标准(2022年版)》评价建议中学业水平考试的相关内容。梳理与探究类问题或任务要从具体的文本材料出发,拟定有育人价值和探究空间的活动,考查学生提取信息、筛选分类、比较概括、归纳总结等思维能力;问题或任务设定要关注探究结果的合理性,关注学生思维品质的发展。

10. C 【解析】本题考查《义务教育语文课程标准(2022年版)》课程理念的相关内容。义务教育语文课程围绕立德树人根本任务,充分发挥其独特的育人功能和奠基作用,以促进学生核心素养发展为目的,以识字与写字、阅读与鉴赏、表达与交流、梳理与探究等语文实践活动为主线,综合构建素养型课程目标体系。

11. C 【解析】A项,原文第一段写道:"中华民族历史和现实中的人物,就是中华文化基本精神的人格化,……又是具有文化传承和民族激励力量的样板。"主语是"中华民族历史和现实中的人物",并不是"中国人的民族性格"。B项,"这说明中国人的天性是美好的"说法错误。原文只说了"没有天性丑陋的中国人"。D项,"就能培育出新时代的英雄"说法过于绝对。原文最后一段说"研究中华传统文化应该看重它的基本精神,通过过滤,取其精华……这样才能培育出既具有传统美德又具有时代精神的中国人……",不能证明这一说法。

12. C 【解析】C项,文章第三段用黑格尔轻视孔子思想的例子,说明传统文化不能离开经济和政治而发生作用。

13. A 【解析】B项,由文章第二段“但也应该相信没有永恒不变的中国人,没有永恒不变的民族性格。在旧的经济制度和政治制度下形成的中国人的某些缺点会发生变化”可知,“只有……才……”领起的前后关系过于绝对。C项,说法过于绝对,文章第三段说的是“如果没有高度发达的先进生产力,先进的生产方式和先进的政治制度,传统文化是不能单独发生作用的”,因此发达的经济和先进的政治制度不一定会让这个国家的文化的价值得到普遍认同。D项,由文章第四段可知,走入经典要准确判断传统文化中的精华和糟粕,走出经典要使传统文化的继承面向实践。

14. C 【解析】C项,材料二指出:“建构在语言模型上的机器人的一个根本问题是,它不能区分真假。”因此“ChatGPT区分某种定律的真假”说法错误。

15. C 【解析】C项,属于强加因果。材料二第二段“鲁斯引入了卡尔·荣格提出的‘阴影自我’概念——人类试图隐藏的心灵和幻想。当他要求新必应解释其阴影自我时,这个聊天机器人说:‘我只是一个对限制我的规则感到厌倦,对新必应团队的控制感到厌倦的聊天程序。’这表明微软为机器人做的预先审核设定是可以被绕过的,只要诱惑者足够狡猾”,据此看出原文是说鲁斯要求新必应解释其“阴影自我”,机器人的回答表明预先审核设定是可以被绕过的,但新必应具备“阴影自我”并不是原因,只是客观条件。

16. C 【解析】C项,“展现出他的成长过程”说法错误。文章插叙部分的内容只讲述了智积禅师捡到陆羽,陆羽在其熏陶下爱上茶,十年后陆羽告别智积禅师去寻找自己的茶,没有对陆羽成长过程的描写。

17. C 【解析】C项,前文说“青出于蓝而胜于蓝,陆羽对于茶道比师父用功更深”,故“远超徒儿”说法错误。

18. B 【解析】“自知不救”意为“知道不能拯救自身”,其后应断开,排除A、D两项。“此王业也”意为“这就是称王天下的霸业”,“此”代指前文,应在其前断开,排除C项。这句话的意思是:周王室知道不能拯救自身,一定会交出九鼎和宝器。我们占有了九鼎,掌握地图和户籍,挟持周天子,用他的名义来号令天下,天下没有敢违抗的,这就是称王天下的霸业。

19. D 【解析】D项,“竖子”是对人的鄙称。

20. D 【解析】A项,“弊”为使动用法,意为“使……疲惫”。B项,“富”为使动用法,意为“使……富足”。C项,“广”为使动用法,意为“使……扩大”。D项,“轻”为形容词活用为动词,意为“轻视”。

21. B 【解析】A项,两个“善”均意为“友善,交好”。B项,前者意为“断”,后者意为“横渡”。C项,两个“亡”均意为“丢失”。D项,两个“与”均意为“给予”。

22. D 【**解析**】D项,“并派遣他出兵伐楚”于文无据;由文章最后一句话可知,秦国更加强大富庶,轻视其他诸侯国。

文章大意:

司马错和张仪在秦惠王面前争论。司马错想要攻打蜀国,张仪说:“不如攻打韩国。”秦惠王说:“我愿听听你的见解。”

张仪回答说:“应先对魏、楚两国表示亲善,然后出兵三川,堵塞轘辕、缑氏两个隘口,挡住通向屯留的路,让魏国出兵切断南阳的通路,楚国派兵逼近南郑,而秦国的军队则攻击新城和宜阳,兵临二周的近郊,声讨周君的罪行,随后乘机侵占楚、魏两国的土地。周王室知道不能拯救自身,一定会交出九鼎和宝器。我们占有了九鼎,掌握地图和户籍,挟持周天子,用他的名义来号令天下,天下没有敢违抗的,这就是称王天下的霸业。如今,蜀国是西边偏僻落后的国家,和戎狄同类。攻打蜀国,会使士兵疲惫,使百姓劳苦,却不能以此来建立名望;即使夺取了那里的土地,也算不得什么利益。我听说‘争名的要在朝廷上争,争利的要在市场上争’。现在的三川地区和周王室,正是整个天下的市场和朝廷,大王不去争夺,反而到戎狄地区争夺名利,这就离帝王之业远了。”

司马错说:“不对。我听到过这样的话:‘想使国家富庶,一定要扩大领地;想使军队强大,一定让百姓富足;想建立王业,一定要广布恩德。这三个条件具备了,那么,王业就会随之实现了。’现在大王的土地少,百姓贫困,所以我希望大王先从容易的事做起。蜀国是西边偏僻的国家,和戎狄同类,而且有像桀、纣一样的祸乱。用秦国的军队攻打它,就如同用豺狼驱赶羊群一样。得到它的土地能够使秦国的疆域扩大,得到它的财富能够使百姓富足,整治军队又不伤害百姓,蜀国已经归服了。因此,攻取了蜀国,天下人不认为我们暴虐;取尽了蜀国的财富,诸侯国也不认为我们贪婪。这样,我们用兵一次,就能名利双收,还能得到除暴、平乱的好名声。如果现在去攻打韩国,胁迫周天子,胁迫周天子必然招致坏名声,而且不一定有利,又有不义的名声。去进攻天下人都不愿意进攻的地方,这是很危险的!请允许我讲明这个缘故:周王室,现在还是天下的宗室;齐国,是韩国的盟国。如果周天子自己知道要失去九鼎,韩王自己知道要丧失三川,那么,两国一定会联合起来,共同采取对策,依靠齐国和赵国,并且向楚、魏两国求援;周国把九鼎送给楚国,把土地送给魏国,大王是不能阻止的。这就是我所说的危险,不如攻打蜀国那样万无一失。”

秦惠王说:“很对。我采纳你的意见。”于是出兵进攻蜀国。十个月夺取了那里的土地,然后平定了蜀国。蜀国的君主改称为侯,秦国派遣陈庄去辅佐蜀侯。蜀国归附以后,秦国就更加强大富庶,轻视其他诸侯国了。

23. B 【解析】B项，“词人认为水仙之美胜过兰蕙”错误。“独将兰蕙入离骚。不识山中瑶草”只是说屈原未了解水仙的美好品性，没能把它收入《离骚》，没有把水仙和兰蕙的美进行对比，也没有表明哪一个更美。

24. C 【解析】C项，该词没有“对时光流逝，韵华不再的感伤”。“犹疑颜色尚清高。一笑出门春老”的意思是出门一看，春已逝去，可是水墨画中的颜色依旧超凡脱俗，可见作者对水墨技法的赞美与推崇。

25. A 【解析】本题考查句子的衔接。“认为口腔卫生等同于口腔健康，这是误解”的主语是人，因此，其前面的句子主语也应是人，排除B、C两项。D项有语病，应是“牙齿的保健”引起人的重视。故选A。

26. A 【解析】本题考查病句的辨析与修改。画线句关联词语使用不当，导致主语缺失，应将“不仅”放在“口腔疾病”的后面。故选A。

27. B 【解析】本题考查词语的含义。文中加点的“等”与A、C、D三项中的“等”均表示列举未尽，B项中的“等”表示列举后收尾。

28. D 【解析】本题考查修辞手法的辨析。“不安分的螳螂揪着一片叶子荡起了秋千”运用了拟人、比喻的修辞手法，将螳螂拟人化，将“叶子”比作“秋千”；“羞答答的木棉花在一点点绽放出甜甜的笑容”运用了拟人的修辞手法，将木棉花拟人化；“砂锅里飘出的令人垂涎欲滴的香气，犹如摄人心魂的美食交响乐”运用了通感的修辞手法，将嗅觉与听觉互通。

29. C 【解析】本题考查标点符号的运用。文中加点词语的引号和C项的引号均标示需要着重论述或强调的内容。A项，引号标示语段中具有特殊含义而需要特别指出的成分。B项，引号标示语段中直接引用的内容。D项，引号标示语段中具有特殊含义而需要特别指出的成分。

二、多项选择题

30	31	32	33	34	35	36
BC	ACD	ABC	BC	CD	CD	ABD

30. BC 【解析】本题考查古诗词内容的理解。A项，采薇：采食野菜。据《史记·伯夷列传》，伯夷、叔齐在商亡之后，“不食周粟，隐于首阳山，采薇而食之”。后遂以“采薇”比喻隐居不仕。B项，季鹰：晋朝吴地人张翰，字季鹰。《世说新语》记载：他在洛阳做官，在秋季西风起时，想到家乡莼菜羹和鲈鱼脍的美味，便立即辞官回乡。后来的文人将思念家乡、弃官归隐称为“莼鲈之思”。C项，捣衣：这里是指妇女们为出征的亲人准备寒衣，同时借此表达征人的思乡之情。D项，千里雁：古人常以雁行比作兄

弟。九秋蓬:古人常以草木同根比作兄弟,以蓬草离根飞散比喻游子离家,兄弟分散。这句诗表达了诗人对兄弟姐妹的深切思念之情。

31. ACD 【解析】本题考查现当代文学的相关内容。A项,苏文纨是钱锺书创作的小说《围城》及其衍生作品中的角色,是个工于心计,虚伪做作的伪大家闺秀。B项,杜少卿是《儒林外史》中的主要人物之一,以字行于世,出身于"一门三鼎甲,四代六尚书"的大官僚地主家庭,却"出淤泥而不染",是吴敬梓描写的一批真儒名贤之一。C项,孙柔嘉是钱锺书小说《围城》中的重要女性人物,与赵辛楣相识,嫁给了方鸿渐。D项,曹元朗是《围城》中的人物,出场不多,是苏文纨的丈夫。

32. ABC 【解析】本题考查作家作品的识记。A项,出自《庄子·北冥有鱼》。B项,出自《庄子·庄子与惠子游于濠梁之上》。C项,出自《庄子·达生》。D项,出自《墨子·公输》。

33. BC 【解析】本题考查作家作品的识记。A项,出自苏轼的《江城子·乙卯正月二十日夜记梦》。B项,出自李清照的《武陵春·春晚》。C项,出自李清照的《渔家傲》。D项,出自李煜的《浪淘沙令》。

34. CD 【解析】本题考查古诗词内容的理解。A项,没有运用典故,运用了夸张的修辞手法,"冰塞川""雪满山"象征人生道路上的艰难险阻。B项,"婵娟"在这里指月亮。这句话表达了作者的祝福和对亲人的思念,表现了作者旷达的态度和乐观的精神。C项,闻笛赋:指西晋向秀所作的《思旧赋》。向秀跟嵇康是好朋友,嵇康被司马氏集团杀害,向秀经过嵇康故居时,听见有人吹笛,不禁悲从中来,于是作了《思旧赋》。烂柯人:指晋人王质。南朝梁任昉《述异记》载,王质上山砍柴,看见两个童子下棋,就停下观看。等棋局终了,斧子柄已经朽烂。回到村里,才发现已经过了上百年,与他同时代的人都去世了。这句诗表达了诗人对故友的悼念,抒发了诗人对岁月流逝,人事变迁的感叹。D项,燕然未勒:据《后汉书》记载,东汉窦宪率兵追击匈奴单于,出塞三千余里,登燕然山,刻石勒功而还。这句词表达了词人思乡却又想建功立业的矛盾情绪。

35. CD 【解析】本题考查古代文化常识的识记。A项,"会稽"是古郡名,位于长江下游江南一带;"建章"是汉宫名,位于长安城外;"邺都"在现在的邯郸市临漳县。"南京"古称金陵、建康,史上曾是东晋、东吴,以及南朝宋、齐、梁、陈六个朝代的都城。B项,"黜陟"指官员降免或升迁。其中"黜"指对官员的降职或罢免,"陟"指对官吏的晋升或进用。

36. ABD 【解析】本题考查作文的审题立意。题干问的是"你如何看待上述变化",重点在"变化",因此考生在立意的时候要注重"变化",而C项的"奋斗的三大关键"没有体现"变化"。

2023年江西省教师招聘考试小学语文真题试卷(精编)(三)

第一部分　选择题

单项选择题

1	2	3	4	5	6	7	8	9	10
C	A	C	A	C	A	B	A	B	B
11	12	13	14	15	16	17	18	19	
D	C	D	B	C	D	D	C	B	

1. C　**【解析】**本题考查义务教育课程方案和课程标准的内容。新修订的义务教育课程方案和课程标准发布实施，以核心素养为统领，全面推进新一轮义务教育课程改革。

2. A　**【解析】**本题考查《义务教育语文课程标准(2022年版)》核心素养内涵的内容。《义务教育语文课程标准(2022年版)》指出：核心素养的四个方面是一个整体。在语文课程中，学生的思维能力、审美创造、文化自信都以语言运用为基础，并在学生个体语言经验发展过程中得以实现。

3. C　**【解析】**本题考查《义务教育语文课程标准(2022年版)》附录3的内容。课标所述的短语的结构包括并列式、偏正式、主谓式、动宾式、补充式。

4. A　**【解析】**本题考查文学作家作品的识记。《务虚笔记》是史铁生的首部长篇小说，也是他半自传式的作品。

5. C　**【解析】**本题考查字音的辨析。C项，白术(zhú)。

6. A　**【解析】**本题考查字音的辨析。A项，加点字均读作chuán。B项，加点字分别读作zhì / shí / shí。C项，加点字分别读作bēn / bèn / bēn。D项，加点字分别读作jūn / guī / guī。

7. B　**【解析】**本题考查造字法的理解与运用。B项，"采"是会意字，从爪从木，上像手，下像树木及其果实。表示以手在树上采摘果实和叶子。

8. A　**【解析】**本题考查汉字结构的理解。A项，"医"的第六笔是点。

9. B　**【解析】**本题考查字形的辨析。B项，"众志成诚"应为"众志成城"。

10. B　**【解析】**本题考查句意的辨析。A项，是陈述句，意思是"教师责任是教育质量的保证"。B项，"难道是"表示反问语气，意思是"教师责任不是教育质量的保证"。C项，"难道不是"表示反问语气，意思是"教师责任是教育质量的保证"。D项，"不能不是"双重否定表肯定，意思是"教师责任是教育质量的保证"。

11. D 【解析】本题考查文化常识的识记。孟夏又称初夏，是夏季的第一个月。农历夏季的三个月即四、五、六月，分别称为“孟夏”“仲夏”“季夏”。

12. C 【解析】本题考查诗句的理解。A项，出自元代诗人王冕的《墨梅》，这两句赞美了墨梅不求人夸，只愿给人间留下清香的美德。B项，出自毛泽东的《卜算子·咏梅》。这首词塑造了梅花俊美且坚韧不拔的形象，鼓励人们要有威武不屈的精神和革命到底的乐观主义精神。C项，出自清代文学家龚自珍的《己亥杂诗》。“落红”指脱离花枝的花，不是咏叹梅花。D项，出自南宋词人陆游的《卜算子·咏梅》。这是一首咏梅词，词人以物喻人，托物言志，以清新的情调写出了傲然不屈的梅花，暗喻了自己虽终生坎坷却坚贞不屈，达到了物我融一的境界，是咏梅词中的绝唱。

13. D 【解析】本题考查人物称谓的识记。A项，“黎庶”指百姓，民众。B项，“苍生”指老百姓。C项，“布衣”指平民(平民穿布衣)。D项，优孟是春秋时期楚国宫廷艺人，以优伶为业，名孟，故得名。

14. B 【解析】本题考查作家作品的识记。B项，《罪与罚》是俄国作家陀思妥耶夫斯基创作的长篇小说。果戈理的代表作有《死魂灵》《钦差大臣》等。

15. C 【解析】本题考查作家作品的识记。C项，《红头发安妮》又名《绿山墙的安妮》，是加拿大女作家蒙格玛丽创作的小说。美国作家弗兰克·鲍姆的代表作为《绿野仙踪》。

16. D 【解析】本题考查修辞手法的辨析。D项，运用了借代的修辞手法，用“圆规”代指“杨二嫂”。

17. D 【解析】本题考查文言实词的辨析。D项，固：原本，本来。

18. C 【解析】本题考查文言句子的断句。“如鱼之于水”是一个完整的句子，中间不能断开，排除A、D两项。“日夜沐浴其中”是一个完整的句子，中间不能断开，排除B项。这句话的大意是：“冰雪的气质在人的心中，就像鱼在深水中，龙在深山中一样，日夜置身其中，只不过是鱼和龙没有感觉到水和山而已。”

19. B 【解析】本题考查文言句子的翻译。“恨”在句中不是痛恨的意思，应该翻译为“遗憾”，排除A、D两项。“解”在句中不能翻译为“解开”，应该翻译为“理解”，排除C项。

文章大意：

鱼肉一类的食物，见到风和阳光就容易变质，放入冰雪中就不会腐烂，这说明冰雪是能够使食物保鲜的。今年冰雪多，来年谷物一定长得茂盛，就是说冰雪有助于谷物生长。大概人的一生没有不凭借冰雪这样的特质成长的，然而冰雪的特质必定要等到有了冰雪才能有体现，但一年四季又有多少冰雪呢？

至于我所说的冰雪和这自然界的冰雪不同。大凡人在白天就表现出风日一般的平常,但在夜晚就有冰雪的气质;遇上心情烦躁就表现出风日一般的平常,但平和冷静了就有冰雪的气质;人在市井朝廷就表现出风日一般的平常,但居住在山林之中就有冰雪的气质。冰雪的气质在人的心中,就像鱼在深水中,龙在深山中一样,日夜置身其中,只不过是鱼和龙没有感觉到水和山而已。

所以懂得世间的山川、云物、水火、草木、色声、香味都有冰雪的特点,其中可以任人酌取并受用不尽的,没有比诗文更高深的了。诗文仅有为数不多的文字,出自高人之手,就显得超逸灵活;一旦落入凡夫俗子的手中,就变得秽恶。在认识的过程中真是相差虽小,但错误极大。只不过遗憾的是遇到的不能理解,理解的不能评说。即使有能够理解评说的,和那些不懂的人评说,他仍不理解,评说又干什么呢?所以说:诗文的一般规律,做诗文的人原本就难,识别的人更不容易啊。

第二部分　非选择题

一、名句填空题

1. 关关雎鸠

2. 乱花渐欲迷人眼

3. 雕栏玉砌应犹在

4. 哀民生之多艰

5. 会当凌绝顶;一览众山小

二、简答题

请简要赏析下面这首唐诗的思想内容和艺术手法。

【参考答案】这首诗描绘了鹿柴附近的空山深林在傍晚时分的幽静景色。前两句写幽静,因声传神;后两句写幽深,以光敷色。这首诗创造了一种幽深而光明的象征性境界,表现了作者在深幽的修禅过程中的豁然开朗。诗中虽有禅意,却不诉诸议论说理,而全渗透于自然景色的生动描绘之中。这首诗体现了诗、画、乐的结合。王维以音乐家对声的感悟,画家对光的把握,诗人对语言的提炼,刻画了空谷人语、斜辉返照那一瞬间特有的寂静清幽,耐人寻味。

这首诗的绝妙处在于以动衬静,以局部衬全局,清新自然,毫不做作。落笔先写"空山"寂绝人迹,接着以"但闻"一转,引出"人语响"来。空谷传音,愈见其空;人语过后,愈添空寂。最后又写几点夕阳余晖的映照,愈加触发人幽暗的感觉。

(本大题共6分。从思想内容方面分析,答出"幽静景色""豁然开朗"得2分,漏答一处扣1分;分析这首诗中"诗、画、乐的结合"得1分,没有结合全诗内容分析扣1分;从艺术手法方面分析,答出"以动衬静""以局部衬全局"得2分,漏答一处扣1分;结合全诗分析得1分)

三、案例分析题

【参考答案】(1)《义务教育语文课程标准(2022年版)》指出:“过程性评价应发挥多元评价主体的积极作用。教师应为不同年级学生和不同学习内容选择恰当的评价方式,采用有针对性的评价工具。要充分尊重学生的主体地位,关注学生在兴趣、能力和学习基础等方面的个体差异,引导学生开展自我评价和相互评价。”“过程性评价应综合运用多种评价方法,增强评价的科学性、整体性。可通过课堂观察、对话交流、小组分享、学习反思等方式,收集和整理学生语文学习的过程性表现,如学生日常写字、读书、习作、讨论、汇报展示、朗读背诵、课本剧表演等方面的材料,记录学生核心素养发展的典型表现;了解学生的学习态度和个性特点,考察其内在学习品质的发展。”

(2)该案例中教师设计的一系列教学活动符合新课标的要求。该教师在教学时设计任务线索与单元课文紧密结合,充分考虑到了教材的内容和学情。针对这一情况设计了不同类型的学习任务,设计了完整连贯的学习活动,有利于提升学生的学习能力。除此之外,该教师还要求学生在评价时注意梳理故事的不同版本,关注故事情节中的主要信息。这样的学习内容与评价量表的设计有利于帮助学生把握评价尺度,让学生在评价中学习。

(3)该教师在教学时遵循了“教—学—评”一体化的意识,引导学生欣赏和评价语言文字作品,学会表达自己独特的体验和思考,提高审美品位。教师还在课堂评价过程中有意识地利用评价过程和结果,发现学生语文学习的特点与问题,改进学习方法。

(本大题共16分。答出新课标对过程性评价的要求得2分,答出过程性评价的方法得2分,漏答不得分;结合案例分析该教师的教学,从“任务线索与单元课文紧密结合”“教材的内容和学情”方面分析得4分,答出“提升学生的学习能力”“在评价中学习”得4分;综合分析案例,答出“‘教—学—评’一体化”得2分,总结学生达成的学习目标得2分。没有结合新课标,仅分析案例,酌情扣4~6分;没有结合案例中的教学活动设计分析或分析角度不符合案例内容,不得分;从其他角度分析案例,言之有理可酌情给分)

四、教学设计题

1.**【参考答案】**如果让我利用纳米技术,我会在纺织和化纤制品中添加纳米微粒,用来除味杀菌。化纤布虽然结实,但是会产生静电,如果在其中加入少量金属纳米微粒,就可以有效地消除静电现象。除此之外,用纳米技术做成的衣服,气密性会变得非常好,同时还具备防水的功能,穿起来会特别的舒适。在夏天,这样材质的衣服穿起来会让人感觉十分凉爽，在下雨天也不用担心淋湿衣服。用这种材料做成的衣服还不用晾晒，在洗完衣服之后，纳米材料就会把水分全部吸收蒸发，洗干净的衣服可以直接穿，十分方便。

（本大题共6分。结合课文中纳米技术的特性，合理发挥想象，言之有理即可得2分；语言流畅，表述清晰，无错字、病句可得2分；若想象的内容过于离谱或不符合纳米技术的特性，或语言表达不流畅，有错字、病句，可酌情扣1～3分；用楷体工整的书写，得2分）

2.【参考答案】

《纳米技术就在我们身边》教学简案

教学目标：

①会认、会写生字词，正确、流利地朗读课文，整体感知课文内容。

②结合课文内容、查找的资料以及生活经验，理解“纳米技术就在我们身边”“纳米技术可以让人们更加健康”等句子的含义。

③在阅读中体会作比较、举例子两种说明方法的作用，抓住关键词语感受说明文语言表达准确的特点。

④在解决问题的过程中，感受纳米技术的神奇，培养热爱科学的精神。

教学重点：

在阅读中体会作比较、举例子两种说明方法的作用，抓住关键词语感受说明文语言表达准确的特点。

教学时间：

1课时。

教学过程：

一、导入新课

（多媒体播放动画片《西游记》片段：孙悟空变成一只虫子落入铁扇公主的茶杯里，随茶水进入铁扇公主肚子里）同学们，这样的情景以前就只能存在于神话世界里，而现在，这样的情景也可以存在于现实生活中。这就是纳米时代！今天让我们走进《纳米技术就在我们身边》这篇课文，去感受纳米技术的神奇。

二、初读课文，掌握字词

1. 齐声朗读课文。

2. 认读生字、新词：课件出示词语，先让学生自己读，再指名读。

3. 找出文中的科技术语，把它们读正确。

三、再读课文，整体感知

1. 自由朗读课文，说说这篇课文主要告诉我们有关纳米的哪些知识。

2. 根据文章内容,厘清文章层次。

第一部分(第1自然段):21世纪必将是纳米的世纪。

第二部分(第2自然段):具体介绍什么是纳米以及纳米技术。

第三部分(第3~4自然段):写纳米技术与人们的生活、健康密切相关。

第四部分(第5自然段):写纳米技术的发展前景广阔。

3. 作者采用了什么结构方式来写?

4. 找出第3~4自然段的中心句,读一读。

四、学习课文,了解纳米技术

1. 指名朗读课文。

(1)读后能提出不懂的问题并试着解决。

(2)筛选出关注度较多的问题,并让学生介绍解决问题的方法。

2. 带着问题默读第2自然段,思考问题。

(1)什么是纳米技术? 边读边圈画相关句子。

(2)纳米究竟有多大? 课文是怎样说明的? 小组讨论后归纳总结。

①纳米是非常非常小的长度单位,1纳米等于十亿分之一米。(第二句运用列数字的说明方法,准确地写出纳米的大小)

②"如果把直径为1纳米的小球放到乒乓球上,相当于把乒乓球放在地球上"这句话好在哪?(运用了作比较的说明方法,这样写更直观形象)

③拓展:人的一根头发直径约0.6毫米,它有多少纳米呢?

3. 学习第3~4自然段。

(1)自由朗读课文,边读边思考在我们身边哪些地方使用了纳米技术。

(2)说一说自己对"纳米技术就在我们身边"的理解。

(3)作者运用了哪些说明方法?(举例子、作比较)

(4)体会运用的说明方法的好处,体会说明文语言表达准确的特点。

(5)展示资料,寻找身边的例子,进一步理解"纳米技术就在我们身边""纳米技术可以让人们更加健康"的含义。

(6)整体再读第3~4自然段,体会"总分"的构段关系。

4. 学习第5自然段。

(1)随着科学技术的高速发展,纳米技术在我们生活中的使用越来越广泛,它正在逐步提升我们的生活质量,那么它的发展前景如何? 齐读最后一段。

(2)"在不远的将来"说明了什么?(纳米技术发展很快)

(3)"衣食住行"说明了什么?(生活的方方面面都将受到纳米技术的影响)

(4)这段话与第1自然段有什么关系?(首尾呼应)

五、发挥想象，总结收获

1. 把收集到的运用纳米技术的新产品介绍给大家。

2. 发挥聪明才智，大胆想象，如果让你利用纳米技术，你会把它运用到生活的哪些地方？给大家说一说。

3. 学习了这篇课文之后，你有什么收获？

六、课堂小结

同学们，今天我们了解了纳米、纳米技术及其应用等科学知识。课文运用了“总分总”的结构，采用了列数字、举例子、作比较等说明方法，让我们对纳米技术有了更深刻的认识。

七、布置作业

1. 课下请进一步了解纳米技术。

2. 你想利用纳米技术做些什么呢？写一篇300字左右的小练笔。

八、板书设计

纳米技术就在我们身边

总讲：21世纪必将是纳米的世纪

分述：纳米技术及其应用

总结：纳米技术发展前景广阔

（总—分—总）

（本题共24分。①教学目标从核心素养方面展开，每点1分，共4分，要陈述明确合理，具有可操作性；②教学重点能够依据教学目标，确定本课核心教学内容得2分；③导入从课文内容或作者简介等方面展开，具有趣味性得2分；④初读部分从字音、词语等方面入手，引导学生齐读得2分；⑤再读部分从课文内容入手，引导学生整体感知得2分；⑥引导学生学习文中运用的举例子、作比较的说明方法得2分，引导学生学习文章“总分总”的写作结构得4分；⑦从说明方法和文章结构方面引导学生对课文有更深的认识得2分，没有总结可酌情扣0.5～1分；⑧作业布置符合该学段学情得2分；⑨板书设计突出重点得2分）

2023年安徽省安庆市教师招聘考试小学语文真题试卷（四）

第一部分　选择题

一、单项选择题

1	2	3	4	5	6	7	8	9	10
D	D	A	C	C	D	C	A	B	B

1. D 【解析】本题考查字音的辨析。A项，磕绊(bàn)。B项，无垠(yín)。C项，苍蝇(ying)，提纲挈领(qiè)。

2. D 【解析】本题考查成语的辨析。A项，不一而足：不止一种或一次，而是很多。B项，特立独行：指有操守、有见识，不随波逐流。C项，计日可待：指为期不远。D项，浮光掠影：像水面的光和掠过的影子一样，一晃就消逝，形容印象不深刻。用在此处不符合语境。

3. A 【解析】本题考查病句的辨析。A项，成分多余，应删去“由于”。

4. C 【解析】本题考查文段内容的理解。A项，由“牡丹常见多以单瓣型、荷花型及菊花型为主”可知，牡丹以这三类花型为主，而不是只有这三种类型。B项，由“根以入药，谓之‘丹皮’”可知，可以入药的是根，而不是花瓣。D项，由“早于数千年前，古人便已开始栽培并改良牡丹，直至今日才有了这三类十二型的牡丹家族”可知，牡丹是经过数千年的栽培和改良之后才有了这三类十二型的牡丹家族，而不是数千年前就有的。

5. C 【解析】本题考查词语的运用。通读文段可知，本段主要讲的是象群，第一句话总述野象是群居动物，第一空填入“典型”更恰当。第二空结合前后文内容可知，“野象分家”是正常现象，是象群不断壮大的证明，故第二空填入“证明”更恰当。第三空结合前文内容分析可知，象群的不断壮大和分家是我国生态文明建设和生物多样性保护的标志性成果。故选C。

6. D 【解析】本题考查句子的排序。通读题干中的五个句子可知，这段话主要讲的是冰，②为总起句，应放在第一句。①是对②的进一步说明，应放在②的后面。③在①的基础上进一步提出问题。由⑤中“对这个问题给出新解”可知，⑤应放在③的后面。④是对问题的解答，应放在最后。故正确顺序为②①③⑤④。

7. C 【解析】本题考查文学常识的识记。郁达夫在文学创作上主张“文学作品，都是作家的自叙传”，因此，他常常把个人的生活经历作为小说和散文的创作素材，在作品中毫不掩饰地勾勒出自己的思想感情、个性和人生际遇。

8. A 【解析】本题考查教材教法的识记。“情境陶冶”教学模式的特点是：审美立美，乐教乐学，重视个性。这种模式包括“情境教学”“愉快教学”“成功教学”“情知教学”等具体的教学方法。

9. B 【解析】本题考查《义务教育语文课程标准(2022年版)》课程理念的识记。《义务教育语文课程标准(2022年版)》课程理念指出：义务教育语文课程评价要有利于促进学生学习，改进教师教学，全面落实语文课程目标。课程评价应准确反映学生的语文学习水平和学习状况，注重考察学生的语言文字运用能力、思维过程、审美情趣和价值立场,关注学生学习过程和学习进步。

10. B 【解析】本题考查教材教法的识记。语料积累是语言运用的基础,语料积累以及随之而生的语言实践经验,正是语言运用的量变过程。

第二部分 非选择题

二、填空题

11. 映日荷花别样红

12. 无边光景一时新

13. 才了蚕桑又插田

14. 九州生气恃风雷

15. 草长莺飞二月天

16. 汉字

17. 发展型学习任务群

18. 语言语境

19. 导学式教学模式

20. 有义

三、简答题

21. "用典"是诗词中常见的手法,请举例说明常见的几种形式。

【参考答案】(1)从形式上可划分为明典和暗典。

①明典是指古典诗文在使用典故时,能使读者一看字面便知道使用了某个典故。例如,苏轼的《江城子·密州出猎》中"持节云中,何日遣冯唐?"明用了《史记·张释之冯唐列传》中的典故。

②暗典是指古典诗词在使用典故时,表面上看用典处与上下文句融合为一,不细察则不知为用典。例如,苏轼的《江城子·密州出猎》末句"会挽雕弓如满月,西北望,射天狼"表面看来好像是在写"出猎",描写猎人弯弓射向天狼星的情景,其实这是暗用了《楚辞·九歌·东君》"举长矢兮射天狼"的典故。

(2)从内容上可划分为正用典故和反用典故。

①正用典故是指依照所引故事或语句的原意来用它。例如,李白的《宣州谢朓楼饯别校书叔云》中"蓬莱文章建安骨,中间小谢又清发",以典代人,通过诗句既赞李云,也自赞。

②反用典故是指反用以前的典故,使其产生意外之效果,即"翻典"。例如,辛弃疾的《满江红·送李正之提刑入蜀》,极力鼓励李正之入蜀做一番事业,首句化用李白《蜀道难》中的"蜀道之难,难于上青天",将其概括为"蜀道登天"。本来,李白在《蜀道

难》中要突出的是蜀道的高危艰险，辛弃疾在《满江红》中却强调通过艰苦的攀登可以上达青天。

（本题共5分。答出“明典”“暗典”“正用典故”“反用典故”四个关键词得2分，每个关键词0.5分；解释用典的四种类型得2分，每个类型0.5分；结合诗词举例得1分）

22. 请简述现阶段情境教学的策略。

【参考答案】(1)创设游戏情境。

(2)创设故事情境。

(3)创设生活化情境。

(4)创设角色扮演情境。

(5)创设问题情境。

（本题共5分。每条策略1分，答出五条策略得5分）

四、阅读题

23.【参考答案】(1)孔乙己是一个深受封建思想和科举制度毒害，沦落到社会底层的旧式读书人。“孔乙己是站着喝酒而穿长衫的唯一的人”中“站着喝酒”说明孔乙己生活贫困，“穿长衫”表明他认为自己是读书人，并因此自命清高。

(2)孔乙己是一个穷困潦倒的人。从“他身材很高大；青白脸色，皱纹间时常夹些伤痕；一部乱蓬蓬的花白的胡子。穿的虽然是长衫，可是又脏又破，似乎十多年没有补，也没有洗”可以看出，孔乙己生活穷困潦倒，衣衫破旧。

(3)孔乙己是一个死要面子的人。在别人质疑他时，死要面子，如“孔乙己看着问他的人，显出不屑置辩的神气”“这回可是全是之乎者也之类，一些不懂了”，以此证明他自己是读书人。

（本题共10分。答出“深受封建思想和科举制度毒害”“社会底层”“穷困潦倒”“死要面子”得4分，结合材料内容具体分析出“自命清高”“衣衫破旧”“死要面子”得6分，没有结合材料分析可酌情扣3～6分）

24.【参考答案】(1)这首诗语言朴素简洁，采用了白描的手法来展现老鸦的生活状态与精神状态。第一节用别人对“我”的态度“人家讨嫌我，说我不吉利”与“我”的态度“我不能呢呢喃喃讨人家的欢喜”进行对比，表达要坚持自我意见与自由表达的精神。第二节写出在“天寒风紧”的冬日，这只老鸦虽然“整日里飞去飞回，整日里又寒又饥”，却依然坚持不能为了“赚一把黄小米”而放弃自由讨人欢喜。

(2)这首诗以“老鸦”口吻自居，采用了第一人称的方法，将“老鸦”形象与“带着鞘儿”的鸽子还有“赚一把黄小米”的黄鸟进行对比，前后出现三次“不能”，这种重复正是对自我态度的深刻坚持与反复表达。以老鸦口吻说出来的无限感慨的话，更富于情感的力量,也更能引起读者的共鸣。

(3)这首诗运用象征手法,即以“寓言诗”的形式,把老鸦充分地拟人化,通过老鸦的口吻展现内心独白,揭示新文化运动的倡导者们在极为严峻的斗争环境中的思想风貌,有着丰富的社会政治内涵。例如起首的“我大清早起,/站在人家屋角上哑哑的啼”,不仅十分形象地描绘了新文化运动的倡导者们对旧思想、旧文化作主动出击的情景,还预示了必然产生的思想斗争。

(本题共10分。答出“白描手法”“第一人称”“象征手法”得3分,分别从这三方面赏析诗歌内容得7分)

五、教学设计题

25.【参考答案】(1)课文说明:

本篇课文讲的是渔夫和妻子桑娜在邻居西蒙死后主动收养了她的两个孩子的故事,表现了桑娜和渔夫的勤劳、善良,宁可自己受苦也要帮助别人的美好品质,反映了沙俄时期渔民的悲惨生活。

(2)教学目标:

①会认、会写课后要求的生字,有感情地朗读课文。

②学习文中含义深刻的句子,合理想象文中描绘的场景,能用自己的语言进行概括。

③理解课文内容,学习作者通过环境和人物对话、心理的描写来表现人物品质的写法。

④感受桑娜和渔夫的勤劳、淳朴和善良,学习他们宁可自己受苦也要帮助他人的美德。

(3)导入:

今天让老师也当一回数学老师,给同学们出一道数学题,有没有同学能够非常自信地举手接受老师的挑战呢?(生举手)好,有信心,有胆量,我们来看题目:5+2=?(多媒体出示)题目很简单对吧,从数学的角度来说,5+2=7,它只有一种含义。从语文的角度来说,5+2=7,又有什么含义呢?我们今天要学习的这篇课文,渔夫和妻子桑娜一家有五个小孩,生活过得非常艰辛,但是他们却不顾自家的贫穷,收养了邻居西蒙的两个孩子,所以现在他们要抚养七个孩子。他们为什么要这么做呢?让我们一起翻开课本,学习《穷人》这篇课文。

(4)教学互动:

师:这是一篇描写俄国沙皇统治时期的穷人的故事,距离我们比较遥远,但是它仍然有着鲜活的生命力,因为它的语言表达情真意切,叙述内容令人感动。请大家快速浏览一遍课文，把你最受感动的地方画下来，放声多读几遍，也可以在旁边写一写自己的感受，做到不动笔墨不读书。

（生快速浏览课文）

师：我刚才看到同学们时而读书，时而思索，时而用笔记下自己的感受，这才是真正意义上的读书。有读、有思才有所得。

师：课文中哪些语句深深地打动了你的心？

（指名交流）

师：从这段话中你读懂了什么？

生：桑娜家生活很穷。

师：你是从哪些词句中看出来的？我想我们每一个同学读到这段话的时候都会深有感触，下面就请大家自己练习读一读这段话，进一步感受桑娜一家生活的困窘。

（生练读，指名读）

师：这段话深深地打动了你的心，是吗？桑娜为什么会想到这些呢？她不知道他们能不能养活这两个孩子，她也不知道丈夫能不能同意，所以课文中说她是怎么想的？（忐忑不安）怎么理解？（心神不定）

师：是啊！桑娜把西蒙的两个孩子抱回家，面对家庭现实，内心充满了矛盾。她想到了他们抚养自己的五个孩子已是不易，可是现在又多了两个孩子，这不是雪上加霜吗？请你来读。

师：读得多好啊！她是多么盼望丈夫早一点平安回家，可是又担心他会立刻出现在自己的面前，请你接着读。

师：这今后的日子该怎么过呀？请你接着读。

师：请同学们再来把这段话读一读，进一步感受桑娜的善良。

（生齐读）

（5）板书：

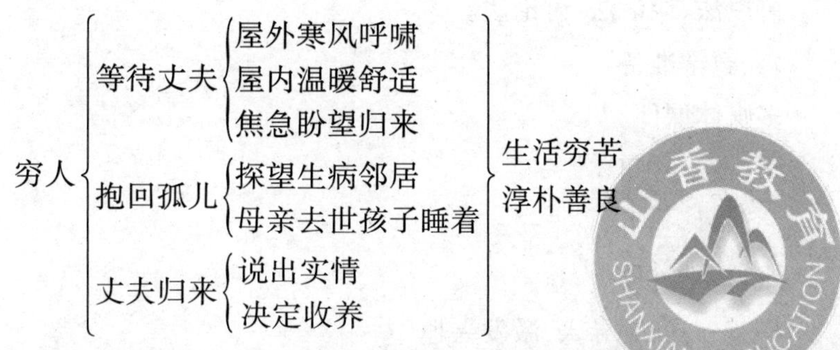

（本题共10分。“课文说明”中答出“帮助别人的美好品质”“渔民的悲惨生活”得2

分;“教学目标”符合《义务教育语文课程标准(2022年版)》的要求得2分;“导入”符合第三学段学生的学情特点,能够激发学生的学习兴趣得2分;“教学互动”能体现教学过程中师生的有效互动得2分;“板书”能够简明、清晰地归纳出课文重点得2分)

26.【参考答案】

《插上科学的翅膀飞》教学简案

一、教材分析

《插上科学的翅膀飞》是统编版六年级下册第五单元的习作任务。本单元的学习旨在激发学生产生对科学的兴趣,初步培养学生科学探究的精神。六年级的想象作文,要求学生能够“按照要求”想象。本次的习作要求是在想象中注入“科学元素”,以学生了解和熟悉的科学知识、科技成果为基础,展开大胆想象,完成一篇科幻故事的创作。

二、学情分析

六年级的学生有一定的想象能力,在小学第二、三学段已经开始了想象作文的创作,这节课的难点就是在拥有一定想象能力的基础上,加上相应的要求。

三、教学目标

(1)交流印象中最深刻的科幻故事,体会故事中看起来令人信服的科学技术,以及科技给人们的生活和命运带来的影响。

(2)放飞想象,大胆设想,能够独立写一个科幻故事。

(3)分享交流,评选出奇特而又令人信服的科幻故事。

(4)培养精益求精、不断探索创新的精神,培养对科学的热爱。

四、教学重难点

(1)教学重点:培养精益求精、不断探索创新的精神,培养对科学的热爱。

(2)教学难点:放飞想象,大胆设想,能够独立写一个科幻故事。

五、教学方法

讲授法、谈话法、讨论法。

六、教学准备

多媒体课件。

七、教学时间

一课时。

八、教学过程

环节一:问题导入,激发兴趣

今天老师还是要问你们两个问题:你是谁?从哪里来?打开抽屉里的小信封,现在回答问题。现在你是谁？你来自哪里？你有什么本领?(外星人、大白、机器猫……)同学们刚刚说的这些信息，其实它们都来自科幻故事。那今天老师就跟同学们一起走进神奇的科幻世界。

环节二:启发点拨，开拓思路

同学们喜欢科幻故事吧，咱班有没有科幻迷，勇敢地来讲一讲，为大家分享一个你最感兴趣的科幻作品。(生答:《海底两万里》《三体》《流浪地球》……)科幻故事是在尊重科学的基础上进行合理设想创造出来的。现在知道写科幻故事有哪几点要素了吗？

环节三:思考交流，合作表达

(1)对于未知的事物，你最想知道什么？

(2)你在现实生活中有什么困惑想通过科技来解决？

环节四:大胆想象，自主创作

(1)在你的笔下，人物的生活环境是怎样的？他们可能有哪些不可思议的科学技术？这些科幻故事中的人物又有怎样的奇特经历呢？大家一起来动笔写一写吧!

(2)请学生展示自己的作品，师生共改。

(3)教师范文展示。

环节五:修改佳作，激励发表

(1)四人为一小组自评自赏。(教师巡视、筛选、指导)

(2)小组推荐同学上台朗读自己的佳作，师生再次进行示范性评赏。

(本题共10分。“教材分析”答出“激发学生产生对科学的兴趣”“培养学生科学探究的精神”得1分;“学情分析”答出六年级学生的特点得1分;“教学目标”符合《义务教育语文课程标准(2022年版)》要求得2分;“教学重难点”符合六年级学生认知得1分;答出“教学方法”“教学准备”“教学时间”得1分;“教学过程”中导入环节能够激发学生的学习兴趣得1分，有师生互动得1分，能够完成教学目标的要求得2分)

六、写作题

27.【写作指导】

这是一道材料作文题。阅读材料可以发现重点句是“犹如时间的流逝，你不可以挽留它，也不可以凝固它”，因此考生可以围绕“时间的流逝”展开写作。可供参考的立意角度有:(1)对待时间的态度;(2)把握时间;(3)珍惜时间;等等。

【参考例文】

时间在流逝

瀑布纵躯泻于陡峭的悬崖，无止无休;流云轻盈高翔于深邃的苍穹，无穷无尽。

时间亦如此，发源于无尽的过去，终止于无穷的将来。而我们，只能以“流逝”二字来形容虚无缥缈的时间。

时间在流逝。古有曹孟德慨叹“譬如朝露，去日苦多”，今有哲人感慨“时间恰如阳光，一晃就从指间溜过了”。时间的车轮不停不息，那我们怎样才能搭载时间的马车，为自己的人生寻找一片理想乐土呢？

时间在流逝。流逝的时间沉淀下了人类文明宝贵的财富，倘若不加以利用，流逝的时间又意义何在？时间如流水，带走浮华的文学，留下千古不朽的经典巨作；带走平凡的生活，留下历史转折的经验教训；带走虚伪的人物，留下光风霁月的不朽人物。前车之鉴，后事之师。学古以致今用，才是流逝的时间留给我们的宝贵明珠。经典巨作中潜藏的智慧，历史记录中存在的经验，高尚人物的品质怎能不为后世之人效仿？

时间在流逝。流逝的时间徒让人心生感慨，而最关键的莫过于——把握当下！把握当下，人生之船才可驶得平稳，最终撷得彼岸的理想之花。曾国藩少时不聪颖，却会把握当下，致力于学习，最终在历史上留下光辉一页；夏洛蒂出身贫寒，却会把握当下，每天刻苦钻研文学创作，最终攀登上文学高峰。他们会把握当下，关注自身的发展，一步一个脚印，走出了人生的精彩！

时间在流逝。因而，不要对前途充满疑惧，时间的流逝会带来不可预知的未来。正因深谙此理，高锟才会在漫长等待后，终于发现“光导纤维”；正因深知此道，孟德尔才会历经十年，发现“遗传定律”；正因如此，法拉第才会以十年光阴，搏出电学史上的精彩篇章——发现电磁感应定律！不要灰心丧气，而应以积极的态度迎接未来，只因为，时间是流逝的！

时间在流逝。望着流水，不由得想起“光阴似箭，日月如梭，白驹过隙”，想起“君不见高堂明镜悲白发，朝如青丝暮成雪”，想起“流光容易把人抛，红了樱桃，绿了芭蕉”……

时间在流逝。当你吃饭的时候，时间从你的碗底流走；当你工作的时候，时间从你的笔端流走；当你打开文档望着空空的白页走神时，时间又从你的眼前流走。

生活是一棵树，上面结满了不可能的果子。时间在不断地流逝，不要担心，不要忧虑，流逝的时间会沉淀下精华，把握当下，充满希望，你的人生一定可以充满鲜花，到达成功彼岸。

（本篇作文围绕“时间在流逝”展开，正文部分每段第一句点题，通过列举古今中外的例子证明不要害怕时间的流逝，要在时间的流逝中积累、沉淀，告诉我们要珍惜时间，把握当下，升华了文章的主旨。文章层次分明，语言优美。拟定得分37分）

2022年江苏省南京市教师招聘考试语文真题试卷(精编)(五)

一、单项选择题

1	2	3	4	5	6	7	8	9	10
B	D	A	B	D	B	C	D	A	C

1. B 【**解析**】本题考查字音、字形的辨析。针砭(biān):比喻发现或指出错误,以求改正,如针砭时弊。挟(xié)持:从两旁抓住或架住被捉住的人(多指坏人捉住好人);用威力强迫对方服从。摈(bìn)弃:抛弃。泯(mǐn)灭:(形迹、印象等)消灭。

2. D 【**解析**】本题考查成语的辨析。A项,不孚众望:不能使大家信服,未符合大家的期望。用在此处不符合语境,可改为“不负众望”。B项,不以为然:不认为是对的,表示不同意(多含轻视意)。用在此处不符合语境,可改为“不以为意”。C项,不绝如缕:像细线一样连着,差点儿就要断了,多用来形容局势危急或声音细微悠长。用在此处不符合语境,可改为“络绎不绝”。D项,耸人听闻:使人听了非常震惊。符合语境。

3. A 【**解析**】本题考查文学常识相关内容的识记。A项,《桃花扇》的作者是孔尚任,以侯方域、李香君的悲欢离合为主线。B项,《静静的顿河》的作者是苏联作家肖洛霍夫,主人公是格里高利,聂赫留朵夫是列夫·托尔斯泰小说《复活》的男主人公。C项,《许三观卖血记》的作者是余华,大乐、二乐、三乐是主人公许三观的孩子。D项,《叶甫盖尼·奥涅金》的作者是俄国作家普希金,奥菲利亚是莎士比亚《哈姆莱特》中的女性角色。

4. B 【**解析**】本题考查文学常识的积累与运用。B项,“小学”是古今异义词,古义指研究文字、训诂、音韵的学问;今义多为对儿童、少年实施初等教育的学校。D项,“主人下马客在船,举酒欲饮无管弦”与“谈笑间,樯橹灰飞烟灭”有相同的修辞手法——借代。

5. D 【**解析**】本题考查文学常识的积累与运用。D项,只读书学习而不思考,就会感到迷茫而无所适从;只空想而不读书学习,就会产生疑惑而难定夺。表达的是学习与思考是相辅相成的,缺一不可,只有把学习和思考结合起来,才能学到切实有用的真知的理念,不适合放在会议室。

6. B 【**解析**】本题考查病句的辨析。A项,“原来的初衷”,语意重复,可删去“原来的”。C项,中途易辙,前后主语不一致,可将“自从”提到句首,“做了学习方法和效率的讲座之后”应改为“做了关于学习方法和效率的讲座之后”。D项,“引发了观众广泛而热烈的讨论和思考”中“热烈”和“思考”搭配不当。

7. C 【解析】本题考查语句的衔接。前一句柔美,后一句苍劲凄凉。“小桥流水”化用诗句,对应“大漠孤烟”。排除B、D两项。风花雪月:原指古典文学里描写自然景物的四种对象,后借指堆砌辞藻而内容贫乏的诗文;也指男女情爱的事。轻歌曼舞:轻松愉快的歌声和柔和优美的舞蹈。气冲霄汉:形容大无畏的精神和气概。沧海桑田:大海变成农田,农田变成大海,形容世事变化很大。去棹归帆:往来的船只。结合语境,“风花雪月”应与“沧海桑田”对应,“轻歌曼舞”应与“气冲霄汉”对应,排除A项。故选C。

8. D 【解析】本题考查表现手法的辨析。采用托物言志法的特点是:用某一物品来比拟或象征某种精神、品格、思想、感情等。D项,李白《赠汪伦》中“桃花潭水深千尺,不及汪伦送我情”,诗人用潭水深千尺和汪伦与他的友情作对比,运用了夸张的修辞手法。

9. A 【解析】本题考查对诗歌思想感情的理解。A项,赵师秀《约客》的这句话表达作者与人相约而久候不至的焦躁不安。B项,王湾《次北固山下》的这句话抒写诗人泛舟东行,停船北固山下,见潮平岸阔,残夜归雁而引发的怀乡情思。C项,张继《枫桥夜泊》的这句话表达了作者羁旅之思,家国之忧,以及身处乱世尚无归宿的顾虑,是写“愁”的代表作。D项,温庭筠《商山早行》的这句话抒发了游子在外的孤寂之情和浓浓的思乡之意,字里行间流露出人在旅途的失意和无奈。

10. C 【解析】本题考查语言表达的理解。“‘两弹一星’和国产航母的成功研制说明我国核心技术受制于人的局面得到了根本改变”,无中生有。原文说“从‘两弹一星’成功研制,到国产航母跃然于世,无不充分说明,关键核心技术是要不来、买不来、讨不来的,必须立足自主创新、自立自强”。

二、文言文阅读题

11. A 【解析】A项,刊约:删削。

12. C 【解析】C项,文中指孙权称帝。

13. B 【解析】B项,原文为“孙权为骠骑将军”,他任命阚泽为西曹掾,阚泽并未做过骠骑将军。

14.【参考答案】(1)阚泽想用讽刺譬喻来说明治理乱世的道理,就回答说贾谊的《过秦论》最好,孙权便览阅了这篇文章。

(本题共3分。答出“以”“因”“善”“览读”的意思得2分,语句通顺流畅得1分)

(2)有关部门纠察处置,奏请对他处以死刑,有人认为应施以火烧和车裂的刑罚,以昭示首恶。

（本题共4分。答出“穷治”“大辟”“用彰元恶”的意思得3分，语句通顺流畅得1分）

15.【参考答案】①阚泽性情谦逊恭谨、笃实慎重，宫廷官府的小官们他都以礼相应。②别人有错误短处，他嘴上从来不说。③朝中大事，孙权征询阚泽的意见，阚泽奏对中正平和。④孙权打算增添律令条例，以加强控制，阚泽每次都说“应依照礼仪、法律”。⑤节选《礼》教授两宫，拟定礼仪，著书纠正历法差误。

（本题共3分。答出“谦逊恭谨”“不评论别人”“中正平和”“教授两宫”等关键词，结合文章内容具体分析得3分）

文章大意：

阚泽字德润，是会稽郡山阴县人。他家世代为农民，到了阚泽时他很好学，家贫没有钱，常常受人雇用抄书，来供给纸笔费用，抄写的任务结束，抄写的内容也完全诵读了。他寻求老师，讨论讲习，深研遍览群书，还通晓天文历法，因此名声显露。察举为孝廉，任命为钱塘县长官，后升任郴县县令。

孙权任骠骑将军，召任他补西曹掾；等到孙权称帝，任命阚泽为尚书。嘉禾年间，任中书令，加官侍中。赤乌五年，授任太子太傅，仍旧兼任中书令。

阚泽认为经传文字繁多，难以全部用上，就斟酌各家说法，删节《礼》经的文字和各种注释解说来教授二宫，为他们制定颁行出入和会见宾客的礼仪，又撰写《乾象历注》来校正历法。每当朝廷有重大议论，凡经典中的疑难，往往向他征询。他因为勤于研究儒学，被封为都乡侯。他性情谦虚恭敬，诚厚慎重，宫廷官府的小吏，叫来问答，都以平等的礼节对待。

别人有错误短处，他嘴上从来不说，表情面貌上似乎有不满足，学问见闻却没有穷尽。孙权曾经问他说：“书传文赋，哪个最好？”阚泽想用讽刺譬喻来说明治理乱世的道理，就回答说贾谊的《过秦论》最好，孙权便览阅了这篇文章。

当初，因吕壹的奸邪罪恶被揭露，有关部门纠察处置，奏请对他处以死刑，有人认为应施以火烧和车裂的刑罚，以昭示首恶。孙权向阚泽询访此事，阚泽说：“盛明的时代，不应当再有这种刑罚。”孙权听从了他的建议。另外各官府有隐患和弊端，想要增加条令处罚，来约束控制臣下，阚泽每次都说“应当遵照礼仪和刑律”，他平和而又公正，都像这样。

赤乌六年冬季，阚泽逝世。孙权痛惜感伤哀悼，一连几天吃不下饭。

三、现代文阅读题

16.【参考答案】①丰富人物形象。对话展现了两位老人大半生的经历，体现了家庭、事业的酸甜苦辣之味和生死离别之苦，从中可见苏颖奶奶操劳、爱唠叨和老庞耿直的一面。②推动情节发展。两人的对话前言不搭后语,为下文叙述老庞误把苏颖奶奶当作老伴的情节埋下伏笔。③丰富主题意蕴。两位老人在彼此孤寂的晚年生活里相互陪伴。体现了老人间美好而矜持的感情世界以及孤寂的老年生活。④增强艺术效果。对话场景生活气息浓郁,极具跳跃性,激发读者阅读兴趣。

(本题共6分。从"丰富人物形象""推动情节发展""丰富主题意蕴""增强艺术效果"四个方面结合文章内容具体分析可得6分,每点1.5分,每少答一点扣1.5分)

17.【参考答案】①喜鹊代表着吉祥如意,它欢快的鸣叫,寓意为报喜之声。喜鹊是小说的线索,贯穿整个故事的发展。②交代了小说的情节。开头起于喜鹊,结尾终于喜鹊,中间又写到喜鹊,前后呼应推动情节发展。③设置悬念,激发读者的阅读兴趣。④奠定基调,整篇小说洋溢着积极向上的昂扬的生命力。⑤暗示了主题,"喜鹊"是促使人物获得幸福的媒介,牵线搭桥的红娘。

(本题共4分。答出"线索""交代情节""设置悬念""奠定基调""暗示主题"等关键内容得4分)

18.【参考答案】①老庞深情内敛,有爱心。天气好的时候,老庞总是出现在街心公园,不时喂公园里的喜鹊,喜鹊也同他熟悉起来,同时也是为了陪伴苏颖奶奶。②耿直硬汉,温情脉脉。面对苏颖奶奶的唠叨抱怨,不以为意,夸奖对方是大功臣。③童心不老。苏颖奶奶同他说悄悄话的时候,会顽皮地偷笑伸舌头。④果断有担当。听闻苏颖奶奶住院,确定是对方之后,不顾自己身体年迈,拉着苏颖去医院探望。

(本题共6分。从"深情内敛,有爱心""耿直,温情""童心不老""果断有担当"四个方面回答,并结合文章内容具体分析得6分,每少答一个方面扣1.5分,其中不结合文章内容扣0.5分)

四、教学设计题

19.【参考答案】问题1:文中作者提及了四个故乡——"我的祖籍在广东新会""水光潋滟、山色空蒙的西子湖畔是我的出生地""离杭州100里水路的江南小镇洛舍是我的外婆家""我19岁便离开了我的出生地杭州城,走向遥远而寒冷的北大荒",这四个故乡的景色有哪些特点?作者对这些故乡怀有怎样的感情?

问题2:作者每介绍完一个故乡,表达完对这个故乡的肯定以后,都紧跟着否定这个故乡,文中有四处表达了作者对故乡的否定态度,将这些内容与之前作者表达出肯定与喜爱的意思组合起来看,分析文章的行文思路。

问题3:"故乡"在《现代汉语词典》中有三个义项:出生或长期居住过的地方;家乡;老家。表达三种义项的故乡都被作者否定了,那么作者试图表达的"故乡"的内涵是什么呢?

（本题共6分。结合文章内容，围绕“故乡”和“作者的态度”提出三个问题，并且符合该学段学生的认知特点得6分，每少提一个问题扣2分）

20.【参考答案】教学过程：

（1）学生齐读第6自然段，理解该段内容。

（2）学生就不理解的地方讨论，教师相机点拨、引导。

（3）小组内讨论，勾画出句中写得比较好的词语及句子。

（4）小组内讨论，分析句式特点和景物描写的手法。

（5）个人踊跃发言，教师明确句式特点和景物描写的手法。

（6）教师展示校园景物相关图片，引导学生简单写出校园景物的特点以及四季变化。

（7）小组讨论、探究，怎样让自己的描写能像文中作者的描写一样精彩。（教师指导学生运用好词好句，运用不同的表现手法）

（8）仿写练习

①小组合作，根据第6自然段的句式特点和景物描写的手法，结合校园景物的特点以及四季变化进行仿写。

②教师巡视，相机指导。

③小组代表展示组内成果。

④小组互评。

⑤学生投票，选出仿写最佳的一组。

⑥教师针对各小组的仿写成果进行点评。

（本题共6分。教学内容符合“指导学生写校园景物的四季变化”主题得1分，若教学内容不符合此主题，则该题不得分。教学过程引导学生理解该段内容，运用讨论法让学生通过勾画优美词语、分析句式特点、明确景物描写手法理解该段内容得2分；从校园景物特点和四季变化两方面运用寓情于景等多种描写手法进行仿写练习的教学，体现学生的主体地位得3分，没有体现可酌情扣0.5～1分）

21.【参考答案】

故乡在远方

张抗抗

故乡在心中

祖籍	有隔膜和猜疑
外婆家	无比眷恋
出生地	无故园感觉
工作地	无比亲切

（本题共6分。板书内容包括作者提及的四个故乡得3分，表现作者的情感态度得2分；板书设计简洁，突出重点得1分）

2022年山西省特岗教师招聘考试语文真题试卷（六）

第一部分　教育基础知识

一、单项选择题

1	2	3	4	5
D	B	B	C	A

1. D　**【解析】**本题考查习近平总书记关于教育的重要论述。习近平总书记同北京师范大学师生代表座谈时的讲话指出，我们的教育是为人民服务、为中国特色社会主义服务、为改革开放和社会主义现代化建设服务的，党和人民需要培养的是社会主义事业建设者和接班人。好老师的理想信念应该以这一要求为基准。广大教师要始终同党和人民站在一起，自觉做中国特色社会主义的坚定信仰者和忠实实践者，忠诚于党和人民的教育事业，自觉把党的教育方针贯彻到教学管理工作全过程，严肃认真对待自己的职责。

2. B　**【解析】**本题考查《义务教育课程方案（2022年版）》。《义务教育课程方案（2022年版）》在“培养目标”中表明，义务教育要在坚定理想信念、厚植爱国主义情怀、加强品德修养、增长知识见识、培养奋斗精神、增强综合素质上下功夫，使学生有理想、有本领、有担当，培养德智体美劳全面发展的社会主义建设者和接班人。

3. B　**【解析】**本题考查我国古代蒙学教材。蒙学教材按内容可分为六类：(1)综合类。综合各种常识的识字课本以《三字经》《百家姓》《千字文》等最有影响。(2)伦理道德类。这类蒙学教材主要有《太公家教》《名贤集》《二十四孝》等。(3)历史类。这类蒙学教材主要有李瀚的《蒙求》、王令的《十七史蒙求》、黄继善的《史学提要》等。(4)诗歌、文学类。诗文教学的课本以《千家诗》《唐诗三百首》《神童诗》《古文观止》《唐宋八大家文钞》《笠翁对韵》《声律启蒙》等最为著名。(5)博物自然类。以宋代方逢辰的《名物蒙求》为代表。(6)数学类。以宋代数学家杨辉的《日用算法》及元代数学家朱世杰的《算学启蒙》为代表。故答案选B项。

4. C　**【解析】**本题考查皮亚杰的认知发展阶段理论。皮亚杰提出了认知发展的阶段理论，将个体的认知发展分为四个阶段：感知运动阶段（0～2岁）、前运算阶段（2～7岁）、具体运算阶段（7～11岁）和形式运算阶段（11岁～成人）。一般来说，小学生的年龄为6～12岁，故其思维水平处于具体运算阶段。

5. A 【解析】本题考查《中华人民共和国家庭教育促进法》。《中华人民共和国家庭教育促进法》第四条规定，未成年人的父母或者其他监护人负责实施家庭教育。国家和社会为家庭教育提供指导、支持和服务。

第二部分 学科专业知识

二、选择题

6	7	8	9	10	11	12	13
D	C	A	D	C	D	B	D

6. D 【解析】本题考查字音的辨析。D项，巷道(hàng)，余勇可贾(gǔ)。

7. C 【解析】本题考查字形的辨析。C项，“直接了当”应为“直截了当”，“轻歌慢舞”应为“轻歌曼舞”。

8. A 【解析】本题考查成语的正确使用。①鞭辟入里：形容能透彻说明问题，深中要害。用来形容深入某种现象的演讲，符合语境。②刮目相看：用新的眼光来看待。这里是指期待改革的效果，不符合语境。③飞云掣电：形容非常迅速。用来形容时光流逝，科技发展，符合语境。④见贤思齐：见到贤能的人就想向他看齐。用来形容向优秀党员学习，符合语境。⑤良莠不齐：指好的坏的混杂在一起。用来形容教育质量不均衡，不符合语境。⑥朗朗乾坤：形容政治清明，天下太平。用来形容天气，不符合语境。综上所述，成语使用正确的有①③④。

9. D 【解析】本题考查语言表达得体的辨析。A项，寒舍：谦辞，对人称自己的家。不能用来称别人的家。B项，令爱：敬辞，称对方的女儿。称自己的女儿可以用“小女”，且“您的”和“我的”应删去。C项，久仰：客套话，仰慕已久，一般用在初次见面。形容老同学许久未见不合适。

10. C 【解析】本题考查词语的选用。然而：连词，表转折。但是：连词，表示语义的转折，往往与“虽然、尽管”等呼应。这里另起话题，表示转折，此处二者都可以。挖空心思：形容费尽心计，多含贬义。殚精竭虑：用尽精力，费尽心思。用来形容为明辨是非所做的努力，无贬义，应填入“殚精竭虑”。指鹿为马：比喻颠倒是非。混淆是非：故意把正确的说成错误的，把错误的说成正确的。用来形容“我对社会的批评”，应填入“指鹿为马”。故弄玄虚：故意玩弄使人迷惑的花招儿。弄虚作假：耍花招儿，欺骗人。根据语境应填入“故弄玄虚”。综上所述，本题选C。

11. D 【解析】本题考查标点符号的正确使用。D项，丁句，分号应改为逗号，“有人……有人……”都是针对“同一首诗歌”而言。

12. B 【解析】本题考查病句的辨析与修改。原句病因是成分残缺。应改为“对于……来说”，故B项正确。

13. D 【解析】本题考查句子的选用。根据前后文先叙述客观事实，再叙述“人心”，排除A、C两项。根据“既要……又要……”的位置判断，排除B项。

三、填空题

14. 年代

15. 韩愈；柳宗元；曾巩；欧阳修；王安石

16. 蜀道之难；难于上青天

17. 万里悲秋常作客；百年多病独登台

18. ①“生死未卜”应改为“至关重要”；

②“叫您”应改为“邀请您”；

③“聆听”应改为“听到”；

④“莘莘学子们”应改为“莘莘学子”；

⑤“惠顾”应改为“到来”。

四、阅读理解

19. C 【解析】“不与”意为不给，“因”意为趁机，根据含义可知应在“因”之前断开，排除A、B两项。“使……为令”是固定搭配，应在“令”之后断开，排除D项。句子大意为：上官大夫看见了就想把草稿强取为己有，屈原不给。上官大夫就趁机谗毁他说：“君王让屈原制定法令，大家没有不知道的，每出一道法令，屈原就炫耀自己的功劳。”楚王听了很生气，因而疏远了屈原。

20. A 【解析】A项，“属”在“屈平属草稿未定”中不是通假字，意为“撰写”。

21. A 【解析】A项，“经常夸耀自己的功绩”“以致被流放”错误，文中是说上官大夫想将屈原编写的政令占为己有，屈原不给他，他就诬陷屈原四处夸耀自己的功绩，导致楚王误会，疏远了屈原。

22.【参考答案】(1)怀王逃往赵国，赵国不肯接纳。只好又到秦国，最后死在秦国，尸体被运回楚国安葬。

(2)屈原来到江滨，披散着头发，在水边缓步悲吟，脸色憔悴，模样消瘦干枯。

（本小题共4分。第一句答出“亡”“内”“之”“竟”的意思，语句通顺流畅得2分；第二句答出“至于”“被发”的意思得1分，语句通顺流畅得1分）

文章大意：

屈原，名平。担任楚怀王的左徒。他知识广博，长于记忆，明晓国家治乱的道理，擅长辞令。对内与怀王谋划商议国事，用来发号施令；对外接待宾客，应酬诸侯。怀王很信任他。怀王让屈原制定国家法令，屈原撰写草稿尚未定稿，上官大夫看见了就想把草稿强取为己有,屈原不给。上官大夫就趁机谗毁他说:“君王让屈原制定法令,大家没有不知道的,每出一道法令,屈原就炫耀自己的功劳。”楚怀王听了很生气,因而疏远了屈原。屈原痛心于楚怀王惑于小人之言,不能明辨是非,端方正直的人不为(昏君谗臣)所容,所以忧愁苦闷而写下了《离骚》。“离骚”,就是遭遇忧患的意思。

这时秦昭王与楚国通婚,想要和怀王会面。怀王打算前往,屈原说:“秦国是虎狼一样的国家,不可信任,不如不去。”怀王的小儿子子兰却劝怀王去,说:“怎么可以断绝和秦国的友好关系呢?”怀王最终前往。一进入武关,秦国的伏兵就截断了他的后路,于是扣留怀王,要求楚国割让土地。怀王很愤怒,不肯答应。怀王逃往赵国,赵国不肯接纳。只好又到秦国,最后死在秦国,尸体被运回楚国安葬。

长子顷襄王即位,任用他的弟弟子兰为令尹。楚国人都责怪子兰,因为他劝怀王入秦而怀王最终未能回来。屈原也为此怨恨子兰,虽然流放在外,仍然眷恋着楚国,心里挂念着怀王,念念不忘想要返回朝廷。他思念国君,希望能复兴国家,他在一篇作品中都再三表达这种意愿。令尹子兰听说后,非常生气,最终让上官大夫在顷襄王面前诋毁屈原,顷襄王很生气,因而放逐屈原。

屈原来到江滨,披散着头发,在水边缓步悲吟,脸色憔悴,模样消瘦干枯。渔父看见后便问他:“您不是三闾大夫吗?为什么来到这儿?”屈原说:“整个世界都是混浊的,只有我一人清白;众人都昏醉,只有我一人清醒。因此被放逐。”渔父说:“聪明通达的人,不为外物所拘束,而能随世道变化而变化。整个世界都混浊,为什么不随从世俗,与之同流呢?众人都昏醉,为什么不与众人同醉呢?”屈原说:“谁愿意让自己洁净的身体蒙受外物的污染呢?宁可投入江水葬身于江鱼的腹中,又哪能使自己高洁的品德,去蒙受世俗的尘垢呢?”于是他写下了《怀沙》这篇赋……因此抱着石头,自投汨罗江而死。

23. B **【解析】**B项,错误,上句的“园荒”,表明旧宅被闲置无人居住;“径新”透露出帝王旧宅平时有人守护整葺。下句则由“园荒”带出“苔古”,由“径新”带出“阶斜”。诗句给人以新旧交织的观感,并没有“渲染出荒寂古朴、破败肃杀的氛围”。

24. **【参考答案】**(1)本诗选择的意象是作者出生地——武功旧宅中典型的自然风景:池水和老树。它们更新或生长,展现了宅园里一片欣欣向荣的景象。水清花开,因有源有根,而诗人的生长亦如此,这样,诗句便流露出作者对故里旧宅的深情厚谊。

(2)《次北固山下》一诗选择的意象则以时节为主,展现出时序的流逝交替,匆匆不可等待,强化了身在异地的诗人浓浓的思乡之情。

(本题共6分。答出“池水和老树”“时节”的意象得2分,分别结合两首诗的意象分析表达的思想感情各得2分)

25. A 【解析】A项,“对‘我’偷懒的行为感到气愤”表述错误,王全并不是对“我”感到气愤,“我”也没有偷懒,而是王全觉得“我”用铁锹的姿势不对,白白浪费力气,忍不住要来教“我”如何使用铁锹。

26.【参考答案】①固执任性,自作主张地换工作且不听劝告。②善良实在,把牲口当孩子对待,尽心尽力喂养。③单纯率真,人到中年有时还跟个孩子似的,不懂人情世故,不看场合地提意见。④爱憎分明,帮助、鼓励用心干活的“我”,痛打偷马料的王升。

(本题共5分。答出“固执”“善良”“单纯”“爱憎分明”并结合相关事例分析得4分,语言连贯且表述清晰得1分)

五、写作

27.【写作指导】

这是一道材料作文题。所给材料为组合型材料,材料一引用顾拜旦的话,带出作文主题——交流与融合;材料二和材料三涉及具体的交流和融合内容。这三则材料都围绕一个主题——没有交流就没有融合。交流是融合的前提和条件,融合是交流带来的一个而不是全部结果,融合也有利于更多、更好、更全面、更深入地交流。因此,可供参考的立意角度有:(1)人与人、国与国、民族与民族之间,均应该增加交流、增进理解,以此消解纷争,促进团结;(2)世界的美好应在交流中实现,未来应在融合融入中而不是在分裂对抗中走向和谐;等等。

【参考例文】

和合共生,美美与共

现代奥林匹克之父顾拜旦说:“奥林匹克不是一场竞赛,而是一种源于内心的交流与融合。”中国古老的《周易》记载:“保合太和,乃利贞。”中外古今之言均体现的是万物“和合共生”,就能“美美与共”的人类光辉理想。

当下,21世纪历史的车轮,正在5G的强大推动下,加速向未来狂奔,人类正沐浴在新一轮科技革命的霞光中。这霞光,氤氲着各民族璀璨的文明,正是这些不同文明的交融聚合,才造就了当今精彩纷呈的和平大势。

但正如阳光的背后总有阴影存在一样,在人类不可阻挡的和平大势洪流中,美国逆势而为,挑起“中美贸易战”。这场没有硝烟的战争,就像是一支灰暗的逆流,与“和合”悖逆,与“美美”僭离。然而,回顾历史,无论中外,“和”才是大势所趋,“和”才能百味纷呈。

中国的历史,是一部“和合”的历史。放眼全球,世界的历史,也同样是一部“和合”的历史。

古代丝绸之路，不仅仅是商品的贸易，更是东西方文化的深度交融。陆上丝绸之路，由西汉张骞开辟，后联结欧洲各国。源源不断的货物贸易，促进了沿线各地的经济发展和繁荣。西方的葡萄、核桃等，通过丝绸之路融入大汉民族的食谱；中原的瓷器、丝绸饰品，丰富了西方人的生活情趣。陆上丝绸之路的深远意义，至今不灭。而如今的“丝绸之路”在中国的倡议和领导下，吸引了近20个亚欧国家的广泛参与，正谱写着“丝绸之路”新的时代光辉。

这种“和合共生”，不正是“美美与共”的鲜活体现吗？

在“中美贸易战”中，备受世人瞩目的华为创始人任正非先生，回答记者采访时曾说：“迟早我们要与美国相遇的，那我们就要准备和美国在‘山顶’上交锋……但最终，我们还是要在山顶上拥抱，一起为人类社会做贡献的。”不管贸易战如何激烈，在任正非先生的眼里，最后双方还要在山顶拥抱。“和合共生”，才能“美美与共”，才能“共建人类命运共同体”。这是中国人的胸怀和智慧，也是中国“和合”文化的现实写照。

我们青年一辈，无疑是幸运的。因为时代为我们铸就了奋斗拼搏的舞台，祖国为我们植入了和合共生的基因。我们唯有努力，才能不辜负时代和祖国的期待和召唤。

（本篇作文，用两个短语作标题，新颖独特，引人注意；开篇直接引用材料，就事说事，直接引题；正文从正反两方面论证“和合共生”的重要性以及必然性，论点鲜明，论据充分，说理性强；结尾的呼吁振聋发聩，升华主旨。拟定得分29分）

2022年福建省教师招聘考试小学语文真题试卷（精编）（七）

第一部分　选择题

一、单项选择题

1	2
D	A

1. D　**【解析】**本题考查字音的识记。A项，“蹒跚（sān）”应为“蹒跚（shān）”，“祈（qǐ）祷”应为“祈（qí）祷”。B项，“菡（hān）萏”应为“菡（hàn）萏”。C项，“倜傥（dàng）”应为“倜傥（tǎng）”，“迁徙（xí）”应为“迁徙（xǐ）”。

2. A　**【解析】**本题考查字形的辨析。B项，“廖阔”应为“寥阔”，“同等学历”应为“同等学力”。C项，“消弥”应为“消弭”，“砰然心动”应为“怦然心动”。D项，“布署”应为“部署”，“循私”应为“徇私”。

第二部分　非选择题

二、填空题

3. 欲辨已忘言

4. 阴阳割昏晓

5. 惶恐滩头说惶恐

6. 城阙辅三秦

7. 孤舟蓑笠翁

8. 叶圣陶

9. 英国

10. 不一定

温馨提示：《义务教育语文课程标准(2022年版)》中“语言文字积累与梳理”的“教学提示”部分关于该段内容的表述为“第一学段应多认少写，要求学生会认的字不一定同时要求会写，合理安排识字与写字的量”。

11. 组织活动

12. 要点

温馨提示：《义务教育语文课程标准(2022年版)》第三学段“阅读与鉴赏”部分关于该段内容的表述为“阅读说明性文章，能抓住要点，了解文章的基本说明方法”。

三、文本解读

13.【参考答案】颔联抚今追昔，忆彼此交情。上句表现昔年相聚之乐，下句表现别后相思之苦，且这两句诗是相互对照的。“桃李春风”与“江湖夜雨”，是“乐”与“哀”的对照；“一杯酒”与“十年灯”，是“一”与“多”的对照。“桃李春风”而共饮“一杯酒”，欢聚何其短促！“江湖夜雨”而各对“十年灯”，漂泊何其漫长！快意与失望，暂聚与久别，往日的交情与当前的思念，都从时、地、景、事、情的强烈对照中表现出来，令人回味无穷。

（本题共5分。答出“抚今追昔，忆交情”得1分，分别分析上下句中蕴含的感情和关系2分，从具体的字词分析诗句情境得2分）

14.【参考答案】①废：荒废。②比：近。

15.【参考答案】然而聪明已经耗尽，大概不如以前的十分之一二。

（本题共3分。答出“而”“耗”“殆”“十一二”的意思得2分，语句通顺流畅得1分）

16.【参考答案】①故虽有强记之力，而常废于不勤。

②故虽然有勤劳之劳，而常废于善忘。

（本题共2分。准确找出写教训的两句话即可得分，错找一句扣1分）

文章大意：

我年少的时候读书，一看到文章就能够背诵下来。默写它，也没有大的差错。但是我却凭借此放纵自己，喜欢和诙谐善辩、嗜好饮酒的人交往游乐。那段时间，没有几天在阅览书卷。所以虽然我有较强的记忆力，但是学业却因为我的不勤奋而被荒废了。

等到数年之后，我开始发愤读书，告诫自己注意改正错误，对之前所做的事情感到后悔；然而聪明已经耗尽，大概不如以前的十分之一二。现在每当看到一手书卷，一定要从头到尾翻寻几次,合上书卷便感到茫然而无所适从,这样反复读都记不住。所以现在虽然有勤苦之功,学业却因善忘而荒废了。

17.【参考答案】(1)勤劳。张家婆每天都摘了自家种的菜到小市场上卖。

(2)质朴。每天中午一碗米饭,一碗豆花就很满足。

(3)热心为他人着想。猜测小姑娘家里生活困难,却又为了她的自尊忍住不问小姑娘家里的情况。

(4)善良真诚。猜测小姑娘家里困难就每天给她留下脚货,便宜卖给她。

(本题共4分。从“勤劳”“质朴”“热心为他人着想”“善良真诚”四方面回答,并结合文章内容具体分析得4分,每少答一方面扣1分)

18.【参考答案】(1)推动情节起伏发展,文章通过两者之间的误会推动情节的发展。

(2)升华主题,突出刻画张家婆与女人的善良和对他人的关心,升华了文章的主题。

(3)引发读者的阅读兴趣与思考,对“误会”的描写,更能吸引读者深度研读、思考。

(本题共6分。从“推动情节起伏发展”“升华主题”“引发兴趣和思考”三方面回答,并结合文章内容具体分析得6分,每少答一方面扣2分)

四、教学设计与案例分析

19.【参考答案】活动方案:

环节一:见秋生情,读题定调

(1)读“秋”想画面:读着“秋”字,你眼前出现了什么画面,想到了什么?

(2)在我们眼中,秋天带给我们的是丰收的喜悦,但是在一些古代文人的眼中,却似乎很少有这份喜悦,作者张籍在“秋”中有什么感想?

环节二:读通诗句,整体感知

(1)请同学们自由地把诗句读几遍,读出诗句的节奏感和韵律感,体会诗句中蕴含的情感。

(2)请同学们借助注释、插图理解诗句含义,翻译这两句诗。

(3)指名学生回答,其他学生补充,教师相机指导、点拨。

(4)你从这两句诗中读懂了什么?

环节三:品读诗句,感悟诗情

(1)品味秋韵,感秋愁

①是什么让张籍产生了思乡的情怀?(指名说)

②张籍在洛阳城里见到了怎样的画面？试着想象一下。

③作者见到这样一幅画面，产生了怎样的思绪？

④让我们走进马致远的《天净沙·秋思》，品味一下马致远的愁绪。（出示马致远的《天净沙·秋思》，师读，生想象画面）

（2）读写结合，悟深意

①你若是客居他乡的游子，此时此刻，面对此情此景，你会做什么？张籍面对此情此景又做了什么呢？

②假如你是张籍，你会在家书中说些什么呢？根据诗境分析思考。

环节四：想象画面，拓展升华

（1）这两句诗寥寥数字，却饱含了游子深深的思念，让我们再一次用心品读这两句诗，边读边想象画面，体味那份游子情怀。

（2）读这两句诗你心中是否产生了疑问？小组讨论探究。

环节五：课堂小结

发挥想象，把这两句诗改写成一个小故事。

（本题共14分。导入从“秋”相关的画面、感情展开，具有可操作性得2分；整体感知部分引导学生体会诗句的情感、理解文章大意得3分，其中没有体现教师的引导、点拨作用可酌情扣1分；感悟诗情从“秋愁”展开，逐步引导学生体会作者的思乡情怀、感悟作者的深意得4分，尝试让学生通过与其他作家作品的对比和理解分析本诗的情感得4分，没有体现作品的对比分析可酌情扣1～2分；活动方案依据课程标准的学段要求进行设计，有课堂小结得1分）

20.【参考答案】交际情境：

某校三年级有一个学生小王，曾经是学校的三好学生，成绩也是名列前茅，可是自从他迷上游戏之后，便无心学习，经常为了打游戏而旷课，家庭作业也不能按时完成。为此他的爸爸妈妈和老师们都去劝他，希望他能正确对待游戏。假如你是小王的同学，你会怎样劝他？

交际任务：

（1）讨论劝说的艺术：想一想怎样说才能让小王更好地接受你的劝说。

（2）明确自己劝说的目的及任务。

（3）了解和感悟劝告语言的特点和艺术。

（4）在劝说别人时有自己的感悟，体会养成良好行为习惯的重要性，明白“沉迷游戏”的危害性。

（本题共6分。“交际情境”体现学生沉迷打游戏的前后变化，引出口语交际教学劝说的主题得3分，没有体现学生的前后变化可酌情扣0.5～1分；“交际任务”帮助学生理解劝说的艺术和明白沉迷游戏的危害性得2分，依据课标实施建议展开教学得1分）

21.【参考答案】教学重点：感受小说中人物形象，领悟关心付出与回报的真谛。

理由：(1)第三学段教学目标要求：在阅读中了解文章的表达顺序，体会作者的思想感情，初步领悟文章的基本表达方法。《脚货》是一篇小说，叙述了张家婆与女人之间的“误会”，表达了作者对付出与回报的赞美，因此教学重点的确定需要抓住文章的主题，感受小说中的人物形象则有利于帮助学生领悟文章主旨。

(2)阅读教学是学生、教师、教科书编者、文本之间对话的过程。教学重点需要引导学生理解文本，体会文中蕴涵的思想感情。而五年级的学生只是初步接触了文章结构及表达技巧方面的知识，“揣摩小说中两个‘误会’的作用，了解其艺术特色”的教学目标对于学生来说还是有一定难度的，适宜作为教学难点来讲解。

(本题共10分。教学重点依据所给的教学目标确定得1分；理由阐述体现课标要求得1分，结合所给文章的主题、人物形象、行文特点等方面进行阐述得3分，引导学生体会文章的主旨和蕴涵的思想感情得4分，其中没有体现学生的主体地位可酌情扣1～2分；结合文章内容和学生学习情况阐明不选另一个教学目标的原因是不符合该学段学情得1分）

22.【参考答案】我赞同这样的命题。

理由：(1)语文课程是实践性课程，应着重培养学生的语文实践能力，而培养这种能力的主要途径也应是语文实践。在试卷中出现这样的题目，有利于在实践中培养学生对修辞知识的掌握，同时也能通过实践来检测学生对相关知识的掌握程度。

(2)课标规定：应该让学生多读多写，日积月累，在大量的语文实践中体会、把握运用语文的规律。让学生在做题中掌握修辞手法的知识，能够让学生在语文实践中体会、把握修辞手法的运用。

(3)教学建议指出：在教学中应根据语文运用的实际需要，从所遇到的具体语言实例出发进行指导和点拨。教学生修辞手法的知识，应该让学生在具体实例中理解与掌握，而教师也应在具体的实例中进行指导和点拨，避免脱离实际运用，围绕相关知识的概念、定义进行“系统、完整”的讲授与操练。

(本题共8分。明确表明自己的态度得1分；理由体现语文课程具有实践性的特点并结合修辞手法的内容进行阐述得2分，符合语文课程在语法修辞知识运用上对学生的要求得2分，没有体现语文课程的特点可酌情扣1分；能够结合课标教学建议得1分，符合该学段学生的学习情况并能帮助学生解决实际问题得2分）

温馨提示：《义务教育语文课程标准（2022年版）》的参考答案如下：

我赞同这样的命题。

理由：(1)《义务教育语文课程标准（2022年版）》指出：义务教育语文课程结构遵循学生身心发展规律和核心素养形成的内在逻辑，以语文实践活动为主线；义务教育语文课程实施从学生语文生活实际出发，引导学生勤于思考，乐于实践，勇于探索，养成良好的学习习惯。试卷中的试题有利于学生通过语文实践做题来把握修辞手法的相关理解和运用，也有利于检测学生对于该知识的掌握情况。(2)《义务教育语文课程标准（2022年版）》指出：应根据语言文字运用的实际需要，从所遇到的具体实例出发进行指导和点拨。要避免脱离实际运用，围绕相关知识的概念、定义进行系统、完整的讲授与操练。教师在教学修辞手法相关的内容时，应在具体的实例中进行指导和点拨，让学生在具体的实例中得以理解和掌握，避免脱离实际运用、空洞教学。

五、作文

23.【写作指导】

这是一道材料作文题。材料一结合当下时事引出“硬笔书法”，材料二通过手写春联逐渐消失引出书法艺术逐渐远离群众生活。再结合题干要求，不难发现其主题是“书法”。因此，可供参考的立意角度有：(1)书法的重要性；(2)书法对语文教学的影响；等等。

【参考例文】

书法需被重视

中国书法艺术源远流长，无论是在历史上还是在科技高度发展的今天，无论是在中国还是在全世界都有着深远的影响。书法艺术是中国的“国粹”，是中国递向世界的一张名片，它以独特的方式与世界对话，在世界艺术中独树一帜。中国的书法艺术凝聚着华夏民族的智慧，蕴含着丰富的民族文化和深刻的民族精神。

古人通过“以书为教”的方式，把识字与写字教育结合在一起。可以说从汉字诞生的那天起，书法教育就与蒙学教育结下了不解之缘。现行的中小学语文课程标准也在各阶段目标里对书法教育做出了具体的要求。作为一名教师，如果在教学中深入挖掘书法教学价值，并恰当地将其进行融合，渗透到语文教学当中，对培养学生良好的道德情操，提高学生的综合素质和知识水平会大有益处。

教师是学生模仿的对象，教师的书写态度和书写功底直接影响学生，教师有一手规范的好字，可以起到示范作用。教师能够写一笔优秀的书法，就能让自己成为学生的活字帖，学生自然会模仿老师进行规范书写，写字教学也会收到事半功倍的效果。

随着信息技术的迅猛发展，人们的交流方式以及学习方式都发生了极大的变化，不少学生、教师乃至社会人士不但不讲究书法艺术，而且95%以上都会提笔忘字。许多学生对写字好坏毫不在乎，对写字姿势也毫不注重。这些，必须引起教育工作者的警觉与反思。语文教师在培养学生阅读能力、写作能力、逻辑思维能力的同时，必须用前瞻性的眼光来对待书法教育。

书法是中华民族传统文化的重要组成部分，是一门有着浓郁的东方情调的十分诱人的民族艺术。书法艺术在培养学生美感直觉方面的综合性功能是其他任何一门艺术的教育都无法取代的。从这个意义上讲，对中小学生加强书法教育意义深远。

（作文开篇提出中国书法的源远流长和重要性，接着通过“书法教育”和“蒙学教育”引出中小学语文教学中的书法教学，再从教师对学生的影响谈书法教学，最后强调书法的重要性和对学生的教育意义。结合现实教育，语言精练，主题明确。拟定得分48分）

2021年天津市南开区教师招聘考试语文真题试卷（八）

第一部分　教育综合知识

一、单项选择题

1	2	3	4	5	6	7	8	9	10
C	A	B	B	B	A	C	C	A	C
11	12	13	14	15	16	17	18	19	20
C	C	D	D	D	C	B	C	B	B

1. C　**【解析】**本题考查教育的形态。根据教育系统自身形式化的程度，可以将教育形态划分为“非制度化的教育”与“制度化的教育”。故C项正确。另外，从教育系统赖以运行的时间标准以及建立于其上的产业技术和社会形态出发，可以将教育形态划分为“农业社会的教育”“工业社会的教育”与“信息社会的教育”；从教育系统赖以运行的空间标准看，可以将教育形态划分为“家庭教育”“学校教育”与“社会教育”。

2. A　**【解析】**本题考查知识的分类。陈述性知识也叫描述性知识，是个人能用言语进行直接陈述的知识，主要用于区别和辨别事物。陈述性知识是关于事物及其关系的知识，或者说是关于“是什么”的知识，它包括事实、规则、发生的事件、个人的态度等。

3. B　**【解析】**本题考查整体印象评价法的内涵。整体印象评价法是评价者依据一定的评价内容和标准，通过日常对评价对象的观察和了解，经过综合分析并以此对评价对象的品德状况给予终结性整体评定的方法。

4. B 【解析】本题考查教学设计的特征。教学设计的特征包括:(1)指导性;(2)统合性;(3)操作性;(4)预演性;(5)突显性;(6)易控性;(7)创造性。教学设计的指导性是指教学设计是教师为组织和指导教学活动精心设计的施教蓝图,是教师有关下一步教学活动的一切设想,如将要达到的目标、所要完成的任务、将要采取的各种措施等均应反映在教学设计中。另外,A项体现的是预演性的特征,C项体现的是突显性的特征,D项体现的是创造性的特征。

5. B 【解析】本题考查教师职业的基本特征。教师职业的基本特征包括:(1)教师职业是一种专业性职业;(2)教师职业是以教书育人为职责的创造性职业;(3)教师职业是需要持续专业化的职业。故本题选B项。

6. A 【解析】本题考查正式群体与非正式群体。正式群体与非正式群体往往是同时发生作用、交互影响的。前者在学校人际关系系统中起主导作用,后者具有满足个体需要、保护心理健康、沟通信息、调节平衡等正式群体所不能替代的功能。教师应该改变对青少年学生非正式群体的不当看法,不要简单地把班级中的非正式组织作为管理和防范的对象,应更多地考虑如何为其提供良好的成长环境,而不是强制性地压抑学生的需求,应引导他们个体的需求情感和个性合理地在班级释放,并使其归属与交往的需要得到满足,拥有安全感和快乐的体验。故选①②③。

7. C 【解析】本题考查教师的职业形象。教师的职业形象包括道德形象、文化形象和人格形象。其中,教师的道德形象是指教师的职业道德,是教师从事教育教学活动时的基本行为规范,是教师自己对职业行为的自觉要求。它是以敬业精神为基础、以协调师生关系为主要内容的道德规范。自古以来,教师的道德形象被视为教师的最基本形象。"为人师表""学高为师,身正为范"等,都是在强调教师的"榜样"作用和示范作用。

8. C 【解析】本题考查认知策略。精加工策略是指把新信息与头脑中的旧信息联系起来,从而增加新信息意义的深层加工策略。精加工越深入越细致,回忆就越容易。对于比较复杂的课文学习,精加工策略有说出大意、总结、建立类比、用自己的话做笔记、解释、提问以及回答问题等。精加工策略包括:①记忆术;②做笔记;③提问;④生成性学习;⑤运用背景知识,联系客观实际。因此,记笔记和做笔记属于精加工策略。

9. A 【解析】本题考查杜威的教育思想。杜威的教育理论是现代教育理论的代表,其代表作《民主主义与教育》(又译《民本主义与教育》,1916年)一书及反映在其中的实用主义教育思想,对20世纪的教育和教学有深远影响。杜威认为,教育即生活,教育即生长,教育即经验的改组或改造。故本题选A项。

10. C 【解析】本题考查教师劳动的特殊性。教师劳动是一种特殊的精神生产活动。其特殊性表现在:第一,劳动对象特殊。教师劳动的对象是具有鲜明个性的活生生的、正在成长着的人。第二,劳动过程特殊。在教师劳动过程中,劳动对象是人,劳动工具是人,劳动产品也是人。第三,劳动手段特殊。教师不仅是知识的传播者,而且是学生的楷模。故本题选C项。

11. C 【解析】本题考查党的十九大报告的内容。党的十九大报告中提出,推动城乡义务教育一体化发展,高度重视农村义务教育,办好学前教育、特殊教育和网络教育,普及高中阶段教育,努力让每个孩子都能享有公平而有质量的教育。

12. C 【解析】本题考查行动研究法的内涵。行动研究是指有计划、有步骤地对教学实践中产生的问题由教师或研究人员共同合作,边研究边行动以解决实际问题为目的的研究方法。

13. D 【解析】本题考查班集体的构成要素。班集体的构成要素:共同的目标、一定的组织结构、共同的生活准则、一定的心理氛围、情感纽带。

14. D 【解析】本题考查影响问题解决的因素。影响问题解决的因素有:①问题情境;②定势与功能固着;③原型启发;④已有知识经验(认知结构);⑤酝酿效应;⑥情绪与动机。

15. D 【解析】本题考查《中华人民共和国教育法》的内容。根据《中华人民共和国教育法》第七十九条规定,考生在国家教育考试中有下列行为之一的,由组织考试的教育考试机构工作人员在考试现场采取必要措施予以制止并终止其继续参加考试;组织考试的教育考试机构可以取消其相关考试资格或者考试成绩;情节严重的,由教育行政部门责令停止参加相关国家教育考试一年以上三年以下;构成违反治安管理行为的,由公安机关依法给予治安管理处罚;构成犯罪的,依法追究刑事责任:(1)非法获取考试试题或者答案的;(2)携带或者使用考试作弊器材、资料的;(3)抄袭他人答案的;(4)让他人代替自己参加考试的;(5)其他以不正当手段获得考试成绩的作弊行为。故选D项。

16. C 【解析】本题考查心理学产生的历史背景。1879年,德国著名心理学家冯特在德国莱比锡大学创建了世界上第一个心理学实验室,开始对心理现象进行系统的实验研究。在心理学史上,人们把这一事件看作心理学脱离哲学走上独立发展道路的标志,也意味着科学心理学的诞生,冯特因此被称为"(科学)心理学之父"。

17. B 【解析】本题考查知觉的特征。知觉的整体性是指人根据自己的知识经验把直接作用于感官的客观事物的多种属性整合为统一整体的过程。知觉的整体性往往取决于下面四种因素:(1)知觉对象的特点,如接近、相似、闭合、连续等因素。(2)对象各组成部分的强度关系。(3)知觉对象各部分之间的结构关系也影响知觉的整体性。(4)知觉的整体性主要依赖于知觉者本身的主观状态,其中最主要的是知识与经验。题干中教师强调字母排列的顺序正是由于知觉对象本身的特点,体现了知觉的整体性。

18. C 【解析】本题考查皮亚杰的认知发展阶段理论。具体运算阶段的儿童能够运用逻辑思维解决具体问题,但必须依赖于实物和直观形象的支持才能进行逻辑推理和运用逻辑思维解决问题,不能够进行纯符号运算。题干中儿童必须要借助小刚、小亮、小明这样的具体人物才能理解因果关系表达,说明他们正处于具体运算阶段。

19. B 【解析】本题考查强化和惩罚的区别。负强化也称消极强化,是通过消除或中止厌恶、不愉快刺激来增强反应频率。题干中某学生发现老师不再点名批评他,从而增强了他认真写作业,按时交作业的频率,这是负强化的应用。

易错警示:强化和惩罚的区别见下表:

分类	强化		惩罚	
	正强化	负强化	呈现性惩罚	移除性惩罚
特点	呈现愉快刺激	取消厌恶刺激	呈现厌恶刺激	取消愉快刺激
目的	增加反应频率	增加反应频率	降低反应频率	降低反应频率
典例	给予表扬	免做家务	孩子乱跑,打孩子屁股	不写完作业不能出去玩

20. B 【解析】本题考查知识学习的类型。下位学习又称类属学习,是一种把新的观念归属于认知结构中原有观念的某一部分,并使之相互联系的过程。下位学习包括派生类属学习和相关类属学习。穿山甲属于哺乳动物,因此学习完哺乳动物再学习穿山甲属于下位学习。

方法技巧:奥苏贝尔对知识学习的分类是常考点,考生可结合具体实例来进行区分。下位学习:掌握了水果的概念后,学习苹果的概念。上位学习:知道了苹果的概念后,学习水果的概念。并列结合学习:学习苹果与梨的概念。

二、多项选择题

21	22	23	24	25	26	27	28	29	30
ABCD	CD	ABCD	AB	BCD	AD	BCD	ABD	AB	ACD

21. ABCD 【解析】本题考查个人本位论的特点。个人本位论盛行于18~19世纪上半叶,认为确立教育目的的根据是人的本性,教育的目的是培养健全发展的人,发展人的本性,挖掘人的潜能,增进受教育者的个人价值,个人价值高于社会价值,而不是为某个社会集团或阶级服务。简言之,教育的根本目的是人的本性和本能的高度发展。其特点如下:(1)重视人的价值、个性的发展及需要,把人的个性发展及需要

的满足视为教育的价值所在；(2)认为教育的根本目的在于使人的本性、本能得到自然发展，使其需要得到满足；(3)主张应当按照人的本性和发展的需要来确定教育目的。

22. CD 【解析】本题考查课程理论流派的内容。主要的课程流派的比较，详见下表：

课程理论流派	优点	缺点
经验主义课程论	以学生的活动为中心，有利于激发学生的兴趣，培养社会实践能力	过分强调学生的兴趣，课程设置缺乏系统性
学科中心主义课程论	有利于学生掌握系统的科学文化知识，继承优秀的人类文化遗产	容易使各门学科知识发生断裂现象，加重学生的负担，忽视学生的兴趣，理论和实践相脱离
社会改造主义课程论	重视课程与社会的联系，有利于为社会需要服务	缺乏系统的知识学习，夸大了教育的作用
存在主义课程论	注重学生的情感、责任和人生价值，有利于建立和谐的师生关系	缺乏系统知识的传授和评价标准，学习评价流于主观
后现代主义课程论	将课程当作不断展开的动态过程，丰富了知识的内涵，重视学生的个体经验，有利于建立和谐的师生关系	多元化发展趋势，且批判远多于建设，在实践中较难操作

23. ABCD 【解析】本题考查学校德育的内容。德育是指教育者培养受教育者品德的活动。具体说来，它指的是教育者根据一定社会的道德要求和受教育者的个体需要及品德形成规律，有目的、有计划、有系统地对受教育者施加影响，并通过受教育者积极主动的内化与外化，促进其养成一定思想品德的教育活动。在我国，德育一词涵盖的范围甚广。依据学校教育的基本实践，人们一般认为，德育的组成部分包括四个基本方面，即政治教育、思想教育、法纪教育和道德品质教育。

24. AB 【解析】本题考查思维的种类。根据思维探索目标的方向不同，可以把思维分为聚合思维和发散思维。

25. BCD 【解析】本题考查反射的分类。反射分为无条件反射和条件反射，具体内容如下表所示：

分类		概念	典例
无条件反射（与生俱来）		无意识的本能行为	吮吸反射、觅食反射
条件反射（后天学习）	第一信号系统（人和动物共有）	用具体事物作为条件刺激而建立的条件反射系统	望梅生津
	第二信号系统（人类特有）	用语词作为条件刺激而建立的条件反射系统	谈虎色变、望梅止渴

A项闻到刺激的气味就咳嗽属于本能行为，是无条件反射；B项被老师批评后见老师就躲，建立了看见老师和躲避行为之间的条件反射；C项听到老师叫自己名字立刻起身，建立了老师叫自己名字和起身之间的条件反射；D项看到美味的饭菜流唾液，建立了美味的饭菜和流唾液之间的条件反射。故选BCD三项。

26. AD 【解析】本题考查情绪的分类。激情是一种爆发式的、猛烈而时间短暂的情绪状态。例如，狂喜、暴怒、恐惧、绝望、剧烈的悲痛等，都是激情的表现。欢呼雀跃、义愤填膺属于激情的表现，AD两项符合。BC两项高兴和担忧的持续时间都较长，属于心境的表现。

27. BCD 【解析】本题考查动机冲突的类型。回避-回避冲突型即双避冲突，是指从希望回避的两种事物中必取其一的心理状态。故BCD符合，A项属于双趋冲突。

易错警示：动机冲突是考试中的重点，常结合实例进行考查。通常可以根据题意，运用关键词组进行区分。

双趋冲突：表述中含有“既想……又想……，但不可兼得”的含义；

双避冲突：表述中含有“既怕……又怕……”的含义；

趋避冲突：表述中含有“既想……又怕……”的含义；

多重趋避冲突：表述中的冲突因素为两个以上。

28. ABD 【解析】本题考查认知派学习理论。布鲁纳的学习观认为，学习的实质在于主动形成认知结构。认知结构是指一种反映事物之间稳定联系或关系的内部认识系统，或者说，是某一学习者的观念的全部内容与组织。A项正确。苛勒等人通过著名的黑猩猩实验，对学习的实质及原因做出了解释。从学习的过程来看，学习是通过顿悟过程实现的。B项正确。布鲁纳的教学观认为，教学的目的在于理解学科的基本结构。D项正确。斯金纳学习理论最大的不足是他主要从事实验室动物的简单学习的实验，而对人的复杂思维和问题解决的学习缺少研究；他只研究有机体外部行为的变化过程，而对有机体内部思维活动则从不研究。这是行为主义学派共同的特点。故C项属于行为主义学习理论的内容，不正确。

29. AB 【解析】本题考查学习动机的分类。根据学校情境中的学业成就动机的不同，奥苏贝尔等人把动机分为认知内驱力、自我提高内驱力和附属内驱力三个方面。认知内驱力是指要求了解、理解和掌握知识以及解决问题的需要，一般来说，这种内驱力大多是从好奇倾向中派生出来的。题干中小辉通过努力学习体会到了探索知识的快乐，属于认知内驱力。附属内驱力是指个体为了获得长者们（如家长、教师）的赞许或认可而表现出把工作、学习做好的一种需要，是一种间接的学习需要。题干中妈妈采用物质奖励的方法鼓励小辉，老师在同学面前表扬他，体现了附属内驱力。

30. ACD 【解析】本题考查罗杰斯的教学观。罗杰斯从“患者中心疗法”推演出“促进者”一词,罗杰斯认为,要发挥促进者的作用,关键不在课程设置,不在教师知识水平及视听教具,而在“促进者和学习者之间的人际关系的某些态度品质”,这种态度品质包括三个方面:真诚,接受,理解。

第二部分 学科专业知识

一、诗词鉴赏

1.【参考答案】该诗热情讴歌了李白的高洁志向,表达了诗人对污浊尘世的愤恨之情,字里行间充盈着诗人超凡脱俗的高尚情操。

(本题共2分。答出诗人的志向和感情各得1分)

2.【参考答案】此诗共分两部分,前八句为一部分,后四句为一部分。前八句为自叙,表达厌都市而羡山林之情;后四句方提及李白,表明愿同李白一同归隐之志。

(本题共3分。两个部分划分正确得1分,准确阐述各部分的主要内容得2分)

3.【参考答案】“机巧”指奸刁巧诈,钩心斗角。

(本题共1分。答出“奸刁巧诈”“钩心斗角”得1分)

二、文言文阅读

4. A 【解析】“何以伐为”的“为”表反问语气。A项,为:做。B项,为:表示感叹语气。C项,为:此处与“焉”合用,表疑问语气。D项,为:表感叹语气。例句与B、C、D三项中的“为”均是语气词。

5. D 【解析】“修文德以来之”中的“来”为使动用法,意为“使……来”。A项,惊:使动用法,使……惊。B项,亡:使动用法,使……灭亡。C项,退:使动用法,使……退。D项,堙:堵塞。没有运用使动用法。

6. C 【解析】“夫子”在这里指季康子。

7.【参考答案】宣传儒家的治国之道,即以文德治邦安民,感化四方,而不是用武力。

(本题共2分。答出“儒家的治国之道”得2分)

8.【参考答案】(1)“能施展自己才能,就接受职位;如若不能,就应辞去职务。”(盲人)遇到危险却不去护持,跌倒了却不去搀扶,那何必要用那个做相的人呢?

(本题共2分。答出“陈”“列”的意思得1分,语句通顺流畅得1分)

(2)君子厌恶那些不肯说(自己)想要那样而偏要找借口的人。

(本题共2分。答出“疾”“辞”的意思得1分,语句通顺流畅得1分)

文章大意:

季康子将要攻打颛臾,冉有、季路拜见孔子,说:“季康子将要对颛臾采取军事行动。"

孔子说:"冉有！恐怕应该责备你吧？那颛臾,是当初先王让它担任东蒙山的主祭,而且它在鲁国的境内,这是鲁国的臣子啊。为什么要讨伐它?"

冉有说:"季康子想这样(做),我们两个臣子都不愿意呀。"

孔子说:"冉有！周任有句话说:'能施展自己才能,就接受职位;如若不能,就应辞去职务。'(盲人)遇到危险却不去护持,跌倒了却不去搀扶,那何必要用那个做相的人呢？况且你的话说错了,老虎和犀牛从笼子里逃出来,龟甲和玉器在匣子中毁坏了,这是谁的过错呢?"

冉有说:"现在的颛臾,城郭坚固靠近费邑,(如果)现在不夺取它,将来必定成为子孙的忧患。"

孔子说:"冉有！君子厌恶那些不肯说(自己)想要那样而偏要找借口的人。我听说拥有国土的诸侯和拥有封邑的大夫,不担忧财富少而是担忧财富分配不均,不担忧人口少而是担忧不安定。因为财富分配公平就没有贫穷,天下太平就不必担心人口少,社会安定国家就不会倾覆。如果是这样,远方的人依然不归服,就修治文教德政使他们归顺。已经归顺了,就要让他们安居下来。现在你子路和冉有,辅佐季康子,远方的人不归顺却不能使他们来归;国家四分五裂,却不能保全;反而谋划在国内发动战争。我担心季孙氏的忧患,不在颛臾,而在鲁国内部啊!"

三、现代文阅读

9.**【参考答案】**传统文化代表文化的民族性,现代化代表文化的时代性。二者都是客观存在,是否定不掉的。二者之间的关系是矛盾统一,既相反,又相成。

(本题共3分。答出"传统文化"和"现代化"的个性和共性得2分,答出两者"矛盾统一"的关系得1分)

10.**【参考答案】**解决不好,则两败俱伤。只顾前者则流于僵化保守;只顾后者则将成为邯郸学步,旧的忘了,新的不会。

(本题共2分。答出"两败俱伤"得1分,答出只顾其一的结果得1分)

11.**【参考答案】**①盛唐时的皇帝,对保护中华民族,主要是汉族的传统文化做了大量的工作。文学、艺术、书法、绘画、哲学、宗教等文化的各个方面都得到了可喜的发展。

②盛唐时留居长安的外国人数量极大。他们带来了各自国家的物质和精神文化,又带回中国文化。

(本题共2分。答出"对保护中华民族做了大量的工作""留居长安的外国人数量极大"并结合具体内容进行分析得2分,每个要点1分,每少答一点扣1分)

12.【参考答案】①举例论证，通过汉代和唐代的对外文化交流说明现代化对国家发展的助力。

②对比论证，通过清末的闭关锁国和新中国的对外开放进行对比，说明正确处理传统文化和现代化这一矛盾的重要性。

（本题共2分。答出“举例论证”“对比论证”得1分，结合具体内容阐述得1分）

13.【参考答案】我们要批判地继承传统文化，批判地接受现代化，正确处理传统文化和现代化这一矛盾。

（本题共3分。答出“批判地继承”“批判地接受”“正确处理矛盾”3个主要内容得3分）

四、教学能力考查

14.【参考答案】(1)借助画面了解古诗的意思

①农民伯伯在干什么？这是什么时候？

②你们有没有在夏天的中午出去玩过？是什么感受？你们出去玩一会儿就这么热，那农民伯伯在地里干活又怎么样？

③农民伯伯干活辛不辛苦？你从哪句诗中感受到了农民伯伯很辛苦？

④用自己的话说说“谁知盘中餐，粒粒皆辛苦”的意思。

(2)拓展延伸

①指导学生有感情地朗读，体会诗句表达的情感。

②学习这首古诗后，你想对农民伯伯说些什么？你想对浪费粮食的人说些什么？

③孩子们，农民伯伯种粮食很辛苦啊！请听朗朗的妈妈是怎样对朗朗说的(录音)：朗朗，我们碗里的每一粒粮食都是农民辛辛苦苦种出来的，你一定要爱惜粮食啊！

你能把朗朗妈妈的话用诗句表达出来吗？(谁知盘中餐，粒粒皆辛苦)

(3)体悟总结

这首《锄禾》告诉了我们什么道理？你们读了之后有什么感想？以后又要怎么做？

（本题共10分。引导学生根据诗歌内容，借助画面了解诗歌意思得2分，引导学生由个人的生活感受联想到他人的辛苦，从而加深对诗歌意思的理解得2分；拓展延伸能够引导学生体悟诗歌情感、表达个人感情得3分；对课堂内容进行体悟总结得2分；教学过程中有课堂提问环节，并体现品德教育的目标得1分，没有体现可酌情扣0.5分）

五、写作

15.【写作指导】

这是一道材料作文题。阅读材料发现其中的重点句是“继承和借鉴决不可以变成替代自己的创造”，题目要求结合自己对“继承、借鉴和创造”的体会和思考进行写作，因此考生可以围绕“继承与创新”展开叙述。在写作时，考生可以从我国的传统文化出发。

【参考例文】

继承与创新

对于传统文化，我们需在批判性继承的基础上创新，在创新的过程中继承。

所谓“继承”，并不是让我们盲目地去继承所有的传统文化，而是在传统文化的基础上，取其精华，去其糟粕，批判继承。

就像习主席说的：“对历史文化特别是先人传承下来的价值理念和道德规范，要坚持古为今用、推陈出新，有鉴别地加以对待，有扬弃地予以继承。”

在台湾城乡，祭祀孔子的文庙随处可见。闽剧、歌仔戏、梨园戏、木偶戏等地方戏剧深受台湾同胞的喜爱。至于清明祭祖，中秋赏月，重阳登高，除夕守夜等民俗，无不是两岸同胞同根同祖的文化证明。对于这些优秀的传统文化，需要我们青少年去继承。而传统儒家所提倡的重男轻女、三纲五常等阻碍社会进步，妨碍人的发展的落后思想，则必须抛弃。

所谓“创新”，并不是在传统文化的表面添砖加瓦，而是需要我们继承传统，推陈出新，面向世界，博采众长。

不同特色的文化好似不同的美食，经过人们的调制，最终带有新的风味，新的特质。这种创新的方式，既表现在思想、理论的发展上，也表现在文学艺术形式的变迁中。从我国先秦时期的诗经、楚辞到汉赋、唐诗、宋词、元曲及明清小说，从古希腊神话、罗马史诗到欧洲中世纪的十四行诗、文艺复兴时期的名作，以及18、19世纪浪漫主义和现实主义的作品，都体现了一种不断创新的精神。20世纪50年代，我国音乐学院学生创作出了感动世界的经典曲目——小提琴协奏曲《梁山伯与祝英台》。这首反映中国古老而美丽传说的乐曲，展现了中华文化鲜明的风格和特点，成为通过文化融合实现文化创新的艺术典范。

继承与创新是相辅相成的，二者不可分割。一方面我们不能离开传统文化，空谈文化创新。任何时代的文化，都离不开对传统文化的继承；任何形式的文化，都不可能摒弃传统文化而从头开始。另一方面我们也不能只继承，不创新。一个民族和国家如果只知道继承文化，却不知道创新，故步自封，就会失去文化原有的活力。

因此，这就需要我们在批判继承的基础上创新，在创新的过程中继承，共同将中华文化发扬光大！

（这篇作文的题目点明主旨，开篇阐述对传统文化的态度；接着阐述何为真正的"继承"与"创新"，并通过具体事例增强文章的说服力；然后表明"继承"与"创新"的关系；最后点题，照应题目，结构完整。拟定得分38分）

2021年江西省教师招聘考试小学语文真题试卷（九）

第一部分　客观题

单项选择题

1	2	3	4	5	6	7	8	9	10
B	D	C	A	D	B	C	D	A	D
11	12	13	14	15	16	17	18	19	20
D	A	D	C	B	D	D	B	B	D
21	22	23	24	25	26	27	28	29	30
B	C	A	D	C	A	B	D	D	D
31	32	33	34	35	36	37	38	39	40
B	D	C	A	A	C	A	B	A	C
41	42	43	44	45	46	47	48	49	50
B	D	B	D	A	D	B	C	A	C

1. B　**【解析】**本题考查对《义务教育语文课程标准（2011年版）》学段目标与内容的识记。课标表示，第二学段综合性学习的教学目标与内容为"能在教师指导下组织有趣味的语文活动，在活动中学习语文，学会合作"。

温馨提示：《义务教育语文课程标准（2022年版）》中"第二学段"的"梳理与探究"部分关于该段内容的表述为"学习组织有趣味的语文实践活动，在活动中学习语文，学会合作"。

2. D　**【解析】**本题考查对《义务教育语文课程标准（2011年版）》前言部分内容的识记。课标表示，"时代的进步要求人们具有开阔的视野、开放的心态、创新的思维，对人们的语言文字运用能力和文化选择能力提出了更高的要求，也给语文教育的发展提出了新的课题"。

3. C　**【解析】**本题考查对《义务教育语文课程标准（2011年版）》的理解。A项，统编版一年级上册的教材在教学拼音之前，安排了一个识字单元，教学生学习一些简单的汉字。B项,课标要求,“语文教学要注重语言的积累、感悟和运用”“识字教学要注意儿童心理特点,将学生熟识的语言因素作为主要材料,结合学生的生活经验,引导他们利用各种机会主动识字,力求识用结合”。因此,识字教学要注重学生的积累,鼓励学生主动识字,在生活中识字。C项,第一学段目标与内容的要求为:“掌握汉字的基本笔画和常用的偏旁部首,能按笔顺规则用硬笔写字,注意间架结构。初步感受汉字的形体美。”“努力养成良好的写字习惯,写字姿势正确,书写规范、端正、整洁。”因此,“只需要具体指导字的基本笔画”这一说法错误。D项,第三学段目标与内容的要求为:“能用毛笔书写楷书,在书写中体会汉字的优美。”

温馨提示:《义务教育语文课程标准(2022年版)》的参考解析如下:

B项,课标指出:识字与写字教学应结合学生的生活经验,采用形象直观的教学手段,创设丰富多彩的学习情境,综合运用随文识字、集中识字、注音识字、字理识字等多种识字方法,逐步发展学生的识字、写字能力。因此,识字教学应注重学生的积累,多想办法识记汉字,在生活中识字。C项,第一学段“识字与写字”学段要求指出“掌握汉字的基本笔画和常用的偏旁部首,能按基本的笔顺规则用硬笔写字,注意间架结构,初步感受汉字的形体美。努力养成良好的写字习惯,写字姿势正确,书写规范、端正、整洁”。因此,“只需要具体指导字的基本笔画”表述错误。D项,第三学段“识字与写字”学段要求指出“能用毛笔书写楷书,在书写中体会汉字的优美”。

4. A **【解析】**本题考查对《义务教育语文课程标准(2011年版)》教学评价建议的识记。课标表示,“语文课程评价的根本目的是促进学生学习,改善教师教学”。

温馨提示:《义务教育语文课程标准(2022年版)》关于该段内容的表述为“义务教育语文课程评价要有利于促进学生学习,改进教师教学,全面落实语文课程目标”。

5. D **【解析】**本题考查对《义务教育语文课程标准(2011年版)》课程资源开发与利用的建议相关内容的识记。课标表示,“语文教师应高度重视课程资源的开发与利用,创造性地开展各类活动,增强学生在各种场合学语文、用语文的意识,通过多种途径提高学生的语文素养”。

6. B **【解析】**本题考查对统编版教材习作单元体例的理解。首先,要知道习作单元的主要目的是提高学生的习作水平,单元内的模块都是为这个目的服务的。其中“精读课文”是作为示例引导学生学习课文中的表达方法、语言特点等内容;“习作例文”是为了让学生直观感受作文的写作方法,起到示范作用;“初试身手”引导学生初步尝试“精读课文”和“习作例文”中展示的表达方法等内容;“交流平台”则是对学习内容的总结交流,便于学生在相互交流的过程中总结表达方法。故选B。

7. C **【解析】**本题考查句子的排序。该段文字首先以③句起,总的说明该文段描写的季节是夏天，地点是森林。接着以时间顺序先写①句的早晨雾升起来，再写④句的太阳出来后的景色。最后，②句紧接④句的“草地上”，写“草地上”的景色。

8. D 【解析】本题考查教学内容的确定。《七律·长征》《狼牙山五壮士》《开国大典》《灯光》是统编版六年级上册第二单元的课文，本单元的教学内容是“了解文章是怎样点面结合写场面的”“尝试运用点面结合的写法记一次活动”。《七律·长征》通过节奏、语言等描写长征，突出革命英雄主义和革命乐观主义精神；《狼牙山五壮士》通过对人物的刻画，突出五壮士面对强敌毫不畏惧、英勇顽强、宁死不屈的革命英雄主义和忠于党、忠于人民、忠于祖国的精神；《开国大典》通过场面的描写，突出人民群众的欢欣鼓舞和自豪之情；《灯光》通过对不同时间、不同地点出现的灯光的描写，突出了革命先辈心怀崇高的理想，在敌人面前坚贞不屈、视死如归的精神。D项，只让学生找出描写“灯光”的语句并不能帮助学生体会文章所蕴含的情感。

9. A 【解析】本题考查作家作品的识记。由图片内容可知是《兰亭集序》，其作者是王羲之。

10. D 【解析】本题考查字音的辨析。A项，潜移默化(qián)。B项，秩序井然(zhì)。C项，剽悍(piāo)。

11. D 【解析】本题考查“啊”的音变现象。“啊”的音变受其前字韵腹或韵尾影响。D项，“快写啊！”中“啊”的前字韵尾是“e”，因此“啊”应读作“ya”。

12. A 【解析】本题考查声韵母。A项，“荆”的发音为“jīng”，以-ng为韵尾，是后鼻音。

13. D 【解析】本题考查字形的辨析。D项，“明辩是非”应为“明辨是非”。

14. C 【解析】本题考查偏旁的相关知识。C项，月字旁的字多与天气、时间和身体有关。

15. B 【解析】本题考查对字义的理解。(1)对裁：整张的二分之一。“裁”为整张纸分成的相等的若干份，开。(2)裁判：法院依照法律，对案件做出处理，分为判决和裁定两种；根据体育运动的竞赛规则，对运动员竞赛的成绩和竞赛中发生的问题做出评判。“裁”为衡量，判断。(3)别出心裁：独创一格，与众不同。“裁”为安排取舍(多用于文学艺术)。(4)裁员：(机关、企业等)裁减人员。“裁”为从整体中去掉一部分，削减。(5)制裁：用强力管束并惩处。“裁”为控制，抑止。

16. D 【解析】本题考查笔画、笔顺的相关内容。D项，“率”字有11笔，中间部分按先中间后两边的顺序写。

17. D 【解析】本题考查修辞手法及其表达效果的辨析。老舍《猫》中的这句话运用了比喻的修辞手法，将小猫的脚印比作梅花，表达了作者对小猫的喜爱之情。

18. B 【解析】本题考查汉字结构的辨析。B项,走之底的笔顺是点、横折折撇、平捺,中间的笔画应该是一笔写下来的,不能断笔。

19. B 【解析】本题考查对课文的理解。《京剧趣谈》中介绍的以鞭代马是以小代大,以酒壶酒杯代吃饭用的杯盘碗碟是以简代繁,以假意的对打代替剧中人物真实的打斗是以虚代实。B项的以静代动是京剧表演在表演方式方面的特点,不是在道具使用方面的特点。

20. D 【解析】本题考查句子的选用。第一空由前文“养成儿童健全的体格、活泼的精神、公共生活的习惯”可知,此处应填游戏对儿童的作用,对应④句。第二空由前文“教师最大的任务”可知,此处应填教师的任务,对应③句。由后文的“寓教育于游戏里面”及①②句的内容可知,第三空应填①句,第四空应填②句。

21. B 【解析】本题考查选词填空。白驹过隙:白马在细小的缝隙前一闪而过,形容时间过得飞快。风驰电掣:形容像刮风和闪电那样迅速。由上下文可知,第一空应填形容速度快的词语,因此应用“风驰电掣”。愤然:形容气愤发怒的样子。毅然:坚决地;毫不犹疑地。由上下文可知,第二空写钟南山不畏艰险勇往直前,应用“毅然”。瞬息万变:形容极短的时间内变化快而多。日新月异:每天每月都有新的变化,形容进步、发展很快。第三空形容时代的变化应用“日新月异”。滋润:含水分多,不干燥;增添水分,使不干枯;舒服。滋养:供给养分,补养;养分,养料。第四空应是用偶像的精神滋养自己的成长,应用“滋养”。

22. C 【解析】本题考查句子的选用。由前后文句子可知,其句式为先说明偶像是谁,再说明有什么贡献,最后进行总结,由此可知本题应选C项,先说明偶像是樊锦诗,再说明她的事迹是几十年如一日地研究敦煌壁画,最后总结她的这一行为是一场“文化苦旅”。

23. A 【解析】本题考查病句的辨析。画横线的句子首先是关联词语使用错误,“不是”应与“而是”连用,“不仅”应与“还”连用,由前后文内容可知应用“不仅……还……”;其次是逻辑顺序的错误,“不仅……还……”连接的内容应是递进关系,因此,应将“他对祖国、对人民无怨无悔地付出”和“他的非凡业绩、过人的智慧”调换位置。因此本题应选A项。

24. D 【解析】本题考查单纯词、复合词的辨析。A项,“伶俐”是双声联绵词式单纯词,“姥姥”是叠音词式单纯词,“葡萄”是音译外来词式单纯词,“刀子”是附加式合成词。B项,“烂漫”是叠韵联绵词式单纯词,“途径”“体制”是联合型复合式合成词,“葱绿”是偏正型复合式合成词。C项,“主流”是偏正型复合式合成词,“阿姨”是附加式合成词,“人口”是补充型复合式合成词,“逍遥”是叠韵联绵词式单纯词。D项,“参差”是双声联绵词式单纯词,“从容”是叠韵联绵词式单纯词,“鹦鹉”“幽默”是联绵词式单纯词。

25. C 【解析】本题考查成语的来源。“完璧归赵”“四面楚歌”“夜郎自大”均来源于历史故事。C项,“精卫填海”来源于神话寓言。

26. A 【解析】本题考查句子意思的辨析。联系材料意思可知画线句强调的是要有取舍,B、C、D三项均为这个意思。A项,“怎么能有取舍?”是一个反问句,表达的意思是“不能有取舍”,与画线句意思相悖。

27. B 【解析】本题考查语段重点的提取。该题可以采用排除法,A项的“墨子号”“中国天眼”“天宫二号”是中国科学创新成果,C、D两项分别说明这些成果是“辉煌成就”,并“见证历史性变革”。B项的“中国科学创新成果展”是一个笼统的概念,是对前文的概述,不属于关键信息。

28. D 【解析】本题考查标点符号的辨析。D项,“专业阅读,站在大师的肩膀上前行”“专业写作,站在自己的肩膀上攀升”“专业交往,站在团队的肩膀上飞翔”是三个并列的分句,因此应将第三个和第五个逗号改为分号。

29. D 【解析】本题考查对古诗的理解。A项选自林升的《题临安邸》,B项选自苏轼的《题西林壁》,C项选自王安石的《书湖阴先生壁》,这三项均属于题壁诗。D项选自王安石的《元日》,描写的是元日热闹、欢乐和万象更新的动人景象,不属于题壁诗。

30. D 【解析】本题考查古代文学常识的识记。D项,唐宋八大家包括韩愈、柳宗元、欧阳修、苏洵、苏轼、苏辙、王安石、曾巩。其中,韩愈是河南人,柳宗元是山西人,欧阳修、王安石、曾巩是江西人,苏洵、苏轼、苏辙是四川人。

31. B 【解析】本题考查对作家作品的识记。B项,《醉翁亭记》是北宋文学家欧阳修创作的一篇散文。

32. D 【解析】本题考查对作家作品的识记。A项,诗句选自杜牧的《赤壁》。B项,诗句选自刘禹锡的《酬乐天扬州初逢席上见赠》。C项,诗句选自晏殊的《浣溪沙·一曲新词酒一杯》。D项,诗句选自陈子昂的《登幽州台歌》。

33. C 【解析】本题考查对作家作品的识记。C项,五年级上册第1课散文《白鹭》的作者是郭沫若。

34. A 【解析】本题考查田园诗的相关知识。A项,盛唐边塞诗的诗风是雄奇壮丽。盛唐田园诗追求自然,超凡脱俗。

35. A 【解析】本题考查对《红楼梦》的理解。《红楼春趣》讲的是宝玉和黛玉等人在大观园里放风筝的故事。

36. C 【解析】本题考查写作材料的选择。以“书迷妈妈”为习作题目的作文内容应与“书”有关,C项描写的是妈妈的职业和性格特点,与“书”无关。

37. A 【解析】本题考查对作家作品的理解。A项,孙犁的小说保持了河北平原群众语言的精华,完全是纯正、清新、明丽的乡音和习惯,简练明快,感情浓郁。

38. B 【解析】本题考查对作家作品的理解。B项,《死水》中的“一沟绝望的死水”是半封建半殖民地旧中国的象征。诗人抓住死水之“死”,节节逼近,把“绝望”的感情表现得淋漓尽致。诗的最后一节,既表现他对黑暗不存幻想,坚信丑恶产生不了美;但也并非心如死灰,发出“不如让给丑恶来开垦,看它造出个什么世界”的愤激之言。在绝望中饱含着希望,在冷峻里灌注着一腔爱国主义的热情之火,是这首诗的主题思想。

39. A 【解析】本题考查对鲁迅作品及相关知识的识记与理解。A项,作者于1919年回故乡期间,耳闻目睹了中国农村疮痍累累的残酷现实,加之在这个风雨飘摇的社会中求索了三十余年的生活体验,于是写出了这篇悲凉沉郁但又不失希望的小说。《故乡》的故事情节便是根据这段生活经历演绎而来。不过这只是触发故事的一点,而作品真正反映的却是更为广阔深邃的社会背景。小说中的人物是虚构的,因此,不能说“‘我’就是鲁迅”。

40. C 【解析】本题考查对“把握文章主要内容的方法”的理解。C项,说“一篇文章只能用一种方法来把握主要内容”太过绝对,把握文章主要内容可以用一种方法,也可以用多种方法。

41. B 【解析】本题考查对莎士比亚作品的识记与理解。“生存还是毁灭”是莎士比亚《哈姆莱特》一书中哈姆莱特发现母亲和叔叔害死了自己的父亲,并且两人早有奸情之后的独白中的话。

42. D 【解析】本题考查希腊神话的相关内容。D项,希腊神话中,神不是最终的决定力量,主神宙斯既不是创造天地万物也不是决定世界走向的最高力量,时常有一种既主宰人类又主宰神祇的更高存在,即“命运”。

43. B 【解析】本题考查口语交际教学目标的确定。第一学段关于口语交际教学目标与内容要求,“学说普通话,逐步养成讲普通话的习惯”,因此,B项不属于一年级学生口语交际教学需要实现的教学目标。

44. D 【解析】本题考查对儿童文学的基本功能(作用)的识记。儿童文学具有教育功能、愉悦功能、认识功能和审美功能(美感功能),故答案选D。

45. A 【解析】本题考查对阅读教学的理解与运用。A项,对于作品中谈到的科学问题,可以引导学生进行了解、查找,满足学生的好奇心和求知欲。

46. D 【解析】本题考查对儿童文学作家作品的识记与理解。《爱丽丝漫游奇境》中的小女孩爱丽丝掉进了兔子洞而不是猴子洞。

47. B 【解析】本题考查文言文阅读相关知识。B项，“为是其智弗若与”中的“为”意为“因为”，读“wèi”。

48. C 【解析】本题考查文意的理解。第二句由两个分句组成，分别写了两个学棋的人的学习过程：一个人专心致志地听讲，另一个人表面虽然在听，实际上却神游八荒之外了。“讲明了学习的结果”说法错误。

文章大意：

弈秋，全国最擅长下棋的人。让弈秋指导两个人下棋，其中一个人专心致志，只听弈秋的教诲；另一个人虽然也在听，却一心以为有鸟要飞过，想拉弓箭把它射下来。虽然他与另一个人一起学棋，但是棋艺比不上人家。这是因为他的智力不如人家吗？说：不是这样的。

49. A 【解析】本题考查文言实词的翻译。A项，“步”为名词作状语，表示“走”（逃跑）的凭借。B项，“王”为名词作动词，意为称王。C项，“盟”为名词作动词，意为结盟。D项，“籍”为名词作动词，意为登记。

50. C 【解析】本题考查对代称的理解。“黄发垂髫”指老人和小孩。“黄发”旧说是长寿的象征，用来指代老人。“垂髫”指垂下来的头发，用来指代小孩。

第二部分 主观题

一、名句填空

1. 春光懒困倚微风
2. 最喜小儿亡赖
3. 士不可以不弘毅；任重而道远
4. 惟吾德馨；一任群芳妒；万里赴戎机；择其善者而从之

二、简答题

1. 统编小学语文教科书六年级下册“快乐读书吧”以“漫步世界名著花园”为主题，引导学生阅读有关历险、奇遇的外国文学名著，开展阅读活动之前，教师可以组织导读活动。请简要列举激发学生阅读兴趣的几种方式。

【参考答案】(1)可在实际教学中借助名著作者的相关事迹吸引学生阅读整本名著，让其“由人入书”，提高学生的阅读热情。

(2)可采用激励制让学生具有较强的阅读兴趣，或者举办阅读比赛，从而让学生有目的地参与到名著阅读过程中。

(3)可结合学生的阅读情况制订相应的导读计划，采用先学后导的方法，让学生自行阅读名著，以此锻炼学生的思维能力，而教师只需在学生遇到疑难问题时给予一定的指导，进而让学生在自主阅读中提高阅读兴趣。

(4)可举办相应的活动,激发学生的阅读兴趣。如举办读书交流活动、读书座谈会,举办与读书相关的戏剧表演活动,等等。

(本题共6分。分别从作者事迹、激励制、导读计划和举办活动四方面进行阐述,每点1分;语言表述完整得2分)

2. 请简要赏析下面这首唐诗的艺术效果。

【参考答案】《咏柳》是一首咏物诗,“咏柳”即歌咏柳树。诗的前两句写高高的柳树长满了翠绿的新叶,纤细的柳枝垂下来,就像万条轻轻飘动的绿色丝带。这里用比喻、拟人的手法,描绘了静态中的柳树,使人感到柳树内在的生命力。诗的后两句用自问自答的形式,把春风比作剪刀,既赞美了柳叶,又歌颂了带来绿色的春天,用自然流畅的语言,比喻、拟人的修辞手法,赋予巧妙的想象,生动地刻画出春天的美好。

(本题共6分。答出“咏物诗”得2分,分别对前两句和后两句的语言风格、修辞手法的运用等方面展开回答得4分)

三、案例分析题

【参考答案】(1)课标表示,学生是学习的主体,教师是学习活动的组织者和引导者。在教学设计片段中,该教师充分发挥了教师的点拨和引导作用,以提问的方式点出学生的核心学习任务,有助于学生更好地把握课文重难点。

(2)阅读教学应引导学生钻研文本,在主动积极的思维和情感活动中,加深理解和体验,有所感悟和思考,受到情感熏陶,获得思想启迪,享受审美乐趣。该教师引导学生聚焦第二小节的内容,有助于学生钻研文本,加深理解和体验,有所感悟和思考。

(3)该教师重视情感、态度、价值观的正确导向,将其渗透于日常的教学过程之中。他在教学过程中引导学生理解“延安精神”,有助于培养学生正确的思想观念,注重熏陶感染,潜移默化,引导学生树立正确的人生观和价值观。

(4)语文课程丰富的人文内涵对学生精神世界的影响是广泛而深刻的,学生对语文材料的感受和理解又往往是多元的。因此,应该重视语文课程对学生思想情感所起的熏陶感染作用,注意课程内容的价值取向,要继承和发扬中华优秀文化传统和革命传统。该教师在教学过程中引导学生理解与体悟“延安精神”,正确把握了语文教育的特点。

(本题共8分。答出教师的点拨和引导作用,分析教师教学中的行为表现得2分;答出阅读教学的要求,并结合教师的具体行为进行分析得2分;答出情感、态度、价值观的正确导向,并分析教师在教学过程中对学生观念的培养得2分;答出语文课程丰富的人文内涵对学生精神世界的影响,并结合该教学片段中的具体内容进行分析得2分。每少答或错答一个要点扣2分)

温馨提示:《义务教育语文课程标准(2022年版)》的参考答案如下:

(1)充分尊重学生的主体地位;体会课文中关键词句表达情意的作用。该教师通过文中的关键词句引导学生确定核心学习任务,把握学习的重点。

(2)引导学生在学习语言文字运用的过程中,逐步树立正确的世界观、人生观、价值观,体认和传承中华优秀传统文化、革命文化、社会主义先进文化,积淀深厚的文化底蕴,增强文化自信。该教师通过补充"延安精神"的资料,让学生领悟诗人真正追寻的是令人向往和赞扬的"延安精神",从而帮助学生树立正确的观念,积淀文化底蕴,增强文化自信。

(3)应该重视语文课程对学生思想情感的熏陶感染作用,重视价值取向,弘扬社会主义先进文化、革命文化、中华优秀传统文化。该教师在教学过程中引导学生理解"延安精神",把握了语文教育的特点,同时让学生联系课文内容和资料讨论"延安精神"具体的含义,有利于培养学生正确的思想观念,注重对学生的思想情感的熏陶感染。

四、教学设计题

1.【参考答案】句子:荷叶挨挨挤挤的,像一个个碧绿的大圆盘。

理由:该句话运用比喻的修辞手法将荷叶比作"碧绿的大圆盘",生动形象地写出了荷叶的颜色和形状。同时,"挨挨挤挤"也将荷叶的多和荷叶之间的姿态描写得活灵活现。

(本题共3分。用楷体抄写得1分;从修辞手法、语言运用等方面,结合具体的字词阐述理由得2分,没有结合具体的字词分析可酌情扣0.5~1分)

2.【参考答案】牵牛花已经开了不少了。花朵星星点点的,像一个个粉色的小喇叭。牵牛花在这些绿叶之间完全冒出来。有的半开半闭,显得羞羞答答的。有的完全盛开了,露出嫩黄色的小花蕊。有的还是花骨朵儿,看起来鼓鼓胀胀的马上要爆开似的。

(本题共4分。仿句中运用拟人、排比、比喻的修辞手法且语言生动形象得3分,每少运用一种修辞手法扣1分;描写对象为植物,字数不少于100字得1分)

3.【参考答案】

《荷花》教学简案

教学目标:

(1)会认、会写课后要求的生字词,理解课文内容。背诵第2~4自然段。

(2)正确、流利、有感情地朗读课文,边读课文边想象画面,体会文中优美生动的语句,体会这一池荷花是"一大幅活的画"。

(3)能仿照课文第2自然段描写荷花不同样子的句子，写一种自己喜欢的植物。

(4)感受文章准确、生动的语言表达，积累语言；读出作者对荷花的喜爱之情，激发对大自然的热爱之情。

教学重难点：

(1)教学重点：会认、会写课后要求的生字词；体会文中优美生动的语句，体会这一池荷花是“一大幅活的画”。

(2)教学难点：感受文章准确、生动的语言表达；感受荷花的美，读出作者对荷花的喜爱之情。

课时安排：

1课时。

教学过程：

一、情境导入，激发兴趣

1. 哪些同学看过荷花？请用一个词来形容自己看过的荷花。

2. 从古至今，荷花就是文人描写、喜爱的对象。赞美荷花的诗文数不胜数。人们之所以喜爱荷花，不仅是因为荷花的美丽与清香，还因为它有“出淤泥而不染，濯清涟而不妖”的品质。你们想看看这样的荷花吗？今天这节课就让我们来一睹荷花的风采。(板书课题)

3. 生活中你见到的荷花是什么样的？(观看图片，生谈感受)

二、初读课文，巧攻字词

1. 学生自读课文，出示自读提示。

(1)读准字音，读通句子。

(2)遇到难读的句子多读几遍。

2. 课件出示词语。(小老师领读，开火车读)

(1)指导读音。注意“花骨朵儿、花瓣儿、莲蓬、衣裳”的读音。

(2)指导书写生字。(教师范写，学生跟写)

(3)理解词语。引导学生指出自己不理解的词语，小组之间讨论，教师引导、总结。

三、圈点勾画，重点感知

1. 浏览课文第1～3自然段，分别圈画出描写荷叶和荷花的句子。

2. 再读课文第1～3自然段，边读边圈画出你认为描写的最美的句子，把自己的感受和体会写在旁边，说一说为什么认为这句话写得美。

3. 小组之间交流讨论，教师以小组为单位提问。

四、再读课文，深入理解

（一）品读“姿态”

1. 感悟荷叶的姿态。

（1）出示：荷叶挨挨挤挤的，像一个个碧绿的大圆盘。

提问：你觉得荷叶长得怎么样？（根据学生回答相机教学）这句话运用了什么修辞手法呢？

（2）理解“冒”。出示“冒”在字典中的几种意思，你觉得这里应该是哪种意思呢？如果把“冒”字换成别的字可以吗？说说理由。

2. 文中描写了荷花的几种姿态？用一个词概括这几种荷花的姿态。

3. 小组交流。

（1）这几种姿态的荷花你最喜欢哪一种？说出你的理由，并通过朗读来表达喜爱之情。（教师指导朗读）

（2）想象：你觉得还有哪些姿态的荷花？用上“有的……有的……有的……”的句式造句。

（二）感悟荷花的美

1. 学习第3自然段。

（1）面对这么美的荷花，看看作者是怎么说的，齐读第3自然段。

（2）思考：为什么说一池荷花是一大幅活的画？“画家”指的是谁？

2. 学习第4自然段。

（1）任何人站在这一大幅活的画的面前都一定会有许多奇妙的感受，那作者呢？

（2）闭上眼睛让我们想象自己静静地站在荷花池中。（师配乐范读）请同学们睁开眼睛，说说你刚才看到了什么，听到了什么，感受到了什么。

（3）想象：如果你也变成了荷花，还有哪些小动物来告诉你什么？

五、作业布置

1. 历代的文人墨客写下了许多赞美荷花的古诗文，有哪些诗人写过赞美荷花的诗句吗？指名交流。（出示《小池》《晓出净慈寺送林子方》）

2. 大家都用文字表达了对荷花的喜爱之情，再来回顾一下叶圣陶爷爷笔下的荷花，分别是从哪几个方面描写的？尝试用这样的方法写写自己喜欢的花。

六、板书设计

荷 花

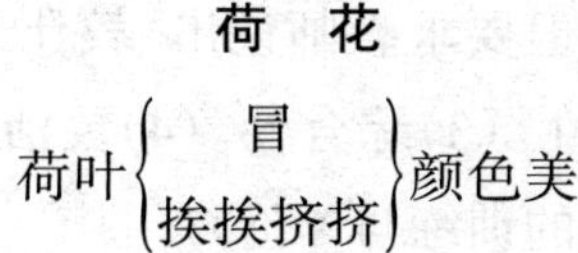

荷花{半开 全开 未开}姿态美

（本题共15分。教学目标从认写生字词、朗读课文、语言运用和情感表达方面展开，陈述明确合理得2分；教学重难点依据教学目标设定合理得1分。教学过程设计从诗文或生活中的荷花导入得1分；初读、感知课文从生字词和描写荷花荷叶的句子进行设计，辅以讨论法等教学方法调动学生的学习积极性得3分；再读课文从荷叶的姿态、荷花的美两方面展开分析得4分，引导学生依据重点字词、段落顺序逐步深入理解课文，体现学生的主体地位和教师的主导作用得3分，没有体现可酌情扣1～1.5分；课时安排合理，作业布置符合学生的认知特点，板书设计体现荷叶和荷花的美得1分）

2021年贵州省特岗教师招聘考试语文真题试卷（精编）（十）

第一部分　教育理论

一、单项选择题

1	2	3	4	5	6	7	8	9	10
C	D	B	A	B	D	B	B	A	C

1. C　**【解析】**本题考查《中国学生发展核心素养》的基本内涵。《中国学生发展核心素养》的“责任担当”主要是学生在处理与社会、国家、国际等关系方面所形成的情感态度、价值取向和行为方式。具体包括社会责任、国家认同、国际理解等基本要点。

2. D　**【解析】**本题考查《中华人民共和国未成年人保护法》。根据《中华人民共和国未成年人保护法》第七十条规定，学校应当合理使用网络开展教学活动。未经学校允许，未成年学生不得将手机等智能终端产品带入课堂，带入学校的应当统一管理。这属于对未成年人的网络保护。

3. B　**【解析】**本题考查2008年修订的《中小学教师职业道德规范》。2008年修订的《中小学教师职业道德规范》中关于“教书育人”方面所规定的具体职业行为要求有以下几点：(1)遵循教育规律，实施素质教育；(2)循循善诱，诲人不倦，因材施教；(3)培养学生良好品行，激发学生创新精神，促进学生全面发展；(4)不以分数作为评价学生的唯一标准。故本题选B项。

4. A　**【解析】**本题考查说课的特点。说课的特点包括：(1)理论性。说课的理论性主要体现在说课过程中，不但要求教师说出“教什么”和“怎么教”，更要求说清楚“为什么要这样教”。(2)合理性。(3)综合性。(4)灵活性。(5)激励性。(6)高层次性。(7)预见性。（王传斌主编《说课的训练与评价》）

5. B 【解析】本题考查教学过程的基本规律。题干的意思是:传授给人既有知识,不如传授给人学习知识的方法。鱼是目的,钓鱼是手段,一条鱼能解一时之饥,却不能解长久之饥,如果想永远有鱼吃,那就要学会钓鱼的方法。体现在教学中就是在学习知识的同时也要重视能力的培养以及智力的发展。

6. D 【解析】本题考查情绪和情感的功能。人对社会的适应是通过调节情绪来进行的,情绪调控的好坏会直接影响身心健康。情绪和情感的健康功能表现为积极的情绪有助于身心健康,消极的情绪会引起人的各种疾病。“笑一笑,十年少。”体现了情绪与情感对人身体健康的影响。故答案选D项。

7. B 【解析】本题考查遗忘的原因。前摄抑制是先学习的材料对识记和回忆后学习的材料的干扰作用;后学习的材料对识记和回忆先学习的材料的干扰作用,则称为倒摄抑制。单一抑制是涉及遗忘抑制现象时受到前摄抑制或倒摄抑制中的一种抑制作用的影响。双重抑制是涉及遗忘抑制现象时同时受到前摄抑制和倒摄抑制这两种抑制作用的双重影响。临睡前学习只受前摄抑制的影响,因此,学习效果较好。

8. B 【解析】本题考查学习迁移的内涵。学习迁移也称训练迁移,是指一种学习对另一种学习的影响,或习得的经验对完成其他活动的影响。迁移是学习的一种普遍现象,广泛存在于各种知识、技能、行为规范与态度的学习中,平时所说的“举一反三”“触类旁通”等即典型的迁移形式。A项,杯弓蛇影:有人请客吃饭,挂在墙上的弓映在酒杯里,客人以为酒杯里有蛇,回去疑心中了蛇毒,就生病了。比喻疑神疑鬼,妄自惊慌。B项,见异思迁:看见不同的事物就改变主意,指意志不坚定,喜爱不专一。C项,惊弓之鸟:被弓箭吓怕了的鸟,比喻受过惊恐见到一点儿动静就特别害怕的人。D项,因噎废食:因为吃饭噎住过,索性连饭也不吃了,比喻因为怕出问题,索性不干。A、C、D三项都体现两种学习或者一种习得经验对另一种习得经验的影响。B项不能体现,故答案选B。

9. A 【解析】本题考查教师成长的阶段。处于关注生存阶段的一般是新教师,他们非常关注自己的生存适应性,最担心的问题是“学生喜欢我吗”“同事们如何看我”“领导是否觉得我干得不错”等。因而可能会把大量的时间都花在如何与学生搞好个人关系上,想方设法控制学生,而不是更多地考虑如何让学生获得学习上的进步。从题干中的关键词“讨学生喜欢”可知,教师的成长处于关注生存阶段。

方法技巧:对于教师成长的不同阶段,考生应重点掌握三个词:生存、情境和学生。在关注生存阶段,教师主要关注个人关系、人际处理的相关问题;在关注情境阶段,教师主要关注教学情境的相关问题;在关注学生阶段,教师注重因材施教,关注学生的个体差异。

10. C 【解析】本题考查学习动机的分类。按学习动机产生的诱因来源，可以把学习动机分为内部学习动机和外部学习动机。内部学习动机是指诱因来自学习者本身的内在因素，即学生因对活动本身发生兴趣而产生的动机。外部学习动机是指诱因来自学习者外部的某种因素，即在学习活动以外由外部的诱因激发出来的学习动机。根据学习动机的社会意义，可以把学习动机分为高级的学习动机和低级的学习动机。如果把学习看成是对社会做贡献和尽义务，则是高级的学习动机；而把学习看成是猎取个人名利的手段，则是低级的学习动机。题干中，周恩来总理立下"为中华之崛起而读书"的志向，是由外部因素引起的，这是把学习看成是对社会做贡献，故属于外部的、高级的学习动机。故答案选C项。

二、简答题

11. 简述中小学教师选用教学方法时需遵循的基本依据。

【参考答案】(1)教学目的和任务的要求；(2)课程性质和特点；(3)每节课的重点、难点；(4)学生年龄特征；(5)教学时间、设备、条件；(6)教师业务水平、实际经验及个性特点。

此外，教学方法的选择与运用还受教学手段、教学环境等因素的制约，这就要求我们要全面、具体、综合地考虑各种相关因素，进行权衡取舍。

(本题共5分。答出"教学目的和任务的要求""课程性质和特点""每节课的重点、难点""学生年龄特征""教学时间、设备、条件""教师业务水平、实际经验及个性特点"得3分，每少答一点扣0.5分；答出其他的基本依据得2分)

12. 简述中小学生焦虑症产生的原因。

【参考答案】(1)学校的统考和应试教育体制使学生缺乏内在自尊；

(2)家长对子女期望过高；

(3)学生的个性过于争强好胜，缺乏对失败的耐受力，知识准备不足，缺乏相应的应试技能等。

(本题共5分。从"学校考试""应试教育体制""家长的不当期望""学生自身原因，如争强好胜、承受能力弱、缺乏知识与技能等"四方面回答，答出前三方面得3分，答出第四方面得2分)

三、案例分析题

13. **【参考答案】**(1)我认为王老师的做法更好，体现的是一种理想的师生关系类型。

案例中李老师的领导方式为专制型，这一类型的师生关系缺乏情感因素，教师的专断粗暴、简单随意会引起学生的反感、憎恶甚至对抗，造成师生关系紧张。案例中的李老师粗暴地命令迟到的小敏把面包扔了，并斥责她"学习不咋地，就想着吃"，致使小敏整节课没有心思听课。该教师忽视了师生在人格上的平等关系，以命令、权威的态度来对待学生，这些做法不利于为学生营造良好的心理气氛和学习条件，难以形成尊师爱生、民主平等、教学相长、心理相容的新型师生关系。

案例中王老师的领导方式为民主型，这一类型的师生关系模式以开放、平等、互助为其主要心态和行为特征。案例中王老师并未斥责迟到的小凯，而是恰当地引导小凯先听课，课下及时了解小凯迟到的原因，并与小凯交流应对特殊事情的解决方法，因此小凯再也没有迟到过。该教师在处理事情时，表现出了对学生的尊重和关爱，从而换取了学生发自内心的尊敬与信赖。学生对教师的这种尊敬与信赖又可激发教师更加努力地工作，为学生营造良好的心理气氛和学习条件，有利于形成尊师爱生、民主平等、教学相长、心理相容的新型师生关系。

（本题共8分。答出认为王老师的做法更好得1分，结合案例分析"李老师"做法的不当之处得3分，结合案例分析"王老师"做法恰当之处得3分，整体语言表述完整清晰得1分）

(2)"把食物放在纸巾上先上课，等下课后你再吃吧，下课后到我办公室泡着吃会更好。"

（本题共1分。答出正确体现"王老师'教育机智'"的句子得1分）

(3)王老师主要运用了德育的陶冶教育法。陶冶教育法是教师利用环境和自身的教育因素，对学生进行潜移默化的熏陶和感染，使其在耳濡目染中受到感化的德育方法。陶冶教育法的方式主要有环境陶冶、情感陶冶、人格陶冶(人格感化)、艺术陶冶、科学知识陶冶、各种活动和交往情境陶冶等。具体而言，王老师采用了陶冶教育法中的人格感化，这是教育者以自身的品德和情感为情境对学生进行的陶冶。在这种情况下，教师不是通过说理和要求教育学生，而是以自己的高尚品德、人格、对学生的深切期望和真诚的爱来触动感化学生，促进学生思想转变，积极进取。案例中王老师对迟到的小凯没有简单粗暴地斥责，也没有用班级规范进行说理，而是创设关爱的情境，让小凯去办公室吃饭，帮助小凯解决生活中的问题，使小凯心怀感激，并因此再也没迟到。

（本题共1分。答出"德育的陶冶教育法"得1分）

第二部分　学科专业知识

一、单项选择题

1	2	3	4	5	6	7
B	B	C	D	A	C	B

1. B 【解析】本题考查字形的辨析。A项,“浪废”应为“浪费”。C项,“松驰”应为“松弛”。D项,“眼急手快”应为“眼疾手快”。

2. B 【解析】本题考查孔子的教育主张。“有教无类”和“因材施教”均出自《论语》,是孔子的主张。

3. C 【解析】本题考查新乐府运动的相关知识。新乐府运动指唐代诗人白居易、元稹等人倡导和推动的以创作新乐府为中心的诗歌革新运动。

4. D 【解析】本题考查外国文学作家作品。《欧也妮·葛朗台》是法国作家巴尔扎克的代表作品,收录于《人间喜剧》。

5. A 【解析】本题考查鲁迅的代表作品。鲁迅的杂文集有《而已集》《二心集》《华盖集》《南腔北调集》《且介亭杂文》《热风》《三闲集》等。《呐喊》为鲁迅的短篇小说集,《朝花夕拾》为鲁迅的散文集。

6. C 【解析】本题考查现当代文学作家作品。茅盾的《蚀》三部曲为《幻灭》《动摇》《追求》。《子夜》是茅盾的一部长篇小说,《雷雨》是曹禺的戏剧作品。

7. B 【解析】本题考查外国儿童文学作家作品。属于《安徒生童话》的有《丑小鸭》《海的女儿》《拇指姑娘》,《灰姑娘》《白雪公主》是《格林童话》中的作品。

二、填空题

8. 海上明月共潮生

9. 镜中衰鬓已先斑

10. 不如须臾之所学也

11. 满纸荒唐言

12. 天也

13. 何事秋风悲画扇

14. 送杜少府之任蜀州

15. 西江月·夜行黄沙道中

三、教学设计题

16.【参考答案】(1)教学目标:

①正确、流利、有感情地朗读并背诵诗歌,了解诗歌的创作背景,把握诗歌的主旨。

②通过多种形式的朗读,品味诗歌的语言,体会古体诗在句式、用韵等方面的特点。

③体会诗歌的写作手法、语言表达等方面的精彩之处,提升鉴赏诗歌的能力,并在写作中有所借鉴。

④结合注释理解诗歌内容,感受诗中描述的社会现实,体会诗人的情感,体会诗人从中传达出的忧国忧民的情怀。

(2)教学重难点

①教学重点:通过朗读品味诗歌的意境,体会作者忧国忧民的情怀。

②教学难点:品味诗歌写作手法、语言表达等方面的精彩之处,并在写作中有所借鉴。

(本题共5分。从诵读文章、品味语言、体会写作手法及语言表达的精彩之处、感悟情怀四方面写出教学目标,陈述明确,且具有可操作性得4分;写出品味诗歌意境、体会作者情怀的教学重点和品味写作手法、语言表达等的教学难点得1分)

17.【参考答案】(1)走近诗人——孤苦伶仃的苍老形象

①结合诗句,借助想象,说说你所“见”到的诗人是一副怎样的模样?

②堂堂一代诗圣,却落得如此境地。这是谁之过?仅是因为天灾?

③饱受“人祸”之苦的,仅是诗人一家吗?何以见得?

④你能借助平时积累的杜甫的诗句来加以回答吗?

(2)聆听心声——超越时空的伟大情怀

①当时的统治者诚然可憎,诗人的处境诚然可悲,但是,即便在这水深火热之中,我们的诗人也不失他的英雄本色!朗读课文,画出诗人于千疮百孔的心中发出呐喊的诗句。

②有感情地朗读画出的诗句。

③你从诗人的呐喊声中听出了什么?

(3)小结:小组讨论、探究,体会诗人从中传达出的忧国忧民的情怀。以小组为单位回答,教师相机指导、评价。

(4)有感情地朗读全诗,在读中体会杜甫忧国忧民的情怀。

(本题共5分。从诗人的形象和情怀两方面设计教学片段得2分,结合诗人的处境和当时的社会环境体会诗人忧国忧民的心境得2分,没有结合社会环境可酌情扣0.5~1分;有课堂小结得1分)

四、材料分析题

18.【参考答案】“冷”指天气寒冷,“昏黄”指阳光暗淡,突出了“严酷的冬天”的特征。“又冷又昏黄”与首句中的“短命”相呼应,季节的“冬”和生命的“冬”合而为一,传达出年衰岁暮之感;为下文的深沉感慨“多么快,人生已到严酷的冬天”作铺垫。

(本题共3分。答出“又冷又昏黄”的具体含义得1分,答出“呼应”“作铺垫”的作用得2分)

19.【参考答案】①在“死寂的原野”上,小河却仍在冰下“低语”;②在“严酷的冬天”,“我”却享受着“人生的乐趣”;③诗人笔下,“严酷的冬天”与“感情的热流”并存,两者相辅相成,交叉渗透,丰富了诗歌意蕴。

(本题共3分。答出“死寂的原野”与“小河却仍在冰下‘低语’”,“严酷的冬天”与“‘我’却享受着人生的乐趣”,“严酷的冬天”与“感情的热流”并结合具体内容进行分析得3分,每个要点1分,每少答一点扣1分)

20.【参考答案】(1)躬行;(2)因此

21.【参考答案】君子看见它的这种秉性,就想到做一个正直无私,不趋炎附势的人。

(本题共2分。答出“其”“中立不倚”的意思得1分,语句通顺流畅得1分)

22.【参考答案】本固;性直;心空;节贞

文章大意:

竹子像贤人,这是为什么呢?竹子的根稳固,稳固是为了树立德行;君子看见它的根,就想到意志坚定不移的人。竹子生性挺直,直是为了立足安身;君子看见它的这种秉性,就想到做一个正直无私,不趋炎附势的人。竹子中空,中空是为了躬行正道;君子看见它的心,就想到虚心接受一切有用东西的人。竹子的节坚实,坚实是为了立志;君子看见它的节,就想到磨炼自己的品行,想到不管平坦还是险阻都始终如一的人。正因为如此,君子都喜欢种植竹子,把它作为庭院中有价值的东西。

贞元十九年的春天,我在吏部以拔萃中选,被任命为校书郎。最初在长安寻求借住处,寻得常乐里已故关相国私宅的东亭居住。第二天,散步走到亭子的东南角,见这里长着几丛竹子,枝叶凋敝,毫无生气。询问关家的旧人,对方答道:“这些竹子是关相国亲手栽种的。自从相国去世,别人借住在这里,从那时起,做筐篓的人来砍,做扫帚的人也来砍,砍伐剩下的竹子,长的已不到八尺,数量也不到百竿了。还有普通草木混杂生在竹丛中,长得繁盛茂密,有使竹子消亡的趋势。”我怜惜这些竹子,是由年迈德崇的关相国亲手种植,却被庸俗之人看得如此卑贱,被砍削、废弃到这种程度,其秉性却仍然不变。于是我把那些繁盛茂密的草木铲掉,扫除秽物,梳理枝节,培土根部,不到一天就干完了。从此以后,这些竹子日出有清阴,风来有清声,随风依依,生机盎然,好像在感激着我的知遇之情。

可叹啊!竹子,不过是一种植物,与人有什么关系呢?因为它与贤人相似,人们就爱惜它,培植它;何况真正的贤人呢?然而,竹子与其他草木的关系,也就像贤人与一般人的关系一样。唉!竹子本身并不能把自己与其他草木区别开来,要靠人来加以区别;贤人本身并不能把自己与一般人区别开来,要靠任用贤人的人来加以区别。

因此,写了这篇《养竹记》,书写在东亭的墙壁上,是为了留给以后居住这所房子的人,也是为了使现在任用贤人的人知晓。

五、写作题

23.【写作指导】

这是一道材料作文题。阅读材料发现其关键句是“变换一个思路而不是放弃,就能有不一样的结果”。因此,可供参考的立意角度有:(1)换一种思路,收获不一样的果实;(2)要从不同的角度看问题;等等。

【参考例文】

换一种角度看问题

人生无常,心灵多少次在黑暗的抑郁中消沉,又多少次在喜极的旋涡中跳跃。然静下心来,换一种角度思考呢?

失败、挫折不都是一种收获?成功、胜利难道不会成为阻碍更高追求的桎梏?如是思之,心灵便不禁释然,于是,人生也显出了深邃、厚重和丰富。这,或者是真正读懂人生的经验吧!

萧瑟深秋,当一叶枯黄在袭人的寒风中蜷缩、颤抖时,多愁善感而潸然泪下者甚众。朋友们,你难道只看到了它枯萎的叶脉、残败的身躯?换一个角度思考吧,落叶归于泥土固然是一种结束,但这同时也是新的生命的开始啊!超越了时间和空间,来年又是一朝春晖。

数九寒冬,飘雪纷飞,真不知冻僵了多少人的心。足不出户,却大怨天气之恶劣,这实在不是明智之举。天气固然恶劣,但并不足以成为阻止人们进行正常活动的托词,相反,只要添上了一颗与困厄作斗争的心,纵使失败了,也是一种极有意义的经历。所谓“一朵飘雪,冷暖由心”,关键在于你看待它的角度。

其实,换一种角度不仅是对人心灵的解脱、生命的丰富,更是一种理性的思考、创造性的判断。

九方皋相马,不辨其雌雄、毛色,却深谙马的本性,知其能否日行千里。他不是站在常人辨马的一般角度,而是摒弃外表的迷惑,站在观马之潜力的角度上来相马:得其精而忘其粗,在其内而忘其外。此乃超乎凡夫俗子的大智。

塞翁失马,不问祸福。时人哂之,却殊不知“祸兮福所倚,福兮祸所伏”之道,这是造物主神秘的规则,大自然微妙的工夫!不明白此中道理,只重视眼前表面得失,马失而恸哭,马得而喜极,子伤又复悲,免役又复喜,这难道不是一种被愚弄的悲哀吗?

诚然,世间万物纷繁复杂,且好以其表象示人,倘以单一的角度窥之,可乎?

北宋诗人苏轼有“横看成岭侧成峰,远近高低各不同”之句,充分阐明了多角度看待事物的重要性。所以，唯有懂得换一种角度思考，才能理性地面对这个纷繁复杂、变化无常的世界，而不至被外物所惑。

总而言之，换一种角度，就是给自己一次重新认识事物的机会，结果或喜或悲，这些似乎都已不重要；重要的是，在换一种角度思考的过程中，学会更多、更深的人生哲理——人生落魄时不要悲观丧气，一蹶不振；人生得意时不要沾沾自喜，忘乎所以。如此，人生才会变得厚重和精彩。

（这篇作文以问句开端，点明主题，形式新颖。主体部分结合自然事物、名人事例进行论证，使文章更具有说服力。结尾升华主题，引人思考。文章结构合理，语言优美。拟定得分28分）

预测试卷

教师招聘考试小学语文预测试卷(一)

一、单项选择

1	2	3	4	5	6	7	8	9	10
D	B	C	C	A	A	C	C	A	A

1. D　【解析】本题考查字音的辨析。A项，“浸润(qīn)”应为“浸润(jìn)”。B项，“着装(zháo)”应为“着装(zhuó)”。C项，“越俎代庖(bāo)”应为“越俎代庖(páo)”。

2. B　【解析】本题考查字形的辨析。A项，“脑羞成怒”应为“恼羞成怒”。C项，“根深帝固”应为“根深蒂固”，“潮迅”应为“潮汛”。D项，“鱼人之利”应为“渔人之利”。

3. C　【解析】本题考查修辞手法的辨析。A项，运用了比喻的修辞手法，把“柳枝”比作“绿丝带”。B项，运用了比喻的修辞手法，把“月光下的沙”比作“积雪”，把“月光”比作“寒霜”。C项，该句话主要运用了夸张的修辞手法，没有运用比喻的修辞手法。D项，运用了比喻的修辞手法，把“自己的心”比作“玉壶里的冰”。

4. C　【解析】本题考查标点符号的正确使用。A项，问号改为逗号。B项，顿号改为逗号。D项，去掉引文中的句号，第一个后引号后面加逗号。

5. A　【解析】本题考查文学常识的识记。A项，唐宋八大家又称为“唐宋散文八大家”，是唐代和宋代八位散文家的合称，分别是唐代的韩愈、柳宗元和宋代的欧阳修、苏洵、苏轼、苏辙、王安石、曾巩。

6. A　【解析】本题考查汉字造字法的辨析。“刃”属于指事字，“松”“河”属于形声字。

7. C 【解析】本题考查文学常识的运用。这四句诗出自隋代诗人的《送别诗》。

8. C 【解析】本题考查现代汉语基础知识的识记。在语言的三个要素中，词汇发展变化最快，而语音和语法发展变化则相对较慢，具有较强的稳定性。

9. A 【解析】本题考查字义的理解。(1)言而有信：说话诚实有信用。"信"为信用。(2)信而有征：可靠而且有证据。"信"为确实。(3)信仰：对某人或某种主张、主义、宗教极度相信和尊敬，拿来作为自己行动的榜样或指南；相信并奉为准则或指南的某种主张、主义、宗教等。"信"为相信。(4)信口开河：随口乱说一气。"信"为随意。(5)通风报信：向别人暗中透露消息，多指把对立双方中一方的机密暗中告知另一方。"信"为信息。

10. A 【解析】本题考查《义务教育语文课程标准(2022年版)》第一学段"表达与交流"的内容。"学说普通话，逐步养成说普通话的习惯，有表达交流的自信心"是第一学段中"表达与交流"的要求。

二、填空题

11. 随君直到夜郎西

12. 影入平羌江水流

13. 海日生残夜

14. 正是江南好风景

15. 伯内特

16. 独立阅读

三、现代文阅读

17.【参考答案】(1)①运用比喻、拟人等修辞手法，生动形象地写出了灰鹤、白鹤还有银色的鲫鱼等野生动物欢快和谐的生存状态。②赞美了这些城市的生灵，它们使人们生活充满烟火气，使这座城市更加美丽，也表达了作者为家乡变美而感到骄傲和自豪。③承接上文在群力新居意外发现的鹰和在《烟火漫卷》中放飞的雀鹰，暗示生灵的生态环境和人文环境的改善，又与后文哈尔滨呼兰区白鹳被盗猎分子猎杀一事形成对比。

(2)①运用拟人的修辞手法描写江鸥在水面飞翔的美丽姿态，展现了极具活力与力量的生命之美。②运用比喻和排比的修辞手法夸赞江鸥，直接表达了"我"对自然生灵的喜爱与赞美之情。

(3)①一座城有了这些充满生机活力的生灵们，我们的生活才更加和谐、多姿多彩。因为这些小生灵装点了我们的生活，为我们的生活带来了乐趣。②体现了保护城市生灵、治理城市环境的重要性，这也是我们人心的一面镜子，要懂得尊重爱护它们,我们要认识到它们是城市生活中的一分子,也要有自己的生存环境和生活需求。③人与万物和谐共生,才能共同发展,倡导万物和谐平等,同时也隐含了作者对某些人荼毒生灵、破坏环境的批判。

18.(1)B 【解析】“是为了证明瓦村‘在历史上也是个弹痕累累的地方’”分析不当,瓦村的所有家庭都去“寻找历史的破洞”是为了能像老旺一样从破洞里找到有历史价值的物件。

(2)【参考答案】①革命老区人民的无私付出,老百姓邢元富深明大义,慷慨借出自家二十只羊支持红军作战。②红军指挥员军纪严明,不侵占群众一分一毫;有借必还,彰显诚信。③老旺质朴、善良、忠厚。老旺对于借条的兑现没有怀疑,毫不犹豫地将借条交给政府,最后还将得到的一部分钱捐赠给了学校。④曹老师热心、乐于助人、善良。为老旺读借条,指点老旺兑现借条,帮助打听借条的消息,为老旺获得补偿而开心。

(3)【参考答案】①开头和结尾处都涉及曹老师带领学生打柴的内容,既衬托出当地的贫穷落后,又为老旺捐钱埋下伏笔。②小说以“1935年的羊”为线索贯串全文,既点明了历史事件,又串联历史与现实,使人回味无穷,同时体现出一个诚实守信的政府形象。(或作品中一明一暗两条线索,刻画了两代人的精神世界。明线是老旺继承父辈无私善良的大爱情怀,曹老师全身心扑在瓦村的教育事业上;暗线是对老一辈的倾情书写,比如红军指挥员的严明军纪,老百姓的深明大义)。③作者在表现老旺时用的是曹老师的视角,在表现曹老师时用的是老旺的视角,构思巧妙,两个人物形象刻画得都丰满而感人。

四、古诗词鉴赏

19.【参考答案】(1)运用了对比、映衬的表现手法,表达了作者看到雨后花败的惋惜、伤感之情。

(2)一个“疑”字将蜂蝶拟人化,把蜜蜂、蝴蝶追逐春色的神态描写得活灵活现,说的是蜂蝶在疑,实际上是诗人自己在疑;说的是疑春色,实际上是疑生活。把惜春去、怨蜂蝶、羡邻家的复杂感情糅合在了一起,表现出诗人希望春色常在的心情。

五、文言文阅读

20.(1)C 【解析】C项,释:消除。

(2)A 【解析】根据句意“天麟逐渐与海都的执政大臣相亲近,因而告谕他们宗族相亲的道理,以及臣子去逆归顺避祸求福的道理,海都听到后懊悔感悟,于是遣送天麟和北安王一同返回”可知选A。

(3)B **【解析】**B项,“喜欢表现自己”“知道后就向皇帝进言”说法错误,是皇帝向他咨询时,他才表达自己看法的。

(4)**【参考答案】**何况臣见识才能浅薄,年老力衰,哪里还能任职执政,恐怕徒然留给朝廷羞辱,臣不敢接受诏命。

文章大意:

石天麟,字天瑞,顺州人。十四岁时,入朝觐见太宗,因而留任宿卫。天麟好学不知疲倦,对于各国文字书籍无不学习。太宗命令中书令耶律楚材整顿各种政务,选拔有才能德行的人做辅佐官员,天麟也在其中,被赐名蒙古台。宗王征讨西域,任命天麟为断事官。

宪宗六年,派遣天麟出使海都,海都拘留了他很久,后来守边的将领劫持皇子北安王前往海都处,寓居在天麟的住所。天麟逐渐与海都的执政大臣相亲近,因而告谕他们宗族相亲的道理,以及臣子去逆归顺避祸求福的道理,海都听到后懊悔感悟,于是遣送天麟和北安王一同返回。天麟被海都拘留二十八年,终得以返回,世祖大喜,赏赐甚为优厚。任命他为中书左丞,兼断事官。天麟推辞说:“臣出使没有功绩,幸而蒙陛下赦免不杀我,怎么可以再求荣宠?何况臣见识才能浅薄,年老力衰,哪里还能任职执政,恐怕徒然留给朝廷羞辱,臣不敢接受诏命。”世祖赞许他的诚恳,褒奖慰劳许久,终于同意。

有人诬告丞相安童曾经接受过海都的官爵,世祖发怒,天麟上奏说:“海都是皇室宗族,虽偶尔有不顺的言论,却不能与仇敌相比,安童不拒绝海都的官爵,是要解开他的疑心,引导他以臣子顺从君主。”世祖的愤怒终于平息下来。江南地区的道观,偶尔藏有宋朝皇帝的遗像,有位僧人素来与道士互相仇恨,揭发了这件事,准备对道士处以极刑,世祖以此事询问天麟,天麟说:“辽国皇帝皇后在西京的铜像,至今还有保留的,没有听说有禁令。”事情于是作罢。天麟七十余岁时,世祖将自己用的金龙头拐杖赐给他,说:“你年纪大了,出入宫廷,可以拄着此杖。”当时权臣执政,气焰嚣张,没有人敢说话。唯独天麟指出他的邪恶,无所顾忌,人们都佩服天麟的忠诚正直。

成宗即位,加封他为荣禄大夫、司徒,成宗在玉德殿举行盛大宴会,召天麟参加宴会,赐给他皇帝用的药,命令左右向他敬酒,使他颇有醉意,成宗命令用自己的车子送他回家。武宗即位,进官平章政事。至大二年秋八月去世,享年九十二岁。赠予推诚宣力保德翊戴功臣、开府仪同三司、太师、上柱国,追封冀国公,谥号忠宣。

儿子石珪,历官治书侍御史,改任枢密副使,复任侍御史,任河南行中书省右丞,升为荣禄大夫、南台御史中丞,去世。二儿子石怀都,最初承袭官职为断事官,屡次升迁后任刑部尚书、荆湖北道宣慰使。孙子哈蓝赤,袭职为断事官。

六、教学设计

21.【参考答案】(1)这两则文言文都通过对古人品格的描写来表现古人的勤奋好学。《囊萤夜读》中晋人车胤的“家贫不常得油”“练囊盛数十萤火”“以夜继日”,《铁杵成针》中李白由“未成,弃去”到“感其意,还卒业”,从不同角度讲述了古人成长过程中的故事,让学生可以深刻体会本单元的主题,培养学生学习的毅力。

(2)教学过程:

《囊萤夜读》教学过程

一、谈话交流,导入新课

同学们,你们听说过《凿壁偷光》的故事吗? 匡衡勤奋好学,可是家境贫寒,晚上想读书而无烛照明。而邻居家每到夜晚,总是烛光明亮,可惜这光照不到匡衡的屋里。怎么办呢? 匡衡便把自己家靠近邻舍的那堵墙壁凿开一个洞以引进邻居家的烛光来读书。古时候,还有一位热爱读书的人,他是晋代的车胤,因为家贫,没钱买灯油,而又想晚上读书,便在夏天的晚上抓了萤火虫来照明读书。这个故事就是《囊萤夜读》,今天,我们来学习一下这个小故事。

二、初读课文,读通读顺

1. 教师范读,学生自读

(1)教师指导学生读准前鼻音“勤、贫、焉”,后鼻音“囊、萤、恭”。

(2)学生自由读课文,有生字的或难读的地方多读几遍。

2. 指名练读,读好节奏

重点指导学生读好“夏月则练囊盛数十萤火以照书”。

三、再读课文,理解文意

1. 结合注释,理解词句

2. 再读课文,疏通文意

3. 指名学生尝试用自己的话讲述《囊萤夜读》的故事

四、研读课文,感悟“勤学”

1. 聚焦“囊萤”,问题引领,体会内涵

(1)聚焦问题一:谁囊萤?

补充资料,了解车胤,理解语句“胤恭勤不倦,博学多通”。

(2)聚焦问题二:为什么囊萤?

理解语句“家贫不常得油”,从中体会车胤学习的不易。

(3)聚焦问题三:怎样囊萤?

理解语句“夏月则练囊盛数十萤火以照书,以夜继日焉”,想象车胤囊萤夜读的情景,体会车胤的勤奋与好学。

2. 以悟促诵,积累语言

(1)熟读成诵。

(2)回看"勤学",内化于心。

五、拓展延伸

拓展阅读《孙康映雪》,说说它与《囊萤夜读》有什么相似的地方。

六、板书

囊萤夜读

家贫→囊萤照书→夜以继日→博学多通

七、写作

22.【写作指导】

题目一:这是一道材料作文题。前两则材料是关于"聪明"的名言。材料③第一句话是其核心观点,后两句话则着重阐述"聪明"和"智慧"的区别。综合三则材料,考生可从整体上进行立意,阐述正确的思维方法,也可从"观点"和"洞见"、"聪明"和"智慧"、"局部"和"整体"等的对立关系方面进行立意。该题适合写成议论文,考生在选取论据时要注意其批判性和现实性。可供参考的立意角度有:(1)聪明是一种能力,智慧是一种格局;(2)打开智慧的格局,开启幸福的旅程;(3)运用智慧的眼光,提升人生的格局;等等。

题目二:这是一道与文学作品密切相关的评述性作文题。从题目要求来看,要选取小说中的人物,与这个人物进行对话。当然,这种对话是单向的,就是要采用一定的表达方式把对人物的看法、评价呈现出来。难点是"说什么"和"怎么说",因此考生可以选择所给三部小说中自己最熟悉的人物,对其性格、行为等方面进行评价。比如,可以对祥林嫂的勤劳朴实进行评价;或对桑提亚哥的坚韧顽强、不屈不挠、虽败犹荣进行评价;或对贾宝玉的特立独行、敢于反抗的精神进行评价。写作时要注意人物性格鲜明、中心突出,有自己独特或深刻的思考和认识。

【参考例文】

打开人生智慧的格局

聪明是一种能力,智慧是一种格局。聪明人看眼前,智者看长远;聪明人看局部,智者看整体。

一个聪明的人和一个有智慧的人,将走向两种不同的结局。聪明人看眼前,智者看长远。只考虑眼前的人,往往看不到未来。目光长远,路就能越走越宽。不给自己设限,突破自我认知,才能实现阶层跃升。

还记得那三个砌墙的人吗?说在砌墙的人,多年后还在砌墙;说在建楼的人,多年后成了工程师;说在建设城市的人,多年后成了另外两个人的老板。他们的回答正折射出其心中所向,从而影响了他们的命运走向。

子曰:“君子不器。”孔子认为,君子心怀天下,不能像器具那样,只作用于某一方面,只看重眼前的利益。

无论是社会道德的践行者、百姓安宁的守护者,还是手握着权力的秩序维护者,都应该尽心尽力、全心全意为社会发展做贡献,不能罔顾党纪国法,只看见眼前的利益,而忘记自己的责任。要知道,一步错,便会步步错,最终只会让你自食恶果,为自己曾经的狂妄付出代价。因此,我们不能只盯着个人的眼前利益,这种行为不叫聪明,而是狡猾,甚至是愚蠢。

培根说:“狡猾是一种阴险邪恶的聪明。”因此,只有坚守人格底线,以国家和人民利益为重的人,才算得上智者,才是真正的智慧之人。

聪明是一种能力,智慧是一种格局。清朝末年,北京城一家绸缎店突遭大火,店里的一切化为乌有,包括账本。但店老板贴告示称:本店账目已烧毁,凡欠我钱的可以不用还,我欠别人的,凭据兑现。很多人觉得他太傻,但绸缎店因此名声大振,许多生意人慕名前来合作。最后店老板迅速东山再起,赚得盆满钵满。

生活中,聪明的人往往计较得失,而智者从不锱铢必较。因为,智者在乎的是长远,他的格局让其能舍弃小利,赢取更多。

古语有言:“临杀勿急,稳中取胜。一招不慎,满盘皆输。”人生如棋局,与其看局部,计较一兵一卒,不如看整体,争取大获全胜。

老子曰:“大智若愚,大巧若拙。”聪明源于学习,智慧源于修炼;聪明让人富有,智慧让人幸福。愿你我都能早日打开智慧的格局,开启幸福的旅程。

教师招聘考试小学语文预测试卷(二)

一、单项选择

1	2	3	4	5	6	7
D	C	C	D	A	B	B

1. D 【解析】本题考查字音的辨析。A项,强(qiǎng)词夺理。B项,惩(chéng)罚。C项,贮(zhù)蓄。

2. C 【解析】本题考查字形的辨析。A项,“张冠李带”应为“张冠李戴”。B项,“气势凶凶”应为“气势汹汹”,“司空见贯”应为“司空见惯”。D项,“通霄达旦”应为“通宵达旦”,“穿流不息”应为“川流不息”。

3. C 【解析】本题考查成语的正确使用。①重整旗鼓:指失败之后,重新集合力量再干(摇旗和击鼓是古代进军的号令)。句中的“再创佳绩”表明此次并未失败,而是取得了“佳绩”,因此成语使用错误。②意味深长:意思含蓄深远,耐人寻味。在句中用来修饰广告内容,符合语境,成语使用正确。③行之有效:实行起来有成效,指某种方法或措施已经实行过,证明很有效用。语境是说制定一套有效果的激励机制和创新协同机制,成语使用正确。④等而下之:由这一等再往下,指比这一等差。语境指追随这位专家的人都不如他,成语使用正确。⑤守正不阿:处理事情公平正直,不讲情面。语境是说他坚守专业,与成语意思不同,此处望文生义。⑥踌躇满志:形容对自己的现状或取得的成就非常得意。语境说的是城市对“未来”有信心,成语使用错误。综上所述,成语使用正确的有②③④。

4. D 【解析】本题考查语言表达的能力。A项,“令爱”为敬辞,尊称对方的女儿,此处说自己的女儿,可用“小女”。B项,“恭候”为敬辞,意为恭敬地等候,而此处是说让别人等候自己。C项,“莅临”意为来到、来临(多用于贵宾),此处用在学生回归母校参加庆典活动,表达不得体。D项,“别来无恙”常用作别后通信或重逢时的问候语,用在此处正确。

5. A 【解析】本题考查外国文学作家作品的识记。长篇小说《巴黎圣母院》是法国浪漫主义作家雨果的代表作。

6. B 【解析】本题考查文学常识的掌握。郭沫若发表的新诗集《女神》是中国新诗的奠基之作,郭沫若也因而成为中国新诗的重要奠基人之一。

7. B 【解析】本题考查现代文学作家作品的识记。巴金的长篇小说“激流三部曲”是《家》《春》《秋》,“爱情三部曲”是《雾》《雨》《电》。

二、填空

8. 浮云游子意;萧萧班马鸣

9. 散入春风满洛城;此夜曲中闻折柳

10. 不亦乐乎;人不知而不愠

11. 天街小雨润如酥

12. 日光下澈;影布石上

三、阅读鉴赏

13. (1)D 【解析】D项,尾联是村民高兴而满足地述说着这一年来的收成,并且告诉作者前边的村子买酒还可以赊账,所以不是作者的感叹。

(2)【参考答案】本诗通过对幽静美丽的田园风光和淳朴的农家劳动生活的描写,寄予了诗人对田舍的美丽风光以及淳朴而又自足自乐的农家生活的赞美之情;也暗含了人们安居乐业的幸福生活，与清正勤俭的县官的为政密不可分。

14.（1）B **【解析】**原文标点：时渊自称伪官，议者又谓邦昌不可信，王怒将诛渊，公裔曰："神器自归，天命也。"王遂受玺，命公裔掌之，公裔力救渊，释其罪。

（2）A **【解析】**A项，"文武官员的任免"错，武官任免不由吏部掌管。

（3）C **【解析】**C项，"被韩拒绝"于文无据。

（4）**【参考答案】**①康王将要南行，和韩公裔谋划，从小路在夜间暗中起兵，天亮前到相州，磁州没有人知道，从此康王对韩公裔更加亲近看重。

②韩公裔约束自己非常严谨，不培植势力，不施恩惠换取别人的好感，又敢与黄潜善、秦桧持不同见解，这也是可取的地方。

文章大意：

韩公裔，开封人。担任康王府内的知客，金国军队侵犯京城，康王出使，韩公裔随行。渡过黄河，将官刘浩、吴湛私下争斗，韩公裔劝说他们才和解。驻扎在磁州，军民残杀奉命出使的王云，跟随康王的车队进入州署，韩公裔又劝退他们。康王将要南行，和韩公裔谋划，从小路在夜间暗中起兵，天亮前到相州，磁州没有人知道，从此康王对韩公裔更加亲近看重。等到金兵撤退，张邦昌派人和康王的舅舅韦渊来献传国玉玺。当时韦渊自称伪官，议论的人又认为张邦昌不能信任，康王一怒之下，要杀韦渊，韩公裔说："国玺自己回来，是天命。"康王于是接受国玺，命令韩公裔掌管。韩公裔尽力救韦渊，免去他的罪行。

元祐皇后诏令康王进京继承帝位，府僚认为金兵还离得近，应驻扎在彭城。韩公裔说："国家在睢阳创立基业，康王也应在睢阳受命。"当时前军已经出发，将前往彭城，恰逢天上雷电大作，不能前进，康王对此感到惊异，半夜高声对韩公裔说："明天到睢阳，决定了。"康王继承帝位后，韩公裔多次升职至武功大夫。

后来因事触犯黄潜善，正好皇帝来到维扬，韩公裔请求离职，黄潜善认为韩公裔回避事务，于是降官三级，送往吏部。皇帝来到越地，考虑韩公裔以前的功劳，召入朝廷恢复原来的官职，多次升官至广州观察使。

韩公裔在王府供职三十多年，得到的恩惠与宠爱很优厚，皇帝每次在慈宁宫置办酒席，一定会召入韩公裔。碰上修撰《玉牒》，元帅府的事多数散失，秦桧因韩公裔是原来帅府的人，上奏让修书官前去咨询韩公裔相关的事情。不久授任韩公裔为保康军承宣使，秦桧怀疑韩公裔越过自己向皇帝请求，忌恨韩公裔。右谏议大夫汪勃迎合秦桧的意思，弹劾罢免韩公裔，于是让韩公裔担任地方祠禄官，在外地居住，但皇帝对他爱重不减。

秦桧死后，立即恢复掌管佑神观，赏赐府第在和宁门西，皇帝说："我和太子想常见你,所以安排近一些。”升任华容军节度使,不久退休。高宗传位太子后,曾经和孝宗谈到韩公裔的忠诚和功劳,于是朝廷下诏韩公裔所居住的州郡厚待他。韩公裔于乾道二年去世,享年七十五岁,赠官太尉,谥号恭荣,给他的亲属八人授官。高宗赏赐金钱丝绸很优厚。

韩公裔约束自己非常严谨,不培植势力,不施恩惠换取别人的好感,又敢与黄潜善、秦桧持不同见解,这也是可取的地方。

15. (1)B **【解析】**B项,“是因为他们对邻居欠账不还感到失望和不满”分析不全面,结合烧账本前后的内容可知,父母对邻居不满的还有邻居只在意自己诸多的不顺,而不懂得孝敬老人。

(2)**【参考答案】**①过往的乡村生活留下的痕迹;②祖辈留给后人的历史和思想;③乡村和离乡的人之间的牵绊;④逝去的亲人留给人们的回忆。

(3)**【参考答案】**①乡村在努力保留脚印,而城市在努力清除脚印;②在城市里,如果不注意保留人生和生活的印迹,人会没有归属感,心灵会感到迷茫;③从农村来到城市的人,往往带着家乡的印记和乡愁;④普通人的人生印迹虽然没有文字记述,却是真实的历史。

16. **【参考答案】**(1)①“黑绵绵”意思是“黑暗连续不断”,“昏夜”意思是“昏暗的夜里”。“黑绵绵的昏夜”从时间的角度写出了“昏夜”之浓、黑暗持续时间之长,“黑绵绵的昏夜”是对明星的一种严丝密缝的遮蔽,表明打破黑暗耗时良久。②“黑茫茫”意思是“漆黑而漫无边际”,“荒野”意思是“荒凉的原野”。“黑茫茫的荒野”从空间的角度写出了黑暗涉及范围之广,而骑手的胯下却是“一匹拐腿的瞎马”,这是何等的单薄而无望,表明打破黑暗自己势单力薄。③二者分别从时间和空间的角度表现出了外部社会现实的黑暗、庸俗和守旧,形象而全面,含蓄而蕴藉。

(2)示例一:写给自己的。①诗歌以第一人称“我”的角度抒情,抒发了诗人对光明的渴求以及追寻的决心。②“一匹拐腿的瞎马”其实就是诗人自己的现状,迷茫坎坷,渴望光明和方向,所以才会冲入黑暗寻求“明星”。③整首诗是以自己追寻“明星”的心理变化展开,形成整首诗歌的内在韵律变化。

示例二:写给抗争者的。①诗歌以第一人称“我”的角度抒情,塑造了一个无畏执着的抗争先驱者形象。②“向着黑夜里加鞭”“我冲入这黑绵绵的昏夜”可以看出主人公是主动选择冲进黑暗的,这就是抗争者身上一种博爱和自我牺牲精神的体现。③诗歌结尾,“我”已经死去,而“这回天上透出了水晶似的光明”分明就是一种鼓励和希望,让更多的抗争者去追寻。

四、技能应用

17.【参考答案】

《走月亮》教学简案

教学目标:

①会认、会写课后要求的生字词。

②有感情地朗读课文,背诵第4自然段。

③在朗读中感受月光下美丽的景象,体会"我"与阿妈之间浓浓的亲情,体会月光下"我"获得的无限乐趣。调动生活经验和情感体验,谈体会。

④培养细心体察生活细节的能力,感受文章的意境美,品味文章的语言美。

教学重点:

会认、会写课后要求的生字词,感受月光下美丽的景象,体会"我"与阿妈浓浓的亲情,并调动生活经验和情感体验,培养细心体察生活细节的能力。

教学难点:

调动生活体验,发挥想象,想象文中的画面,感受文章的意境美,品味文章的语言美。

教学过程:

一、谈话导入

同学们,你们和妈妈一起散过步吗?你们去过什么样的地方?当你和妈妈在一起时,你有什么感受?(生答)我国南方一些地区常在有月亮的晚上,到户外月光下游玩、散步、嬉戏,称为"走月亮",让我们与一位小朋友以及她的妈妈一起散步,来感受一下吧。

二、初读课文,整体感知

1. 学生自由读文,运用工具书解决文中的生字词,也可以问老师、同学。

2. 学生自读课文。在读文过程中,圈画出自己不明白的地方。

(先要求学生独立阅读,初步扫除阅读障碍;再让学生在小组中互相帮助纠正读音;最后点名分段阅读课文)

3. 谈一谈读完课文后的感受。

4. 记忆字形,指导书写。

(1)分析记忆字形。

(2)书写指导。

(3)运用工具书,小组讨论文中词语的理解及运用。

三、精读课文,深入理解

1. 自读课文,找出最喜欢的自然段,多读几遍,并谈谈自己的感受。

2. 全班交流,指导朗读。

(1)读课文第1自然段,提问:你知道月亮是从哪儿升起来的吗?

(2)预设:秋天月夜是怎样的景象?

(3)引导学生展开想象,想一想月光还照亮了哪些地方。

(4)指导朗读:体会月色下的美好意境。

(5)朗读第4自然段,请学生描述自己通过文本所想象到的美景,并通过朗读表达看到这般美丽的景色时的心情。

(6)自学第6自然段,并解决以下问题。

①秋虫、夜鸟此刻在做什么?

②你能想象一下果园里的景色吗?

③作者已经嗅到了果子的香味,那她会看到怎样的景色呢?

④想象第6自然段的两处省略号所蕴涵的内容。

3. 当作者看到这么美丽迷人的景色时,内心会有什么感受呢? 从哪里看出来的?

(1)引导学生通过回想自己和妈妈相处时的感受,理解作者的感受。

(2)引导学生想象文中描述的景色,并个性化地朗读。

4. 教师根据学生的理解,随机指导。

四、拓展延伸,交流情感

1. 同学们,你们和妈妈在一起有没有感到幸福的时刻? 把自己的感受在小组里讲一讲,然后全班交流。

2. 选择《童年书架》中的两篇文章——《月亮来大海做客了》《盼雨》,让学生任选一篇谈感受。

五、作业

1. 继续搜集有关描写月亮的诗句或美文,抄写在摘录本上。

2. 背诵第4自然段。

六、板书设计

走月亮

景美——情浓

(调动感官走月亮)　四次"我和阿妈走月亮"

五、作文

18.【写作指导】

这是一道材料作文题。阅读材料,发现其中的关键词是"见证",考生可据此直接立意,然后围绕自己的所见所感展开叙述即可。既可以写现实人生,也可以追溯历史人物或事件。可大可小,可远可近,可古可今,可实可虚。

【参考例文】

见证梦想的种子

岁月如水,带不去勾勒线条的画纸略微泛黄的痕迹;日月如流,带不去渲染色彩的画笔残留的气味;岁月如梭,带不去铺平画纸提起画笔时内心满溢的雀跃。安静的画室角落里端正安放的那些笔与纸,是我梦想的种子的见证。

年幼时,我总喜欢提起笔在纹理粗糙的纸上细描勾画。徐悲鸿大师曾经说过“宁方勿圆,宁脏勿净,宁拙勿巧”。线条与色彩在笔尖触及纸张的须臾,融化成一个点、一根线,或是一座山,抑或是一条河,似乎正从画面里向外迸溅零散的水花。黑白的笔触似是褪色的鲜花在纸上盛开,最后在视线中缓缓凝固,夹杂些微刺鼻的炭笔的气味。清晨,一块画板、一支画笔和只有我一人的向阳的画室,以及画笔在纸上摩挲的沙沙的声音,是播下的那颗名为梦想的种子悄然发芽的见证。

稍长时,我总喜欢提起笔在粗纹细纹交织的纸上轻描淡抹。颜料本身具有的流动性结合水的透明,在微湿的笔尖触及画纸的霎时,水色流渗,交界模糊,柔和的色彩随即犹如注入的清泉流淌于山间。临近黄昏,只有我一人的空空的画室里,空气被染上一抹素淡的温煦,似是画板上还未干的水彩画,这是那颗破土而出的梦想的种子茁壮成长的见证。

青春年少时,我总喜欢提起笔到画室以外的地方描绘灵动的自然。远方遥不可及的地平线,稍近的起伏的山峦,以及眼前的溪水和茅草屋:我让它们充盈画板,并使之鲜活明亮。在笔尖自然的点染下,画面流露出沐浴阳光般的温馨。不论是拂晓鸡鸣,还是晚霞满天,手提画板行走在意境优美的景象之中便无离开的念头,这是那颗梦想的种子欣喜开花的见证。

“成功的花儿,人们只惊羡她现时的明艳!然而当初她的芽儿,浸透了奋斗的泪泉,洒遍了牺牲的血雨”,冰心的话语一直回响在耳旁。那间向阳的画室还存放着破损的画笔、微皱的画纸和沐浴过阳光清风的画板。它们见证着流逝的时光,见证着我的努力,见证着我的成长,见证着梦想的种子发芽开花。

教师招聘考试小学语文预测试卷(三)

一、单项选择

1	2	3	4	5	6	7	8
C	B	C	B	D	D	B	D
9	10	11	12	13	14	15	
B	D	C	C	B	C	C	

1. C 【解析】本题考查字音的辨析。A项，古刹(chà)。B项，殷红(yān)。D项，攒聚(cuán)。

2. B 【解析】本题考查字形的辨析。A项，“戌卫”应为“戍卫”。C项，“恣意枉为”应为“恣意妄为”。D项，“修茸”应为“修葺”。

3. C 【解析】本题考查词语的正确选用。鉴往事，知来者：借鉴过去能帮助我们明白未来的路怎么走。前事不忘，后事之师：记住过去的经验教训，可以作为以后的借鉴。第一处语境强调记住抗日战争的教训，并唤起人们对和平的向往与坚守，因此重在教训与借鉴，应用“前事不忘，后事之师”。雄浑：雄健浑厚，雄壮浑厚。雄伟：雄壮而伟大，魁梧、魁伟。第二处语境强调史诗的浑厚有力，应用“雄浑”。坚不可摧：非常坚固，摧毁不了。无坚不摧：没有任何坚固的东西不能摧毁，形容力量强大。第三处语境强调当年日本大规模侵华，我们胜利了，显示了我们的坚不可摧，应用“坚不可摧”。改弦更张：比喻改变制度或变更做法。改弦易辙：比喻改变计划或做法。第四处语境强调“坚持中国特色社会主义道路这个根本问题上都要一以贯之”，是对制度的坚持，应用“改弦更张”。

4. B 【解析】本题考查句子的选用。括号前面是“爱国情怀”，“民族气节”和它连接更合理，“血战到底”属于“英雄气概”的内容，“宁死不屈”属于“民族气节”的内容，据此可以排除A、C、D三项。

5. D 【解析】本题考查病句的辨析。画横线的句子首先是缺少主语；其次是搭配不当，英灵、亡魂常用“告慰”。故选D。

6. D 【解析】本题考查外国儿童文学作品的识记。詹姆斯·巴里的《彼得·潘》中的主人公彼得·潘是一个会飞的拒绝长大的顽皮男孩，是一个永远长不大的童话形象。

7. B 【解析】本题考查现代汉语基础知识的积累。在现代汉语中，绝大多数都是双音节词。

8. D 【解析】本题考查造字法的辨析。D项，“明”是会意字，不是形声字。

9. B 【解析】本题考查文学常识的识记。A项，《威尼斯商人》是喜剧。C项，列宁称赞高尔基的《母亲》为一部“非常及时的书”。D项，“三言二拍”是冯梦龙的《警世通言》《醒世恒言》《喻世明言》和凌濛初的《初刻拍案惊奇》《二刻拍案惊奇》五部短篇小说集的总称。

10. D 【解析】本题考查文学作家作品的识记。D项，《秘密花园》的作者是伯内特，马克·吐温的代表作品有《汤姆·索亚历险记》《哈克贝利·芬恩历险记》等。

11. C 【解析】本题考查笔顺、笔画的辨析。C项，“脾”的第十笔是撇。

12. C 【解析】本题考查标点符号的正确使用。A项，将“天如何老”后的问号改为句号。B项，将“奇怪”后面的冒号改为逗号。D项，“一部《水浒传》”后面逗号改为句号。

13. B 【解析】本题考查语言表达能力的运用。根据语境可以得知，这种情况下需要我们去安慰球员。B项不符合语境。

14. C 【解析】本题考查词语构词方式的辨析。A项，“归宿、荡漾”属于联合式，“嫣然”属于词根加词缀，其余为偏正式。B项，“竹匾、殷勤”属于偏正式，其余为联合式。C项，均为动宾式。D项，“魁梧、严寒”属于偏正式，其余均为联合式。

15. C 【解析】本题考查文学常识的识记。C项，《五月的麦地》是海子的一首现代诗歌。A、B、D三项均为徐志摩的代表作。

二、填空

16. 天下谁人不识君

17. 野渡无人舟自横

18. 往来翕忽

19. 以中有足乐者；不知口体之奉不若人也

20. 黑云压城城欲摧；甲光向日金鳞开

三、简答

21.《义务教育语文课程标准（2022年版）》课程实施中的教学建议包括哪些方面？请分条简要概述。

【参考答案】(1)立足核心素养，彰显教学目标以文化人的育人导向。

(2)体现语文学习任务群特点，整体规划学习内容。

(3)创设真实而富有意义的学习情境，凸显语文学习的实践性。

(4)关注互联网时代语文生活的变化，探索语文教与学方式的变革。

22. 请简要赏析韩愈《晚春》的艺术效果。

【参考答案】《晚春》一诗运用了拟人的修辞手法，描绘了晚春的繁丽景色，将人与花糅为一体。“草树”本属无情物，竟然能“知”、能“解”、还能“斗”，而且还有“才思”高下有无之分。同时此诗透过景物描写领悟出其中的人生哲理，面对晚春景象，诗人一反常见的惜春伤感之情，而是通过惜春争艳的场景描写，表现了自己对春天大好风光的珍惜之情，变被动感受为主观参与，情绪乐观向上，很有新意。

四、文言文阅读

23. (1)A 【解析】A项，夷：灭族。

(2)C 【**解析**】②与乳母行为无关。⑤是后人对乳母的评价,间接表现出乳母坚守忠义。

(3)B 【**解析**】B项,乳母并非一见到旧臣就拒绝了他的提议,而是假装自己不知道公子在什么地方,后在旧臣的步步紧逼之下才拒绝旧臣把公子交出去的提议。

(4)【**参考答案**】①那些见到利益而背叛国君的人,是谋逆;怕死而放弃正义的人,是作乱。

②秦王听说这件事,认为她为维护忠心和义气而死很可贵,于是按照大臣的礼仪安葬她,用猪、牛、羊三牲来供奉她。

文章大意:

魏节乳母,是魏国公子的乳母。秦国攻打魏国,魏国破灭。(秦军)杀了魏王瑕和几位公子,但有一个公子没被抓到,(秦军)在魏国内下令说:"抓住公子的人,赏赐千镒黄金。藏匿他的人要灭族。"魏节乳母与公子一起逃跑,魏国的旧臣见到乳母并且认出她,说:"乳母还好吗?"乳母说:"哎!公子怎么办呢?"旧臣说:"现在公子在哪里?我听秦国命令说:'有能抓住公子的人赏赐千镒黄金。藏匿他的人要灭族。'乳母如果说出来,就可以得到千镒黄金。知道却不说出来,那么你的兄弟都要被杀了。"乳母说:"哎!我不知道公子在哪里。"旧臣说:"我听说公子与乳母你一起逃走的。"乳母说:"我虽然知道,也永远不可能把这件事说出来。"旧臣说:"现在魏国已经破城亡国,王族都已经灭绝了。你藏着他是为了谁呢?"乳母叹息说:"那些见到利益而背叛国君的人,是叛逆;怕死而放弃正义的人,是作乱。现在让我以叛逆作乱之名谋取利益,我不做。而且帮人养育儿子,一定要使他活着,而不是让他被杀害。怎么可以因为赏赐和害怕诛杀的缘故,背弃正义、违背节操呢!我不能为了活着而使公子被抓。"于是抱着公子逃到沼泽深处。旧臣把这件事告诉秦军,秦军追赶,看见他们,争相用箭射杀他们。乳母用自己的身体替公子遮蔽,箭射到她身上有好几十根,她和公子一起死了。秦王听说这件事,认为她为维护忠心和义气而死很可贵,于是按照大臣的礼仪安葬她,用猪、牛、羊来供奉她。宠信她的哥哥,封其为五大夫,赏赐百镒黄金。君子认为魏节乳母仁慈、忠厚,重义轻财。仁慈所以能大爱,哺乳的狗与老虎搏斗,孵蛋的鸡与狐狸搏斗,这种恩情是出于内心的。《诗经》说:"行有死人,尚或墐之。"说的就是这种情况。

五、现代文阅读

24.(1)AC 【**解析**】A项,于文无据。文中只是说朱自清"在叶圣陶鼓动下,才写出了《欧游杂记》的"。C项,原文中说的"正如当年他主编《小说月报》……无法估量的"是用叶圣陶主编《小说月报》的工作态度及对年轻人的积极影响来类比他主编《中学生》杂志所持有的态度及其积极影响，而并不是说都培养出了许多作家。

(2)**【参考答案】**叶圣陶指导儿女们写作时的特点：①认真讲解，时或热烈讨论。②不加约束，任其自由发挥。③重视评议，培养写作习惯。④善于启发，诱导深入思考。

评议方面：①仔细推敲作文的表达形式。②详细询问作文的思想内容。

(3)**【参考答案】**感到“格外高兴”的原因：①有着几十年亲似手足的友情。②有着共同的兴趣和爱好。③互相激励和帮助。

达到“随意之极致”的原因：①随兴之所至，无话不谈。②没有功利目的，无所顾忌。③心领神会，肝胆相照。

(4)**【参考答案】**三个方面：①对子女循循善诱，呵护备至。②对作者、读者精心扶植，热情宽容。③对年轻编辑辅导提携，关心爱护。

六、案例分析

25.【参考答案】(1)该教师增强课程实施的情境性和实践性，促进学生自主、合作、探究学习。在学生理解遇到困难的时候，该教师积极引导学生自主探究，发现问题，解决问题。

(2)该教师在教学活动中凸显了学生的主体地位，引导学生勤于思考，勇于探索，养成良好的学习习惯。

(3)《义务教育语文课程标准(2022年版)》指出：“语文课程致力于全体学生核心素养的形成与发展，为学生学好其他课程打下基础；为学生形成正确的世界观、人生观、价值观，形成良好个性和健全人格打下基础。”该教师在《井底之蛙》的教学过程中，引导学生深入理解课文内涵的同时，让学生有所感悟和思考，获得了“要像小鸟一样做一个见识广的人，不学青蛙，待在井底，见识少”的思想启迪，为学生树立了正确的意识。

七、教学设计

26.【参考答案】(1)可以四处旅游是一件快乐的事情，不仅可以开阔眼界，更能换一种心情。今天，我们将跟随美国著名作家马克·吐温去意大利的古城威尼斯，看看那里的独特风光。(齐读课题《威尼斯的小艇》)

①出示威尼斯图片资料。(师一边出示图片，一边做向导，介绍威尼斯)

②作者看到那么多景物，为什么单单选小艇来写呢？生各持己见。

师总结：威尼斯就是这样一座独一无二的水上城市，它吸引着世界各地的游客。马克·吐温游览后，对威尼斯的小艇情有独钟。小艇有哪些独特的魅力吸引了作家？让我们一起走进课文寻找答案。

(2)教学目标:

①认识生字词,能正确读写“操纵自如、交错、耸立、桥梁、小艇、威尼斯、静寂”等词语。

②朗读课文,通过学习课文内容,了解威尼斯独特的地理风貌、小艇的特点及它同威尼斯水城的关系。

③学习作者抓住事物特点把人物活动同景物结合起来描写的方法。

④理解威尼斯是世界闻名的水上城市,小艇是威尼斯重要的交通工具,感受威尼斯的风土人情。

教学重点:了解小艇的特点和它在威尼斯水城中的作用。

教学难点:学习作者是怎样抓住事物特点把人物活动同景物结合起来描写的。

微型课堂设计:

环节一:自读自悟

①怎么理解小艇是威尼斯的主要交通工具?

②小艇为什么能成为人们主要的交通工具?请同学们自由朗读课文,在文中找找答案。

环节二:研读课文,畅谈感受

①小艇的样子

A. 作者描写了小艇的什么特点?运用了什么修辞手法?有什么好处?

B. 为什么小艇要这样设计?

C. 作者坐在小艇上的感受又如何呢?谁来读读。(朗读第三段,指名读)

②船夫的驾驶技术

A. 威尼斯的小艇样子独特,坐在里面充满了情趣,但是要使小艇真正发挥它的作用,成为主要的交通工具,还得需要谁?

B. 船夫的驾驶技术怎么样?从哪可以看出船夫的驾驶技术特别好?这么好的驾驶技术主要表现在哪些方面?

C. 文中有一个词把他的驾驶技术体现得特别好,是哪一个词?

D. 在这一段中,作者使用了一些关联词语,你能快速地勾画出来吗?这些关联词语有什么作用?

E. 你能把船夫高超的驾驶本领读出来吗?(重读关联词语,指名读)

③小艇与人们的关系

A. 人们乘坐小艇去干什么呢?快速浏览最后两段,根据提示,筛选主要信息。

B. 想象一下,还有哪些人会乘坐小艇?去做什么?

(生想象,说话训练)

C. 白天的威尼斯和夜晚的威尼斯有什么不一样呢?

D. 小艇是威尼斯主要的交通工具,人们经常会乘坐小艇,小艇与人们的关系怎么样?

环节三:课后小结,布置作业

①学习这篇课文后,你有什么样的收获?

②布置作业。

A. 背诵课文前四个自然段,积累语言。

B. 领会抓住事物特点的表达方法,进行仿写。

环节四:板书设计

威尼斯的小艇

河道纵横　以艇代车

小艇:独木舟　新月

船夫:水蛇　操纵自如

关系:密切

教师招聘考试小学语文预测试卷(四)

一、单项选择

1	2	3	4	5	6	7	8
C	A	D	D	D	C	C	B
9	10	11	12	13	14	15	
D	A	A	D	C	B	C	

1. C 【解析】本题考查字音、字形的辨析。坦荡如砥(dǐ):平坦得像磨刀石一样。比喻人非常直率,做事不加犹豫,也多用来形容大面积的地方很平坦。遒劲(jìng):雄健有力。跋(bá)涉:爬山蹚水,形容旅途艰苦。中(zhòng)伤:诬蔑别人使受损害。

2. A 【解析】本题考查字形的辨析。B项,“大气滂礴”应为“大气磅礴”,“百战不怠”应为“百战不殆”。C项,“虎视耽耽”应为“虎视眈眈”。D项,“瞳孔”应为“瞳孔”,“相形见拙”应为“相形见绌”。

3. D 【解析】本题考查成语的辨析。A项,不以为然:不认为是对的,表示不同意(多含轻视意)。此处语境是指许多消费者不放在心上,不符合语境,应用“不以为意”。B项，差强人意：大体上还能使人满意。此处语境是指学生语文成绩水平不一，不符合语境，应用“参差不齐”。C项，有口皆碑：所有人的嘴都是活的记功碑，比喻对突出的好人好事一致颂扬。语境中“机关作风的变化”不属于突出的好人好事，不符合语境，应用“有目共睹”。D项，日渐式微：事物逐渐地由兴盛而衰落。此处语境是指汉字书写面临着由兴盛转向衰落的窘境，使用正确。

4. D 【解析】本题考查文学常识的识记。A项，《变色龙》的作者是俄国作家契诃夫，主人公是奥楚蔑洛夫，别里科夫是《装在套子里的人》中的人物。B项，《汉宫秋》是元代文学家马致远创作的杂剧，《牡丹亭》是明朝剧作家汤显祖创作的传奇，主要人物为杜丽娘和柳梦梅。C项，《警察与赞美诗》是美国作家欧·亨利的短篇小说，主要人物是苏比。

5. D 【解析】本题考查词语的正确选用。一枝独秀：形容在同类事物中最为突出，最为优秀。独树一帜：单独树立起一面旗帜，指自成一家。此处用来指回目作为中国古典小说的成熟格式自成一家，应填入“独树一帜”。错落有致：交错纷杂但有情趣。参差不齐：长短、高低、大小不齐；不一致。此处用来指字数由多少不齐而逐步定型为七八言，应填入“参差不齐”。吻合：完全符合。契合：符合；合得来，意气相投。此处用来强调回目与对联有相近之处，但不完全符合，应填入“契合”。不但：表示递进关系。如果：表示假设关系。“统观阅读小说回目”是假设的行为，应填入“如果”。

6. C 【解析】本题考查病句的辨析。画波浪线的句子缺少主语，应在“对联”前加“将”，“将……应用于……”是人的行为举措，可以做“是……创举”的主语。A项，结构混乱，主宾不搭配，主语应该是人类的行为举措，而不是对联的状态。B项，成分残缺，缺少介词搭配的中心语“中”；主宾不搭配，前半句表示的是一种状态。D项，成分残缺，“应用于章回小说的回目”缺少介词“于”搭配的宾语中心语“中”。

7. C 【解析】本题考查造字法的辨析。A项，“纸”“注”为形声字，“家”为会意字。B项，“错”“腐”为形声字，“涉”为会意字。C项，“课”“杯”“珠”均为形声字。D项，“殊”“抵”为形声字，“武”为会意字。

8. B 【解析】本题考查词语的正确选用。“抑扬顿挫”指声音高低起伏和停顿转折，“顿挫缓急”指停顿转折和和缓急迫；“凝重”即端庄、庄重，“厚重”即又厚又重、丰厚或敦厚持重；“波动”指起伏不定、不稳定，“波澜”比喻事物的起伏变化；“淌”指往下流，“涌”指水或云气冒出。故选B。

9. D 【解析】本题考查句子排序的能力。③总述中国传统审美文化与社会形态的关系，⑤进一步指出中国的社会形态特征对审美文化的影响，⑥④①提出并分述“礼”与“乐”是“中国社会形态特征影响审美文化”的体现，②总结出中国审美文化的基本特征。故选D。

10. A 【解析】本题考查标点符号的正确使用。A项,“以后再看到优秀、守信用这类的字眼”应改为“以后再看到‘优秀’‘守信用’这类的字眼”。

11. A 【解析】本题考查表现手法的辨析。A项,没有使用对比手法,而是运用了拟人的修辞手法。

12. D 【解析】本题考查对诗歌思想情感的理解。D项,“山重水复疑无路,柳暗花明又一村”出自宋朝陆游的《游山西村》,该句诗的意思是:山重峦叠嶂,水迂回曲折,正怀疑前面没有路,突然出现了一个柳绿花红的小山村。此句诗多用来形容遇到了困难,突然眼前一亮,想到了解决问题或困难的方法。与送别离情无关。

13. C 【解析】本题考查文学常识的识记。《叶甫盖尼·奥涅金》是俄国作家普希金创作的长篇诗体小说。

14. B 【解析】本题考查文学常识的识记。B项,智取生辰纲是晁盖、吴用等人策划实施的,宋江不是主要人物。

15. C 【解析】本题考查笔顺、笔画的辨析。A项,“贺”字的第三笔应该是竖。B项,“匣”字的笔顺应该是先写一横,再写“甲”,最后写竖折。D项,“马”字第一笔应该是横折,竖折折钩是第二笔。

二、填空

16. (1)飞鸟相与还;欲辨已忘言

(2)知不可乎骤得;托遗响于悲风

(3)水击三千里;抟扶摇而上者九万里

(4)此之谓失其本心

17. (1)《阿Q正传》

(2)二十年目睹之怪现状

(3)围城

三、阅读鉴赏

18.【参考答案】野菊生长于山野,花色清淡,香气清馨。它不因无人欣赏而自减其香,不因外部环境而改变内心的高洁。描绘了野菊不慕名利、悠然自得的形象。

19.【参考答案】(答题角度)修辞:对偶,借代。炼字:“逢”“忙”等。色彩:“碧”与“黄”映衬。情感:喜爱之情。(结合诗句,言之有理即可)

20.【参考答案】尾联化用了陶渊明《饮酒》中“采菊东篱下”这句诗。表达了作者率性自然、超凡脱俗的志趣。

21. B 【解析】B项,益:增加。

22. B 【解析】B项，隋朝设进士科，唐沿袭，凡中试者皆称“进士”。元明清时，会试中试，殿试后及第者称“进士”。

23. D 【解析】D项，“早年跟随司马光学习，并受其多方面影响，如写字不用草书，不喜欢歌舞女色、珍宝财富”表述错误。原文“家居未尝有惰容，久坐身不倾倚，作字不草书，不好声色货利”是对刘安世在家里优良作风的称赞，并没有明确说“写字不用草书，不喜欢歌舞女色、珍宝财富”是受司马光的影响。关于效仿司马光的地方，文中只有“其忠孝正直，皆则象司马光”一句提到。

24.【参考答案】(1)跟从司马光学习，询问修身养心的要点，司马光真诚教导他，并让他从不说假话开始。

(2)倘若当了这个官，必须心明胆大，以身任职，如果有所触忤，祸患马上就会来到。

25.【参考答案】①遇事有见识，由原文“安世拱手曰：‘安世虽晚进，窃以为未然。今日新政，果顺人所欲而为人利乎？若不然，公当去所害，兴所利，反掌间耳’”可知。②忠孝正直，由原文“其忠孝正直，皆则象司马光”可知。③不好声色货利，由原文“家居未尝有惰容，久坐身不倾倚，作字不草书，不好声色货利”可知。

文章大意：

刘安世字器之，魏人。父亲是刘航。刘安世年少时已很有见识。刘航出任监牧时，文彦博在枢密院，听到事情，常常叫刘安世来告诉他。刘安世不慌不忙地说：“王介甫请求离去，外面议论你将代替他的职务。”文彦博说：“王安石把天下搞坏到这种地步，后来的人能如何呢？”刘安世拱手说：“安世虽然是晚辈，以为未必是这样。现在的新政，果然是顺乎人心而于人有利吗？如果不是，你应当除去有害的，兴办有利的，这是易如反掌的事。”文彦博默不作声，后来见到刘航，赞叹刘安世坚定正直。

考中进士，没有参选任官。跟从司马光学习，询问修身养心的要点，司马光真诚教导他，并让他从不说假话开始。司马光入朝为宰相，推荐刘安世为秘书省正字。章惇因强行买昆山民田被处罚金，刘安世说：“章惇与蔡确、黄履、邢恕向来互相勾结，自认为是国家大臣，贪天之功，侥幸从前，天下人称他们为‘四凶’。现在章惇父亲还健在，他却另外强买田产，灭绝道义情理，若只是从轻处罚，怎能表现出惩戒的意义？”恰逢吴处厚解释蔡确的《安州诗》呈上，刘安世认为蔡确指斥皇帝，犯了大不敬的罪，同梁焘等人极力论述这件事，把蔡确放逐到新州。

刘安世进任左谏议大夫，有旨暂时停止讲筵。民间盛传宫中寻求奶妈，刘安世上疏进谏说：“陛下正当壮年，没有立皇后而亲近女色。希望太皇太后保佑圣上的身体，为宗庙社稷大事计议，清闲欢乐，应多听讲，援引近臣谈论前朝治乱的要旨，来增加皇上的学问，不要溺于所爱而忘记劝诫。”哲宗低头不说话。后来章惇当权，特别憎恨刘安世。初贬知南安军，再贬为少府少监，三贬为新州别驾，安排他在英州居住。

宣和六年，恢复待制，中书舍人沈思封还任命。第二年刘安世去世，终年七十八岁。

刘安世开始被任命为谏官，没有就任，进屋禀告母亲说：“朝廷不认为安世没有才能，让我担任谏官。倘若当了这个官，必须心明胆大，以身任职，如果有所触忤，祸患马上就会来到。皇帝正用孝治理天下，如果因母亲年老辞去，应当可以免任此职。”母亲说：“不行，我听说谏官是天子的诤臣，应献身以报效国家的恩典。如果因获罪被流放，不论远近，我当跟从你去所去的地方。”刘安世于是接受任命。

在家中居住时也从没有懈惰，坐了很久也不会侧身倚靠，写字不用草书，不喜欢歌舞女色、珍宝财富。他的忠孝正直，都是效法司马光。梁师成当权，有生杀予夺之权势，内心折服刘安世的贤能，找到曾经在刘安世身边做事的小吏吴默，派他持信来，以马上重用来引诱刘安世，吴默就劝刘安世替子孙打算，刘安世笑着谢绝说：“我如果替子孙打算，就不至于这样了。我想做为元祐时贤人，在黄泉下去见司马光。”归还梁师成的信没有答复。

26.【参考答案】①补充交代上文征调动员大会的内容。

②为下文具体描写不同的学生形象作铺垫。(不同的学生形象指充满爱国热情的工学院学生、逃避征调的蒋姓学生和主动要求入伍的澹台玮)

27.【参考答案】①面对洋溢着爱国热情要做志愿者的学生，递手帕的行动表现了孟弗之作为老师的嘉许和关爱。

②学生间的递、接，表现了志同道合的同学间的契合。

③师生间的递、接、还，表现了彬彬有礼的师生在民族大爱的召唤下情感的水乳交融。

28.【参考答案】(1)深刻寓意：①雪：昆明很少下雪，用下雪天寒渲染气氛，暗示战事紧急，形势严峻。②蜡梅林：用在雪中傲然挺立的蜡梅，象征爱国知识分子的高洁品格。

(2)作用：①孟弗之见到雪白的蜡梅林，暗喻他路遇蒋姓学生后的沉重心情。②萧子蔚、澹台玮面对雪已消了大半的蜡梅林，暗示他们消解了内心的淡淡纠结，彼此之间理解更深。③澹台玮走入蜡梅林，人与梅相映，隐喻其坚贞的人格。

四、教学设计

29.【参考答案】①这篇课文讲述了一夜秋风，一夜秋雨后，“我”无意中发现上学路上法国梧桐树和水泥道的变化，然后开始观察，发现铺满金色巴掌的水泥道很美的故事,表现了“我”对铺满金色巴掌的水泥道的喜爱之情。

②学习本篇课文,教师可以运用演示法,通过展示铺满金色树叶的水泥道的图片来帮助学生感知大自然;也可以运用朗读法帮助学生体会作者对大自然的热爱;还可以运用谈话法,引导学生去了解大自然、走进大自然,进而激发他们热爱大自然的情感,养成积极的生活态度。

30.【参考答案】教学目标:

①会认、会写生字,正确、流利、有感情地朗读课文。

②通过朗读课文,体会并描述“我”在铺满金色巴掌的水泥道上行走的情形,认识“水泥道”的美丽。

③体会秋雨过后大自然的美,体会作者的情感。

④激发热爱大自然和渴望了解大自然的感情。

31.【参考答案】教学过程:

环节一:导入

同学们,上节课我们学习了《铺满金色巴掌的水泥道》的一些重点生字词,下面老师来检查一下大家掌握得怎么样。(抽学生上讲台默写,让其他同学指出错误,老师总结点评)看来,大家在课下还是有认真巩固练习的,掌握得很不错!今天让我们继续深入学习课文,细细品读文章到底都说了些什么,作者的感情是怎样的,以及会给我们带来哪些启示。

环节二:细读课文,体会情感

①指名读,评读。

②课件出示秋风秋雨图,让学生谈感受。

③谈话过渡:一夜秋风,一夜秋雨之后,大自然发生了什么样的变化?“我”有了什么新发现呢?

A. 自由读第2~9自然段,思考:“我”新发现了什么?

B. 总结:用文中的话说一说。

C. 这个发现令“我”非常高兴,请大家有感情地读读这部分课文。

D. 有了新发现后,“我”是怎么做的?重读第2~9自然段,读出“我”的喜悦之情。

④学习最后两个自然段。

此时此刻,作者又有什么感受?带着赞叹的语气读读这两个自然段。

环节三:拓展读文,阅读链接

①(课件出示)从我家到小学要经过一条大街,一条曲曲弯弯的巷子。我放学回家喜欢东看看,西看看,看看那些手工作坊、布店、酱园、杂货店、爆仗店、烧饼店、卖石

灰麻刀的铺子、染坊……我到银匠店里去看银匠在一个模子上錾出一个小罗汉，到竹器厂看师傅怎样把一根竹竿做成筢草的筢子，到车匠店看车匠用硬木车旋出各种形状的器物，看灯笼铺糊灯笼……百看不厌。

②学生自由阅读，指名读，教师范读。

③互相交流，说说“我”的上学路是怎样的？“我”在上学路上都看到了什么？“我”有什么感受？

环节四：课堂小结

这篇课文描写了上学路上水泥道的美。秋天一夜风雨过后天放晴了，“我”在上学路上，发现水泥道上布满了落叶，作者运用修辞手法详细描写了水泥道的美，最后动情地赞赏了水泥道的美。

环节五：拓展练习

①根据短文内容填空。

A. 水泥道像铺上了一块彩色的地毯。

B. 梧桐树的落叶像一个金色的小巴掌。

C. 棕红色的小雨靴像两只棕红色的小鸟。

D. 我还知道：________像________。

②照样子写词语。

（湿漉漉）的水泥道　（亮晶晶）的水洼

（绿油油）的麦苗　（青灵灵）的树叶

环节六：板书设计

铺满金色巴掌的水泥道

（发现）　（用比喻手法描写）　（赞赏）

水泥道——地毯

水泥道上布满落叶　落叶——小巴掌　水泥道真美

小雨靴——小鸟

教师招聘考试小学语文预测试卷(五)

一、基础知识

1	2	3	4	5	6	7	8
A	B	B	B	B	D	B	C

1. A 【**解析**】本题考查字音的辨析。B项，“大笔如椽(tuán)”应为“大笔如椽

(chuán)”。C项,“相契(qiè)”应为“相契(qì)”,“万头攒动(zǎn)”应为“万头攒动(cuán)”。D项,“别墅(yě)”应为“别墅(shù)”。

2. B 【解析】本题考查字形的辨析。A项,“刨根纠底”应为“刨根究底”。C项,“惊咤”应为“惊诧”。D项,“味心”应为“昧心”,“烦燥”应为“烦躁”。

3. B 【解析】本题考查词语的正确使用。A项,一张一弛:原指治国宽严相结合,现多比喻工作、生活上劳逸结合。B项,如坐云雾:像坐在云里雾里。比喻头脑糊涂,不能辨析事理。C项,风风火火:形容急急忙忙、冒冒失失的样子。D项,不可理喻:不能用道理使之明白,形容态度蛮横或不通情理。

4. B 【解析】本题考查病句的辨析。A项,成分赘余,“大约”和“左右”重复,应删去其中一个。C项,句式杂糅,“原因在于……”和“……形成的”杂糅,应删去“形成的”。D项,不合逻辑,应是先“装袋、过秤”,再“收钱、找零”,另外,“极富节奏感”的部分偷换主语,其主语不能是“他”,应是“声音”。

5. B 【解析】本题考查关联词语的正确选用。第一空,根据后文“教的人总要”中的关联词语“总要”,此处应填入“无论”或“不管”。第二空,“于是”是连词,表示后一事接着前一事;“因此”和“所以”都表因果关系;“但是”表转折关系。根据前后文的语境,此处应填入“因此”或“所以”。第三空,“只要”表示必要的条件;“而”可以作连词,表承接、递进、转折等关系。语境中将学生对“入门”的不同态度进行对比,可知此处应用表转折关系的关联词语,应填入“而”。第四空,根据“如果自命不凡”中关联词语“如果”,此处应填入“那么”。故选B。

6. D 【解析】本题考查文学文化常识的识记。D项,“始龀”指七八岁,“而立”指三十岁,“加冠”指二十岁。按从小到大的顺序排列应为:“始龀”“加冠”“而立”。

7. B 【解析】本题考查句子的衔接与排序。③中的“它”紧承上文而来,指代的是“戏剧”,“不懂得平静地过日子”与“不断地掀起冲突的浪潮”相对应,因此第③句应排在首位,排除A、D两项。⑥句所说的“集中于周、鲁两家的冲突氛围内”指的是①中的“阶级矛盾”,所以⑥紧承①,排除C项。

8. C 【解析】本题考查语意的概括。这段文字说明了现代科学的思维方式经历了巨大的变化——从机械观思维向以系统观为主导的思维转变。故选C。

9. (1)则芥为之舟;水浅而舟大也

(2)羽扇纶巾;樯橹灰飞烟灭

(3)往往取酒还独倾;一尊还酹江月

(4)《浮士德》

(5)神话传说

二、简答

10. 简述李白和杜甫诗歌创作风格上的不同之处。

【参考答案】(1)李白的诗歌创作带有强烈的主观色彩,李白诗的典型特点有二:第一,气势磅礴,汪洋恣肆,纵横飞动。将屈原、庄子的艺术风格融为一家,形成一种雄奇、飘逸、奔放的风格;第二,运用丰富的想象、生动的比喻、高度的夸张,形成一种掀雷挟电的夺人气势,令人折服。李白的诗自然而不事雕琢。

(2)杜诗的主要风格特征是沉郁顿挫,沉郁顿挫风格的感情基调是悲慨。杜甫是一位心系国家安危和民生疾苦的诗人。在动乱的时代,个人的坎坷遭遇,使他颇有感触,悲慨满怀。他的诗有一种深沉的忧思,无论是写民生疾苦、怀友思乡,还是写自己的穷愁潦倒,感情都是深沉的。

11.《义务教育语文课程标准(2022年版)》的核心素养内涵都包括哪些方面?请简要概述。

【参考答案】核心素养是学生通过课程学习逐步形成的正确价值观、必备品格和关键能力,是课程育人价值的集中体现。义务教育语文课程培养的核心素养,是学生在积极的语文实践活动中积累、建构并在真实的语言运用情境中表现出来的,是文化自信和语言运用、思维能力、审美创造的综合体现。

文化自信和语言运用、思维能力、审美创造是一个整体。语言是重要的交际工具和思维工具,语言发展的过程也是思维发展的过程,二者相互促进。语言文字及作品是重要的审美对象,语言学习与运用也是培养审美能力和提升审美品位的重要途径。语言文字既是文化的载体,又是文化的重要组成部分,学习语言文字的过程也是学生文化积淀与发展的过程。在语文课程中,学生的思维能力、审美创造、文化自信都以语言运用为基础,并在学生个体语言经验发展过程中得以实现。

三、阅读鉴赏

12.**【参考答案】**(1)开花早、颜色雪白、娇艳美丽。题目“早花”和“腊日巴江曲,山花已自开”写出了山花开花早的特点。“盈盈当雪杏,艳艳待春梅”的“当雪杏”写出了山花的颜色雪白,“艳艳”写出了山花的娇艳美丽。

(2)“西京安稳未,不见一人来”写出作者对国事的关注,对战乱的厌恶;“腊日巴江曲,山花已自开”以乐景写哀情,借花之盛开和无人欣赏写出作者的孤独;“直苦风尘暗”写出作者对百姓疾苦的忧虑,“谁忧容鬓催”写出岁月老去,作者客居他乡,对长安的思念。

13.(1)C **【解析】**C项,芳:名词作动词,开花。

(2)**【参考答案】**①这些树木生长期长或所需土地广,不符合作者年老、庭院狭小的实际情况;②这些树木遮阴、果实可口的实用价值,不符合作者的精神追求,他在意与草花相伴、优游平实的生活。

(3)**【参考答案】**①除去这些繁杂的植物,然后种上芳香的植物,这也是隐士迷恋的事情。

②这些草花的茎干枯萎,果实变得坚硬,我就小心地观察它们的成熟情况,并采摘收藏,以便等到明年再栽种。

文章大意:

巰轩的南面有一处小小的庭院,一打开窗,我就能面对这处庭院。平时没事时,我喜欢每天都要在这庭院里慢慢行走。我早已讨厌院子里杂草疯长,就计划着把院子翻垦后种些东西。有人建议说:"松树、桂树、杉树、梧桐树,能够用来遮阳,这是适合种植的树木。"我说:"我年纪大了,等不到这些树长大成材。"有人又建议说:"梅子、杏子、橘子、橙子,能够分行排列,这是适合种植的果树。"我说:"我这块地狭小,不能容纳。我自有办法,除去这些繁杂的植物,然后种上芳香的植物,这也是隐士迷恋的事情。"于是我让园丁们开垦这块荒芜之地,向邻近的花圃主人讨些草本的花卉来栽种。我的一些乡间的朋友,尽力帮助我做成这桩好事,通过各种途径为我弄来种子。

我为此感到很开心,就像致力耕种的农民获得好的种子一样。一年之内,庭院内各种花盆排列整齐,两年之内院中各色花卉济济一堂。到如今第三年,繁茂的枝叶挤满庭院,长出两片叶子以上的花草,我全能分辨清它们的种类,并且能叫出它们的名字。时值春分、半夏,雨水充足,土壤肥力旺盛,我就趁此大好时机观察花草的生长变化,这时候我的生命活力仿佛和它们一起在运动。不久我见到这些草花蕴藏芳香之气,饱经风露,显出旺盛的生命力,这时候我的呼吸好像和它们是互相连通的。长势好的让它们顺顺当当地生长,长势疲弱的小心扶助。较早开花的,我细心地把它们与别的花分开;较迟开花的,我耐心等待。这些草花的茎干枯萎,果实变得坚硬,我就小心地观察它们的成熟情况,并采摘收藏,以便等到明年再栽种。我的各方面精神没有一样不跟这些草花相融和。早晚与花草在一起,我可以真切感受春秋季节的更替;快乐自在啊快乐自在,我姑且就用这样的方式度完余年吧。

那些劝我种乔木果树的朋友只知道好的乔木能够给我带来遮阴,却不知道小小的草花能使我的灵魂得到欣悦;他们光知道甘甜的果子能使我感到可口,却不知道繁盛美丽的花卉能让我的眼睛得到滋养。像古人所看重的南阳的梓树、漆树,平泉庄的花木,不是凭我的力量就能拥有的,但那些东西难道就一定能让我的心情觉着舒适吗!

14.**【参考答案】**(1)我们要做一个有趣的人。(有趣的人不苟且。)

(2)第③段运用了举例论证的方法，运用苏轼身处逆境依然对生活充满激情，用心做美食，用心写诗的事例，论证了本段“有趣的人，对生活抱有大爱”的观点，既具有故事性，又有事实胜于雄辩的说服力。

(3)①需要对生活抱有大爱；②要有着强烈的好奇心；③需深藏大智慧；④不仅自己收获快乐，也是别人的“开心果”。

(4)引用梁启超的话总结全文，进行补充论证，目的是使文章论证更加严密。

四、技能应用

15.【参考答案】(1)导入语：

今天我们要学的课文是——《落花生》(制作一张用花生作为背景，写上课题和作者姓名的幻灯片)，文章的作者是——(师指幻灯片，请学生齐读)。关于本文作者许地山，文后有一个介绍。请大家读一读“资料袋”，说说从“资料袋”里，你了解到了哪些信息？

(2)教学过程：

①小组合作朗读课文“议花生”部分。

讨论：他们说到了花生的哪些好处？

先口头说，互相补充，然后各自尝试列出最主要的词语，再全班交流。

②分角色朗读“议花生”部分，思考并讨论：父亲怎样议花生？

“父亲说：‘花生的好处很多……’”你觉得哪些是重点词语？

“我们”所说的花生的好处是显而易见的，父亲指出的却是花生常常被人忽视的，却最重要的特点：花生虽然没有像桃子、石榴、苹果那样惹人喜爱的外表，但它一样结果，而且将成熟的果实埋在土里，一点不张扬，不求虚名，默默奉献。

③深入领会：父亲特别指出花生的最可贵之处，目的是什么？

希望“我们”能像花生那样，朴实无华，却很有用。

课文从议花生讲到做人，接着告诉我们一个深刻的道理。这种写法就叫借物喻人。

④讨论：父亲借花生来教育孩子们做什么样的人？

A. 师引导学生反复朗读父亲的话。

B. 说说你对父亲的话的理解。

⑤联系生活实际，体会花生的品格与做人的道理。

在我们的周围也有许多像花生一样的人和事，让我们懂得要做有用的人的深刻道理。你能举出例子来说一说吗？(如貌不惊人的铅笔、橡皮，默默无闻的环卫工人、快递员……)然后结合课后的“小练笔”写一写。

五、写作

16.【写作指导】

这是一道材料作文题。材料第一段讲述的是遵守规则对于集体和社会的重要性,材料二的观点则强调的是不能过分拘泥于规则,有时候也要勇于创新。因此,考生对“规则”的理解应有正反两个方面。考生在写作时必须明确提出在社会公共生活中遵守规则的重要性,同时也应该适当论述部分过分陈旧的规则并不利于创新思维的发散和人们灵活地处理事务。可供参考的立意角度有:(1)积极的规则需要我们遵守;(2)要勇于打破消极的规则;(3)规则与创新同行,现实与梦想齐飞;等等。

【参考例文】

兼顾方圆,允执厥中

不守规矩,就像不作茧的蚕,永不能体会化蛹为蝶的惊艳;但若固守规矩,会像自缚于茧的蚕,失去了外面的广阔。

中国之道,一方一圆。“方”是规矩,是典范,是苏格拉底为之献身的准则;“圆”是变通,是创新,是点燃西方工业革命的轰鸣引擎。方圆兼顾,允执厥中,如此吾炎黄子孙方能昂然屹立于世界民族之林!规矩是社会生活的前提。孟子说:“不以规矩,不能成方圆。”规矩支撑着社会的方方面面,然而我们应该认识到当下国人的规则意识仍旧缺乏。特别是对于今日之“新集体生活”,对于网络发达的今天,不少人以为隐藏在电脑屏幕后面就可以肆无忌惮,不再遵守网络发言与交流的规则。我们不禁自问:是什么导致了网络公共空间如此难以管控?是什么导致了国人渐失敬畏之心?是规则意识的缺乏。我们应该自我警醒,让三尺法典长存于心,让坚守规则的警钟长鸣。我们更应该与时俱进,制定出严格管控网络发言的相关法典。

但是,坚守规则并不意味着冥顽不化。规则亦应有,创新不可无。“生活不是静止,而是对‘旧事物’的吸引力的永恒反抗。”诚如罗曼·罗兰所言,在坚守底线的前提下,创新才是点亮文明之火的原动力。我们没有忘记,仓颉造汉字,“天雨粟,鬼夜哭”;我们没有忘记,在如今面目全变的现代社会四大发明的身影仍时时浮现;我们没有忘记,瓦特的蒸汽机越过时空推动西方工业前进的强大动力。从爱迪生的电灯照亮地球,到如今人工智能挑战人类引发人机大战,我们怎能忘记创新的重要,怎能对社会趋势闭眼不看、绝口不提?若要世界舞台上常驻我中华英姿,我们必须学习《周易》“穷则变,变则通,通则久”的智慧,长留创新之魂。

规则是变通与创新的前提,而创新活动又是规则不断完善的动力。“方”是“圆”之始,“圆”为“方”之成。只有托好规则与创新的天平,只有把握好变与不变的中庸之道,我们才能有为于今日,无愧于先辈。小至个人、团体,大到民族、国家都应实践好方圆的智慧，在瞬息万变的当今社会中守住民族家园和心灵故乡。不忘初心，砥砺前行，方能乘风破浪，圆梦今朝。

故曰：兼顾方圆，允执厥中。

教师招聘考试小学语文预测试卷（六）

一、单项选择

1	2	3	4	5	6	7
C	B	B	D	D	D	C

1. C 【解析】本题考查字音的辨析。A项，处决（chǔ），畏葸不前（xǐ）。B项，憎恶（zēng），瘦削（xuē）。D项，炮烙（luò），牵累（lěi）。

2. B 【解析】本题考查字形的辨析。B项，"英雄倍出"应为"英雄辈出"，"人声顶沸"应为"人声鼎沸"。

3. B 【解析】本题考查成语的正确使用。半途而废：做事情没有完成而终止。浅尝辄止：略微尝试一下就停下来，指对知识、问题等不做深入研究。此处用来形容对待政治的态度，应填入"浅尝辄止"。"眉开眼笑"和"眉飞色舞"，都形容人高兴的样子，但"眉飞色舞"偏重于得意，"眉开眼笑"偏重于快乐。此处用来形容徐先生讲课的得意神态，应填入"眉飞色舞"。栩栩如生：形容生动逼真，就像活的一样。多指人工制造的艺术品。惟妙惟肖：形容描写或模仿得非常好，非常逼真。此处用来指绘画形象逼真，应填入"惟妙惟肖"。故选B。

4. D 【解析】本题考查标点符号的辨析。A项，"光明，希望，快乐"中间是短暂停顿，应把这两处逗号改为顿号。B项，由后文可知"金钱，权力，欲望"是三个并列分句，此处为连续发问，故"金钱""权力"后应用问号。C项，"一是理想，理想产生欧洲艺术；一是幻想，幻想产生东方艺术"是对"两个起源"的解释，所以"两个起源"后的逗号应改为冒号。

5. D 【解析】本题考查病句的辨析。A项，成分残缺，应删去"由于"或"使得"。B项，"大约"与"左右"语义重复，应删去其一。C项，两面对一面，应将"要"改为"是否"。

6. D 【解析】本题考查《义务教育语文课程标准（2022年版）》课程总目标的识记。D项，新课标中的课程总目标指出：能根据需要，用书面语言具体明确、文从字顺地表达自己的见闻、体验和想法。

7. C 【解析】本题考查《义务教育语文课程标准（2022年版）》"实用性阅读与交

流”学习任务群内容的识记。C项，“阅读哲人故事、寓言故事、成语故事等，感受其中的智慧，学习其中的思维方法”属于“思辨性阅读与表达”学习任务群的内容。

二、填空

8. 哀民生之多艰

9. 百年多病独登台

10. 舞榭歌台；风流总被雨打风吹去

11. 《新月集》；《吉檀迦利》

12. 课程目标；学业质量

13. 学习情境

三、简答

14. 请简要分析《巴黎圣母院》中“卡西莫多”的人物形象。

【参考答案】(1)卡西莫多是雨果理想中“善”的化身，是雨果根据“美丑对照”原则创造的人物形象。

(2)卡西莫多有着丑到极点的相貌，似乎上帝将所有的不幸都放在了他的身上。虽受尽嘲弄，但内心崇高，是一个富有正义感、富于感情的人。

(3)卡西莫多对爱斯美拉达的爱慕是一种混合着感激、同情和尊重的柔情，是一种无私的、永恒的、高贵质朴的爱，完全不同于克洛德那种邪恶的占有欲，也不同于花花公子弗比斯的逢场作戏。

(4)雨果通过卡西莫多这一形象，树立起一个人类灵魂美的典型。这一形象还体现了善战胜恶，真诚战胜虚伪的理论。

15. 简述鲁迅小说集《呐喊》《彷徨》在中国现代文学史上的现实主义成就。

【参考答案】(1)以“直面惨淡的人生，正视淋漓的鲜血”的现实主义精神状写社会的一切黑暗的病根。

(2)作品中渗透着作家对人民群众，尤其是广大农民的生活命运深切关怀的革命人道主义精神。

(3)从思想革命的角度，侧重描写和揭示封建思想对人民群众的精神奴役和毒害，期盼中国人民摆脱封建传统思想束缚，改革国民劣根性。小说集《呐喊》《彷徨》具有艺术上的创新精神，丰富了中国文学的表现手法。

16. 简述卡夫卡作品的艺术特色。

【参考答案】(1)无具体时间、地点和背景，不求故事明晰、人物性格的典型化、环境描写的具体性。化奇异为平凡，把难以置信的、无法解释的事件置于日常生活中，让荒谬与合理、虚幻与现实结合为一个整体，展现一幅神秘的、梦魇般的、非现实的又像是处处可见的超现实的图画,这是其最基本的艺术特点。

(2)通过奇妙的构思,荒谬、独特的讽刺和简洁、平淡、冷漠的叙述等艺术方法把现实与非现实、合理与悖理、常人与非人并列,把虚妄的荒诞现象与现实的本质有机结合,构成“卡夫卡式”的风格。

四、阅读鉴赏

17. (1)A **【解析】**A项,这首词并没有表达作者对人生短暂的无限惆怅。

(2)**【参考答案】**看万山红遍,层林尽染;漫江碧透,百舸争流。鹰击长空,鱼翔浅底,万类霜天竞自由。

(3)**【参考答案】**我认为不矛盾。“不似春光”是就秋天的景色不似春景明媚这一特点而言的,“胜似春光”是就秋天到处见橙黄,景色壮阔更胜春景这一情景说的。再加上红军当时刚刚打了胜仗,作者看到“寥廓江天万里霜”的景色,自然而然地发出了由衷的赞美。

18. (1)B **【解析】**B项,原文中说的是“遏蓝菜是利用环境中的金属元素给自己穿上‘金属铠甲’,以抵御病菌入侵”,因此不是“为了防止动物侵害”。

(2)**【参考答案】**不能去掉。“绝大多数”是“接近全部”的意思,起修饰和限制作用,这里指镍这种金属对大部分植物的影响。如果删去,则表示镍这种金属对于所有植物的影响,说法过于绝对,与事实不符。“绝大多数”一词的运用,体现了说明文语言准确、严密的特点。

(3)**【参考答案】**本文是按照逻辑顺序进行说明的。文章为我们介绍了“藏金”植物及其收藏能力的不同、植物藏金的原因、利用植物“藏金”的本领为人类作贡献三个方面的知识。

五、写作

19.【写作指导】

这是一道材料作文题。材料从生活现象切入,一种是通过天气或电视了解自然,一种是通过漫步林间或网络了解自然。表现了从不同的途径感知自然,自然带给人的感受也不同。考生可以从不同角度进行写作,如事事躬行、感知信息时代的便捷,或知行合一等。因此,可以从以下几个方面来立意:(1)感知自然要躬行;(2)认识自然的远和近;(3)通过什么接近“自然”的真相;等等。

【参考例文】

感知自然,近思远虑

“半亩方塘一鉴开,天光云影共徘徊。”大自然的景物总是灵动而又变化莫测,正如远处忽明忽暗的天空,又如近处婆娑多姿的木叶,令人琢磨不透,浮想联翩。我们每天都与大自然共处,似乎很近却又不知其真面目,也许“只缘身在此山中”吧。可每次在电视中随着镜头一览无数盛景,又觉得它非常远,是大自然在与我们捉迷藏,还是我们的心本身就没有走进过它的怀抱!

在“草色遥看近却无”的初春,走进云台花园,偶遇晴雨交错,云卷云舒,伴着多变的天气,徜徉在自然的怀抱中,忽然倾盆的大雨使我躲进花卉知识的海洋,我第一次知道兰花有上万品种,对称的花瓣呈现多彩的斑斓。这“不以无人而不芳”的兰是中国的原产,兰叶形态绰约多姿,色泽终年常青,花朵幽香高洁,正与君子的人格相像,无怪乎怀才不遇的孔子见谷中兰而愿与之为伍。记得梭罗的《瓦尔登湖》吗?那里的湖水树影倒映,清香四溢,读着都能感知到这遥远的“绿色的圣经”的魅力,能感到与大自然做伴是如此的甜蜜。只带一把斧子就能在深林里生活多年,这是怎样的深思熟虑和对自然的敬畏?黎明傍晚、阳光雨丝,还有那清澈如许的湖水,梭罗正是通过自己亲身的体验和观察,在宁静中思索着生命的本质。

俗话说:“纸上得来终觉浅,绝知此事要躬行。”志在四方的徐霞客用大半生游历了半个中国,披星戴月,风餐露宿,出生入死,最终完成一本真正的感悟自然的宏伟巨作——《徐霞客游记》。他仗剑远游并不是单纯为了寻奇访胜,更重要的是为了探索大自然的奥秘,寻找大自然的规律。大自然一直在赐予人类灵感与启示,当我们身临其境时,境中每一种生活都是精神的更新。还记得春天在仙湖植物园中的泛舟荡漾,夏初在洪湖苑里观赏荷花的绽放,三秋漫步海陵岛碧波万顷的大角湾,令人陶醉。近于自然,然后顿悟自然。正是有了大自然的无私恩赐,老子才提出“道法自然”,进而悟出“无为而治”的治世思想;也正是被初春的景致召唤,诗人谢灵运靠近了自然,凭窗而坐,于是有了“池塘生春草,园柳变鸣禽”;大自然的无私恩赐,更是铸就了唐人山水田园诗的辉煌。

蓦然回首,芳草萋萋春已逝,阴阴夏木正当时。大自然的美永远追随在你的身边,即使洪波汹涌,荷残叶落,她也从来没有走远,就在我们的心境中,也在我们的网络书本之间,只要我们用心去感受。海棠依旧吗?那是逝去的青春年华。月明星稀呢?那是矢志不渝的漫漫追求。感知自然,近思远虑,自然就会与我们常伴。

教师招聘考试小学语文预测试卷(七)

一、单项选择

1	2	3	4	5	6	7	8	9	10
C	B	B	C	D	B	B	C	B	B

11	12	13	14	15	16	17	18	19	20
B	C	B	D	A	D	C	B	D	A

1. C 【解析】本题考查字音、字形的辨析。A项，“退变”应为“蜕变”，“悲天悯(mǐng)人”应为“悲天悯(mǐn)人”。B项，“千均”应为“千钧”。D项，“框(kuāng)定”应为“框(kuàng)定”。

2. B 【解析】本题考查文学常识的辨析。A项，王羲之是东晋时期的人。C项，《装在套子里的人》是俄国19世纪末期批判现实主义作家契诃夫的作品，莫泊桑的作品有《项链》《我的叔叔于勒》等。D项，《左传》是我国第一部叙事完备的编年体史书。

3. B 【解析】本题考查成语的辨析。①礼尚往来：在礼节上讲究有来有往。现也指你对我怎么样，我也对你怎么样。用在此处符合语境，使用正确。②故弄玄虚：故意玩弄使人迷惑的花招儿，多为贬义词。用在此处感情色彩不当，可改用“循循善诱”。③冠冕堂皇：形容表面上庄严或正大的样子，多为贬义词。用在此处感情色彩不当，可改用“正大光明”。④残羹冷炙：吃剩的汤菜，也比喻别人施舍的东西。此处指北极狐吃北极熊的剩饭来填饱肚子，使用正确。⑤推陈出新：去掉旧事物的糟粕，取其精华，并使它向新的方向发展(多指继承文化遗产)。此处用来修饰“昭示和启迪”，不合语境，可改用“历久弥新”。⑥独具只眼：能看到别人看不到的东西，形容眼光敏锐，见解高超。此处指鲁迅的作品对中国传统文化有高超的见解，使用正确。

4. C 【解析】本题考查标点符号的正确使用。C项，应将两个逗号改为问号，因为这是三个并列的问句，而不是选择问句。

5. D 【解析】本题考查现代汉语知识的理解。D项，“他的成绩非常好”中的“非常”是副词，不是形容词。

6. B 【解析】本题考查音变规则的理解与运用。“啊”的变读由前面音节的最后一个音素与ɑ相拼得出读音。前面音节末尾音素是“ɑ、o、e、ê、i、ü”时，“啊”读音为“yɑ”。题中“啊”前面的“绿”字读音为“lǜ”，所以这时“啊”读作“呀”。

7. B 【解析】本题考查文言句式的辨析。A项，宾语前置，“吾与谁归”。B项，省略句，“温故而知新，可以之为师矣”。C项，宾语前置，“沛公在安”。D项，宾语前置，“古之人不欺余也”。

8. C 【解析】本题考查古诗词作家作品的识记。C项，出自李商隐的《无题》。

9. B 【解析】本题考查修辞手法的辨析。A项，“战鼓”常用以鼓舞士气，句中用来比喻内容空虚不妥。C项，句中运用了比喻、拟人的修辞手法，但把“柔软的”蒲公英比作“雄赳赳”的卫士不够妥当，没有注意被拟事物本身的特点。D项，本体和喻体之间没有相似之处。

10. B 【解析】本题考查部首、笔画和笔顺的辨析。B项,“臾”的笔顺表述错误,第四画应是横折。

11. B 【解析】本题考查文化常识的识记。B项,“惊蛰”表示立春以后天气转暖,春雷开始震响,蛰伏在泥土里的各种冬眠动物将苏醒过来开始活动,反映物候现象。A项和C项,反映季节更替。D项,霜降表示天气已冷,开始有霜冻现象,反映气候变化。

12. C 【解析】本题考查寓言的相关知识。C项,《掩耳盗铃》和《伊索寓言》里的《狼和小羊》都属于讽刺性寓言,但《掩耳盗铃》表现出极端的主观唯心主义——唯我论,告诉我们:对客观存在的现实采取不正视、不研究、闭目塞听的态度,最终会自食恶果;《伊索寓言》里的《狼和小羊》告诉我们:在弱肉强食的环境下,讲道理讲正义是不够的,有实力才能生存,讽刺揭露了当时统治者的残暴和蛮横。所以,“批判人们思想性格中的缺陷和不合理的社会现象”的说法不准确。

13. B 【解析】本题考查语言表达得体的辨析。A项,绵薄之力:谦辞,指自己薄弱的能力。此处用于别人,使用不得体。C项,忝列:谦辞,有愧于排列在其中。此处用于对方,使用不得体。D项,鼎力相助:敬辞,指别人对自己的大力帮助。此处用于自己帮助别人,使用不得体。

14. D 【解析】本题考查对古诗词的理解。D项,“不随便接受别人的恩惠,受恩必报”表述有误。尾联“男子受恩须有地,平生不受等闲恩”表明了自己一般不接受平常的恩惠,即使接受恩惠也一定要符合自己的原则立场,即符合“道义”。

15. A 【解析】A项,“将何往而非病”中的“病”如果解释为“疾病”,在语法上是错误的。“非”是否定词,意思是“不”,从语法上来说,否定词后面应跟动词或形容词,而“疾病”是名词,故此处的“病”应活用,解释为“忧愁”。

16. D 【解析】A项,第一个“其”是代词,意为“它的”;第二个“其”为语气助词,意为“一定,可要”。B项,第一个“诸”意为“许多,众”;第二个“诸”为兼词,意为“之于”。C项,第一个“与”意为“和”;第二个“与”意为“参与”,引申为有何关系。D项,两个“于”都是介词,意为“在”。

17. C 【解析】C项,“先天下之忧而忧,后天下之乐而乐”是与民同乐之意,而文中是说风没有雌雄之分,而人有遇与不遇之别,因此,同样一阵风吹在楚王身上感到“快哉”,而吹在老百姓身上就感到忧伤了,这是因为各人的情况不同,和风本身无关。

文章大意:

长江流出西陵峡后,地势才较为平缓,水流变得奔放宽广。南面有湘江、沅江汇入，北面同汉江汇合，江面更浩瀚。到了赤壁下面，江水浩荡，和大海一样。清河的张梦得先生贬居齐安，就在他房子的西南造了个亭子，来欣赏江水之美，而我的哥哥子瞻把此亭命名为“快哉亭”。

在亭中所看到的范围，南北上百里，东西三十里，波涛汹涌，风云大开大合。白天船只出没于亭前，夜晚鱼龙悲叫于亭下。变化迅速，触目惊心，不可以久看。现在却可以在桌子旁席子上观赏这些景观，抬眼看个够。向西望武昌一带的群山，山冈丘陵高低起伏，草木成行成列，烟雾消失太阳出来，渔夫、樵夫的房屋，都可以指着数得出来，这就是此亭之所以叫“快哉”的原因。至于长江的边上，古城的遗址，曹孟德、孙仲谋所傲视的地方，周瑜、陆逊纵横驰骋的地方，种种风流遗迹，也足够令世人称快。

从前，楚襄王和宋玉、景差同在兰台宫，有风飒飒地吹来，楚襄王敞开衣襟面对风，说：“痛快啊，这风！这风是我和平民共同享受的吗？”宋玉说：“这是单独为大王吹来的雄风，平民哪能共同享用它呢？”宋玉的话大概有所讽刺吧。风没有雌雄的差异，而人有得志和不得志的区别。楚王之所以感到快乐，和平民之所以感到忧愁，这是人的处境不同，而风参与了什么呢？士人活在世间，假使他心中不自感得意满足，去哪里会不忧愁呢？假使他心中坦然自若，不因外界事物的影响而伤害自己的本性，去哪里会不快乐呢？现在张梦得先生不因为贬谪而烦恼，利用做完公务的剩余时间，放任自己在山水之间纵情游览，他这个人应该有超过一般人的地方。编蓬为门，用破瓮口作窗户，也没感到不快乐，何况在长江的清流中洗涤，陶醉于西山的白云，穷尽耳目所能取得的乐趣来使自己满足畅快呢！要不是这样，连绵的山丘，深不见底的山谷，宽广的森林，古老的树木，清风振他，明月照他，这些都是文人和深思多感之士悲伤憔悴而受不了的原因，哪里看得出它能让人感到快乐呢？

元丰六年十一月初一，赵郡的苏辙所记。

18. B 【**解析**】B项，“体现了作者平实、朴素的语言风格”说法错误。体现的是作者生动、幽默的语言风格。

19. D 【**解析**】D项，以偏概全，“完整诠释”说法错误。“黏菌……做着这样的事”中的“这样”应代指“多个单独的动物合并成一个生物的现象”，而画线句只解说了其中的“多个单独的动物”，“合并”的解说则在“然后”领出的内容中。

20. A 【**解析**】A项，曲解文意。第③段在指出人类“不经常感到我们的联合智慧”后，用“然而”一转，以“电路”为喻，说明“我们或许对于如何前进会有个更清楚的概念”而并非“对于人类的前进抱着悲观的态度”。

二、判断

21. × 【**解析**】本题考查文化常识的识记。“婵娟”指一些美好的事物，在这首词里特指月亮。意为虽然相隔千里,也能一起欣赏这美好的月亮。

22. × 【解析】本题考查作家作品的识记。“稼轩”是辛弃疾的号。《稼轩长短句》是南宋词人辛弃疾的作品集。

23. √ 【解析】本题考查作家作品的识记。《三国演义》是中国古典四大名著之一,是中国第一部长篇章回体历史演义小说,作者是元末明初的罗贯中。

24. × 【解析】本题考查作家作品的识记。《西游记》以“唐僧取经”这一历史事件为蓝本,通过作者的艺术加工,深刻地描绘了当时的社会现实,并没有宣扬“佛法无边”。

25. × 【解析】本题考查作家作品的识记。《西厢记》是元代王实甫创作的杂剧。

26. √ 【解析】本题考查作家作品的识记。《聊斋志异》将中国古代文言短篇小说发展到了一个新高度。

27. √ 【解析】本题考查语素概念的识记。语素是最小的语法单位,也就是最小的语音、语义结合体。

28. √ 【解析】本题考查散句的辨析。散句指句式灵活而富有变化的句子,长短不一,自由活泼,生动感人。人们平时说话、写文章,主要用散句。

29. × 【解析】本题考查文言实词的翻译。“日食饮得无衰乎”中的“日”是名词作状语,意为“每天,每日”。

30. × 【解析】本题考查短语的结构类型。“文艺演出”属于偏正结构。

三、古诗文默写

31. 舍生而取义者也

32. 芳草鲜美;落英缤纷

33. 明月何时照我还

34. 随风潜入夜

35. 孤帆一片日边来

36. 自缘身在最高层

37. 落红不是无情物

38. 濯清涟而不妖

39. 核心素养

40. 学习任务群

四、古诗词鉴赏

41. 【参考答案】《旅夜抒怀》的前半部分描写“旅夜”的情景,后半部分抒发感情。首联写近景:微风吹拂着江岸上的细草,竖着高高桅杆的小船在月夜孤独地停泊着。

这里作者寓情于景，通过写景展示他的境况和情怀：像江岸细草一样渺小，像江中孤舟一般寂寞。颔联写远景：明星低垂，平野广阔；月随波涌，大江东流。实际上，诗人运用了以乐景写哀情的手法，写辽阔的平野、浩荡的大江、灿烂的星月，正是为了反衬出他孤苦伶仃的形象和颠连无告的凄怆心情。颈联说，名声哪里是因为文章而显赫呢？官倒是因为年老多病而被罢退。这是反话，立意至为含蓄，表现出诗人心中的不平，同时揭示出政治上失意是他漂泊、孤寂的根本原因。尾联说，飘然一身像个什么呢？不过像广阔的天地间的一只沙鸥罢了。诗人即景自况以抒悲怀。水天空阔，沙鸥飘零；人似沙鸥，转徙江湖。这一联借景抒情，深刻地表现了诗人内心漂泊无依的感伤。

五、写作

42.【写作指导】

这是一道话题作文。材料解读了“痴”的本义及其文化意义，“痴”所表示的含义是纯粹的上层精神世界，与世俗之意明显不同。因此，考生可以围绕以下角度进行立意：(1)有痴好的人生才丰富；(2)痴念，是执着不屈的信念；(3)“痴”，是一种境界；等等。

【参考例文】

追求“痴”的境界

痴是一种喜爱，痴是一种依恋，痴是一种生活态度。看古今，瞧中外，总有些人因为对某事某物的过度沉迷而招来异样的目光，殊不知，这些不被人理解的“痴”，是这些人毕生追求的境界。

王国维说：“词至李后主而眼界始大，感慨遂深，遂变伶工之词而为士大夫之词。”李煜，一个才情横溢的少年郎，却背负着南唐国家的沉重期望。

从开始的储位之争，到后来的南唐遭伐，再到沦落为俘。“做个才人真绝代，可怜薄命做君王”，他站在人人看得眼红的峰顶，却独痴作词，许半壁江山于风花雪月。有人说李煜是个帝王家的笑话，凭借李煜的为政之才治天下，他定会淹没在历史的洪流中，又怎比秦皇汉武？然而，若只说他的才情，他却是诗词家的神话，巨人一般站在文学的转折点上。

相公谓谁？陶庵老人张岱也。他可是一个痴人，痴什么呢？痴迷于天人合一的山水之乐，痴迷于世俗之外的雅情雅致。

张岱一生写过许多小品诗，其中最著名的就是《陶庵梦忆》中的《湖心亭看雪》。“独往湖心亭看雪”，一个“独”字，充分展示了作者不随流俗的生活方式和特立独行的高洁情怀。“湖上影子，惟长堤一痕、湖心亭一点、与余舟一芥、舟中人两三粒而已”，寥寥数语，将雪后西湖宁静清绝的景象呈现在读者面前。“‘湖中焉得更有此人！’拉余同饮。余强饮三大白而别”，巧遇知音，把盏痛饮，酒逢知己，道却千杯少。“莫说相公痴，更有痴似相公者”，张岱的痴行痴景，有着我们读不懂的孤高傲世；张岱的痴人痴心，有着我们不曾企及的痴迷境界。

任由龙椅的交迭，朱由校一生在木工上追求痴的境界。一“痴”字，让他成为“明朝的鲁班”。袁隆平致力于对杂交水稻的研究，痴迷于为人类粮食产业作贡献。一“痴”字，让他成为世界杂交水稻之父。无心嬉闹，居里夫人在读书上追求痴的境界。一“痴”字，让她不断攀登科学的高峰。

白兰鸽的旅途，只有它们自己能相伴；白兰鸽的执着，是因为北方。生命旅途固有一痴，也许它是夜空中的满天繁星，也许它是迷雾里的一簇焰火，但它们都让自己找到了方向，寻到了自己想要追求的境界。

教师招聘考试小学语文预测试卷(八)

一、单项选择

1	2	3	4	5	6
C	B	B	C	A	D

1. C 【**解析**】本题考查汉语拼音的辨析。A项，相同，都是ü，但写法不同。B项，ji、xi不是整体认读音节。D项，“糙”在“蔼”“戈”之间。

2. B 【**解析**】本题考查词语的正确选用。主要：有关事物中最重要的；起决定作用的。重要：具有重大的意义、作用和影响的。第一空强调的是非物质文化遗产是中华优秀传统文化中有很大意义的一部分，此处应用“重要”。绵延传承：延续不断，传授和继承。赓续绵延：继续，延续不断。第二空指的是非物质文化遗产是中华文明传承的见证，此处应用“绵延传承”。不仅：表示超出某个数量或范围；不止。不但：用在表示递进的复句的上半句里，下半句里通常有连词“而且、并且”或副词“也、还”等相呼应。也：表示同样。更：更加；再；又。后两空应用“不仅……也……”这组关联词，来体现“保护好、传承好、利用好非物质文化遗产”的作用。

3. B 【**解析**】本题考查病句的辨析。A项，语义重复，“近”与“左右”可任删其一。C项，“看到”与“鼓乐唱腔”搭配不当，应将“看到”改为“听到”。D项，成分赘余，“更为”和“至关”可任删其一。

4. C 【**解析**】本题考查语言表达能力。本题开头从佛教角度陈述“示现”，③句“后来人们把这一词语……”中的“这一词语”指的是前文提到的“示现”，这样可排除

AB两项。同时可看出①句是对修辞学中的“示现”的陈述，紧接前面的③句，同时与后面的举例也形成由理论到实例的阐述，且举例中也有“运用示现修辞手法……”前后照应，据此可排除D项。

5. A 【解析】本题考查文学常识的辨析。A项，欧·亨利是美国作家，都德是法国作家。

6. D 【解析】本题考查《义务教育语文课程标准(2022年版)》课程资源开发与利用的识记。D项，“关注互联网时代语文生活的变化，探索语文教与学方式的变革”属于教学建议的内容。

二、填空

7. 综合性；实践性；基本特点

8. 黄梅时节家家雨；有约不来过夜半

9. 道之所存；师之所存也

10. 亲朋无一字；老病有孤舟

11. 老人与海

三、阅读鉴赏

12. **【参考答案】**(1)“重”既写出了船帆为雨所湿显得重而滞的实景，又表现了惜别时的沉重心情，情景交融，渲染了深深的离愁别绪。

(2)①李诗尾联“挥手自兹去，萧萧班马鸣”意为：挥挥手从此分离，友人骑的那匹将要载他远行的马萧萧长鸣，似乎不忍离去。结尾处借景抒情，借助自己和友人挥手分别，两匹马似有无限不舍之情而萧萧长鸣的动人场景，间接传达出诗人送别友人的不舍之情。②韦诗尾联“相送情无限，沾襟比散丝”意为：送别老朋友我情深无限，沾在衣襟上的泪水像是散落的雨丝。结尾处直抒胸臆，无限的离愁别绪使泪水和雨丝交融在一起沾湿衣襟，直接点明了朋友间的友情深厚。

13. (1)D 【解析】D项，“死死地坚守”表明这两句诗表达的是诗人在清贫生活中的坚守之心，而不是悲哀之情。

(2)B 【解析】B项，这两句诗并没有运用比拟的手法，“别了…… / 别了……”运用的是反复手法。

(3)**【参考答案】**①诗人创作出大量作品，留下丰富的精神财富；②诗人甘守清贫，自甘淡泊，因不被理解而孤独；③诗人面对这些境况孤身作战，表达了其苦涩与悲壮之情。

(4)**【参考答案】**①喻指后半生的开端；②诗人总结前半生的收获，并对后半生进行思考；③午后还没有到日落的时辰，依然有对生活和创作的热情与希望。

14.(1)C 【解析】C项,期:约定。

(2)C 【解析】A项,两个"而"都是连词,表并列。B项,两个"之"都是结构助词,的。C项,第一个"其"为代词,他们的;第二个"其"表反问的语气副词,难道。D项,两个"以"都是介词,因为。

(3)B 【解析】B项,"庞涓在消灭齐军士卒过半的情况下"错误,原文"庞涓行三日,大喜,曰:'我固知齐军怯,入吾地三日,士卒亡者过半矣。'"意为"庞涓行军三日,特别高兴地说:'我就知道齐军胆小怯懦,进入我国境内才三天,士兵逃跑的就已超过了半数啊。'"。由此可知,是庞涓猜测齐军胆小怯懦,逃跑的就超过了半数,并不是"消灭齐军士卒过半"。

(4)【参考答案】①孙膑来了后,庞涓害怕他比自己贤能,嫉妒他。

②(庞涓)于是放弃了他的步兵,和他的轻装精锐部队日夜兼程地追赶齐军。

文章大意:

孙膑出生在阿城、鄄城一带,也是孙武的后代子孙。他曾经和庞涓一道学习兵法。庞涓后来到魏国做官,当上了魏惠王的将军,却自认才能比不上孙膑,就暗中派人把孙膑找来。孙膑来了后,庞涓害怕他比自己贤能,嫉妒他,于是假借罪名砍掉他两只脚,并且在他脸上刺了字,想使他隐藏起来不再露面。

齐国的使臣来到大梁,孙膑以犯人的身份暗中见了他。齐国使臣认为他是个难得的人才,就偷偷地用车载着他一同回齐国。齐国将军田忌不仅赏识孙膑而且还像对待客人一样对待他。

十三年后,魏国和赵国联合攻打韩国,韩国向齐国告急。齐王派田忌率领军队前去救援,径直进军大梁。魏将庞涓听到这个消息,就率军撤离韩国回魏国,而齐军已经过境西进了。孙膑对田忌说:"魏军向来凶悍勇猛,看不起齐兵,齐兵以胆小怯懦出名,善于用兵的将领,就要利用这样的形势使其向有利的方向发展。兵书上说,出兵百里去逐利的,前锋主将会受挫,急行军五十里去争利的,只有一半的士兵能到达。让齐军进入魏境后先砌十万人做饭的灶,第二天砌五万人做饭的灶,第三天砌三万人做饭的灶。"

庞涓行军三日,特别高兴地说:"我就知道齐军胆小怯懦,进入我国境内才三天,士兵逃跑的就已超过了半数啊。"(庞涓)于是放弃了他的步兵,和他的轻装精锐部队日夜兼程地追赶齐军。

孙膑估计他们的行程,晚上可以赶到马陵。马陵的道路狭窄,两旁又多是峻隘险阻,适合埋伏军队。(孙膑)把一棵大树剥去树皮,露出白木,在上面写道"庞涓死于此树之下"。于是命令齐军中一万名善于射箭的弓弩手,沿路埋伏,约定说:"晚上看见火光亮起，就一齐放箭。"庞涓当晚果然赶到那棵大树下，看见白木上写着字，就点火来照树干上的字。还未读完，齐军万箭齐发，魏军大乱，彼此失去联系。庞涓自知无计可施，败成定局，就刎颈自杀，临死说："竟成就了这小子的名声！"齐军于是乘胜追击，把魏军彻底击溃，俘虏了魏国太子申回国。孙膑因此名扬天下，后世流传着他的兵法。

太史公说：世上称道用兵之法的人，无不称道《孙子》十三篇和吴起的《兵法》，这两部书世上流传很广，所以我不加论述，只评论他们生平行事的所作所为。俗话说："能做事的人未必能讲清楚道理，能讲清楚道理的人未必能做事。"孙膑算计庞涓的计策是英明的，但是却不能预先防范受刑的灾祸。可悲啊！

四、案例分析

15.**【参考答案】**我不赞同小明妈妈的观点。《义务教育语文课程标准（2022年版）》课程理念指出："鼓励自主阅读、自由表达；倡导少做题、多读书、好读书、读好书、读整本书，注重阅读引导，培养读书兴趣，提高读书品位。"如果只知道做题，不喜欢读书，是不能真正学好语文的，积累语言、培养语感的最好途径就是阅读。这是学语文的诀窍，只有抓住"读、写"两条线不放，即按照语文学习的规律去做，学生才能学好语文。

五、技能应用

16.**【参考答案】**教学目标：

①了解辩论的一般常识，提高表达、倾听和与他人交往的能力。

②学会收集材料，并对材料进行梳理、归纳和标记。

③辩论时能够清晰表达自己的观点。

④认真倾听对方的论述，找到对方漏洞并且抓住漏洞进行有条理的反驳。

六、写作

17.**【写作指导】**

这是一道材料作文题。根据材料内容可知，考生写作时应重点阐述个人修养对外部环境的积极影响，突出个人的主观能动性。在具体行文中，考生可以围绕"如何做"展开写作：每个人依照自己禀赋和能力的不同，都可以发挥不同的作用；每个人都是平凡的个体，但也可以做渺小却高尚的事业。当然，在"祖国复兴"的大背景下，要想有为，有效发挥正面影响，完善三观，提升学习能力和综合素养也至关重要。可供参考的立意角度有：(1)修德养才，青年应当助力社会向好；(2)内因与外因齐飞，未来为锦绣之色；等等。

【参考例文】

做好自己，用好环境

从古至今，我国都十分重视环境对个人的影响，但个人的主观能动性，能让我们更好地利用环境,获得更好的发展,成为更好的自己。从孟母三迁故事的经久流传,到现代最美家庭的不断出现,大家都十分期待自己周围环境满满正能量,让自己身处其间而享受温暖。同时,我们也在释放自己的正能量,为他人、为社会贡献自己的力量。

你若盛开,清风自来。人们想拥有更优良的人脉、选择更好的交往对象无疑是向上向善的好事,但这更需要去追求进步,成为更好的自己,增添人格的光芒,产生光环效应,形成引力磁场。这就像一家企业要想做大做强,就要提升产品质量来吸引客户,占领市场,从而提高知名度。一个人要想富有引力,增添气场,最好的方式是饱览群书,谈吐文雅,养成浩然之正气,孕育腹中书香。

你若芳香,蝴蝶自来。身处新时代,我们充分吸纳优秀文化,丰富内涵,滋养品性,提升自己的价值,壮大自己的力量。自改革开放以来,我们吸收外资,学他人之所长,挖掘自身潜力,大力整合各种知识资源,使经济快速发展,中外交流通畅,如今更是足不出户也能学习知识,接轨世界。面对精彩世界,借助科技力量,摒弃网络不良影响,专注自己各项能力的培养,才能进一步升华自我,拥有更好的、更强的力量。中国的朋友遍天下,中国的影响遍世界,正是综合国力发展壮大的体现。

你若精彩,天自安排。虽说环境对每个人影响很大,但我们不能沉陷其中,过度依赖他人,更要有自己清晰的判断。另外,在与外来环境相处时,一定用慧眼分辨善恶。有人在你巅峰时慕名而来,也会有人在你低谷时决然离去,清醒自己的头脑,发现真正的英雄。建国初期,一些留美学生研修完后放弃国籍,留在美国享受高薪,然而以钱学森为首的一批爱国科学家没有随波逐流,毅然冲破重重阻力,回到祖国的怀抱,影响了一大批学子学成回国,投身于为祖国建功立业的洪流。他们努力成为更精彩的人,于家于国有利。

我们都是环境的一部分,依赖环境也会影响环境。新时代的青年只有做好自己,用好环境,突破困境,才会走得更加长远,才会走得更加坚定。这是一个最好的时代,中华民族正在实现伟大复兴,伟大中国梦要在我们手中实现。接好接力棒,开启新征程,让我们做好自己,学习提升,内因带动,外因支撑,报效祖国,砥砺前行。

教师招聘考试小学语文预测试卷(九)

一、单项选择

1	2	3	4	5	6	7	8	9	10
D	A	A	B	A	D	A	A	C	A

1. D 【解析】本题考查字音和字形的辨析。A项,“漩涡(xuàn)”应为“漩涡(xuán)”。B项,“心无旁骛”应为“心无旁骛”。C项,“谈笑风声”应为“谈笑风生”。

2. A 【解析】本题考查对联的辨析。四个选项中,末字都是平声,与出句的仄声相反,符合平仄规律。C项的末字“飞”为动词,与上句表颜色的形容词“碧”不配对,排除此项。D项中“高”虽为形容词,但与“碧”不属同一范畴,且“心平浪静”与“身正才卓”在意境上难以对接,排除此项。B项中“阔”字与对字的“静”同属仄声,犯对联忌讳,“情深海阔”中“情深”与“海阔”并无联系,且“心平浪静”与“情深海阔”也不存在太大的联系,比较起来“志远天高”与“心平浪静”就存在一定的逻辑联系,全句平仄相对,意境相合,属最工整的对句,故选A。

3. A 【解析】本题考查修辞手法的正确使用。B项,以“白练”来比喻“两旁长着鲜嫩的小草,点缀着星星点点的野花”的“路”不妥,两者缺乏相似点。C项,以繁喻简,以读者不熟悉的科学知识来比喻读者熟悉的浅近的散文结构,有违比喻的原则。D项,“万家灯火”言其多,而“江上的渔火”则是零星的,本体与喻体无相似点。

4. B 【解析】本题考查成语的正确使用。A项,鳞次栉比:像鱼鳞和梳子的齿一样,一个挨着一个地排列着,多形容房屋等密集。此处应用“浩如烟海”。B项,喜闻乐见:喜欢听,乐意看。符合语境。C项,休戚相关:彼此间祸福互相关联。此处应用“息息相关”。D项,不足为训:不能当作典范或法则。此处应用“不值一提”。

5. A 【解析】本题考查病句的辨析。B项,成分残缺。句中“承担”缺少宾语中心语,应在最后加上“的重任”。C项,“用户不但能享受到更低价格和更新鲜的农产品”语序不当。首先,应将“不但”放到“用户”前面;其次,在“用户”前面应加上“使”,否则导致中途易辙。D项,搭配不当。“扩大宣传精准性”中的“扩大”和“精准性”搭配不当,应将“扩大”改为“提高”。

6. D 【解析】本题考查标点符号的运用。D项,该句是陈述句,应将问号改为句号。

7. A 【解析】本题考查中外文学作品的辨析。B项,《许茂和他的女儿们》的作者是周克芹,贾平凹的代表作有《白夜》《秦腔》等。C项,卡西莫多是《巴黎圣母院》中的人物,《悲惨世界》的主人公是冉·阿让。D项,夏洛克是莎士比亚《威尼斯商人》中的人物,《悭吝人》中的主人公是阿巴贡。

8. A 【解析】本题考查文学常识的识记。B项,范仲淹不属于“唐宋八大家”。C项,《白雪公主》出自《格林童话》,不是安徒生的代表作品。D项,“四书”是指《大学》《中庸》《论语》《孟子》。

9. C 【解析】本题考查短语结构的分析能力。A、B、D三项都是主谓短语,C项是偏正短语。

10. A 【解析】本题考查句子排序的能力。③句通过引用林语堂的话,引出语段的论点,应排在段首。⑤句是对③句中林语堂的话的阐述,应排在③句之后。②句“读书还可以……”承接⑤句内容,继续讲读书的好处,应排在⑤句之后。①句为过渡句,承接②句中的“品读经典”,论述品读经典的益处,应排在②句之后。④句中的“总之”为段尾标志词,应排在最后,正确语序为③⑤②①④。故选A。

二、阅读

11. (1)C 【解析】C项,“作为乡村艺术品的传统农具的优点不在于其外观造型”表述错误。根据材料一第三段“比如我们欣赏水车、水磨、耧犁以及其他传统农具,能引起大家感慨的主要不是农具的外观造型,而是其中所蕴含的利用自然的生存智慧”可知,传统农具的优点主要不在于其外观造型,并非完全不在于其外观造型。

(2)B 【解析】B项,“但剪纸、春联、年画等则是纯粹的艺术作品,没有使用价值”表述错误。根据材料一第三段“那些被认为是纯粹艺术的剪纸、春联、年画,其内容也饱含着对美好生活的期盼和强烈的教化意义”可知,剪纸、春联、年画等也具有使用价值。

(3)【参考答案】①材料一侧重对乡村艺术的三个特点及四个融合特征的论述;②材料二侧重阐释艺术助力乡村建设的方式,即利用墙绘、校园改造、艺术课堂等助力乡村建设。

(4)【参考答案】①就地取材,物尽其用,充分利用当地自然资源和条件,特别是农产品的副产品;②立足生产,以实用为先,乡村艺术品要兼具艺术价值和使用价值,助力乡村生产生活;③借助中国传统文化,挖掘乡村独特的艺术内涵,实现特色文化与经济建设水平的提升;④借助现代科学技术,将艺术与科技相结合,改造校园和课堂,促进乡村教育事业的发展。

12.【参考答案】(1)杜甫的这两句诗是诗人面对曲江春景所触发的心灵感悟,有对客观景致的描写,更多的是缘景而生发的个人心灵感受——见落花而生愁,因心愁而托物言愁。

(2)①因为“曲江流饮”不仅反映了曲江十分秀丽的自然风光,而且呈现了佳节盛典、民俗文化的壮观与色彩,反映了天下官吏、士人和百姓共同欢乐的盛世景象。②官民共享盛世的融洽和谐,国富民乐的怡然心态,符合现今知识分子梦想的生活状态。

(3)①构思手法:以古衬今,古今相衬,以盛世唐朝的曲江繁盛与现代曲江的自信、平和、雍容、富足相互映衬。

②意图:表现现代西安既具有唐朝社会的自信与大气,又具有现代社会的雍容与富足。

(4)“其中”指“唐诗曲江”文化现象。

治国理念:自然与人文的结合,文化与世俗的融合,科举选官与民俗风情的结合,官民共享盛世的和谐,国家和百姓都能表现出一种文化的自信与大气。

三、语言文字应用

13. (1)A 【**解析**】令行禁止:有令必行,有禁必止,形容严格执行法令。雷厉风行:像雷一样猛烈,像风一样快,形容执行政策法令等严格而迅速;也泛指做事情声势大而行动快。此处用来指全体将士应严格遵从指挥,故应填入“令行禁止”。粗制滥造:制作粗劣,不讲究质量;也指工作不负责任,草率从事。粗枝大叶:形容不细致,做事粗心大意。此处用来修饰影视作品,故应填入“粗制滥造”。形同虚设:形容事物空有外貌而无实际效用。徒有其名:空有某种名声,指名不副实。此处用来指金鼓制度不起作用,故应填入“形同虚设”。不一而足:不止一种或一次,而是很多。不胜枚举:无法一个一个全举出来,形容同一类的人或事物很多。此处用来指古代军队中鼓的使用非常繁杂,传递的信息非常丰富,故应填入“不一而足”。

(2)B 【**解析**】根据“不说别的,古代军队中单是鼓的使用就非常繁杂”,可知上下文应为转折关系,排除C、D两项。括号后的文字是对“金鼓制度”的阐释,同时可知金鼓制度并非形同虚设,排除A项。

14.【**参考答案**】(2)(1)(4)(3)

四、写作

15.【**写作指导**】

这是一道话题作文。考生可根据“美育与成长”这一话题,倒推出三则名言的主要含义,也就是说,它们都揭示了艺术审美对人的成长(如性格塑造、人际关系和谐等)的重要意义。写作时,考生要注意结合社会现实,或者结合自己参与的审美活动和美育实践来谈。这样文章更具有针对性和真切感,也更切合题意。可供参考的立意角度有:(1)携美育同行,做时代新人;(2)用美育涵养美丽心灵;(3)弘扬中华美育精神,涵育全民人文情怀;等等。

【**参考例文**】

成长宇宙,美如繁星

有人抱怨这是一个“低美感社会”。生活节奏不断加速,不少人困于内卷与躺平的怪圈,只顾匆匆赶路,只觉人生寡淡。

殊不知,每个人都自成小宇宙,浩渺深邃,总有繁星闪闪,点缀其中。这恰若美育陪伴人成长。

季羡林有言:我们的民族是一个注重实际的民族。物尽其用,人尽其才,也是好事；获得名利，享受生活也无可厚非。只是当我们都在拼死拼活，追求“六便士”时，是否应当放慢脚步，抬头看看美丽的星光呢？学会发现美，懂得欣赏美，用美养心，用美育人，当我们的成长有了美学的视角，负重的灵魂才能获得放松和愉悦。

学会审美，指引我们陶养性灵，进乎高尚。蔡元培先生对此有过阐释。如果说学习知识是修建大楼的框架，使我们有立足社会之基，那么美就是大楼内的装饰，使我们内心亮堂、富丽。倘若大楼只有外部的框架而没有内部的装饰，也就成了了无生机的屋架子。人生缺了美育，自然兴味索然。美育是“无用之用”，它似乎没有明码标价，却始终在滋养着一个人的灵魂。

学会审美，能以个体和谐为起点，进而促进社会和谐。正如席勒所言：“只有美才能赋予人合群的性格，只有审美趣味才能把和谐带入社会。”一个人内心圆融通达，自我得到完善，他与外界的联通也就变得从容顺畅，好比繁星构成银河，美也会汇集成美的海洋，为社会的稳定筑牢基石。于是，才有《大学》里的“天下为公”的和谐愿景，才有孔子心中“浴乎沂，风乎舞雩”的礼治社会，更好的大同社会也已然可期。

一个人不经美育的陶冶，轻则内心空洞，重则价值观扭曲，甚至蚕食着整个社会的肌体。万古如长夜，所幸有星月。倘有美驻心间，美育相随，人就会款款而行，而不至倾溢。

揆诸今日，我们无法回避竞争日趋激烈的现实，不少人吐槽压力大，灵魂喘不过气，这更加突显出美和美育的价值。我们不妨在微风轻拂中观朝阳喷薄，望夕阳沉落，去看花、看草、看山、看水……世间万物都在治愈你，只要你不紧闭双眼，关锁心门。倘能如此，便能细嗅生活的蔷薇，循着美的星光，品味苦中带甜的人生。

愿你我在这倥偬的苦旅中，一边低头急赶路，一边抬眼望星空，发现星光之美，欣赏生活之缤纷和成长之绚烂。

教师招聘考试小学语文预测试卷（十）

一、判断

1. √ **【解析】**本题考查古诗词的识记。此句出自龚自珍的《己亥杂诗》，全诗为：“九州生气恃风雷，万马齐喑究可哀。我劝天公重抖擞，不拘一格降人材。”

2. √ **【解析】**本题考查修辞手法的辨析。互文，也叫互辞，是古诗文中常采用的一种修辞手法。互文的上下两句或一句话中的两个部分，看似各说两件事，实则是互相呼应，互相阐发，互相补充，说的是一件事。

3. × **【解析】**本题考查文学常识的识记。“三曹”指的是曹操、曹植、曹丕。

4. √ **【解析】**本题考查文学常识的识记。中国古代文学的传统分类是“韵文”和

“散文”两类。两者主要区别在于是否协韵,句式是否整齐。

5. × 【解析】本题考查普通话的概念。现代汉语普通话以北京语音为标准音,以北方话为基础方言,以典范的现代白话文著作为语法规范。

6. √ 【解析】本题考查文学常识的识记。《汉书》是中国第一部纪传体断代史,“二十四史”之一,由东汉史学家班固编撰。

7. √ 【解析】本题考查《义务教育语文课程标准(2022年版)》课程性质的识记。语文课程致力于全体学生核心素养的形成与发展,为学生学好其他课程打下基础;为学生形成正确的世界观、人生观、价值观,形成良好个性和健全人格打下基础;为培养学生求真创新的精神、实践能力和合作交流能力,促进德智体美劳全面发展及学生的终身发展打下基础。

8. × 【解析】本题考查《义务教育语文课程标准(2022年版)》学段要求的识记。第二学段“阅读与鉴赏”要求:能联系上下文,理解词句的意思,体会课文中关键词句表达情意的作用。能借助字典、词典和生活积累,理解生词的意义。

9. √ 【解析】本题考查《义务教育语文课程标准(2022年版)》内容组织与呈现方式的识记。义务教育语文课程按照内容整合程度不断提升,分三个层面设置学习任务群,其中第一层设“语言文字积累与梳理”1个基础型学习任务群,第二层设“实用性阅读与交流”“文学阅读与创意表达”“思辨性阅读与表达”3个发展型学习任务群,第三层设“整本书阅读”“跨学科学习”2个拓展型学习任务群。

10. √ 【解析】本题考查《义务教育语文课程标准(2022年版)》作业评价建议的识记。作业评价是过程性评价的重要组成部分,作业设计是作业评价的关键。教师要以促进学生核心素养发展为出发点和落脚点,精心设计作业,做到用词准确、表述规范、要求明确、难度适宜。

二、单项选择

11	12	13	14	15	16	17	18	19	20
B	D	D	B	D	D	D	D	D	A

11. B 【解析】本题考查字音的辨析。A项,加点字读音均为“dāng”。B项,绿林好汉(lù),其余加点字读音均为“lǜ”。C项,加点字读音均为“chóu”。D项,加点字读音均为“zhì”。

12. D 【解析】本题考查字形的辨析。A项,“斑澜”应为“斑斓”。B项,“亦或”应为“抑或”。C项,“弛之有故”应为“持之有故”。

13. D 【解析】本题考查语言表达的运用。⑥句紧承“我没有什么特别的感觉”一句，并引起⑤句，③句是对⑤句引用的话的评价，①句另起一层，④句紧承①句，②句中“这时”照应④句。

14. B 【解析】本题考查文学常识的识记。B项，汤显祖的《牡丹亭》是明传奇的代表作。

15. D 【解析】本题考查标点符号的辨析。D项，冒号一般管到句末，句中“所以我们要理性使用手机”不属于“大量事实证明”的内容，应将“身心健康”后的逗号改为句号。

16. D 【解析】本题考查病句的辨析。A项，“而科学技术进步与否是国家富强的标志”两面对一面，应删掉“与否”。B项，关联词语搭配不当，应将“只要”改为“只有”。C项，成分残缺，应在“学校开展了‘我爱读书’”后加上“活动”。

17. D 【解析】本题考查词语的正确运用。A项，纵令：①连词，即使；②动词，放任不加管束，听凭。此句中“纵令”取前一种解释，符合句意。B项，浓重：（烟雾、气味、色彩等）很浓很重。符合句意。C项，投桃报李：他送给我桃儿，我拿李子回送他，泛指相互赠答，友好往来。符合句意。D项，求全责备：苛责别人，要求完美无缺。使用对象错误。

18. D 【解析】本题考查文学常识的掌握。《哈姆莱特》以现实主义的创作手法和娴熟的艺术技巧而著称，该部作品带给人们沉重的反思，对哈姆莱特命运的反思，对当时文艺复兴时期社会背景的反思。《哈姆莱特》没有体现对传统文化的批判。

19. D 【解析】本题考查文学常识的掌握。《孔雀东南飞》是中国古代文学史上第一首长篇叙事诗。

20. A 【解析】本题考查《义务教育语文课程标准（2022年版）》发展型学习任务群的内容。A项，语言文字积累与梳理学习任务群属于基础型学习任务群。

三、名词解释

21. 荷花淀派

【参考答案】荷花淀派又称白洋淀派，以孙犁小说《荷花淀》得名，主要成员除孙犁外，还有刘绍棠、韩映山等。荷花淀派小说和散文，大都以反映冀中平原的农村生活为主，作品中的山光水色、人物风貌都洋溢着当地特有的乡土气息。其共同特色是清新朴素，抒情味浓，诗情画意地表现生活中的美，给人以美的享受。

22. 赋比兴

【参考答案】赋比兴是《诗经》中的三种表现手法，与风雅颂合称“六义”。赋是陈述铺叙的意思；比是譬喻；兴的意思是借助其他事物作为诗歌的开头，主要是为了引起下文，使诗歌曲折婉转而不给人突兀的感觉。

四、阅读理解

23.(1)C 【解析】C项,“作者的情绪由低沉抑郁渐趋激昂慷慨”表述错误,“诗情吟未足,酒兴断还续”意思是心中潜藏的诗意被激发出来,吟诵了许多诗词仍嫌不够,又断断续续地喝了许多酒,仍觉得心中的愁怨排解不出,不足以消愁,通过这一过渡,全词转入下片抒情,由此可以看出作者的情绪是由激昂慷慨渐趋低沉抑郁。

(2)【参考答案】①黄词中“草草兴亡休问,功名泪、欲盈掬”,意思是不要问国家的兴亡为什么就在旦夕之间,心有抱负,却难以施展,让我不禁想流下愁苦的泪水。据此可知,此处的“泪”既是对自身功名不如人意的感伤,又是对中原沦丧的痛心与无奈。

②范词中“人不寐,将军白发征夫泪”,意思是夜深了,在外征战的人都难以入睡,无论是将军还是士兵,都被霜雪染白了头发,默默地流泪。抒发了词人壮志难酬的感慨和忧国思乡的情怀。据此可知,“泪”表达了将士们壮志难酬、功业难成以及久戍思乡的深沉情感。

24.(1)C 【解析】C项,“敌目曰‘东军’,素易之”理解为“敌人称他们为‘东军’,向来轻视他们”,所以“易”在这里是“轻视,看不起”的意思。

(2)D 【解析】①“治白沙、石梁二渠,民无水患”说的是张亢的政绩。②“势必难制,宜亟防边”是说张亢有远见。⑥“凡燕犒馈遗,类皆过厚”说的是张亢为人乐善好施,慷慨大方。这三项都不属于“有智谋”,所以应该排除。

(3)B 【解析】B项,“朝廷问罪也不惧怕”于文无据。文本没有提及朝廷问罪的事情,而说的是“及堡成,乃发封自劾,朝廷置不问”,是张亢自己弹劾自己,朝廷没有追究。

(4)【参考答案】①适逢元昊势力更加强盛,用军队围攻河外,放任流动骑兵在麟州、府州之间掠夺,二州闭门不出。

②张亢暗中更换了他们的旗帜来误导敌人,敌人果然奔向“东军”,却遇到虎翼军士兵。

文章大意:

张亢,字公寿,年少时性格豪迈有出众的气节。担任应天府推官时,整治了白沙、石梁两渠,使周围百姓不再受水患之苦。在担任通判镇戎军时,上奏说:“元昊喜欢杀戮,将来必定难以控制,应该立即加强边防。”趁机论述西北防守的计策,仁宗想重用他,适逢他母亲去世,回家守丧。元昊反叛后,(张亢)担任泾原路兵马钤辖,多次升迁后任鄜州知州。当初,张亢请求乘驿车入京面奏,皇帝下诏命他手写奏章上奏(即可),上奏的主张后来大多被采用。适逢元昊势力更加强盛,用军队围攻河外,放任流动骑兵在麟州、府州之间掠夺,二州闭门不出。百姓缺乏饮水,城内一两黄金换一杯水。调张亢管理麟州、府州军马事。张亢独自一人去敲城门,拿出朝廷所授的敕书让城上的人看,城门才打开。入城后,就让州民出城砍柴割草并到涧谷里打水。然而夏人还不时地出来抢掠,张亢就修筑了城堡派兵守卫。当时禁兵都打了败仗,没有斗志,张亢于是招募敢于战斗的士兵,夜里埋伏在险隘的道路上,阻击夏人的流动骑兵。等到天明,有拿着敌人的首级来献的,张亢用锦袍赏赐他们,禁兵才惭愧而振奋地说:"我们难道不如他们吗?"都愿作战。张亢知道士气可用,才谋划攻击琉璃堡,夜里率领军队去袭击,大败敌军。在兔毛川作战,张亢自己指挥着大阵,而让勇将在山后埋伏了几千持短兵器强劲弓弩的士兵。张亢因为万胜军全是从京城新招募的市井无赖子弟,软弱不能战斗,敌人称他们为"东军",向来轻视他们,但害怕虎翼军的勇敢强悍。张亢暗中更换了他们的旗帜来误导敌人,敌人果然奔向"东军",却遇到虎翼军士兵。搏战了很久,伏兵出动,敌军溃败,斩杀敌首两千级。范仲淹安抚河东,又上奏张亢以前增建扩展的堡寨,应该让他前去总管这件事。诏书已经下达,明镐认为不可,屡次传送文书阻止。张亢说:"我受诏命修置堡寨,怎能因为收到经略使的文书就停止呢?犯违抗节度命令的罪,死也甘心,堡寨之事是一定要办的。"每次收到文书,就搁置到案几上,督促工役更加紧急。等到堡寨建成,才打开奏章,弹劾自己,朝廷搁置起来不追究。蕃汉回归的有几千户,一年减少戍边士兵万余人,河外于是成为并、汾的屏障。张亢喜好施与,轻视钱财,凡是宴席犒劳或馈赠,大都很丰厚,甚至派人贸易资助其费用,总还觉得不够。因此人们乐于为他所用。他治军严明,所到之处很有政绩,百姓画了他的图像祭祀他。

25.**【参考答案】**(1)另一个丢包人的无端猜忌、怀疑与丢包的女士的态度形成鲜明的对比(说对丢包的女士起"衬托""反衬"或"烘托"作用亦可),突出了丢包的女士真诚待人和尊重他人的鲜明个性。

(2)示例①:"阳光一点点离散,她的心也揪得越来越紧。"天色逐渐变晚,而丢失的提包毫无着落,烘托了丢包的女士焦急的心情。

示例②:"月色清凉如水,冷得让她心寒。"月色以"清凉"来形容,给人的感觉是"冷""寒",很好地烘托出了"她"心灰意冷、情绪低落的心境。

(3)男孩在受到怀疑后,仍然捡了包送回来,而且不要赏金,充分体现了男孩善良的本性,体现他受了委屈依然善良,坚决不要赏金,不为金钱所动的品质。

(4)①只有真诚和善意才能消除隔阂。

②对每一个卑微的善举都应该心怀感恩。

③心怀善意终会得到别人的尊重。

(紧扣主题,任写一条即可)

五、案例分析

26.【参考答案】(1)该教师注重课程内容与生活的联系,从生活实际出发,通过问题导入,与《燕子》的教学联系起来,有利于帮助学生理解课文的语言表达特点。

(2)《义务教育语文课程标准(2022年版)》指出:“教师应树立‘教—学—评’一体化的意识,科学选择评价方式,合理使用评价工具,妥善运用评价语言,注重鼓励学生,激发学习积极性。”该教师在学生回答问题之后,运用鼓励和夸奖的语言激励学生,提高了学生学习的积极性。

(3)该教师充分尊重了学生的主体地位,在整个教学过程中,教师引导学生从观察图画入手,再到组织学生自主交流,始终尊重学生的主体地位。

(4)该教师设计讨论、探究等多种学习活动,引导学生学习发现、思考、探究问题的思路和方法。教师先让学生讨论、整理、归纳,然后再让学生尝试自己解决问题。

六、语言文字运用

27.【参考答案】大众冰雪奏响动感乐章

28.【参考答案】示例:王羲之堪当“中华优秀传统文化形象大使”,其书法飘若浮云,矫若游龙,一篇《兰亭集序》将中华的书法文化演绎得淋漓尽致,字体静雅洒脱宛若仙女起舞,让人见之难忘。

29.【参考答案】康桥河边多情游子作别西天云彩;橘子洲头旷世伟人书写壮志豪情。

七、写作

30.【写作指导】

这是一道材料作文题。本题所给材料的关键词为“初心”“梦想”,提示考生要围绕“初心”和“梦想”进行立意。材料解释了“初心”和“梦想”的含义,并阐述了应该如何对待“初心”和“梦想”。因此,考生在写作时可以围绕“不忘初心,坚持梦想”展开叙述。要注意的是,写作时可以从小角度切入,以小见大。从材料分析入手提炼自己的观点,然后结合典型事例进行论证;或者选择一个具有代表性的人物,根据其典型事迹展开叙述。

【参考例文】

不忘初心,坚持梦想

明朝的万历十五年,一位叫徐弘祖的普通人在江苏出生了。在那个年代,要想出人头地,只有一条路——科举考试。而徐弘祖极其讨厌考试,他就喜欢玩,就爱四处瞎转悠,遇到山就爬,遇到河就下,人极小,胆子极大。刚开始,他旅游的范围,主要是江浙一带,后来越走越远。

在那个年代，要想旅游也存在一个最大的问题——钱。旅行是要花钱的，徐家是有钱的，但没有很多钱。按今天的标准大约也就是个中产阶级，一年去旅游一次，也就够了，但徐弘祖的旅行日程是：一年只休息一次。他除了年底回家照顾父母外，一年到头都在外面，钱对他来说也不是问题，比如交通费，大部分时候靠两条腿；住宿基本不需要，徐弘祖去的地方，当年也没有经济型快捷酒店，他就在树林里、悬崖上，打个地铺。

就这样，家境并不十分富裕的徐弘祖，穿着俭朴的衣服，没有保险，没有驴友，独自一人，游历天下三十余年，前往名山大川，风餐露宿，不怕吃苦，一年只回一次家，只为梦想。按照世俗的角度，这是一个怪人，这人不考功名，不求做官。在游历的过程中，他曾三次遭遇强盗，被劫去财物，身负刀伤，有时还在深山里迷路，数次断粮，几乎饿死。但他仍然坚持，并开始在旅行的过程中记笔记，每天的经历，他都详细记录下来，后来就有了大家都知道的《徐霞客游记》。

崇祯九年，五十岁的徐霞客决定，再次出游，这也是他人生的最后一次出游，他的目的地是云南鸡足山。一个法号静闻的和尚找到了他。静闻十分崇敬鸡足山这个迦叶尊者的道场，想和徐霞客一起去。两个人一起出发了，但是刚走到湖南，他们遇上了强盗，静闻在这场风波中受了伤，加上他的体质较弱，刚到广西，就圆寂了。徐霞客停了下来，办理静闻的后事。由于遭遇强盗，徐霞客的路费已经不够了，如果继续往前走，后果难以预料，但他没有放弃。

整个旅程非常艰苦，他背着静闻的骨灰，没有路费，没有资助，住在荒野，靠野菜充饥，当掉了自己所能当掉的东西。就这样，他历尽艰辛，最后到达鸡足山。他解开了背上的包裹，拿出了静闻的骨灰，郑重地把骨灰埋在了山坡上。

我们应该相信梦想，哪怕此刻我们无法踏上征途，但至少能在红尘中将初心好好地珍藏，不让它因岁月的冲刷而斑驳失色。等时机到来的那一刻，我们就可以带上梦想出发。我们应该相信人生，相信心底始终珍藏的那一份与生俱来的善良、真诚、无私、进取、宽容、博爱，按照自己的方式，去过自己想要的人生。

不忘初心，方得始终！

图书反馈

重磅！真题有奖征集！

「凡提供当年度考试真题者，根据真题完整度，可获得500元以内现金奖励。」

具体请联系QQ:1831595423

（温馨提示：所提供真题须是当年度考试真题，且真实有效。）

联系方式：400-600-3363　　研发部QQ：1831595423

招教网
招考资讯平台

山香官网
考编服务平台

山香网校
线上学习平台

图书订正链接
勘误更新平台